宁夏回族自治区自然资源勘测调查院成果

主编 赵金梅 刘耀林 强妮

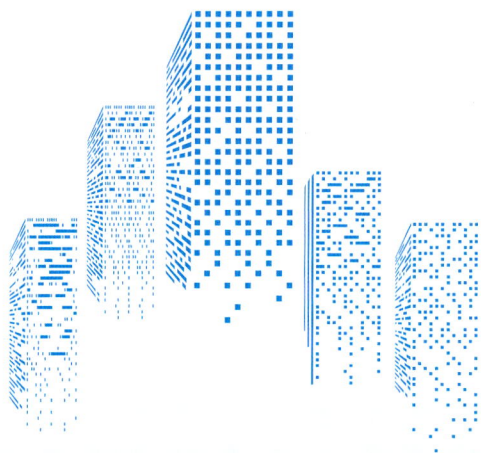

宁夏回族自治区城市建设用地节约集约利用效应评价与管控决策

武汉大学出版社
WUHAN UNIVERSITY PRESS

图书在版编目(CIP)数据

宁夏回族自治区城市建设用地节约集约利用效应评价与管控决策／赵金梅,刘耀林,强妮主编. -- 武汉 ：武汉大学出版社,2025.5. -- ISBN 978-7-307-24427-6

Ⅰ. F299.274.3

中国国家版本馆 CIP 数据核字第 2024VS0578 号

审图号:宁 S[2024]第 007 号

责任编辑:宋丽娜　　　责任校对:汪欣怡　　　版式设计:韩闻锦

出版发行:**武汉大学出版社**　　(430072　武昌　珞珈山)

(电子邮箱:cbs22@whu.edu.cn 网址:www.wdp.com.cn)

印刷:湖北恒泰印务有限公司

开本:787×1092　1/16　印张:23.5　字数:508 千字　插页:2

版次:2025 年 5 月第 1 版　　2025 年 5 月第 1 次印刷

ISBN 978-7-307-24427-6　　定价:128.00 元

编　委　会

前　　言

土地节约集约利用是新型城镇化的战略选择，也是推动高质量发展的根本要求。从1999年"城市土地集约利用潜力评价"到2006年"开发区土地集约利用潜力评价"，再到2019年试点的"城市建设用地节约集约状况详细评价"，土地节约集约利用工作经历了"宏观—中观—微观"的长期发展过程，形成了《建设用地集约利用评价规程》（TD/T 1018—2008）、《开发区土地集约利用评价规程》（2014年度试行）和《城市建设用地节约集约利用详细评价技术指南》三大标准，有效支撑了我国土地资源节约集约和建设用地挖潜工作。但是，现有工作尚未整合长期评价成果、实施跨尺度综合分析，对节约集约时空特征和相关政策措施的梳理总结亟待加强。此外，我国经济已由高速增长转向高质量发展阶段，"建立健全绿色低碳循环发展的经济体系"成为未来发展方向。城市土地节约集约利用的外部效应不再局限于对城市土地开发的宏观控制，而是寻找最优集约度，使土地的社会效益、经济效益和生态效益相统一。因此，系统梳理已有评价成果，建立长时序、跨尺度的分析框架，探索节约集约与高质量发展的耦合效应，成为今后土地节约集约研究的重要目标。

宁夏回族自治区位于我国西北部的黄河中上游地区，黄土高原、蒙古高原和青藏高原的交汇地带，东邻陕西省，北接内蒙古自治区，南部与甘肃省相连，国土总面积为6.64万 km²。近年来，宁夏回族自治区积极响应国家战略，为推动资源节约型、环境友好型社会建设，做好强化用地审核、挖潜盘活存量、推广节地技术等相关工作，以土地节约集约利用评价为基础，形成了一个多目标、多层级、多尺度的评价指标体系。宏观层面上，在《国务院关于促进节约集约用地的通知》和《节约集约利用土地规定》（国土资源部令（第61号））指导下，宁夏持续开展了2010—2018年城市建设用地节约集约利用评价工作，长期监测各县（市、区）建设用地结构、利用强度、利用效率以及集约利用状况，找出建设用地利用的短板弱项，为国土空间规划提供了重要支撑；中观层面上，自2008年起，宁夏按照要求，持续开展了多轮开发区土地集约利用评价工作，摸清了开发区用地状况，为开发区用地结构优化和产业转型提供了依据；微观层面上，2019年吴忠市被自然资源部列入全国首批城市建设用地节约集约利用详细评价试点区，将传统评价单元细化至宗地，基于居住、商业、工业、教育、医疗等建设用地用途，监测每宗地的符合规划度、建设强度、利用效益等特征，为精准锁定低效存量建设用地和盘活再利用提供了有力支撑。

现有评价成果为改善建设用地结构、布局，挖掘用地潜力，提高土地配置和利用效率提供了重要支撑。然而，这些成果缺乏时序上的演变分析及从宏观到微观的关联分析。汇总、梳理、整合、分析并应用这一长时序、多尺度成果，对宁夏加强节约集约用地、实现可持续发展具有重要意义。同时，高质量发展作为当前和今后一个时期确定发展思路、制定经济政策、实施宏观调控的根本要求，是土地节约集约利用的效应体现。面向宁夏建设"黄河流域生态保护和高质量发展先行区"需要，应统筹谋划、因地制宜，将节约集约评价成果作为助力高质量发展的重要支撑。以上述理念为指导，编制完成本书，在梳理不同尺度多年评价成果的基础上，提出了促进高质量发展的新目标、新举措，继续开展土地节约集约利用理论探索，以期为今后土地节约集约利用提供新思路。

本书以宁夏回族自治区城市建设用地节约集约利用评价成果为基础，利用"宁夏第二次全国土地调查""宁夏第三次全国国土调查"及历年国土变更调查数据、基础地理信息数据、社会经济统计数据等多源数据，综合运用地理学、生态学、经济学、公共管理学等多学科方法开展研究。其核心内容包括：①整理宁夏城市建设用地节约集约利用水平历史评价成果，分析节约集约利用各评价指标和综合水平的时空变化规律，识别宁夏城市建设用地节约集约利用的问题所在；②面向高质量发展，从"创新、协调、绿色、开放、共享、安全"六个维度构建多维指标体系，评价宁夏当前高质量发展状态；③耦合节约集约利用与高质量发展评价结果，挖掘节约集约利用水平与高质量发展之间的效应关系并发现问题，提出区域耦合协调发展策略；④全面总结宁夏城市建设用地节约集约利用、高质量发展、节约集约利用与高质量协调发展方面存在的问题，提出面向高质量发展的城市建设用地节约集约利用管控措施。

本书由宁夏回族自治区自然资源勘测调查院组织编著而成，共包括总论、宏观尺度建设用地节约集约利用评价与高质量发展、中观尺度土地集约利用评价与高质量发展及微观尺度节约集约利用评价与高质量发展四部分。

参与本书编写的人员有赵金梅、刘耀林、强妮、侯琴、苏慧哲、包雪翔、马超、温润、殷莎、刘阳、穆世东、张丽娟、冯丽媛、马国庆、刘岁、安睿、杨兆晨、朱丹丹、曹佳琳、窦超、胡艺川、辛格格、袁庆雯、孙文杰。全书由赵金梅、刘耀林、刘艳芳提供指导，强妮、侯琴、苏慧哲、包雪翔、马超、温润、殷莎负责审阅，刘岁、安睿统筹修订，强妮、侯琴、孙文杰负责宏观尺度部分内容编写，苏慧哲、包雪翔、温润、袁庆雯负责中观尺度部分内容编写，马超、殷莎、窦超负责微观尺度部分内容编写。谨向付出艰辛劳动的全体编写人员致以崇高的敬意，特向为此书提供资料、反馈意见的单位、专家及各界人士表示衷心的感谢！

由于写作时间和作者水平有限，书中难免出现疏漏和错误，敬请读者批评指正。

编著者

2023 年 11 月

目　　录

1

第一篇

总　论

第一章　概　述

一、背景与意义

随着工业化与城镇化进程加快，我国土地供需矛盾日渐突出，粗放低效利用问题明显，发展质量和效益不高。对此，党中央、国务院高度重视土地资源的节约集约利用问题。党的十八大将生态文明建设纳入中国特色社会主义事业"五位一体"总体布局，将"全面促进资源节约"作为其主要任务之一。党的十八届三中全会强调，健全土地节约集约利用制度，从严合理供给城市建设用地，提高城市土地利用率。党的十九大报告中着重强调"全面促进资源节约集约利用"，要完整、准确、全面贯彻新发展理念，坚持把节约资源贯穿经济社会发展全过程、各领域。党的二十大报告提出"推进以人为核心的新型城镇化"和"推进生态优先、节约集约、绿色低碳发展"的双重目标，将节约土地资源、推进区域协调发展作为创造美好生活的重要路径。土地节约集约利用已提升到关系经济社会发展全局的战略高度，影响之大、要求之高前所未有。面对新形势新要求，按照严守底线、调整结构、深化改革的思路，通过严控增量、盘活存量，不断提高土地利用效率和经济效益的节约集约开发模式成为推进生态文明建设、保障经济社会可持续发展的重要抓手。

以原国土资源部《国务院关于促进节约集约用地的通知》(国发〔2008〕3 号)等文件为依据，宁夏从宏观—中观—微观层面开展了长时序、多年度的建设用地节约集约利用评价工作。宏观层面，按照原国土资源部《建设用地集约利用评价规程》(TD/T 1018—2008)中确定的指标体系，从建设用地利用强度、效益、管理绩效等方面对 2010—2018 年各县(市、区)的节约集约利用水平进行了评价。中观层面，依据原国土资源部《开发区土地集约利用评价规程》(2014 年度试行)，从建设用地利用程度、结构、强度、投入产出效益、监管绩效等方面摸清了 2008—2021 年度各开发区节约集约水平。鉴于 2017 年开发区整合优化后，各开发区数量、面积趋于稳定，因此确定研究时段为 2017—2020 年。微观层面，吴忠市作为全国 10 个试点城市之一，依据《城市建设用地节约集约利用详细评价技术指南》，将评价单元细化至宗地尺度，分别设定了规划符合度、建设强度、利用效益等评价子目标，针对不同用地功能分类开展评价。

党的十九大报告指出，"我国正处在转变发展方式、优化经济结构、转换增长动力的攻关期",提升用地效率、提高用地效益、释放用地潜能的节约集约利用是实现"高质量发展"的必由之路。党的二十大坚持以创新、协调、绿色、开放、共享、安全的新发展理念为引领,将高质量发展作为全面建设社会主义现代化国家的首要任务。目前,宁夏积累的城市建设用地节约集约利用评价成果可以支持长时序、跨尺度的综合分析。同时,面对当前新型城镇化从粗放到精细、从高速增长到高质量发展的要求,亟待探索城市建设用地节约集约利用与高质量发展的关系。

为深入贯彻习近平生态文明思想、全面落实新发展理念、坚持最严格的节约集约用地制度、提升要素保障能力、助力高质量发展,开展宁夏回族自治区城市建设用地节约集约利用效应评价与管控决策工作是及时的、必要的。基于长时序、多尺度城市建设用地节约集约评价成果,总结建设用地节约集约利用的时空变化规律,结合宁夏实际建立高质量发展评价指标体系,评价高质量发展水平,进一步耦合分析节约集约利用水平与高质量发展之间的效应关系,诊断宁夏节约集约利用与高质量发展之间存在的问题,提出符合高质量发展的节约集约管控措施,以期以更少的新增建设用地规模支撑更高质量的经济发展,实现城市建设用地节约集约利用水平与高质量发展相互促进、共同提高的目标。

二、研 究 现 状

本章综述了城市建设用地节约集约利用评价与高质量发展的研究现状:①从"宏观—中观—微观"出发,依次阐述城市建设用地节约集约利用评价的研究进展、评价内容和指标体系,总结"国家—地方"的实践成果和经验,明晰宁夏当前多尺度城市建设用地节约集约利用评价的主要进展和不足之处;②以城市高质量发展为主线,阐述高质量发展的内涵、指标体系和评价方法,总结各地区高质量发展评价的研究进展和实践案例。

1. 城市建设用地节约集约利用评价研究进展

快速城镇化过程中,土地供需矛盾和土地低效利用现象并存。节约集约用地成为我国经济社会可持续发展的必由之路。二十年来,我国的节约集约用地政策从萌芽、发展到成熟,相关政策也从宏观把控逐渐细化至中观与微观管理。

宏观层面,从 2004 年开始,国务院陆续下发《关于深化改革严格土地管理的决定》《关于加强土地调控有关问题的通知》,强调各行政区要控制建设用地总量、盘活存量、促进集约用地。2007 年,《城乡规划法》进一步明确城乡规划应当遵循城乡统筹、合理布局、节约土地、集约发展和先规划后建设的原则。2008 年,《全国土地利用总体规划纲要(2006—2020 年)》强调,要以推进节约集约用地为重点,提高建设用地保障能力,从严控制建设用地总规模。2014 年,原国土资源部出台了《关于部署开展全国城市建设用地节约集约利用评价工作的通知》,从建设用地利用强度、效益、管理绩效等方面构建量化指标体系，以县(市、区)为单位统一开展了全国各省(自治区、直辖市)宏观尺度节约集约利用评价工作。

中观层面，2008 年国务院发布《关于开展开发区土地集约利用评价工作的通知》，要求对全国各级各类开发区土地集约利用情况开展评价工作。2010 年，原国土资源部印发了《开发区土地集约利用评价规程》和《开发区土地集约利用评价数据库标准》；2014 年修订后的《开发区土地集约利用评价规程》设置了建设用地利用程度、结构、强度、投入产出效益、监管绩效等多元评价指标，开发区土地集约利用评价步入常态化、规范化进程。

微观层面，2019 年自然资源部发布《城市建设用地节约集约利用详细评价技术指南》，吴忠市作为全国 10 个试点城市之一，评价了中心城区不同功能类型宗地的集约利用情况。

2. 城市建设用地节约集约评价内容与成效

党的十八大以来，推进生态文明建设、促进国土空间集约高效利用成为战略任务，这对土地节约集约利用评价数量化、指标化管理提出了新要求[①]。

2.1　宏观层面城市建设用地节约集约利用评价内容与成效

宏观层面，城市建设用地节约集约利用以省域作为评价范围，将下辖各行政单元作为评价单元。该评价重点关注县(市、区)层面的土地利用强度、土地利用效率与发展协调度，突出对区域节约集约利用水平和空间差异的宏观把控。[②③] 其中，土地利用强度主要反映人口、经济等要素投入强度和空间利用强度；土地利用效率主要包含土地配置的结构效率与土地利用的产出效率；发展协调度主要考虑土地使用过程与社会、经济、生态环境的协调状况。为全面描述建设用地节约集约利用水平，综合构建了三级指标体系[④]，包括利用强度、增长耗地、用地弹性和管理绩效等 4 个一级指标，人口密度、经济强度、人口增长耗地、经济增长耗地、人口用地弹性、经济用地弹性、用地管理绩效等 7 个二级指标，城乡建设用地人口密度、建设用地地均固定资产投资、建设用地地均地区生产总值、单位人口增长消耗新增城乡建设用地量、单位地区生产总值耗地下降率、单位地区生产总值增长消耗新增建设用地量、单位固定资产投资消耗新增建设用地量、人口与城乡建设用地增长弹性系数、地区生产总值与建设用地增长弹性系数、城市存量土地供应比率、城市土地闲置比率、城市批次土地供应比率等 12 项三级指标。

依托宏观层面城市建设用地节约集约利用评价工作，国家层面掌握了全国建设用地节

①　郭文华，张迪，李蕾，谢敏. 开展城市土地利用评价和空间监控预警的意义[J]. 国土资源情报，2010(11)：44-48.

②　刘吉伟. 建设用地集约节约评价指标体系研究[C]//第十届中国科协年会"新时期河南土地供需态势与城乡统筹发展"论坛文集，2008：327-353.

③　王锐. 城市土地集约利用的影响因素及用地模式探讨[J]. 住宅与房地产，2015(19)：15.

④　原国土资源部. 城市建设用地节约集约利用评价操作手册[Z]. 2014.11.

约集约利用的量化综合指数，于 2019 年 7 月出版了《中国城市建设用地节约集约利用报告（NO.1）》。[①] 该报告从土地利用强度、经济社会发展消耗建设用地状况、经济社会发展与建设用地变化匹配状况三个方面，客观揭示了 569 个参评城市建设用地节约集约利用现状水平、区域格局与动态变化趋势，为省、市间横向比较提供了有力依据，从全国宏观层面提出了促进节约集约用地的相关政策建议。[②] 根据全国城市区域建设用地节约集约利用评价情况通报，宁夏节约集约综合指数略低于全国当年平均水平。[③] 在省级层面，各省以市为单元分析了建设用地节约集约利用总体状况及分异特征，讨论了其与区域土地资源禀赋、经济发展水平的关系。例如：浙江省对杭州等 9 个地级市和海宁等 18 个县级市[④]、辽宁省对沈阳等 11 个地级市和新民等 10 个县级市[⑤]、云南省对昆明等 8 个地级市和安宁等 12 个县级市开展评价工作，研究识别了各市节约集约利用特征及存在问题，并提出了促进各市节约集约用地的相关政策建议。在市级层面，各城市以区、县为单元比较节约集约利用现状水平、动态变化趋势和分异规律，如湖北省武汉市[⑥]、辽宁省阜新市[⑦]、山西省太原市[⑧]及广东省广州市增城区[⑨]等均开展了此类研究，研究结果为各城市提高土地管理水平、制定相关政策提供了科学依据。

为深入落实节约优先战略，缓解土地供需矛盾，切实提高城市节约集约用地水平，宁夏回族自治区原国土资源厅下发了《关于开展城市建设用地节约集约利用评价工作的通知》（宁国土资发〔2014〕317 号），结合区域实际开展城市建设用地节约集约利用评价工作。按照原国土资源部《建设用地集约利用评价规程》（TD/T 1018—2008）确定的指标体系，宁夏持续开展了评价工作，掌握了各县（市、区）城市建设用地节约集约利用水平、区域差异及存在问题，提出了促进节约集约用地的对策建议。[⑩] 目前，宁夏积累了多年度评价数据，但尚未开展节约集约利用动态变化综合分析，因此，整

---

① 高延利，张建平，邓红蒂，等．中国城市建设用地节约集约利用报告［R］．北京：社会科学文献出版社，2019．

② 自然资源部通报全国城市区域建设用地节约集约利用评价情况［J］．国土资源，2018（09）：20．

③ 全国城市区域建设用地节约集约利用评价情况通报［EB/OL］．自然资源部，2018-08-29．

④ 关涛，蒋明利，朱斌，欧阳安蛟．浙江省城市区域建设用地节约集约利用特征分析与基本态势［J］．浙江国土资源，2017（03）：22-25．

⑤ 赵磊．辽宁省城市建设用地节约集约利用制约因素分析及对策建议［J］．国土资源，2019，217（08）：52-53．

⑥ 安永强．武汉市建设用地节约集约利用评价研究［J］．城市勘测，2014（05）：70-72．

⑦ 于诗雯．区域建设用地节约集约利用评价研究——以辽宁省阜新市为例［J］．国土资源，2019（05）：44-47．

⑧ 张哲．山西省市级城市建设用地节约集约利用评价［D］．太原：山西农业大学，2016．

⑨ 邝绮婷，等．增城市建设用地节约集约利用评价［Z］．广东省广州地量行城乡规划有限公司，2014-07-01．

⑩ 强妮，单林春．宁夏城市建设用地节约集约利用时空差异性分析［J］．国土与自然资源研究，2017（03）：1-4．

合、梳理并分析这一长时序评价成果，总结各县(市、区)节约集约水平的发展变化规律十分必要。

2.2　中观层面城市建设用地节约集约利用评价

中观层面城市建设用地节约集约利用评价是针对特定评价区域(开发区)，设置评价指标体系，开展建设用地节约集约专项评价。该评价旨在通过调查分析和综合评价，全面掌握各开发区土地集约利用程度和潜力，为开发区扩区升级、动态监管、编制规划等提供依据，[①] 最终促进各开发区节地水平和产出效益提升。[②] 根据《开发区土地集约利用评价规程》(2014年度试行)，以监测土地利用状况、用地效益和管理绩效为目标，包括土地利用程度、用地结构状况、土地利用强度、产业用地投入产出效益和土地利用监管绩效等5项子目标，土地供应率、土地建成率、工业用地综合容积率、工业用地地均税收等13项具体指标。

依据这一定量化、可操作的标准和规范，各地开展了开发区节约集约利用评价工作。[③] 刘盛楠等[④]、朱云香[⑤]、饶鑫[⑥]、陆晓蕙等[⑦]从土地利用程度、用地效益和管理绩效出发，分别对长沙高新区、西安开发区、南昌经开区和武汉开发区建设用地现状开展评价，并对典型企业进行走访调查，按照"区别对待，分类指导"原则，明确了开发区的发展方向和功能，对开发区土地集约利用状况、潜力等进行客观评价，全面了解了开发区土地节约集约利用水平和存在的问题，为开发区扩区升级提供了实证依据。此外，武汉市土地利用和城市空间规划研究中心综合开展土地利用状况调查、土地集约利用程度评价和开发区土地集约利用潜力测算工作，全面掌握了开发区土地集约利用状况及利用潜力，为挖掘汉南经济开发区土地集约利用潜力、盘活存量土地提供了技术指导和决策参考。汪雄以益阳高新技术产业开发区和长沙天心经济开发区为评价对象，为转型发展背景下开发区土地集约利用水平的提升和评价工作的完善提供了关键依据。

为进一步促进开发区形成新的集聚效应和增长动能，引领全区经济结构优化调整和发展方式转变，促进开发区持续健康发展，根据宁夏人民政府办公厅《关于促进开发区改革和创新发展的实施意见》(宁政办发〔2018〕48号)、《开发区整合优化和改革创新实

---

① 《国务院关于促进节约集约用地的通知》(国发〔2008〕3号)。
② 《关于开展开发区土地集约利用评价工作的通知》(国土资发〔2008〕145号)。
③ 郑新奇，王恒. 开发区节约集约用地的回顾与展望[J]. 中国国土资源经济，2017，30(06)：10-13.
④ 刘盛楠，邓楚雄，向云波. 长沙市高新区土地节约集约利用研究[J]. 吉林农业，2012(08)：27，42.
⑤ 朱云香. 西安开发区土地集约利用评价研究[D]. 西安：长安大学，2015.
⑥ 饶鑫. 城市开发区土地集约节约利用评价研究[D]. 南昌：南昌大学，2015.
⑦ 陆晓蕙，梁勇，燕琴，刘正军. 城市开发区土地集约利用评价——以武汉市为例[J]. 测绘通报，2018(03)：71-75，88.

施方案》（宁党办发〔2018〕82 号）要求，聚焦开发区体制机制改革，坚持"一县一区，每个开发区不超过 3 个区块"的整合原则，将 33 家开发区整合优化为 23 家，区块由 69 个调整至 46 个。其中，国家级开发区 5 个，自治区级开发区 18 个；经济技术开发区 2 个，高新技术开发区 2 个，综合保税区 1 个；工业主导型开发区 22 个，产城融合型开发区 1 个。2017 年以来，宁夏各开发区数量、用地规模逐步趋于稳定。本书基于 2017—2020 年监测成果，分析开发区土地集约利用的时空差异，可为建立科学、合理的开发区用地管理决策机制提供重要依据，也为开发区扩区升级、区位调整等工作提供重要参考。

2.3　微观层面城市建设用地节约集约利用评价

微观层面城市建设用地节约集约利用以城市中心城区为评价范围，将主导功能区或宗地作为中心城区评价的基本单元。2019 年 6 月 19 日，自然资源部办公厅下发《关于做好 2019 年度建设用地节约集约利用状况评价的有关通知》（自然资办函〔2019〕1056 号），要求 2019 年在河北省、江苏省、福建省、江西省、山东省、河南省、湖北省、广东省、四川省、宁夏回族自治区各选取 1 个地级市开展详细评价试点，以宗地和功能区为评价单元，清查城市内部建设用地潜力规模和分布情况。同年 8 月 21 日，自然资源部办公厅下发《关于部署开展城市建设用地节约集约利用状况详细评价试点工作的通知》（自然资办函〔2019〕1421 号），确定唐山、无锡、福州、萍乡、淄博、商丘、武汉、佛山、遂宁、吴忠等 10 个城市为建设用地节约集约利用状况详细评价试点城市，明确试点任务、组织实施内容以及提出工作要求。

详细评价将宗地分为居住功能区、商业功能区、工业功能区、行政办公功能区、教育功能区和其他功能区六类，分类进行指标评价。[1] 针对每类功能区，分指数主要包括建设项目规划符合度、土地利用强度、土地利用效率、发展协调度等。在建设项目规划符合度方面，重点评价各建设项目是否符合控制指标；在土地利用强度方面，主要衡量容积率、建筑系数、绿地率、投资强度等建设指标；在土地利用效率方面，主要衡量产出强度、行政办公生活服务设施面积等单位用地的经济指标；在发展协调度方面，主要衡量占用耕地面积、生态影响情况等指标，以判断具体建设项目对当地环境社会的具体影响。不同功能类型的评价体系略有不同，如居住功能区评价指标包括综合容积率、基础设施完备度、建筑密度三项基础指标及人口密度、住宅实现水平两项针对性指标。

目前，全国 10 个城市的建设用地节约集约利用状况详细评价试点工作已基本完成，试点城市在评价方法、成果应用等方面探索出不少亮点。其中，山东省淄博市重点在评价范围、评价对象、数据采集、评价应用等方面进行了探索和创新，"淄博市建设用地利用评价监管云平台"为政府存量土地资源管理决策和动态监测监管提供了"一个平台

---

① 土地节约集约利用评价体系研究［N］. 规划问道 . 2021-08-10.

管理"模式。① 四川省遂宁市作为西南地区唯一的试点城市,坚持目标导向,统筹全局开展了顶层设计;坚持问题导向,立足地方实际调整了评价技术方案;坚持结果导向,切实促进了评价成果在"标准地"改革、城镇低效用地盘活利用等工作中的实际应用。② 河南省商丘市在地籍宗地的基础上,划分居住、商业服务、工业、教育等评价单元,对土地利用程度、效益、潜力进行量化评价,明确了不同用地类型每一项指标判定低效、中度、集约和过度的依据和标准,以此为基础对各类用地展开分析评价。③

吴忠市利通区处于黄河流域的河套地区,是丝绸之路经济带上的黄金节点。近年来,利通区建设用地增幅显著,用地矛盾日趋凸显,亟需从以外延扩张为主的增量发展模式逐步转向以内涵提升为主的存量更新模式。④ 对此,吴忠市利通区以中心城区为评价范围,将评价单元细分为居住功能区、商业功能区、工业功能区和其他功能区,对各功能区每宗地的节约集约利用状况开展详细评价,建设了"宁夏建设用地节约集约利用监管平台",评价结果为锁定低效存量资源、精准盘活利用提供了有力技术支撑。

3. 高质量发展研究现状

3.1 高质量发展内涵和指标体系

党的十九大报告指出,我国经济已由高速增长阶段转向高质量发展阶段,实现高质量发展已经成为城市建设用地节约集约利用的重要目标。明确城市高质量发展的内涵为高质量发展评价奠定了研究基础。朱启贵认为,高质量发展效应的内涵主要包含六个方面:一是以创新作为第一动力;二是坚持质量第一;三是以供给侧结构性改革为主线;四是供给体系和产业结构朝着中高端方向发展;五是国民经济创新能力和竞争力明显增强;六是更加公平有效以及可持续。⑤ 赵剑波等从系统平衡观、经济发展观、民生指向观三个视角理解高质量发展的内涵,认为高质量发展一定是充分、均衡的发展,包含发展方式、发展结果、民生共享等多个维度的增长和提升。⑥ 张军扩等认为,高质量发展是可持续的发展,其发展目标是满足人民日益增长的美好生活需要,关键词应包含"创新、协调、绿色、开

① 自然资源部.试点经验|山东省淄博市建设用地节约集约利用状况详细评价试点经验简介[EB/OL].2022-03-28.

② 自然资源部.试点经验|四川省遂宁市建设用地节约集约利用状况详细评价试点经验简介[EB/OL].2022-03-19.

③ 自然资源部.试点经验|河南省商丘市建设用地节约集约利用状况详细评价试点经验简介[EB/OL].2022-03-23.

④ 自然资源部.试点经验|宁夏吴忠市利通区建设用地节约集约利用状况详细评价试点经验简介[EB/OL].2022-03-25.

⑤ 朱启贵.建立推动高质量发展的指标体系[N].文汇报,2018-02-06(012).

⑥ 赵剑波,史丹,邓洲.高质量发展的内涵研究[J].经济与管理研究,2019,40(11):15-31.

放、共享、安全"六个维度。① 任保平等提出以创新动力为核心依托，协调平衡为内在要求，绿色发展为普遍形态，开放合作为必由之路，安全和谐为基本保障以及共享硕果为价值导向的高质量发展体系。② 当前，新发展理念已成为高质量发展的根本遵循，③ 城市高质量发展评价应基于"创新、协调、绿色、开放、共享、安全"新发展理念，建立多维指标体系。

3.2 高质量发展评价方法

高质量发展的综合评价方法主要分为两种：主观评价法和客观评价法。其中，主观评价法的代表为层次分析法，④ 所得权重受个体影响大，容易导致评价结果缺乏科学性。对此，研究者常采用或结合客观赋权法以减少主观偏差，如张悟移等使用 DEA 模型对 30 个省份的经济发展效率进行静态评价；⑤ 李沙浪等使用 TOPSIS 模型测度 30 个省份的经济高质量发展；⑥ 范金等使用主成分分析法对长三角城市群进行高质量测度研究；⑦ 辛岭等采用熵值法测算 31 个省市的农业高质量发展；⑧ 此外，段发明等将 DEA 模型与熵值法结合确权展开研究⑨。这些研究结果有效反映了区域高质量发展状态，为相关政策的制定提供了实证参考。

3.3 城市高质量发展研究实践

2017 年 12 月召开的中央经济工作会议明确提出，必须加快形成推动高质量发展的指标体系、政策体系、标准体系、统计体系、绩效评价、政绩考核。专家学者首先从不同尺度对城市高质量发展评价开展了丰富研究。华坚等⑩基于因子分析法评价我国 30 个省份的

---

① 张军扩，侯永志，刘培林，何建武，卓贤. 高质量发展的目标要求和战略路径[J]. 管理世界，2019，35(07)：1-7.

② 李梦欣，任保平. 新时代中国高质量发展的综合评价及其路径选择[J]. 财经科学，2019(05)：26-40.

③ 黄顺春，邓文德. 高质量发展评价指标体系研究述评[J]. 统计与决策，2020，36(13)：26-29.

④ 范珺东，李波. 我国省域经济发展水平综合评价研究[J]. 调研世界，2015(06)：47-52.

⑤ 张悟移，杨云飞. 中国区域经济发展效率评价——基于 DEA 和 Malmquist 指数[J]. 华东经济管理，2014(11)：63-67.

⑥ 李沙浪，雷明. 基于 TOPSIS 的省级低碳经济发展评价及其空间面板计量分析[J]. 中国管理科学，2014(S1)：741-748.

⑦ 范金，张强，落成. 长三角城市群经济发展质量的演化趋势与对策建议[J]. 工业技术经济，2018(12)：70-77.

⑧ 辛岭，安晓宁. 我国农业高质量发展评价体系构建与测度分析[J]. 经济纵横，2019(05)：109-118.

⑨ 段发明，党兴华. 基于熵值法和 DEA 的农业循环经济发展水平评价研究[J]. 科技管理研究，2015(11)：57-61.

⑩ 华坚，胡金昕. 中国区域科技创新与经济高质量发展耦合关系评价[J]. 科技进步与对策，2019(8)：19-27.

高质量发展水平，发现我国高质量发展水平区域差异较大。涂建军等[1]、马海涛等[2]分别对成渝城市群和黄河流域城市群的高质量发展水平进行了评价，识别各城市高质量发展的空间差异，提出促进城市群高质量发展的相应对策。此外，裴玮[3]对 9 个国家中心城市的高质量发展水平开展对比分析，王素君等[4]测度了雄安新区高质量发展水平。这些研究对深入理解"创新、协调、绿色、开放、共享、安全"的内涵提供了大量的实证基础。

目前，各级政府正着力加强对经济/区域高质量发展的研究和落地。国务院发展研究中心 2018 年出版了《高质量发展：宏观经济形势展望与打好三大攻坚战》一书，围绕高质量发展，对推动经济发展的各个领域进行探讨，为我国在当前历史背景下更好地实现发展目标提供思路和借鉴；上海市人民政府发展研究中心 2019 年出版了《上海高质量发展战略路径研究》，通过分析上海高质量发展背景，结合国家高质量发展要求，围绕上海推动高质量发展的重点领域，论证上海必须更加注重深化改革开放，优化营商环境、生态环境，走好新时代上海高质量发展的新路。在这样的发展背景下，宁夏把握这一历史机遇，开展区域高质量发展评价工作，进一步讨论节约集约与高质量发展的耦合关系，可为未来经济社会的高质量发展起指导作用。

三、政 策 依 据

1. 法律法规

①《中华人民共和国土地管理法》(2019 年修正)(中华人民共和国主席令第 32 号)；
②《中华人民共和国城乡规划法》(2019 年修正)(中华人民共和国主席令第 29 号)；
③《中华人民共和国环境保护法》(2014 年修订)(中华人民共和国主席令第 9 号)；
④《中华人民共和国土地管理法实施条例》(2021 年修订)(中华人民共和国国务院令第 743 号)。

2. 部门规章及规范文件

①《节约集约利用土地规定》(2019 年修正)(国土资源部令第 61 号)；
②《国土资源部关于推进土地节约集约利用的指导意见》(国土资发〔2014〕119 号)；

---

① 涂建军，况人瑞，毛凯，李南羲．成渝城市群高质量发展水平评价[J/OL]．经济地理，2021(01)：1-15.
② 马海涛，徐楟钫．黄河流域城市群高质量发展评估与空间格局分异[J]．经济地理，2020，40(04)：11-18.
③ 裴玮．基于熵值法的城市高质量发展综合评价[J]．统计与决策，2020，36(16)：119-122.
④ 王素君，宋鸿芳，田雯．雄安新区高质量发展统计指标体系及测度研究[J]．统计与管理，2021，36(05)：104-108.

③《国土资源部关于印发〈关于深入推进城镇低效用地再开发的指导意见(试行)〉的通知》(国土资发〔2016〕147号);

④《自然资源部办公厅关于做好2019年度建设用地节约集约利用状况评价有关工作的通知》(自然资办发〔2021〕14号);

⑤《关于加强和改进节约集约用地管理的若干意见》(宁党办〔2015〕2号);

⑥《关于印发开发区整合优化和改革创新实施方案的通知》(宁党办〔2018〕82号);

⑦《关于印发宁夏城镇低效用地再开发专项规划编制技术规定(试行)的通知》(宁国资发〔2017〕478号);

⑧《宁夏回族自治区开发区节约集约用地管理办法》(宁自然资规发〔2019〕1号);

⑨《关于建立完善开发区土地集约利用评价制度的通知》(宁自然资发〔2019〕355号);

⑩《关于强化开发区节约集约用地导向助推先行区建设的若干措施》(宁自然资规发〔2021〕1号);

⑪《关于加强土地节约集约利用的若干措施》(宁自然资规发〔2023〕2号)。

3. 技术标准

①《土地利用现状分类》(GB/T 21010—2017);

②《城市用地分类与规划建设用地标准》(GB 50137—2011);

③《建设用地集约利用评价规程》(TD/T 1018—2008);

④《城市建设用地节约集约利用评价操作手册》;

⑤《城市建设用地节约集约利用详细评价技术指南》(试行);

⑥《城乡用地分类与规划建设用地标准》(GB 50137);

⑦《城市居住区规划设计规范》(GB 50180—2018);

⑧《城市公共设施规划规范》(GB 50442—2015);

⑨《镇规划标准》(GB 50188—2007);

⑩《开发区土地集约利用评价规程》(2014年度试行)。

四、研究区概况

1. 宁夏回族自治区概述

1.1 自然环境条件

(1)地理区位

宁夏回族自治区位于我国西北部的黄河中上游地区,地处黄土高原和内蒙古高原的过渡地带，介于东经 104°17′~107°39′、北纬 35°14′~39°23′，如图 1-1-1 所示。宁夏东邻陕西省，西部、北部与内蒙古自治区接壤，南部与甘肃省相连，总面积 6.64 万 km²，下辖 5 个地级市（银川市、石嘴山市、吴忠市、固原市、中卫市）、9 个市辖区、2 个县级市和 11 个县，其中银川市是宁夏首府。宁夏是我国生态安全战略格局"两屏三带一区多点"中"黄土高原—川滇生态屏障""北方防沙带"和"其他点块状分布重点生态区域"的重要组成部分，保障着黄河上中游及华北、西北地区的生态安全，也是黄河流域生态保护和高质量发展先行区建设的排头兵，担负着黄河流域保护和发展建设的时代重任。

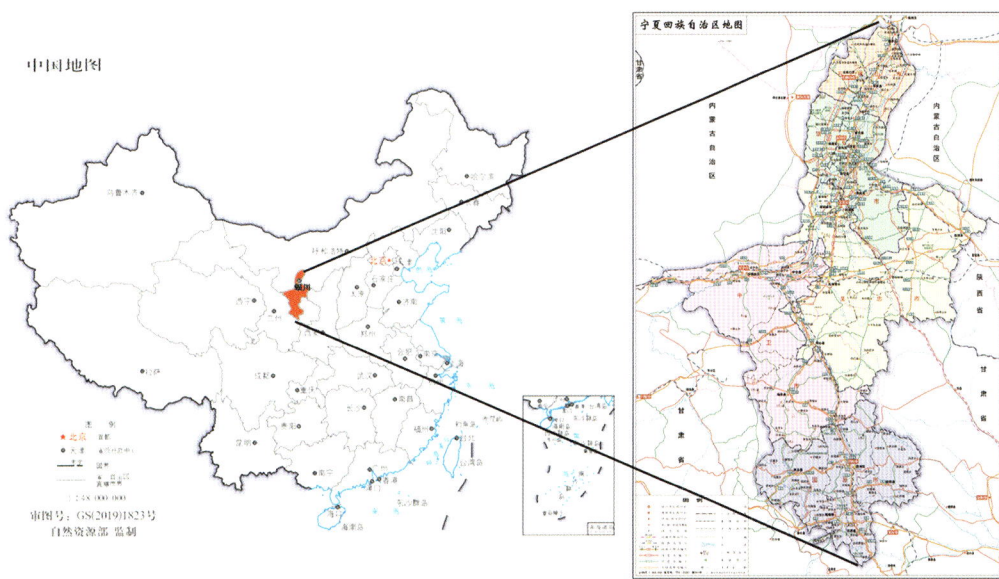

图 1-1-1　宁夏回族自治区地理区位①

（2）地形地貌

宁夏回族自治区地处我国地质地貌"南北中轴"的北段，属黄土高原与内蒙古高原的过渡地带，中、北部与腾格里沙漠、乌兰布和沙漠、毛乌素沙地相连。如图 1-1-2 所示，宁夏整体地形南北狭长，地势南高北低，呈阶梯状下降，全境平均海拔在 1000m 以上，从西南向东北逐渐倾斜。区内地貌多样，涵盖山地、高原、丘陵、平原、河谷等地貌形态，宁夏南部以流水侵蚀的黄土地貌为主，主要山脉为六盘山，自南端向北延伸，横跨泾源县、隆德县和原州区，是黄土高原上重要的水源涵养林基地，也是泾河、清水河、葫芦河的发源地。中部和北部以干旱剥蚀、风蚀地貌为主，宁夏平原得益于黄河的灌溉，区内湖泊密布、渠道纵横，塑造了美丽富饶的"塞上江南"。平原西侧为贺兰山，主体海拔 2000~

---

① 　图片来自宁夏地理信息公共服务平台（https://ningxia.tianditu.gov.cn/tuji）。

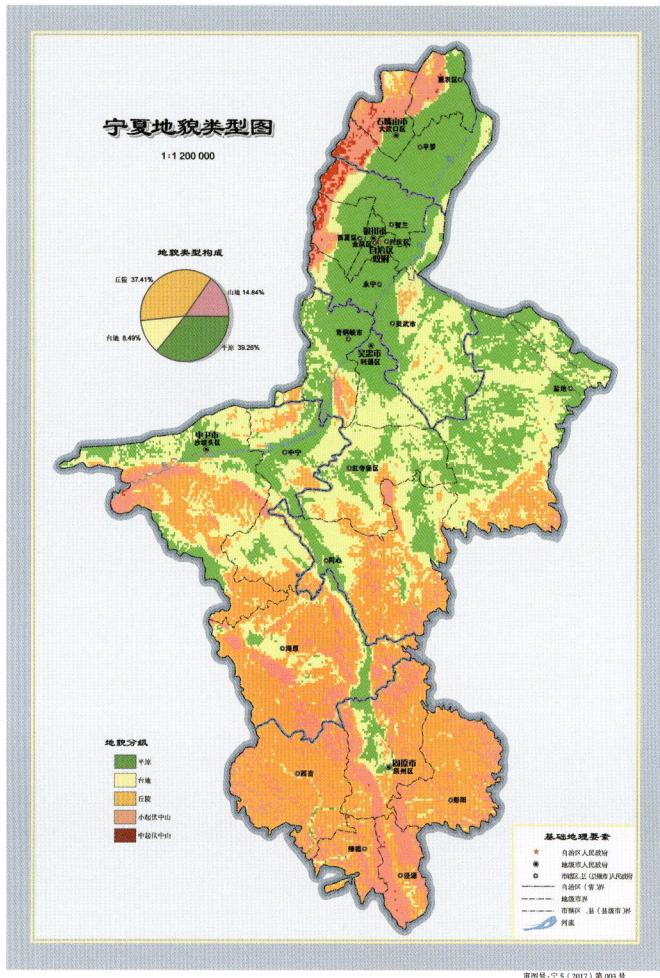

图 1-1-2 宁夏回族自治区地貌图①

3556m，山脉全长 200km，是我国西北地区的重要地理界线。

（3）气候条件

宁夏回族自治区地处我国内陆，受地势地形、光热降水分布不均等影响，南北部气候相差较大。宁夏北部属于大陆性半干旱气候，冬季寒冷漫长，夏季暑热短促，区内雨雪稀少，气候干燥，降水集中在夏季，年均降水量为 150~250mm。中部干旱带和北部引黄灌区为干旱半干旱气候区，日照充足，气候温暖干燥，年均降水量为 200~350mm。南部山区属温带半干旱气候，气候阴湿多雨，年均降水量为 350~600mm。宁夏全年平均气温介于 5℃~9℃，昼夜温差大；年日照时数约 3000 小时，无霜期接近 170 天，是全国日照资源丰富的地区之一。

---

① 图片来自宁夏地理信息公共服务平台（https://ningxia.tianditu.gov.cn/tuji）。

（4）土地资源

宁夏回族自治区拥有丰富的土地资源、便利的引黄灌溉和良好的光热条件，有利于发展立体种植和高效农业。根据第三次国土调查数据①，宁夏土地类型包括耕地、园地、林地、草地、湿地、城镇村及工矿用地、交通运输用地和水域及水利设施用地。其中，草地为第一大土地资源，总面积为 2031030.83 公顷（3046.55 万亩）；耕地 1198427.85 公顷（1797.64 万亩），主要分布在北部黄河冲积平原的引黄灌区和南部的黄土丘陵区，水田、水浇地、旱地比例为 1∶2∶4；林地 953727.07 公顷（1430.59 万亩），以灌木林地和乔木林地为主要类型，分布在北部贺兰山区、南部六盘山区和平原地区；园地 91585.87 公顷（137.38 万亩），主要分布在北部黄河冲积平原和中部丘陵区；湿地 24884.34 公顷（37.33万亩）；城镇村及工矿用地 297508.51 公顷（446.26 万亩），城市用地、建制镇用地、村庄用地、工矿用地比例为 1.5∶1.5∶5.5∶1；交通运输用地 94177.49 公顷（141.27 万亩）；水域及水利设施用地 168755.14 公顷（253.13 万亩）。

（5）水资源

宁夏回族自治区是我国水资源最少的省区，2021 年可用水资源总量为 9.34 亿 m^3。②区内多年平均年径流量为 9.493 亿 m^3，平均年径流深 18.3mm，仅为黄河流域平均值的 1/3，是我国均值的 1/15。③黄河干流过境流量 325 亿 m^3，70%～80%的径流集中在汛期，平均年水面蒸发量 1250mm，水能理论蕴量 195.5 万千瓦。如图 1-1-3 所示，宁夏地表水资源空间分布不均，多集中在北部引黄灌区；中部干旱高原丘陵区地表水量小，且水质含盐量高，灌溉利用价值较低；南部半干旱半湿润山区河系相对发达，主要河流有清水河、苦水河、葫芦河、泾河、祖厉河等。2021 年宁夏地下水资源总量为 16.408 亿 m^3，引黄灌区地下水资源量达 12.562 亿 m^3，约占地下水资源总量的 77.1%。④

（6）矿产资源

据《宁夏回族自治区矿产资源总体规划（2021—2025 年）》显示，宁夏目前已发现各类矿产 49 种（含亚矿种），可供开采的 22 种，以煤炭为主，其次为建材非金属矿产，油气和金属矿产较少。煤炭、石膏、石灰岩等沉积型矿产是宁夏的优势矿产，煤炭保有资源量居全国第 9 位，石膏居全国第 3 位，水泥用灰岩居全国第 14 位。宁夏固体矿产矿区共 341处，油气矿区 10 处。

1.2　社会经济条件

（1）人口特征

截至 2021 年末，宁夏回族自治区常住人口 725.0 万人，比上年末增加 4.0 万人。⑤宁

---

① 数据来源于《宁夏回族自治区第三次国土调查主要数据公报》（https://www.nx.gov.cn/）。
② 数据来源于《2021 年宁夏水资源公报》（总第三十六期）。
③ 数据来源于宁夏回族自治区水利厅—水资源基本情况与特点（http://slt.nx.gov.cn/）。
④ 数据来源于《2021 年宁夏水资源公报》（总第三十七期）。
⑤ 数据来源于《宁夏回族自治区 2021 年国民经济和社会发展统计公报》。

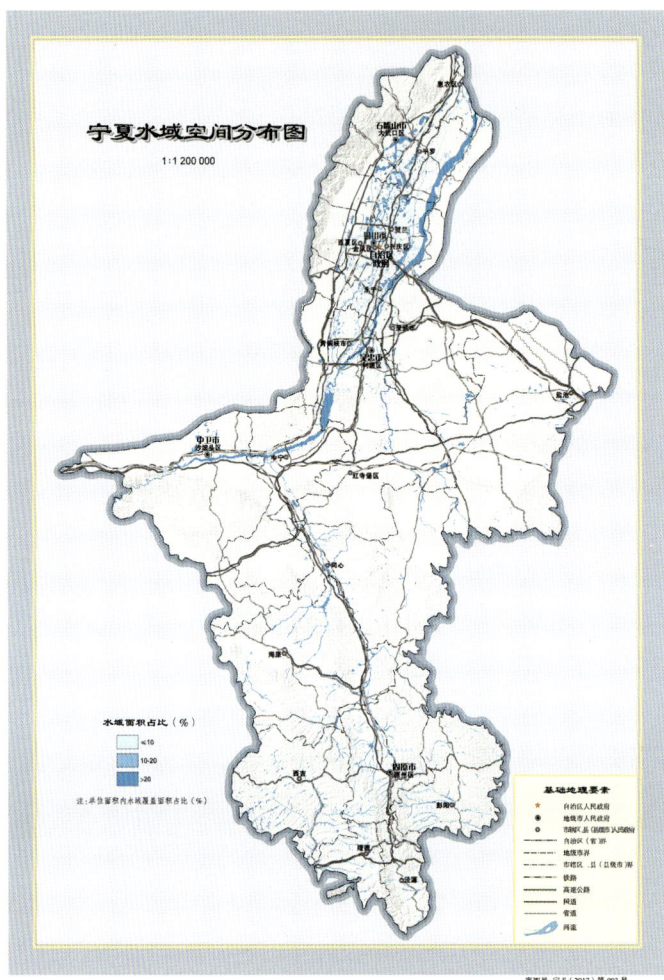

图 1-1-3 宁夏回族自治区水域空间分布①

夏全年出生人口 8.4 万人，出生率为 11.62‰；死亡人口 4.4 万人，死亡率为 6.09‰；自
然增长率为 5.53‰。② 宁夏人口质量稳步提升，人口文盲率下降速度较快，人口素质逐渐
提高。宁夏人口结构不断变化，男女性别比例逐年降低，性别结构逐渐趋于合理化；③ 年
龄结构中，劳动适龄人口总体比重逐渐下降，老龄化程度加深；④ 民族结构中，汉族人口
占比 64.05%，回族和其他少数民族人口占比 35.95%，民族结构趋于多元化发展；⑤ 城乡

① 图片来自宁夏地理信息公共服务平台（https://ningxia.tianditu.gov.cn/tuji）。
② 数据来源于《宁夏回族自治区 2021 年国民经济和社会发展统计公报》。
③ 数据来源于《宁夏统计年鉴（2022）》。
④ 根据《中国统计年鉴（2003—2020）》的数据总结得出。
⑤ 根据《宁夏第七次人口普查主要数据情况》的数据总结得出。

结构中，随着城镇化发展，人口持续向城镇迁移，2021 年末城镇常住人口为 478.8 万人，城镇化率为 66.04%，比上年末提高 1.08%。

（2）社会经济发展

宁夏经济运行呈现总体平稳、稳中有进的发展态势。截至 2021 年末，全区实现生产总值 4522.31 亿元，按不变价格计算，比上年增长 6.7%，[①] 两年平均增长 5.3%。其中，第一产业增加值 364.48 亿元，增长 4.7%；第二产业增加值 2021.55 亿元，增长 6.6%；第三产业增加值 2136.28 亿元，增长 7.1%。第一产业增加值占地区生产总值的比重为 8.1%，第二产业增加值所占比重为 44.7%，第三产业增加值所占比重为 47.2%。按常住人口计算，人均地区生产总值 62549 元，比上年增长 6.1%。近年来，宁夏产业格局日趋优化，特色产业发展迅猛，主要形成新型材料、清洁能源、装备制造、数字信息、现代化工、轻工纺织等"六新"产业，葡萄酒、枸杞、牛奶、肉牛、滩羊、冷凉蔬菜等"六特"产业，以及文化旅游、现代物流、现代金融、健康养老、电子商务、会展博览等"六优"产业，各产业发展优势突出，推动了经济稳定增长，全区发展活力持续增强。

2. 各地级市概况

2.1 自然条件

银川市地势自西南向东北降低，分为山地、平原和台地三大部分。西部的贺兰山呈北偏东走向，最高峰海拔 3556m。区内土壤类型丰富，适合农业生产，主要粮食作物有玉米、稻谷和小麦，其他经济作物有油料、向日葵、药材、蔬菜和瓜果。其中，贺兰山东麓地区是世界优质葡萄栽培的最佳生态区之一，葡萄酒产业已成为宁夏扶持发展的 9 个重点产业之一。银川地表水水源充足，沟渠成网，湖泊湿地众多，黄河在银川境内绵延 80 多 km。银川湿地是我国西北地区重要的鸟类栖息地之一，物种丰富，包含植物 190 多种、动物 150 多种；煤炭、石油、天然气等矿产资源储量丰富，其中，煤炭储量较高，且具有高发热量、低灰、低硫、低磷等特征。

石嘴山市位于宁夏最北部，境内贺兰山面积占市域面积的 30.24%。区内耕地面积居宁夏灌区首位，主要粮食作物为玉米、稻谷和小麦。石嘴山市地表水量较小，以黄河引水为主。境内生物资源丰富，惠农区黄河湿地绵延 30km，野生动植物资源超 100 科 500 种。地区矿产资源丰富，太西煤储量达 6.55 亿吨，广泛用于冶金、化工、建材等行业；硅石储量达 4.3 亿吨，是硅系列产品和玻璃工业的优质原料。

吴忠市地势南高北低，平均海拔 1300m，属于中温带干旱、半干旱气候，地区全年日

---

① 数据来源于《宁夏回族自治区 2021 年国民经济和社会发展统计公报》。

照达 3000 小时，是我国太阳辐射最充足的地区之一。水资源多来源于黄河水、地下水等。境内的罗山是宁夏三大天然林区之一，有高等动植物资源 389 种。地区矿产资源富饶，石油储量超 3700 万吨，天然气储量达 8000 亿 m^3，是陕甘宁油田的核心部分。水电、火电资源丰富，是宁夏重要的能源基地。其中，吴忠太阳山开发区煤矿探明储量约 65 亿吨，占全区煤炭储量的 20%。

固原市位于黄土高原的西北边缘，六盘山呈南北走向穿过，地势呈南高北低之势。固原市地处黄土高原温带半干旱气候区，昼夜温差大，降水主要集中在 7~9 月，境内地质构造丰富，土壤类型多样，主要经济作物有玉米、薯类、小麦和豆类。固原市有四条主要河流，即清水河、葫芦河、泾河、茹河，但地表径流深度还不到黄河流域平均值的一半，水资源量少、水质差，且时空区域分布不均，利用率较低。六盘山国家级自然保护区动植物资源丰富，野生药材植物超 530 种。境内非金属矿藏资源丰厚，其中石膏、石英砂、煤炭、水泥用石灰岩、芒硝、磷、硫铁、花岗岩、闪长石、陶土等较多。

中卫市地貌类型丰富，包括沙漠、冲积平原、台地、山地和丘陵单元。地区属温带大陆性季风气候，境内水资源丰沛，有黄河及其支流长流水、清水河三条主要河流，灌溉便利，农业发达。引黄灌区面积达 111 万亩，是西北地区重要的商品粮、水产品和设施蔬菜生产基地。中卫市降水稀少，时空分布不均。区内已探明资源储量的矿种达 19 种，主要有煤、铁、铜、金、电石石灰岩等，品位高，易开发，是宁夏矿产资源最丰富的地区之一。

2.2　社会经济条件

银川市是全区经济发展最好的地级市，2021 年的地区生产总值达到 2262.95 亿元，占宁夏生产总值 50% 以上，吴忠市、中卫市和固原市的地区生产总值较低。从产业构成来看，银川市和固原市的第三产业占比较高；石嘴山市、吴忠市和中卫市的第二产业占比较高；固原市的第一产业占比最高(17.12%)。从常住人口数来看，银川市人口数量最多(超 191 万人)，石嘴山市人口数最少(47.8 万人)，其他城市人口数量均超过 100 万人。人均 GDP 与城镇化率的差异相似，银川市最高，固原市最低。

以县(市、区)为单位，灵武市地区生产总值最高，2021 年超 639.04 亿元；其次是兴庆区，达到 600.05 亿元；隆德县、红寺堡区和泾源县地区生产总值较低。从产业结构来看，大武口区第一产业占比只有 0.97%；永宁县、隆德县、彭阳县和青铜峡市的第一产业占比相对较高，为 15%~20%；西夏区、大武口区和红寺堡区等 11 个县(市、区)的第二产业占比大于第三产业。从常住人口来看，兴庆区人口总数最多(81 万人)；泾源县、隆德县人口数低于 20 万人。从人均地区生产总值来看，灵武市最高(达到 21.59 万元)，西夏区、惠农区、兴庆区和大武口区均超过 7 万元，红寺堡区、海原县、隆德县、泾源县和西吉县该指标较低。从城镇化率来看，兴庆区、西夏区和大武口区最高，均达到 90% 以上；西吉县最低，为 31.13%。

五、研究内容与技术路线

1. 研究目标

以宁夏回族自治区"宏观—中观—微观"城市建设用地节约集约利用评价成果为基础，开展宁夏回族自治区城市建设用地节约集约利用效应评价与管控决策研究工作，研究梳理当前节约集约利用评价成果，识别节约集约利用水平的时空变化趋势，揭示宁夏在土地节约集约利用方面存在的短板。同时，研究面向"高质量发展"这一重大战略需求，紧扣"创新、协调、绿色、开放、共享、安全"新发展理念内涵，构建多维指标体系，评估宁夏高质量发展现时状态，并进一步挖掘节约集约利用水平与高质量发展状态的耦合效应，为宁夏建设用地节约集约利用与高质量发展协调并进新态势提供管控依据与决策支持。

2. 内容概述

研究任务包括以下四个方面：①汇总并梳理宁夏"宏观—中观—微观"多尺度城市建设用地节约集约利用评价成果，分析节约集约利用水平的空间格局和时序特征，识别宁夏节约集约利用短板；②紧扣"创新、协调、绿色、开放、共享、安全"新发展理念内涵，构建宏、中、微观高质量发展评价指标体系，搜集相关数据开展综合评价，把握高质量发展的现时状态；③将高质量发展作为节约集约政策制定的重要目标，挖掘各尺度建设用地节约集约利用水平与多维度高质量发展的耦合效应关系；④全面总结宁夏各尺度节约集约利用、高质量发展、节约集约与高质量协调发展方面存在的问题，针对性提出面向宁夏高质量发展情景的城市建设用地节约集约利用管控措施。

3. 技术路线

基于宁夏"宏观—中观—微观"节约集约利用评价成果，分析各尺度节约集约水平的时空演变特征；开展高质量发展评价，识别节约集约利用水平与高质量发展的耦合效应关系；最终提出面向节约集约利用与高质量协同发展新态势的管控措施。总体技术路线如图 1-1-4 所示：

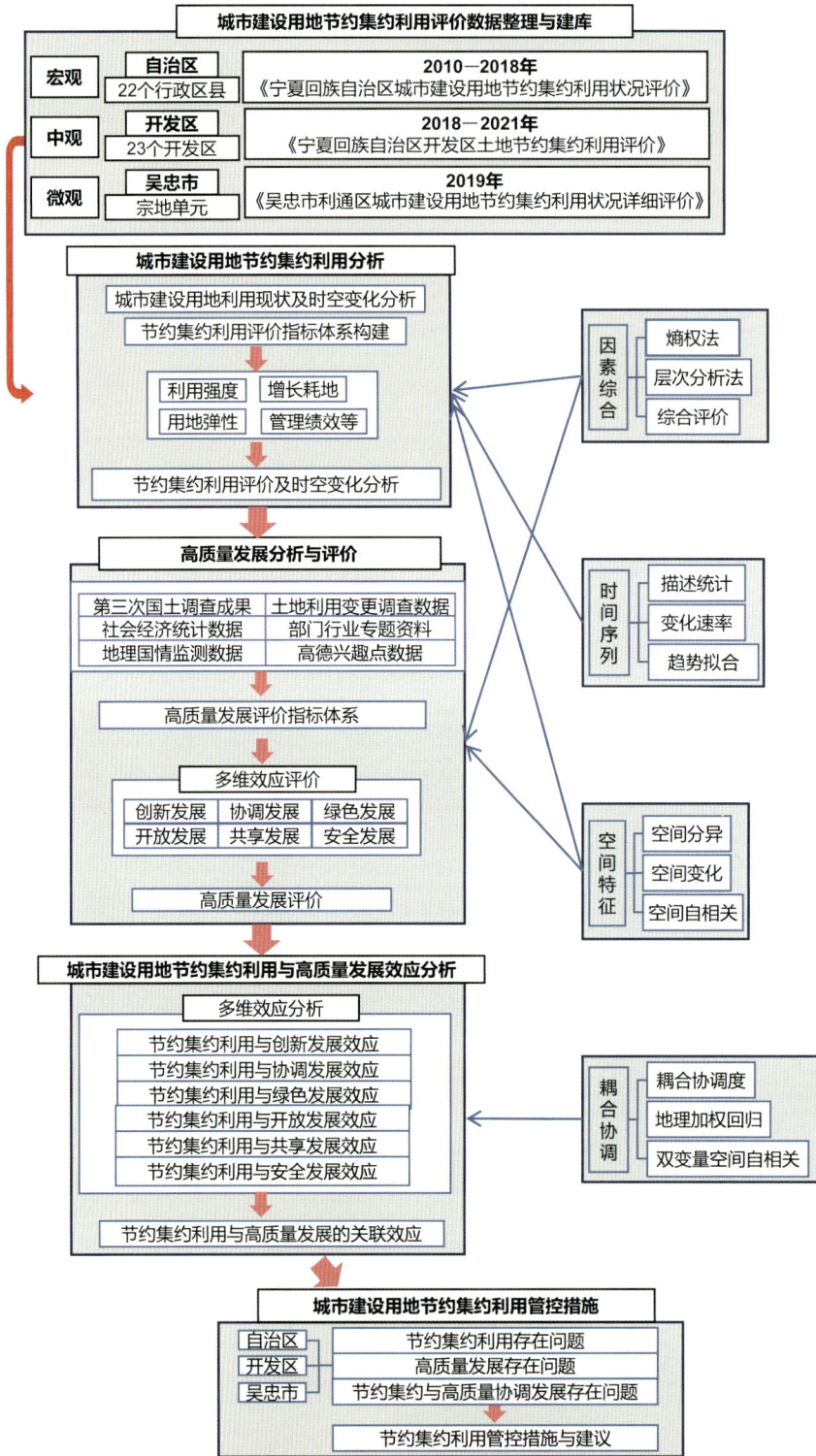

图 1-1-4 研究技术路线

第二章 城市建设用地节约集约利用效应
指标体系构建与评价方法

党的十八大提出生态文明建设"优、节、保、建"四大战略任务，强调了全域、全过程、全要素的国土资源节约集约内涵，提出了土地节约集约需落实数量化、指标化的管理要求。同时，面对当前新型城镇化从粗放到集约、从高速增长到高质量发展的要求，亟待定量化、指标化探索当前城市高质量发展水平。因此，建立多尺度城市建设用地节约集约评价、高质量发展评价指标体系成为定量衡量各尺度节约集约利用水平、高质量发展的首要工作。城市建设用地节约集约利用效应评价包含了城市建设用地节约集约评价和高质量发展评价。

一、城市建设用地节约集约利用评价指标体系

为反映建设用地节约集约利用的现状水平，选取的指标必须能够揭示土地节约集约利用的内涵，综合反映经济、社会、生态效益。此外，指标必须具有独立性和可操作性。近年来，从国家到地方层面开展了一系列节约集约利用评价工作，形成了"宏观—中观—微观"多尺度城市建设用地节约集约评价指标体系。

1. 宏观尺度建设用地节约集约评价指标体系

以宁夏下辖县(市、区)为研究单元，评价城市建设用地节约集约利用水平，揭示建设用地节约集约利用总体状况和区域差异。参照《建设用地集约利用评价规程》(TD/T 1018—2008)构建了标准的三级指标体系(表1-2-1)。其中，指数层由利用强度、增长耗地、用地弹性和管理绩效4项构成，包括人口密度、经济强度、人口增长耗地、经济增长耗地、人口用地弹性、经济用地弹性、用地管理绩效7项分指数，城乡建设用地人口密度、建设用地地均固定资产投资、建设用地地均地区生产总值等12项指标。

表 1-2-1 宏观尺度建设用地节约集约利用评价指标体系

指数	分指数	指 标	指标内涵	计量单位	指标属性
利用强度指数	人口密度	城乡建设用地人口密度	指基准年的常住总人口规模与城乡建设用地总面积的比值,反映评价时点土地承载人口总量的能力	人/km²	正向指标
	经济强度	建设用地地均固定资产投资	指基准年之前 3 年(含基准年)的全社会固定资产投资总额的平均值与基准年的建设用地总面积的比值,反映评价时点土地投入状况	万元/km²	正向指标
		建设用地地均地区生产总值	指基准年的地区生产总值与建设用地总面积的比值,反映评价时点土地产出效益状况和土地承载经济总量的能力	万元/km²	正向指标
增长耗地指数	人口增长耗地	单位人口增长消耗新增城乡建设用地量	指基准年的新增城乡建设用地量与人口增长量比值,反映人口增长消耗的新增城乡建设用地状况	m²/人	反向指标
	经济增长耗地	单位地区生产总值耗地下降率	指基准年前一年的单位地区生产总值耗地与基准年的单位地区生产总值耗地的差值占基准年前一年单位地区生产总值耗地的比率,反映经济增长耗地下降的速率	%	正向指标
		单位地区生产总值增长消耗新增建设用地量	指基准年的新增建设用地量与同期地区生产总值增长量的比值,反映经济增长消耗的新增建设用地状况	m²/万元	反向指标
		单位固定资产投资增长消耗新增建设用地量	指基准年的新增建设用地量与全社会固定资产投资总额的比值,反映单位投资消耗的新增建设用地状况	m²/万元	反向指标
用地弹性指数	人口用地弹性	人口与城乡建设用地增长弹性系数	指基准年之前 3 年(含基准年)的人口增长幅度与同期城乡建设用地增长幅度比值,反映建设用地消耗与自身社会发展的协调程度		正向指标
	经济用地弹性	地区生产总值与建设用地增长弹性系数	指基准年之前 3 年(含基准年)的地区生产总值增长幅度与同期建设用地总面积增长幅度的比值,反映建设用地消耗与自身经济发展的协调程度		正向指标

续表

指数	分指数	指　　标	指标内涵	计量单位	指标属性
管理绩效指数	用地管理绩效	城市存量土地供应比率	指基准年之前 3 年(含基准年)的各年实际供应的城市存量土地总量与城市土地供应总量的比值,反映存量用地盘活促进节约集约用地的管理效果	%	正向指标
		城市土地闲置比率	指基准年的城市闲置土地、空闲土地总面积与土地供应总面积的比值,反映评价时点土地闲置情况	%	反向指标
		城市批次土地供应比率	指基准年之前 3 年(不含基准年)的实际供应城市土地总量与经批次批准允许供应的城市土地供应总量的比值,反映新增用地供应管理促进节约集约用地的效果	%	正向指标

2. 中观尺度土地集约评价指标体系

以特定区域(开发区)为研究单元,评价土地集约利用水平,揭示各开发区土地集约利用程度、潜力和差异。在《开发区土地集约利用评价规程》(2014 年度试行)的基础上,宁夏新增工业用地产出强度和批而未供率两个指标,形成了更符合宁夏开发区实际情况的评价指标体系(表 1-2-2)。其中,指数层由土地利用状况、用地效率、管理绩效 3 项构成,包括土地利用程度、用地结构状况、土地利用强度等 5 项分指数,土地开发率、土地供应率、土地建成率、工业用地率、综合容积率等 13 项指标。[①②]

3. 微观尺度建设用地节约集约评价指标体系

依据《城市建设用地节约集约利用详细评价技术指南》(试行),以吴忠市利通区土地利用总体规划的中心城区建设用地扩展边界为评价地域范围,以宗地为评价单元,评价地域范围内居住、商业、工业、教育、医疗等现状建设用地节约集约利用程度。将用地类型作为指数层构建指标体系,见表 1-2-3。其中,分指数层由规划符合度、建设强度和利用效益 3 项构成,包括规划用途一致性、综合容积率、建筑密度、人口密度、地均税收、地均固定资产投资、地均工业产值等多项指标,不同用地类型的评价指标略有差异。

---

①　强妮. 不同区域开发区土地集约利用评价及障碍因素诊断——以宁夏为例[J]. 国土与自然资源研究,2024(01):28-32.

②　袁庆雯、刘艳芳、赵金梅,等. 宁夏开发区土地集约利用时空分布特征与驱动因素分析[J/OL]. 干旱区地理,[2024-05-13]. http://kns.cnki.net/kcms/detail/65.1103.X.20240403.1419.002.html.

表 1-2-2　中观尺度土地集约利用评价指标体系

指数	分指数	指　标	指　标　内　涵	指标属性
土地利用状况	土地利用程度	土地开发率	反映开发区土地的开发状况，已达到供地条件的土地面积与除不可建设土地以外的用地面积之比	正向指标
		土地供应率	反映开发区已达到供地条件土地的供应情况，已供应国有建设用地面积与已达到供地条件的土地面积之比	正向指标
		土地建成率	反映开发区已供应国有建设用地的建成状况，已建成城镇建设用地面积与已供应国有建设用地面积之比	正向指标
	用地结构状况	工业用地率	反映开发区已建成城镇建设用地中工矿仓储用地的比重，已建成城镇建设用地范围内工矿仓储用地面积与已建成城镇建设用地面积之比	正向指标
	土地利用强度	综合容积率	反映开发区已建成城镇建设用地的综合利用强度，已建成城镇建设用地上的总建筑面积与已建成城镇建设用地面积的比值	正向指标
		建筑密度	反映开发区已建成城镇建设用地的平面利用状况，已建成城镇建设用地内的建筑基底总面积与已建成城镇建设用地面积的比值	正向指标
		工业用地综合容积率	反映开发区工矿仓储用地的综合利用强度，已建成城镇建设用地范围内工矿仓储用地上的总建筑面积与工矿仓储用地面积之比	正向指标
		工业用地建筑系数	反映开发区工矿仓储用地的平面利用状况，属正向相关指标，已建成城镇建设用地范围内工矿仓储用地上的建筑物构筑物基底面积、露天堆场和露天操作场地的总面积与工矿仓储用地面积之比	正向指标
用地效率	产业用地投入产出效益	工业用地固定资产投入强度	反映开发区工矿仓储用地的投入强度，已建成城镇建设用地范围内的工业(物流)企业累计固定资产投资总额与工矿仓储用地面积之比	正向指标
		工业用地产出强度	反映开发区工矿仓储用地的产出强度，已建成城镇建设用地范围内的工业(物流)企业总收入与工矿仓储用地面积之比	正向指标
		工业用地地均税收	反映开发区工矿仓储用地的产出效益，已建成城镇建设用地范围内的工业(物流)企业税收总额与工矿仓储用地面积之比	正向指标
管理绩效	土地利用监管绩效	土地闲置率	反映开发区土地的闲置情况，已供应国有建设用地中闲置土地面积与已供应国有建设用地面积之比	反向指标
		批而未供率	反映开发区批准土地的供应情况，已批准但未供应建设用地面积与已批准建设用地面积之比	反向指标

表 1-2-3 微观尺度建设用地节约集约利用评价指标体系

指数	分指数	指 标	指 标 内 涵	计量单位
居住用地	规划符合度	规划用途一致性	居住用地评价单元的现状土地用途与规划用地性质的一致性，反映按照规划可改造用地情况	—
	建设强度	综合容积率	居住用地评价单元内的建筑总面积(万 m^2)/评价单元面积(hm^2)，反映土地的建设强度	—
		建筑密度	居住用地评价单元内建筑基底面积(万 m^2)/评价单元面积(hm^2)，反映土地的建设强度	—
	利用效益	人口密度	居住用地评价单元内的居住人口(人)/评价单元面积(hm^2)，反映土地的人口承载能力	人/hm^2
商业用地	规划符合度	规划用途一致性	商业用地评价单元的现状土地用途与规划用地性质的一致性，反映按照规划可改造用地情况	—
	建设强度	综合容积率	商业用地评价单元内的建筑总面积(万 m^2)/评价单元面积(hm^2)，反映土地的建设强度	—
		建筑密度	商业用地评价单元内建筑基底面积(万 m^2)/评价单元面积(hm^2)，反映土地的建设强度	—
	利用效益	商业物业出租(营业)率	商业用地评价单元内已出租(营业)商业物业面积(万 m^2)/总竣工面积(万 m^2)，反映商业物业的有效利用程度	%
		地均税收	商业用地评价单元内的企业税收总额(万元)/评价单元面积(hm^2)，反映土地的产出效益	万元/hm^2
工业用地	规划符合度	规划用途一致性	工业用地评价单元的现状土地用途与规划用地性质的一致性，反映按照规划可改造用地情况	—
		产业导向符合性	工业用地评价单元内的现状产业类别与规划产业主导类型的一致性，反映工业用地按规划转型升级情况	—
	建设强度	工业容积率	工业用地评价单元内的建筑总面积(万 m^2)/评价单元面积(hm^2)，反映土地的建设强度	—
		建筑密度	工业用地评价单元内建筑基底面积(万 m^2)/评价单元面积(hm^2)，反映土地的建设强度	—
	利用效益	地均固定资产投资	工业用地评价单元内的工业(物流)企业固定资产原价(万元)/评价单元面积(hm^2)，反映土地的投入强度	万元/hm^2

续表

指数	分指数	指 标	指 标 内 涵	计量单位
工业用地	利用效益	地均税收	工业用地评价单元内的工业(物流)企业税收总额(万元)/评价单元面积(hm²),反映土地的产出效益	万元/hm²
		地均工业产值	工业用地评价单元内的工业(物流)企业总产值(万元)/评价单元面积(hm²),反映土地的产出效益	万元/hm²
教育用地	规划符合度	规划用途一致性	教育用地评价单元的现状土地用途与规划用地性质一致性,反映按照规划可改造用地情况	—
	建设强度	综合容积率	教育用地评价单元内的建筑总面积(万 m²)/评价单元面积(hm²),反映土地的建设强度	—
		建筑密度	教育用地评价单元内建筑基底面积(万 m²)/评价单元面积(hm²),反映土地的建设强度	—
	利用效益	地均服务学生数	教育用地评价单元内的学生总数(人)/评价单元面积(hm²),反映土地的教育人口承载水平	人/hm²
医疗卫生用地	规划符合度	规划用途一致性	医疗卫生用地评价单元的现状土地用途与规划用地性质的一致性,反映按照规划可改造用地情况	—
	建设强度	综合容积率	医疗卫生用地评价单元内的建筑总面积(万 m²)/评价单元面积(hm²),反映土地的建设强度	—
		建筑密度	医疗卫生用地评价单元内建筑基底面积(万 m²)/评价单元面积(hm²),反映土地的建设强度	—
	利用效益	地均床位数	医疗卫生用地评价单元内的床位数/评价单元面积(hm²),反映土地的医疗床位承载能力	床/hm²
其他用地	规划符合度	规划用途一致性	其他用地评价单元的现状土地用途与规划用地性质的一致性,反映按照规划可改造用地情况	—
	建设强度	综合容积率	其他用地评价单元内的建筑总面积(万 m²)/评价单元面积(hm²),反映土地的建设强度	—
		建筑密度	其他用地评价单元内建筑基底面积(万 m²)/评价单元面积(hm²),反映土地的建设强度	—

二、高质量发展评价指标体系

1. 宏观尺度高质量发展评价指标体系

立足宁夏回族自治区高质量发展实际，基于"创新、协调、绿色、开放、共享、安全"六维度发展理念，综合考虑数据可获性、可比性和代表性，构建宏观尺度的高质量发展评价指标体系，以期全面测度宁夏回族自治区自然社会经济高质量发展现状，见表1-2-4。

表1-2-4　县(市、区)高质量发展评价指标体系

指数	分指数	指　　标	指标内涵	数据来源	指标属性
创新	创新投入产出	科学研究与技术服务业固定资产投入比例	科学研究与技术服务业固定资产投资额/固定资产投资总额	统计年鉴	正向指标
		科教文卫用地占比(%)	科教文卫用地总面积/区域建设用地总面积	历年国土变更调查数据	正向指标
		高新技术行业企业数量(所)	高新技术企业数量	统计年鉴	正向指标
	创新环境	普通高等院校数量(所)	区域普通高等学校总数	统计年鉴	正向指标
		科学研究与技术服务业平均工资(元/年)	从事科学研究与技术服务行业人员的平均工资	统计年鉴	正向指标
		每万人中大学生数量(人/万人)	大学学历人口总量/常住人口总数	统计年鉴	正向指标
协调	城乡统筹	城乡人均生产总值比	城镇/乡村人均生产总值	统计年鉴	反向指标
		城乡建设用地增长协调度	城镇与乡村建设用地增长率耦合协调度	历年国土变更调查数据	正向指标
		城乡人均道路面积比	城镇/乡村人均道路面积	历年国土变更调查数据、统计年鉴	反向指标
		城乡人均可支配收入比	城镇/乡村常住居民人均可支配收入	统计年鉴	反向指标
		城乡人均生活消费支出比	城镇/乡村人均生活消费支出	统计年鉴	反向指标

续表

指数	分指数	指 标	指标内涵	数据来源	指标属性
协调	城乡统筹	常住人口城镇化率(%)	城镇常住人口数/总人口数	统计年鉴	正向指标
		城乡就业人口偏离度	城镇/乡村就业人口减1的绝对值	统计年鉴	正向指标
		城乡人均建设用地面积比	城镇/乡村人均建设用地面积	统计年鉴	正向指标
	结构高效	国土空间开发强度(%)	建设用地面积/区域面积	历年国土变更调查数据	正向指标
		商住工业用地耦合协调度	商业用地、居住用地和工业用地耦合协调度		
		土地利用混合度	土地利用混合熵		
		耕地连片度	连片耕地面积/耕地总面积		
		建设用地连片度(%)	连片建设用地面积/建设用地总面积		
绿色	生态保护	人均公园绿地面积(m²/人)	人均公园绿地面积=公园绿地总面积(平方米)/人口总数	历年国土变更调查数据、统计年鉴	正向指标
		生态源地面积(km²)	基于形态学空间分析工具(MSPA)识别的宁夏主要生态源地面积	历年国土变更调查数据	正向指标
		生态廊道长度(km)	基于MSPA工具识别的宁夏主要生态廊道总长度		正向指标
		生态用地面积净变化率(%)	2010—2018年新增-占用生态用地(包括林地、草地、湿地、水域)面积/2010年生态用地面积	历年国土变更调查数据	反向指标
		城市建设用地扩张占用生态用地面积(km²)	2010—2018年占用生态用地(包括林地、草地、湿地、水域)图斑空间分布及面积统计		反向指标
	绿色生产	每万元GDP地耗(m²)	生产总值/建设用地面积	历年国土变更调查数据、统计年鉴	反向指标
		工业用地地均增加值(亿元/km²)	工业生产总值/工业用地面积		正向指标
		每万元GDP能耗(吨标煤)	煤耗/GDP总量	统计年鉴	反向指标
		每万元GDP废气排放量(亿m³/万元)	工业废气排放总量/GDP总量	统计年鉴	反向指标

续表

指数	分指数	指　　标	指　标　内　涵	数据来源	指标属性
绿色	绿色生产	工业废气处理率	(工业废气产生量-工业废气排放量)/工业废气产生量	统计年鉴	正向指标
		工业废水处理率	工业废水处理量/(工业废水处理量+工业废水排放量)	统计年鉴	正向指标
	绿色生活	城镇生活污水处理率(%)	城镇处理生活污水处理量/城镇生活污水排放量	统计年鉴	正向指标
		城镇人均生活污水排放量	城镇生活污水排放量/城镇常住人口数	统计年鉴	反向指标
		城镇人均生活废气排放量(吨/人)	城镇生活二氧化硫、氮氧化物和烟尘排放总量/城镇常住人口数	统计年鉴	反向指标
		年均 $PM_{2.5}$	年均 $PM_{2.5}$ 值	统计年鉴	反向指标
		人均年用水量(m³/人)	水耗/人口总数	统计年鉴	反向指标
开放	网络连通	道路网密度(km/km²)	道路网络长度/区域面积	道路网络数据、行政区划数据	正向指标
		道路网络临近中心性	基于 Urban network analysis 工具计算的宁夏道路网络节点的邻近中心性	道路网络数据	正向指标
		交叉口密度(个/km²)	道路交叉口个数/区域总面积	道路网络数据	正向指标
		公交站点密度(个/km²)	公交站点数量/区域总面积	兴趣点数据(POI)	正向指标
	旅游开放	距飞机场平均距离(km)	基于路网计算的县(市、区)内部距飞机场的平均距离	道路网络数据、兴趣点数据①	反向指标
		距火车站平均距离(km)	基于路网计算的县(市、区)内部距火车站的平均距离	道路网络数据、兴趣点数据	反向指标
		距高速路口平均距离(km)	基于路网计算的县(市、区)内部距高速路口的平均距离	道路网络数据、兴趣点数据	反向指标
		距旅游景点的平均距离(km)	基于路网计算的县(市、区)内部距旅游景点的平均距离	道路网络数据、兴趣点数据	反向指标

---

①　道路网络数据、兴趣点数据均来源于高德地图服务平台(https://ditu.amap.com/)。

续表

指数	分指数	指 标	指标内涵	数据来源	指标属性
共享	宜居	公园绿地车行15分钟覆盖人口比例(%)	基于ArcGIS以车行15分钟(约8km)作为阈值计算公园绿地、医疗、中小学和体育设施的服务区面积,计算服务区内人口/区域总人口	道路网络数据、兴趣点数据	正向指标
		社区卫生医疗设施车行15分钟覆盖人口比例(%)		道路网络数据、兴趣点数据	正向指标
		社区中小学车行15分钟覆盖人口比例(%)		道路网络数据、兴趣点数据	正向指标
		社区体育设施车行15分钟覆盖人口比例(%)		道路网络数据、兴趣点数据	正向指标
		基础设施固定资产投资比例	基础设施投资金额/固定资产投资总额	统计年鉴	正向指标
		人均可支配收入(元/人)	城乡居民可支配收入/城乡常住人口总数	统计年鉴	正向指标
	宜养	每千人口执业助理医师数(人/千人)	执业(助理)医师数/常住人口总数	统计年鉴	正向指标
		每千人口拥有卫生机构床位数(张/千人)	医院、社区卫生服务中心、卫生院及专业公共卫生机构床位总数/常住人口总数	统计年鉴	正向指标
		每一就业劳动力负担系数	(家庭人口数-离退休人口数)/就业人口数	统计年鉴	反向指标
	宜业	人均地方财政收入(元/人)	地区财政收入/常住人口数	统计年鉴	正向指标
		人均地区生产总值(元/人)	地区生产总值/常住人口数	统计年鉴	正向指标
		常住人口就业率(%)	就业人口总数/常住人口数	统计年鉴	正向指标
		工业固定资产投入比例(%)	工业固定资产投入总值/固定资产投资总额	统计年鉴	正向指标
安全	底线管控	人均耕地面积(亩/人)	耕地总面积/常住人口总数	历年国土变更调查数据、统计年鉴	正向指标
		耕地面积净变化率	(2018年耕地面积-2010年耕地面积)/2010年耕地面积	历年国土变更调查数据	反向指标
		城市建设用地扩张占用耕地面积(km²)	2010—2018年占用耕地面积统计	历年国土变更调查数据	反向指标

指数	分指数	指　　标	指　标　内　涵	数据来源	指标属性
安全	生态安全	森林覆盖率(%)	森林面积/土地总面积×100%	历年国土变更调查数据	正向指标
		生态阻力值	基于生态阻力面模型计算的区域生态阻力总值	历年国土变更调查数据、数字高程数据①、夜间灯光数据②	反向指标
		生境质量	基于 InVEST 模型计算的各县(市、区)生境质量	历年国土变更调查数据、兴趣点数据、道路网络数据	正向指标
		水土保持量(吨)	基于 InVEST 模型计算的各县(市、区)水土保持量	历年国土变更调查数据、土壤调查数据③、数字高程数据	正向指标
		水源涵养量(mm)	基于 InVEST 模型计算的各县(市、区)水源涵养量	历年国土变更调查数据、年平均降雨、数字高程数据、土壤调查数据	正向指标
		碳储量(吨)	基于 InVEST 模型计算的各县(市、区)碳储量	历年国土变更调查数据、土壤调查数据	正向指标
		废气污染物排放总量(吨)	工业+生活二氧化硫、氮氧化物、烟(粉)尘排放量	统计年鉴	反向指标
		危险废物综合利用率(%)	危险废物综合利用量/危险废物产生量	统计年鉴	正向指标
	水安全	城市可用水资源总量(亿 m^3)	水资源公报中获取的城市供水总量	统计年鉴	正向指标
		污水排放污染物含量(吨)	工业+生活污水 COD 与氨氮排放量	统计年鉴	反向指标
		自然岸线 1km 缓冲区内建设用地面积比例(%)	河流自然岸线缓冲 1km 距离内建设用地总面积/缓冲区总面积	历年国土变更调查数据	反向指标

①　数字高程(DEM)数据来源于地理空间数据云平台(https://www.gscloud.cn/),数据名称为 GDEMV2,原始分辨率为 30m。

②　夜光遥感数据来源于美国国家海洋和大气管理局(https://www.noaa.gov/),数据名称为 NPP/VIIRS,原始分辨率为 1km。

③　土壤调查数据来源于世界土壤数据库(https://www.fao.org/soils-prtal/soil-survey/soil-maps-and-databases/),国内精度为 1∶1000000。

续表

指数	分指数	指 标	指 标 内 涵	数据来源	指标属性
安全	文化安全	历史文化风貌保护面积(km²)	历史文化风貌保护区总面积	统计年鉴	正向指标
		文化产业机构数(个)	包括艺术产业、图书馆产业、群众文化产业和文物产业机构	统计年鉴	正向指标
		文化产业从业人数(人)	包括艺术产业、图书馆产业、群众文化产业和文物产业机构	统计年鉴	正向指标
		文化服务设施15分钟覆盖率(%)	基于ArcGIS以车行15分钟(约8千米)作为阈值计算文化服务设施服务区面积,除以区域总面积获得覆盖率	道路网络数据、兴趣点数据	正向指标
	防灾减灾	急救中心5分钟覆盖率(%)	基于ArcGIS以车行5分钟(约3千米)作为阈值计算急救中心服务区面积,除以区域总面积获得覆盖率	道路网络数据、兴趣点数据	正向指标
		消防救援5分钟覆盖率(%)	基于ArcGIS以车行5分钟(约3千米)作为阈值计算急救中心服务区面积,除以区域总面积获得覆盖率	道路网络数据、兴趣点数据	正向指标
		紧急避难场所5分钟覆盖率(%)	基于ArcGIS以车行5分钟(约3千米)作为阈值计算急救中心服务区面积,除以区域总面积获得覆盖率	道路网络数据、兴趣点数据	正向指标

1.1 创新发展理念

创新是引领发展的第一动力,在加快新旧动能转换、吸纳人才资源、释放发展动力等方面起着关键作用,充足的创新投入和优良的创新环境是高质量发展的重要支撑。其中,创新投入特指促进科技创新活动的资金等资源投入,以 R&D 固定资产投入比例反映资金投入,① 以科教文卫用地占比等反映土地等其他资源投入。创新环境是创新主体所处空间范围内人力、资金等资源要素结合形成的关系总和。以普通高等院校数量和每万人中大学生数量指征高素质人才环境,② 以 R&D 平均工资反映收入环境。

1.2 协调发展理念

协调发展是高质量发展的内在需求,要正确处理发展中的重大关系,逐步缩小城乡区

---

① 郝金连,王利,孙根年,孙凡凯,王东华.黄河流域高质量发展空间格局演进——基于新发展理念视角[J].中国沙漠,2022(06):1-11.

② 李金昌,史龙梅,徐蔼婷.高质量发展评价指标体系探讨[J].统计研究,2019,36(01):4-14.

域发展差距，发挥复杂系统的整体性和高效性，推动区域城乡统筹和结构高效发展。① 其中，城乡统筹的目标是要使农村与城市居民享有平等的权利、均等化的公共服务和生活条件。以城镇化率、城乡就业人口偏离度反映城乡人口差异，以城乡人均生产总值比、可支配收入比和生活消费支出比等指标反映城乡经济差异，以城乡建设用地增长协调度、城乡人均建设用地面积比、城乡人均道路面积比反映城乡用地差异。结构高效通过区域用地结构、连片度反映，主要选择国土空间开发强度、商住工业用地耦合协调度、土地利用混合度、耕地连片、建设用地连片度来衡量。

1.3　绿色发展理念

高质量发展要实施更严格的环保标准，应按照环保要求减少污染排放、推进城市垃圾分类等，推动形成绿色生产方式、绿色出行方式、绿色生活方式，建立健全绿色低碳循环发展的经济模式。因此，从生态保护、绿色生产和绿色生活三维度选取指标来综合衡量绿色发展能力。生态保护包含区域生态发展现状、环境保护与建设力度等内容。以人均公园绿地面积和生态源地面积衡量城乡生态用地现状②，以生态用地面积净变化率等指标衡量城市快速扩张过程对生态用地的侵袭。绿色生产是指以节能、降耗、减污为目标，以管理和技术为手段，使工业污染物的产生量最少化的一种综合措施。以每万元 GDP 能耗来衡量工业节约用电能力，以每万元 GDP 废气排放量衡量污染物排放水平，以工业废气处理率和废水处理率衡量技术措施强度。绿色生活是指一种亲近自然、注重环保、绿色消费、节约资源的生活方式。以城镇生活污水处理率和垃圾处理率等指标反映环保特征，以人均年用水量衡量节水强度。

1.4　开放发展理念

开放发展注重的是解决发展内外联动问题，良好的区域开放水平需要具备优良的内部网络联通特征和对外旅游开放水平。以道路网络临近中心性、交叉口密度等指标表征区域内部网络连通性，以距飞机场、火车站、高速路口平均距离反映对外联系能力，以距旅游景点的平均距离来衡量旅游吸引能力。

1.5　共享发展理念

共享发展理念关注社会公平正义问题，要让人民生活水平持续提高的同时缩小收入差距，解决分配不公平问题，减小区域公共服务水平差异。因此，从宜居、宜业和宜养

① 马庆斌，袁惊柱，王婧. 推动区域经济协调是高质量发展的需要[J]. 质量与认证，2019(09)：33-34.

② 徐承栋，王锦. 城市绿色空间网络构建与优化研究——以云南普洱市为例[J]. 西部林业科学，2022，51(05)：50.

三方面选取指标来综合衡量共享能力，其中，宜居倡导政府提供健康舒适的居住环境，全龄友好的运动、学习和休闲服务等配套设施，以公园绿地、社区卫生医疗、体育设施等车行 15 分钟可覆盖的人口占区域总人口比例来反映；宜业提倡区域为就业人群创造更多的就业机会、优良的就业环境和较高的工资水平，以人均地方财政收入、常住人口就业率和工业用地固定资产投资强度①来衡量；宜养面向全生命周期的康养生活，提倡实现养老机构专业化、舒适化发展，以千名老人拥有养老床位数和职业助理医师数衡量养老发展水平。

1.6 安全发展理念

安全发展反映资源的合理利用程度与发展的效率和效益，是保证人的健康和生命安全的发展形式。只有人民安居乐业，政治才会稳定、社会才会和谐、经济才会繁荣。从底线管控、生态安全、水安全、文化安全和防灾减灾五个维度选取指标来综合衡量安全能力。其中，以人均耕地面积、耕地面积净变化率、城市建设用地扩张占用耕地面积衡量区域底线管控力度，以森林覆盖率和多种生态系统服务功能（包含生境质量、水土保持、水源涵养和碳储量等）多方面综合测定区域生态安全水平，以城市可用水资源总量衡量水安全特征，以历史文化风貌保护区面积和文化产业机构数等指标衡量文化保护力度，以消防救援和紧急避难场所的可达性衡量防灾减灾效率。

2. 中观尺度高质量发展评价指标体系

立足于新时代和新形势发展，围绕宁夏努力建设黄河流域生态保护和高质量发展先行区的新使命和推进西部大开发建设形成的新格局，结合宁夏开发区基本情况，参考《国务院办公厅关于促进开发区改革和创新发展的若干意见》《国家高新技术产业开发区综合评价指标体系》《国务院办公厅关于完善国家级经济技术开发区考核制度促进创新发展的指导意见》《自治区人民政府办公厅关于促进开发区改革和创新发展的实施意见》《自治区人民政府办公厅关于推动高新技术产业开发区高质量发展的意见》和《宁夏回族自治区开发区总体发展"十四五"规划》等文件要求，坚持导向性、系统性、兼容性、连续性、可操作性、激励性和规范性等原则，围绕"创新、协调、绿色、开放、共享"五大新发展理念构建了中观尺度的开发区高质量发展评价指标体系，见表 1-2-5。

创新维度，考虑高新产业发展和创新驱动成果两个方面，设计 6 项三级指标，评价开发区高新技术产业发展经济效率以及开发区产出水平，其中开发区产出水平能在一定程度上反映开发区的创新驱动效果；协调维度，考虑内部交通、国土空间利用和居住空间三个方面，设计 12 项三级指标，评价开发区的内部交通协调度、各类用地结构、布局与利用

---

① 张涛. 高质量发展的理论阐释及测度方法研究［J］. 数量经济技术经济研究，2020，37（05）：23-43.

的协调性、职住平衡特征；绿色维度，从绿色生产和生态空间发展两个方面出发，设计 5
项三级指标，绿色生产的指标主要考核的是土地资源投入与经济产出之间的关系，生态空
间发展的指标综合考虑生态的功能、服务范围及供给水平；开放维度，考虑对外交通和产
业吸引力两个方面，含 3 项三级指标，主要评价开发区对外联系的便利程度与吸引产业的
现状效果；共享维度，从服务设施供给方面出发，设计 3 项三级指标，考虑教育设施、休
闲娱乐设施及医疗设施的服务供给水平。

表 1-2-5　开发区高质量发展评价指标体系

指数	分指数	指　　标	指标内涵	数据来源	指标属性
创新	高新产业发展	高新技术产业用地面积(公顷)	高新技术产业用地面积(公顷)	历年开发区评价成果	正向指标
		高新技术产业收入占比(%)	高新技术产业收入/开发区总收入	历年开发区评价成果	正向指标
		高新技术产业用地产出率(万元/公顷)	高新技术产业收入/高新技术产业用地面积	历年开发区评价成果	正向指标
	创新驱动成果	地均收入(万元/公顷)	开发区工业(物流)总收入/开发区总面积	历年开发区评价成果	正向指标
		工业(物流)企业总收入增长率	2017—2020 年开发区工业(物流)企业总收入增长率	历年开发区评价成果	正向指标
		投入产出率	开发区总投入/总收入	历年开发区评价成果	正向指标
协调	内部交通	道路结点密度(个/km)	道路节点数量/区域总面积	道路网络数据、历年开发区评价成果	正向指标
		加权路网密度(km/km²)	道路长度/区域面积	道路网络数据、历年开发区评价成果	正向指标
	国土空间利用	农业、生态和建设空间协调程度	农业空间、生态空间及建设空间相互协调程度	历年国土变更调查数据	正向指标
		土地利用混合度	土地利用混合熵	历年国土变更调查数据	正向指标
		工业用地连片度	连片工业用地面积/工业用地总面积	历年国土变更调查数据	正向指标
		闲置土地率	闲置土地面积/总面积	历年开发区评价成果	反向指标

续表

指数	分指数	指 标	指标内涵	数据来源	指标属性
协调	国土空间利用	存量土地面积	未建成城镇建设用地面积	历年开发区评价成果	反向指标
	居住空间	休憩功能用地占比	休憩功能用地面积/总面积	历年国土变更调查数据、历年开发区评价成果	正向指标
		居住用地供给	居住用地面积	历年国土变更调查数据	正向指标
		商业服务业用地占比	商业服务业用地面积/总面积	历年国土变更调查数据、历年开发区评价成果	正向指标
		居住用地-1km商服平均最近距离	居住用地-1km商服最近距离的均值	道路网络数据、历年国土变更调查数据	反向指标
		工业用地-1km住宅平均最近距离	工业用地-1km住宅最近距离的均值	道路网络数据、历年国土变更调查数据	反向指标
绿色	绿色生产	工业收入耗地(hm²/万元)	工业用地面积/工业用地收入	统计年鉴、历年国土变更调查数据	反向指标
		经济增长耗地(hm²/万元)	开发区面积/2017—2020年开发区总收入差值	历年开发区评价成果	反向指标
	生态空间发展	生态空间功能值	生态空间功能值	统计年鉴、历年国土变更调查数据	正向指标
		居住用地-1km公园与绿地平均最近距离	居住用地-1km公园最近距离的平均值	道路网络数据、历年国土变更调查数据	反向指标
		公园与绿地占比	公园与绿地面积/开发区总面积	历年开发区评价成果、历年国土变更调查数据	正向指标
开放	对外交通	1km范围内公交车站密度	1km范围内公交车站数量/区域面积	道路网络数据、兴趣点数据	正向指标
	产业吸引力	企业数量增长率	开发区企业增长数量/评价周期	历年开发区评价成果	正向指标
		企业密度(个/km²)	企业数量/区域面积	统计年鉴、历年开发区评价成果	正向指标
共享	服务设施供给	1km范围内教育设施供给	1km范围内教育设施数量	道路网络数据、兴趣点数据	正向指标

续表

指数	分指数	指　标	指 标 内 涵	数据来源	指标属性
共享	服务设施供给	1km 范围内运动场馆密度	1km 范围内运动场馆数量/区域面积	道路网络数据、兴趣点数据	正向指标
		1km 范围内综合医院密度	1km 范围内综合医院数量/区域面积	道路网络数据、兴趣点数据	正向指标

3. 微观尺度高质量发展评价指标体系

测度高质量发展需要构建多维复合评价体系,本次评价立足吴忠市利通区中心城区发展实际,结合《吴忠市城市总体规划(2011—2030 年)》《利通区国民经济和社会发展第十四个五年规划和二○三五年远景目标纲要》,考虑数据可获取性、可比性、代表性,针对利通区居住、商业、工业、教育、医疗卫生 5 类宗地类型,从创新、协调、绿色、开放、共享、安全六个维度出发,选取指标构建微观尺度的宗地高质量发展指标体系,见表 1-2-6。

表 1-2-6　宗地高质量发展评价指标体系

指数	分指数	指　标	指 标 内 涵	数据来源	指标属性
居住用地	创新	科研院所可达性	基于路网计算的居住用地距科研院所的最短距离	历年国土变更调查数据、道路网络数据、兴趣点数据	正向指标
	协调	居住用地间的平均距离	基于路网计算的居住用地之间的平均距离	历年国土变更调查数据、道路网络数据	正向指标
		城市功能混合度	根据 POI 计算的混合熵	兴趣点数据	正向指标
	绿色	公园绿地可达性	基于路网计算的居住用地距公园绿地的最短距离	历年国土变更调查数据、道路网络数据、兴趣点数据	正向指标
	开放	道路直线中心性	基于 Urban network analysis 工具计算的居住用地所在的道路网络节点的直线中心性、中介中心性、临近中心性	历年国土变更调查数据、道路网络数据	正向指标
		道路中介中心性		历年国土变更调查数据、道路网络数据、兴趣点数据	正向指标
		道路临近中心性		历年国土变更调查数据、道路网络数据、兴趣点数据	正向指标

续表

指数	分指数	指 标	指标内涵	数据来源	指标属性
居住用地	共享	体育设施可达性	基于路网计算的居住用地距体育设施的最短距离	历年国土变更调查数据、道路网络数据、兴趣点数据	正向指标
		卫生医疗可达性	基于路网计算的居住用地距卫生医疗设施的最短距离		正向指标
		公交站点可达性	基于路网计算的居住用地距公交站点的最短距离		正向指标
		中小学可达性	基于路网计算的居住用地距中小学的最短距离		正向指标
	安全	消防救援可达性	基于路网计算的居住用地距消防救援站点的最短距离	历年国土变更调查数据、道路网络数据、兴趣点数据	正向指标
商业用地	创新	商业用地等级	根据商业用地属性划分的商业用地等级	历年国土变更调查数据、兴趣点数据	反向指标
	协调	商业用地间的平均距离	基于路网计算的商业用地之间的平均距离	历年国土变更调查数据、道路网络数据	正向指标
		城市功能混合度	根据POI计算的混合熵	兴趣点数据	正向指标
	绿色	公园绿地可达性	基于路网计算的商业用地距公园绿地的最短距离	历年国土变更调查数据、道路网络数据、兴趣点数据	正向指标
	开放	道路直线中心性	基于城Urban network analysis工具计算的商业用地所在的道路网络节点的直线中心性、中介中心性、临近中心性	历年国土变更调查数据、道路网络数据	正向指标
		道路中介中心性			正向指标
		道路临近中心性			正向指标
	共享	卫生医疗可达性	基于路网计算的商业用地距卫生医疗设施的最短距离	历年国土变更调查数据、道路网络数据、兴趣点数据	正向指标
		公交站点可达性	基于路网计算的商业用地距公交站点的最短距离		正向指标
		商业物业空置率	基于商业用地出租情况计算的商业物业空置率	利通区详细评价成果	反向指标
	安全	消防救援可达性	基于路网计算的商业用地距消防救援站点的最短距离	历年国土变更调查数据、道路网络数据、兴趣点数据	正向指标

续表

指数	分指数	指 标	指 标 内 涵	数据来源	指标属性
工业用地	创新	是否为高新技术企业	是否为高新技术企业	利通区详细评价成果	正向指标
	协调	工业用地间的平均距离	基于路网计算的工业用地之间的平均距离	历年国土变更调查数据、道路网络数据	正向指标
		城市功能混合度	根据 POI 计算的混合熵	兴趣点数据	正向指标
	绿色	公园绿地可达性	基于路网计算的工业用地距公园绿地的最短距离	历年国土变更调查数据、道路网络数据、兴趣点数据	正向指标
		每万元 GDP 地耗	工业用地面积/工业生产总值	利通区详细评价成果	正向指标
	开放	道路直线中心性	基于 Urban network analysis 工具计算的工业用地所在的道路网络节点的直线中心性、中介中心性、临近中心性	历年国土变更调查数据、道路网络数据	正向指标
		道路中介中心性			正向指标
		道路临近中心性			正向指标
	共享	卫生医疗可达性	基于路网计算的工业用地距卫生医疗设施的最短距离	历年国土变更调查数据、道路网络数据、兴趣点数据	正向指标
		公交站点可达性	基于路网计算的工业用地距公交站点的最短距离		正向指标
	安全	消防救援可达性	基于路网计算的商业用地距消防救援站点的最短距离	历年国土变更调查数据、道路网络数据、兴趣点数据	正向指标
教育用地	创新	教育等级	教育用地等级	利通区详细评价成果	正向指标
	协调	教育用地间的平均距离	基于路网计算的教育用地之间的平均距离	历年国土变更调查数据、道路网络数据	正向指标
		城市功能混合度	根据 POI 计算的混合熵	兴趣点数据	正向指标
	绿色	公园绿地可达性	基于路网计算的教育用地距公园绿地的最短距离	历年国土变更调查数据、道路网络数据、兴趣点数据	正向指标

续表

指数	分指数	指 标	指标内涵	数据来源	指标属性
教育用地	开放	道路直线中心性	基于 Urban network analysis 工具计算的教育用地所在的道路网络节点的直线中心性、中介中心性、临近中心性	历年国土变更调查数据、道路网络数据	正向指标
		道路中介中心性			正向指标
		道路临近中心性			正向指标
	共享	卫生医疗可达性	基于路网计算的教育用地距卫生医疗设施的最短距离	历年国土变更调查数据、道路网络数据、兴趣点数据	正向指标
		公交站点可达性	基于路网计算的教育用地距公交站点的最短距离		正向指标
		可服务学生数	教育用地可服务学生数	利通区详细评价成果	正向指标
	安全	消防救援可达性	基于路网计算的教育用地距消防救援站点的最短距离	历年国土变更调查数据、道路网络数据、兴趣点数据	正向指标
医疗卫生用地	创新	医院等级	医院等级	利通区详细评价成果	正向指标
	协调	医疗用地间的平均距离	基于路网计算的医疗用地之间的平均距离	历年国土变更调查数据、道路网络数据	正向指标
		城市功能混合度	根据 POI 计算的混合熵	兴趣点数据	正向指标
	绿色	公园绿地可达性	基于路网计算的医疗用地距公园绿地的最短距离	历年国土变更调查数据、道路网络数据、兴趣点数据	正向指标
	开放	道路直线中心性	基于 Urban network analysis 工具计算的医疗用地所在的道路网络节点的直线中心性、中介中心性、临近中心性	历年国土变更调查数据、道路网络数据	正向指标
		道路中介中心性			正向指标
		道路临近中心性			正向指标
	共享	公交站点可达性	基于路网计算的医疗用地距公交站点的最短距离	历年国土变更调查数据、道路网络数据、兴趣点数据	正向指标
		可提供床位数	医疗用地可提供床位数	利通区详细评价成果	正向指标
	安全	消防救援可达性	基于路网计算的医疗用地距消防救援站点的最短距离	历年国土变更调查数据、道路网络数据、兴趣点数据	正向指标

传统的统计数据难以落到每一个地块上，因此计算微观尺度评价指标需要获取高分辨率、高精度地理数据，例如道路网络、兴趣点数据等。具体而言，创新维度，居住用地考虑科研院所可达性，以反映居住用地受到的创新辐射影响程度；商业、工业、教育、医疗卫生用地则主要考虑用地属性与机构级别。协调维度，主要考虑同类用地之间的连片度与不同用地之间的混合度，以反映用地布局与功能的协调水平。绿色维度，通过各类用地距公园绿地的可达性来测度不同群体享受绿色设施服务的便利程度，其中工业用地还选取了每万元 GDP 地耗这一指标，以反映绿色生产水平。开放维度，主要考虑道路交通的建设程度。共享维度，居住用地从居民角度出发考虑体育、医疗、交通、教育等设施的供给水平；工业用地则主要考虑医疗、交通等基础设施的服务水平；商业用地在此基础上，增加商业物业空置率指标来考量设施使用程度；教育用地增加可服务学生数反映教育设施的覆盖程度与服务水平；医疗卫生用地增加可提供床位数反映医疗设施的覆盖程度与服务水平。安全维度，选取各类用地距消防救援站点的最短距离指标来反映救援效率。

三、节约集约利用与高质量发展评价方法

本书构建了多尺度节约集约评价和高质量发展评价的指标体系。按照"指标标准化—权重确定—加权求和"的步骤计算得到最终评价结果，进一步采用描述性统计与趋势拟合法进行具体分析。各方法的具体原理及计算方式说明如下：

1. 指标标准化

指标标准化是一种常见的指标无量纲化处理方式。在节约集约和高质量发展评价之前，需根据指标类型进行标准化。对于正向指标，采用极大值归一化法；对于逆向指标，则采用极小值法。该方法可将数据范围压缩至[0，1]。公式如下：

正向指标：
$$x' = \frac{x - x_{\min}}{x_{\max} - x_{\min}} \tag{1-1}$$

逆向指标：
$$x' = \frac{x_{\max} - x}{x_{\max} - x_{\min}} \tag{1-2}$$

式中，x' 为归一化后的指标值，x 为指标原始值，$x_{\max}$ 和 $x_{\min}$ 分别为其最大值和最小值。

2. 权重确定

确定节约集约与高质量发展评价指标体系中各指标权重的方法主要分为两种：主观赋权法和客观赋权法。本书综合主观的层次分析法和客观的熵权法，以减少主观影响，优化权重结果。

2.1 层次分析法

层次分析法是将与决策有关的元素分解成目标、准则、方案等层次，在此基础上进行定性和定量分析的决策方法。它把被评价对象的各种错综复杂的因素按照相互作用、影响及隶属关系划分成有序的递阶层次结构。根据对一定客观现实的主观判断，对相对于上一层次的下一层次中的因素进行两两比较，然后经过数学计算及检验，获得最低层相对于最高层的相对重要性权数，并进行排序。其基本思路是，首先建立有序的递阶指标系统，然后主观地将指标两两比较构造判断矩阵，再根据判断矩阵进行数字处理及一致性检验，就可获得各指标的相对重要性权数。具体步骤是：

（1）对指标进行两两比较，构造判断矩阵

将指标体系中所有指标成对比较后形成一个判断矩阵 $\boldsymbol{B}$，判断矩阵 $\boldsymbol{B}$ 中元素 b_{ij} 表示 x_i 对指标 x_j 的相对重要程度的两两比较值，用 1~9 的 9 个数字或其倒数表示，即标度大小，b_{ij} 越大，表示指标 i 比 j 越重要，具体含义见表 1-2-7。

表 1-2-7 判断矩阵中标度的含义

标度	含 义
1	表示两个因素相比，具有相同重要性
3	表示两个因素相比，前者比后者稍重要
5	表示两个因素相比，前者比后者明显重要
7	表示两个因素相比，前者比后者强烈重要
9	表示两个因素相比，前者比后者极端重要
2，4，6，8 倒数	表示上述相邻判断的中间值 若因素 i 与因素 j 的重要性之比为 a_{ij}，那么因素 j 与因素 i 重要性之比为 $a_{ji} = \dfrac{1}{a_{ij}}$

（2）计算各指标的权重

采用矩阵横向几何平均数的归一化方法确权：

首先，计算判断矩阵 $\boldsymbol{B}$ 的每一行元素的积 M_i，公式如下：

$$M_i = \prod_{j=1}^{p} b_{ij} \quad (i = 1,\ 2,\ \cdots,\ p) \tag{1-3}$$

式中，b_{ij} 为指标标度值，p 为该指标体系中指标总数。

其次，求各行 M_i 的 p 次方根：

$$\omega'_i = \sqrt[p]{M_i} \tag{1-4}$$

最后，对 ω'_i 作归一化处理，即得各指标的权数：

$$\omega_i = \frac{\omega'_i}{\sum\limits_{j=1}^{p} \omega'_j} \tag{1-5}$$

（3）对判断矩阵进行一致性检验

用层次分析方法给指标赋权的重要前提是专家对各指标相对重要程度的判断要协调一致，不出现相互矛盾的现象。例如，在比较三个指标 x_1、x_2 和 x_3 时，会发生 x_1 比 x_2 重要，x_2 比 x_3 重要，x_3 又比 x_1 重要这种明显的矛盾，这种情况在评价指标较多时，是很容易出现的。所以在使用层次分析方法确定指标的权数时，要检验判断矩阵的一致性。判断矩阵 $\boldsymbol{B}$ 具有一致性的条件是矩阵 $\boldsymbol{B}$ 的最大特征根 $\lambda_{\max}$ 等于指标的个数，据此可设置一致性检验指标 CI 和 CR 来检验判断矩阵 $\boldsymbol{B}$ 偏离一致性的程度。其基本步骤为：

第一步，计算判别矩阵 $\boldsymbol{B}$ 的最大特征根 $\lambda_{\max}$，如下公式：

$$\lambda_{\max} = \frac{1}{p} \sum\limits_{i=1}^{p} \frac{(BW)_i}{\omega_i} \tag{1-6}$$

式中，采用权数向量 $W = (\omega_1, \omega_2, \cdots, \omega_p)'$ 右乘判别矩阵 $\boldsymbol{B}$，得到一个 p 阶列向量 BW，$(BW)_i$ 代表列向量 BW 的第 i 个分量；ω_i 为上述判别矩阵 $\boldsymbol{B}$ 每一行元素的 p 次方根。

第二步，计算衡量判断矩阵偏离一致性的指标 CI，公式为：

$$CI = \frac{\lambda_{\max} - p}{p - 1} \tag{1-7}$$

第三步，一致性指标 CI 与指标个数 p 有关。为了得到不同指标个数均适用的检验一致性的标准，还需计算随机一致性比率 CR。

$$CR = \frac{CI}{RI} \tag{1-8}$$

式中，RI 为随机一致性的标准。当 CR < 0.1 时，一般认为判断矩阵 $\boldsymbol{B}$ 具有满意的一致性，否则需要调整判断矩阵 $\boldsymbol{B}$，直到通过一致性检验为止。

（4）综合各层次的权数

假定中间层相对于最高目标有 m 个因素，它们的权数分别为 a_1、a_2、$\cdots$、a_m，而第 i 个中间层因素包含 p_i 个评价指标，它们的权数分别为 ω_{1i}、ω_{2i}、$\cdots$、$p = \sum\limits_{j=1}^{m} p_i$，则指标体系中各评价指标相对于最高目标的权数为：

$$\omega_i = \sum\limits_{j=1}^{m} \omega_{ija} \quad (i = 1, 2, \cdots, p) \tag{1-9}$$

（5）总的一致性检验

设中间层第 i 个因素的一致性指标的随机性为 CI_i，随机性一致比率为 CR_i，则总的随机一致性指标为：

$$CR_{\text{总}} = \frac{\sum\limits_{j=1}^{m} a_j CI_j}{\sum\limits_{j=1}^{m} a_j CR_j} \tag{1-10}$$

如果 $CR_{\text{总}} < 0.1$，则认为各评价指标的最终权数的确定具有合理性，否则需要调整判断矩阵 $\boldsymbol{B}$ 的数值。

实际计算过程中，按上述步骤分别通过一致性检验，再运用几何平均法或算术平均法将各专家确定的权数综合平均，以得到反映各评价指标的相对重要性权数。

2.2 熵权法

熵权法是基于指标变异程度，利用信息熵求得指标熵权并修正确定指标权重的客观赋权评价法，其具体计算步骤如下：

① 对评价指标进行标准化处理；

② 计算指标信息熵 E_j：

$$E_j = -\ln \frac{1}{n} \sum_{i=1}^{n} \left\{ \frac{X_{ij}}{\sum\limits_{i=1}^{n} X_{ij}} \ln \frac{X_{ij}}{\sum\limits_{i=1}^{n} X_{ij}} \right\} \tag{1-11}$$

③ 计算指标权重 w_j：

$$w_j = \frac{1 - E_j}{\sum\limits_{j=1}^{m} (1 - E_j)} \tag{1-12}$$

式中，X_{ij} 为指标标准化值，i、j 分别代表评价单元编号与指标编号，m、n 分别代表指标总数与评价单元总数。

3. 综合指数评价

综合指数评价法是根据指数分析的基本原理，在确定各指标权重后采用加权求和公式，综合反映区域节约集约水平或高质量发展程度的一种方法。公式如下：

$$S_i = \sum_{j=1}^{m} W_j \cdot P_{ij} \tag{1-13}$$

式中，W_j 为指标权重值，P_{ij} 为指标标准化值，i 代表评价单元编号，j 代表指标编号，m 是指标总数，n 为评价单元总数。

4. 描述性统计

采用平均值、标准差与同比增长率，以更好地描述节约集约、高质量发展指标和综合评价结果的分布特征、离散程度和变化趋势，公式如下。

① 平均值：同一指标多次观测值除以观测次数得到的平均数值。

$$\bar{x} = \frac{\sum_{i=1}^{n} x_n}{n} \tag{1-14}$$

式中，$\bar{x}$ 代表指标平均值，x_n 为指标观测值，n 为观测总次数。

② 标准差：同一指标多次观测值与平均值之间的差异系数，反映了指标观测值间的离散度。

$$\sigma = \sqrt{\frac{\sum_{i=1}^{n} (x_i - \bar{x})^2}{n}} \tag{1-15}$$

式中，σ 为指标标准差，$\bar{x}$ 代表指标平均值，x_i 为指标观测值，n 为观测总次数。

③ 同比增长率：本期观测值与上期的差值与上一期观测结果的比重，反映了指标观测值的变化趋势。

$$同比增长率 = \frac{本期 - 上期}{上期} \times 100\% \tag{1-16}$$

5. 趋势拟合

趋势拟合法将时间作为自变量，相应的指标观测值作为因变量，拟合并绘制与实际观测值最相似的分布函数，直观反映出单个指标随时间变化的特征。

常见函数主要包括线性拟合模型和非线性拟合模型。线性拟合适用于长期趋势呈现出线性特征的情景，而非线性拟合则适用于长期趋势呈现出非线性特征的情景，具体包括：

① 二次型：$T_t = a + bt + ct^2$；② 指数型：$T_t = ab^t$；③ 修正指数型：$T_t = a + bc^t$；

④ Gompertz 型：$T_t = e^{a+bc^t}$；⑤ Logistic 型：$T_t = \dfrac{1}{a + bc^t}$。

四、节约集约利用与高质量发展关联效应分析方法

基于城市建设用地节约集约与高质量发展的综合评价结果，采用双变量空间自相关、耦合协调度模型以及地理加权回归进行两者的关联效应分析，以期找到高质量发展目标下节约集约存在的问题，为后续推动两者耦合协调发展提供实证依据和决策支持。具体方法说明如下。

1. 耦合协调度

耦合协调度模型共涉及 3 个值的计算，分别是耦合度 C 值、协调指数 T 值以及耦合协调度 D 值。其中耦合度 C 值指两个或两个以上要素之间相互作用影响的程度，可以反映要素间的依赖、制约等动态关联关系；协调度 T 值指耦合相互作用关系中良性耦合程度的大

小，可体现出协调状况的好坏；耦合协调度 D 值综合了二者特性，可直观反映节约集约与高质量发展的耦合协调水平。

耦合协调度模型具体公式如下：

$$C = \left[\frac{f(x) \times g(x)}{\left(\frac{f(x) + g(x)}{2} \right)^2} \right]^{\frac{1}{2}} \tag{1-17}$$

$$D = \sqrt{C \times T}, \ T = \partial f(x) + \beta g(y), \ \partial + \beta = 1 \tag{1-18}$$

式中，$f(x)$ 和 $g(x)$ 分别是第 x 个城市建设用地节约集约与高质量发展的评价结果。耦合度 C 的取值范围为 $[0, 1]$，C 越接近 1，表示各系统间的耦合程度越好。协调度 T 的取值范围同样为 $[0, 1]$，∂ 和 β 代表对节约集约与高质量发展的关注程度，设定 $\partial = \beta = 0.5$。计算耦合协调度 D 值，分级标准见表1-2-8：

表 1-2-8　耦合协调度分级标准

耦合协调度 D 值区间	协调等级	耦合协调程度
$(0.0 \sim 0.1)$	1	极度失调
$[0.1 \sim 0.2)$	2	严重失调
$[0.2 \sim 0.3)$	3	中度失调
$[0.3 \sim 0.4)$	4	轻度失调
$[0.4 \sim 0.5)$	5	濒临失调
$[0.5 \sim 0.6)$	6	勉强协调
$[0.6 \sim 0.7)$	7	初级协调
$[0.7 \sim 0.8)$	8	中级协调
$[0.8 \sim 0.9)$	9	良好协调
$[0.9 \sim 1.0)$	10	优质协调

2. 双变量空间自相关

全局 Moran' I 指数是用来度量空间自相关的典型指标，反映了空间邻接或空间邻近的区域单元两维度指标属性值的相似程度，可以反映区域单元间是否存在集聚效应，其计算公式为：

$$I = \frac{N}{\sum_i \sum_j W_{ij}} \frac{\sum_i \sum_j W_{ij}(X_i - \overline{X})(X_j - \overline{X})}{\sum_i (X_i - \overline{X})^2} = \frac{N}{\sum_i \sum_j W_{ij}} \frac{\sum_i \sum_j W_{ij} Z_i Z_j}{\sum_i Z_i^2} \tag{1-19}$$

式中，X_i 为区域 i 经济变量的观测值；$\overline{X}$ 为区域间经济变量的平均数；Z_i 为 X 的离差，W_{ij} 空间权重矩阵 W 的元素，用来表示区域 i 与 j 的空间邻近关系，可以根据邻接标准或距离标准来度量。

局部 Moran'I 指数进一步考虑了单个指标不同区域空间关联存在的潜在差异，其计算公式为：

$$I_i = Z_i \sum_j W_{ij} Z_j \tag{1-20}$$

$$Z = \frac{I - E(I)}{\sqrt{\mathrm{Var}(I)}} \tag{1-21}$$

式中，I_i 为区域的局部 Moran 指数；Z_i、Z_j 分别为观测变量 X_i 和 X_j 的离差，W_{ij} 是空间权重矩阵 W 的元素，代表观测对象 i 和 j 间的距离权重。$I_i > 0$，表示该空间单元与邻近单元的属性值相似（"高—高"或"低—低"）；$I_i \leqslant 0$ 则表示该空间单元与邻近单元的属性值不相似（"高—低"或"低—高"）。

本书采用基于距离的空间权重计算方法，这种矩阵假定空间相互作用强度取决于区域质心之间的欧式距离。W_{ij} 的取值取决于距离的倒数。

双变量的局部 Moran's I 指数的计算方式 $I_i^{k,l}$ 如下：

$$I_i^{k,l} = z_{i,k} \sum_{j=1}^{n} w_{ij} \times z_{j,l} \tag{1-22}$$

$$z_{i,k} = \frac{X_{i,k} - \overline{X_k}}{\sigma_k}, \; z_{i,l} = \frac{X_{i,l} - \overline{X_l}}{\sigma_l} \tag{1-23}$$

式中，$X_{i,k}$ 和 $X_{i,l}$ 分别是单位 i 的变量 k 和 l 的值，$\overline{X_k}$ 和 $\overline{X_l}$ 是它们的平均值，σ_k 和 σ_l 是标准差。根据局部 Moran's I 指数统计，可将聚集分为四类：高 k 值高 l 值区（HH）、高 k 值低 l 值区（HL）、低 k 值高 l 值区（LH）和低 k 值低 l 值区（LL）。

3. 地理加权回归

地理加权回归（Geographically Weighted Regression，GWR）是一种空间分析技术，广泛应用于地理学及涉及空间模式分析的相关学科。GWR 通过建立空间范围内每个点处的局部回归方程，在考虑节约集约水平空间变化的基础上，探索高质量发展对其驱动作用。相较于传统的线性回归模型（OLS），该模型考虑了空间对象的局部效应，具有更高的拟合优度。具体公式如下：

$$y_i = \beta_0(u_i, v_i) + \sum_{k=1}^{p} \beta_k(u_i, v_i) x_{ik} + \varepsilon_i \quad i = 1, 2, \cdots, n \tag{1-24}$$

式中，(u_i, v_i) 为采样点 i 坐标，$\beta_k(u_i, v_i)$ 为采样点 i 上的第 k 个回归参数，是关于地理位置的函数，在估算的过程中采用权函数的方法得到。

本书采用高斯 Gauss 函数法计算权重，其基本思想是通过选取一个连续单调递减函数表示权重与距离之间的关系，函数形式如下：

$$W_{ij} = \exp(-(d_{ij}/b)^2) \tag{1-25}$$

式中，d_{ij} 是两点间距离的度量，b 是描述权重与距离之间函数关系的非负数衰减参数，称为带宽。带宽越大，权重随距离增加衰减得越慢，反之则权重衰减得越快。本书采用 ArcMap 软件实现模型拟合、评价和出图，分析高质量发展对城市建设用地节约集约利用的驱动机制。

第二篇

宏观尺度建设用地
节约集约利用评价与高质量发展

宏观尺度建设用地节约集约利用评价与高质量发展是以宁夏回族自治区各县(市、区)为研究单元,在2010—2018年《宁夏回族自治区城市建设用地节约集约利用状况评价》成果的基础上,从用地强度、增长耗地、用地弹性和管理绩效四个方面分析各县(市、区)节约集约指标及节约集约水平的时空演变特征。同时,面向新形势下高质量发展要求,构建"创新、协调、绿色、开放、共享、安全"六维度指标体系,运用层次分析法和熵权法确定指标权重,分析评价各县(市、区)高质量发展现状水平。在此基础上,采用空间相关、耦合协调度和空间回归等多源模型探索各县(市、区)节约集约水平与高质量发展的关联效应,识别区县级视角下建设用地节约集约利用与高质量发展存在的问题,并提出相应的管控措施。

第一章 宏观尺度建设用地节约集约利用分析

本章在对宁夏各县(市、区)土地利用现状及其变化分析的基础上,研究 2010—2018 年各县(市、区)建设用地节约集约利用的时空演变特征,以期为提高建设用地节约集约利用水平提供一定参考。

一、土地利用现状及其变化概况

1. 土地利用结构

依据宁夏回族自治区第二次全国土地调查(以下简称"二调")成果,草地占全区土地总面积的 41.04%,耕地占 27.08%,林地占 15.04%,其他土地占 8.18%,城镇村及工矿用地占 4.64%,水域及水利设施用地占 2.47%,园地占 1.10%,交通运输用地仅占 0.45%,如图 2-1-1 所示。相较于"二调",宁夏 2018 年度土地变更调查(以下简称"二调变更")数据显示,全区草地和林地面积均有所下降,占比分别为 40.35% 和 14.88%;耕地和交通运输用地面积略有增加,分别约占总面积的 27.36% 和 0.69%。

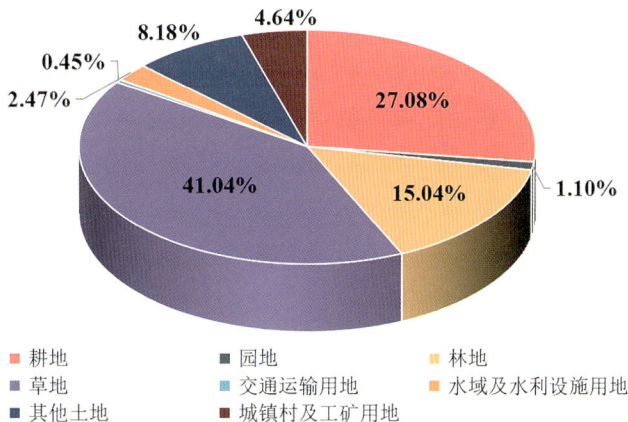

图 2-1-1 "二调"土地利用结构图

2. 城乡建设用地结构

"二调"数据显示，城乡建设用地中以村庄用地为主，占比最大，为60.43%；其次为城市用地，占13.41%；建制镇占13.39%；采矿用地占8.15%；风景名胜及特殊用地占4.62%，如图2-1-2所示。根据"二调变更"数据，2018年的城乡建设用地仍以村庄用地为主，但相较于2010年面积略有下降，占比为54.98%；随着城镇化进程的推进，建制镇和城市用地面积有所上升，占比分别为17.87%和15.19%；采矿用地略有减少，占比为7.70%；风景名胜及特殊用地占比为4.25%，变化不大。

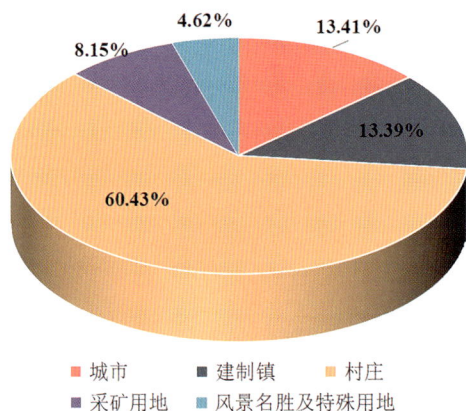

图2-1-2　"二调"城乡建设用地结构

3. 县(市、区)城乡建设用地结构及其变化

如图2-1-3所示，2010年金凤区、大武口区、兴庆区、西夏区和惠农区的城市建设用地占各辖区城乡建设用地的比例较高，均达到40%以上，其中金凤区的城市建设用地占比最高，达到60.1%；利通区、原州区、沙坡头区城市建设用地占比为10%~30%；灵武市和青铜峡市的城市建设用地占比不足10%；永宁县、贺兰县、平罗县、红寺堡区、盐池县、同心县、隆德县、泾源县和海原县等12个县(市、区)城市用地占比不足1%。贺兰县、永宁县以及平罗县建制镇占各辖区城乡建设用地比例高于30%，贺兰县最大，为36.34%；青铜峡市、灵武市、中宁县等11个县(市、区)建制镇占比为10%~30%；利通区、兴庆区、西吉县等8个县(市、区)建制镇占比低于10%，其中，大武口区占比不足1%。彭阳县和西吉县村庄用地占比较高，达到90%以上；惠农区和大武口区村庄用地占比较低，分别为27.99%、11.53%；其余县(市、区)村庄用地占比均大于30%。大武口区采矿用地占比最高，达到29.28%；灵武市、红寺堡区、沙坡头区、惠农区、西夏区、中宁县的采矿用地占比均高于10%；其余县(市、区)采矿用地占比则较少，低于10%。永

宁县的风景名胜及特殊用地占比最高，达到11.6%；贺兰县、青铜峡市和西夏区的风景名胜及特殊用地占比均达到8%以上；其余县(市、区)风景名胜及特殊用地占比小于8%。

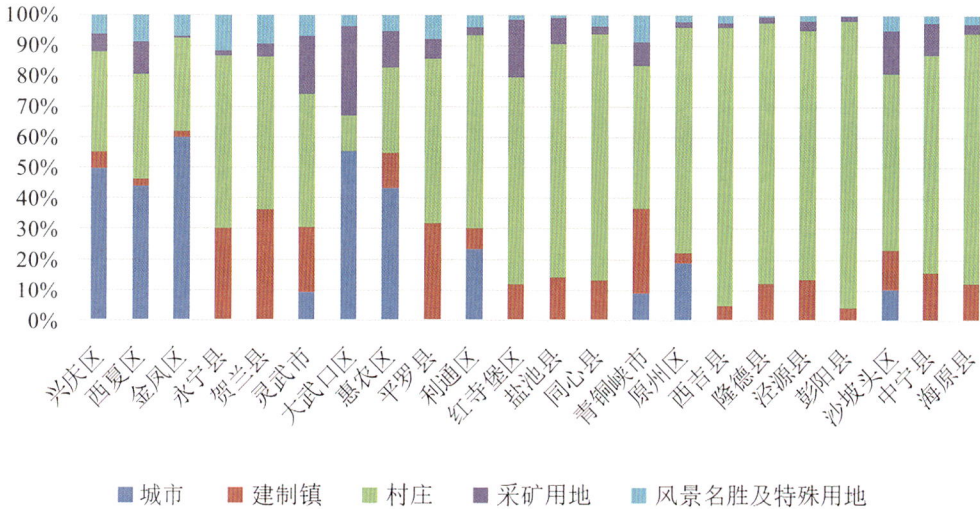

图 2-1-3 各县(市、区)"二调"城乡建设用地结构

如图 2-1-4 所示，2018 年，金凤区、大武口区、兴庆区、西夏区和惠农区的城市用地占各辖区城乡建设用地的比例较高，超过 40%。其中，金凤区占比最高，达 68.60%。利通区和原州区的城市建设用地占比分别为 28.75%、22.47%；沙坡头区、青铜峡市和灵武市城市建设用地占比小于 15%；永宁县、贺兰县、平罗县、红寺堡区、盐池县、同心县、隆德县、泾源县、中宁县、彭阳县、西吉县和海原县等 12 个县(市、区)城市建设用地占比不足 1%。永宁县、贺兰县、灵武市、平罗县和青铜峡市的建制镇占比超 30%，其中，永宁县建制镇占比最高，达 41.29%；中宁县建制镇占比为 25.40%；盐池县、隆德县、泾源县、同心县、沙坡头区、红寺堡区、海原县、惠农区和兴庆区等 9 个县(市、区)建制镇占比在 10%～20%；其余县(市、区)占比低于 10%。彭阳县村庄用地占比最高，为 91.78%；西吉县、海原县和隆德县占比也均超过 80%；惠农区、西夏区、兴庆区、金凤区和大武口区等 5 个县(市、区)村庄用地占比较少，均低于 25%；其余 13 个县(市、区)村庄用地占比均在 30%～80%。大武口区采矿用地占比最多，为 26.85%；红寺堡区、灵武市、沙坡头区和惠农区采矿用地占比较高，超过了 10%；惠农区、盐池县、西夏区等 17 个县(市、区)采矿用地占比均低于 10%。相较于 2010 年，大部分县(市、区)的采矿用地占比减少，但红寺堡区的采矿用地面积占比增长了 3.53%。西夏区、永宁县和青铜峡市风景名胜及特殊用地占比相对较高，在 8%以上；盐池县、隆德县和彭阳县的风景名胜及特殊用地占比相对较低，均不足 1%；贺兰县、平罗县、金凤区、兴庆区等 16 个县(市、区)风景名胜及特殊用地占比介于 1%～8%。

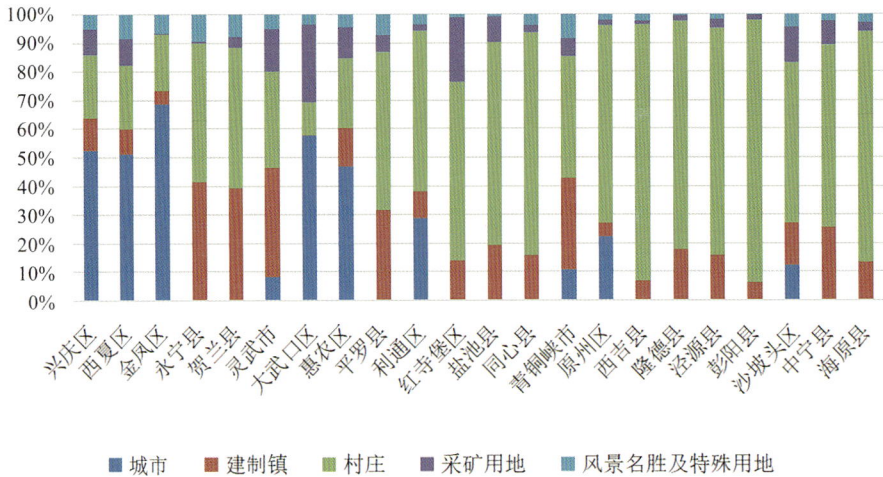

图 2-1-4　各县(市、区)"二调"变更城乡建设用地结构

2010—2018 年,各县(市、区)的城乡建设用地变化趋势整体呈现出稳中有增的态势(图 2-1-5)。灵武市的城乡建设用地在十年间增长显著,2013 年后,灵武市城乡建设用地面积始终居于全区首位,这是由于宁东能源化工基地、银川高新技术产业开发区(灵武羊绒产业园)、宁夏生态纺织产业示范园(灵武园区)、再生资源循环经济示范区、临港产业园建设的不断推进,城乡建设用地面积不断增大。

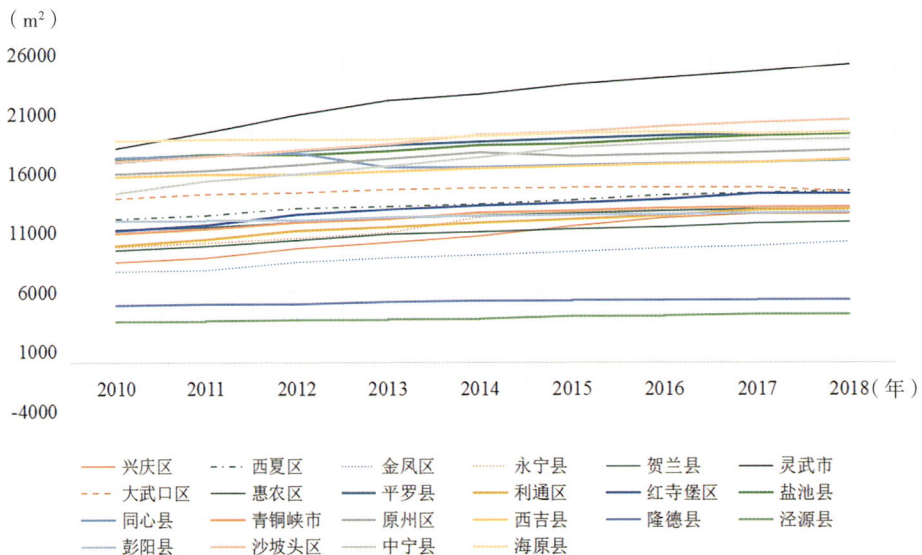

图 2-1-5　各县(市、区)城乡建设用地面积变化

二、建设用地节约集约利用状况指标分析

遵循建设用地节约集约利用评价指标体系构建原则，参照《建设用地集约利用评价规程》(TD/T 1018—2008)中确定的指标体系，从利用强度、增长耗地、用地弹性和管理绩效 4 个方面选取城乡建设用地人口密度等 12 个指标进行分析。

1. 利用强度指标分析

1.1　城乡建设用地人口密度

城乡建设用地人口密度指基准年的常住人口规模与城乡建设用地总面积的比值，反映评价时点土地承载人口总量的能力。整体来看，2018 年北部引黄灌区各县(市、区)该指标值差异较大，其余地区差异较小(图 2-1-6)。具体而言，兴庆区城乡建设用地人口密度最高，达到 7325.19 人/km²，约是全区历年平均水平(2870.02 人/km²)的 2.55 倍，这是由于该区作为银川市的政治、经济、科技、文化、教育、金融和商贸中心，以第二、三产业为主，人口较为密集，城乡建设用地人口承载水平最高。金凤区、利通区、隆德县、泾源县、西夏区等县(市、区)城乡建设用地人口密度次之，均高于全区历年平均水平。惠农区、红寺堡区、彭阳县和盐池县城乡建设用地人口密度较低，其中，盐池县最低，2018 年城乡建设用地人口密度仅为 1022.43 人/km²，为全区历年平均水平的 37.04%，这主要是由于该县产业以旱作农业、滩羊等畜牧业为主，农用地占比超 80%，城乡建设用地占比较少，且人口集聚水平低。

从各县(市、区)城乡建设用地人口密度变化来看(图 2-1-7)，2010—2018 年，银川市和固原市所辖大部分县(市、区)降幅超 10%，兴庆区、灵武市和中宁县城乡建设用地人口密度下降较多。其中，兴庆区下降最快，由 2010 年的 9412.92 人/km² 下降至 2018 年的 7325.19 人/km²，同比下降 22.18%，这是由于近年来兴庆区不断拓展城市用地新空间，在黄河以东建设滨河新区，建设用地增长速率显著高于人口增长速率，城乡建设用地人口密度下降。灵武市作为宁夏重要的经济发展区，近年来随着宁东能源化工基地、银川高新技术产业开发区(灵武羊绒产业园)、临港产业园等快速建设，城乡建设用地面积显著增加(44.26%)，而人口增速低于建设用地增长增速，这主要是由于园区距离银川较近，企业员工多"生产"在园区，而"生活"不在园区，不被统计在灵武市常住人口中，由此最终导致灵武市的城乡建设用地人口密度较小。而同心县、大武口区、平罗县和海原县 4 个县(市、区)的城乡建设用地人口密度增幅在 0.67%~7.22%，其中，同心县重视并实施空心村整理和农村居民点搬迁撤并工作，城乡建设用地人口密度增长最明显，达 7.22%。

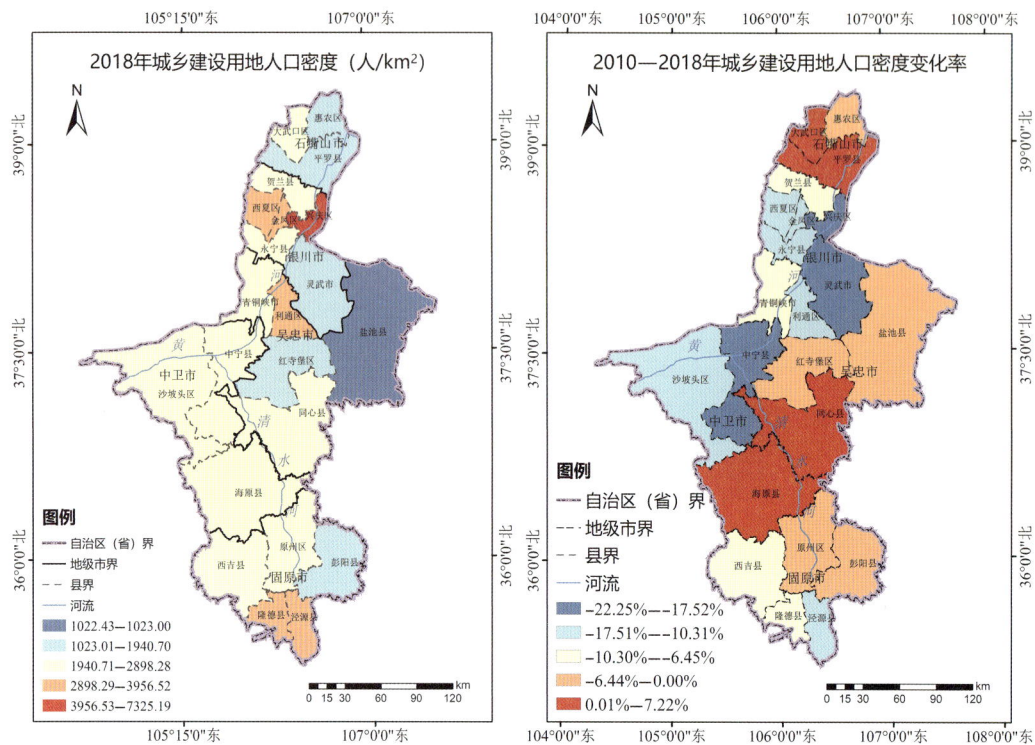

图 2-1-6　城乡建设用地人口密度

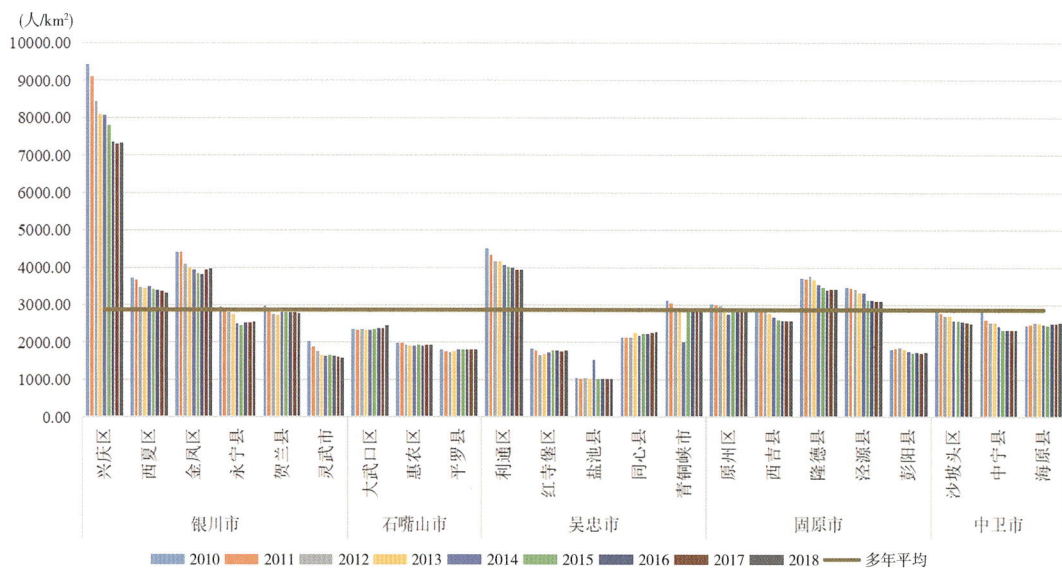

图 2-1-7　城乡建设用地人口密度多年对比

1.2 建设用地地均固定资产投资额

建设用地地均固定资产投资额指基准年之前的 3 年(含基准年)的全社会固定资产投资总额的平均值与基准年的建设用地总面积的比值,反映评价时点土地投入状况。整体来看,2018 年宁夏地均固定投资额呈现"北高南低"的空间态势(图 2-1-8)。具体而言,金凤区投资额最高,居于首位,2018 年地均固定资产投资总额达 254.05 万元/公顷,是全区历年平均水平(87.11 万元/公顷)的 2.9 倍。金凤区聚焦现代服务业、数字经济、品牌农业、总部经济、文化旅游五大优势主导产业,发挥投资拉动作用,支持民间资本参与,全社会固定资产投资总额较多。此外,兴庆区、灵武市和利通区地均固定资产投资额均高于宁夏历年平均水平。而红寺堡区、中宁县、西吉县和海原县的该指标值较低,其中,西吉县在多年间该指标值始终最低,2018 年地均固定资产投资额仅为 23.89 万元/公顷,为全区历年平均水平(87.11 万元/公顷)的 27.43%,主要由于重点项目完成实物量小,难以对全社会固定资产投资持续增长形成有效支撑;同时,重大项目支撑不足,因国家政策调整等因素影响,2018 年固定资产投资项目规模远低于年初计划;此外,投资主要集中在脱贫攻坚和城乡基础设施建设领域,工业和商贸流通项目规模小、层次低,难以对投资形成强劲支撑。①

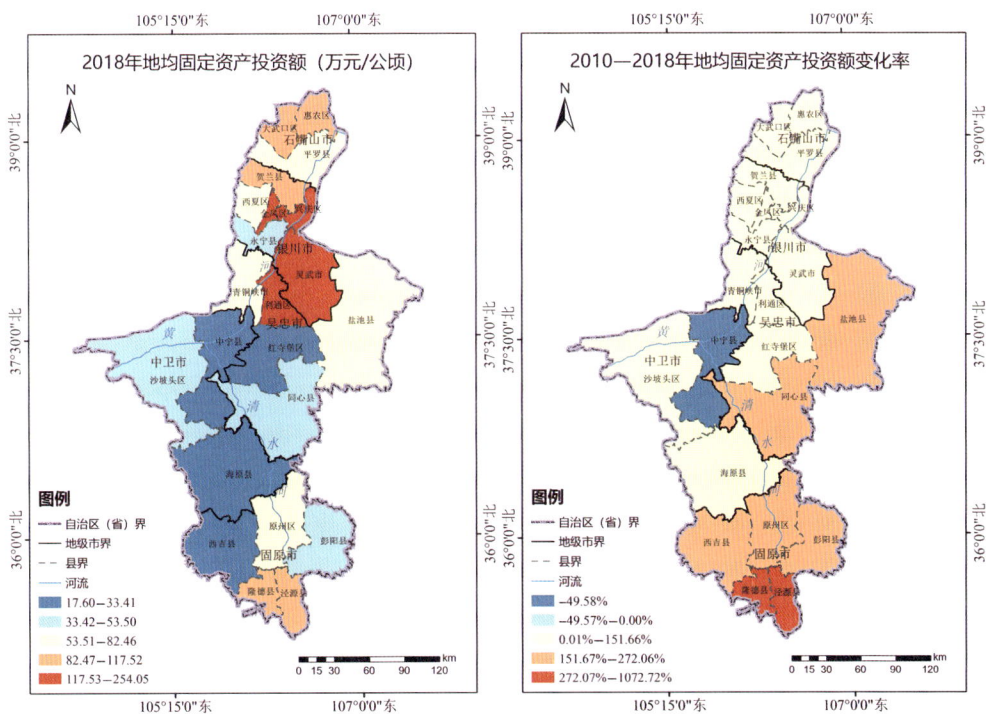

图 2-1-8 建设用地地均固定资产投资额

① 《西吉县 2018 年全社会固定资产投资完成情况分析及 2019 年工作建议》。

从各县(市、区)地均固定资产投资额变化来看(图 2-1-9),2010—2018 年,宁夏大部分县(市、区)地均固定资产投资额均显著增加,其中金凤区增量最大,由 2010 年的 107.62 万元/公顷增加至 2018 年的 254.05 万元/公顷。这是由于金凤区常住人口持续增长,新增居民的住房、教育及医疗需求拉动了基建和房地产投资,同时,金凤区重点发展现代服务业和总部经济,引进万达广场等多家商业、金融、保险及科技企业。从多年固定资产投资额变化率来看,隆德县和泾源县增幅最大,增加额超过该县 2010 年固定资产投资额的 4 倍。隆德县坚持市场导向、政府引导、项目带动,培育中药材、草畜、冷凉蔬菜三大特色主导产业,着力推进基础设施建设,吸引了大量劳动密集型企业落地;泾源县挖掘"绿水青山"和"冰天雪地"两大资源优势,完善基础设施,新建滑雪场,开展冰雪运动,健全文化旅游产业链,使过去的"冷"资源变成了"热"产业。值得注意的是,中宁县固定资产投资有下滑趋势,一方面,施工项目数量减少,企业新建项目动力不足;另一方面,建设资金不足导致建设缓慢,环保、能耗等资源约束,也导致引资项目落地较少。

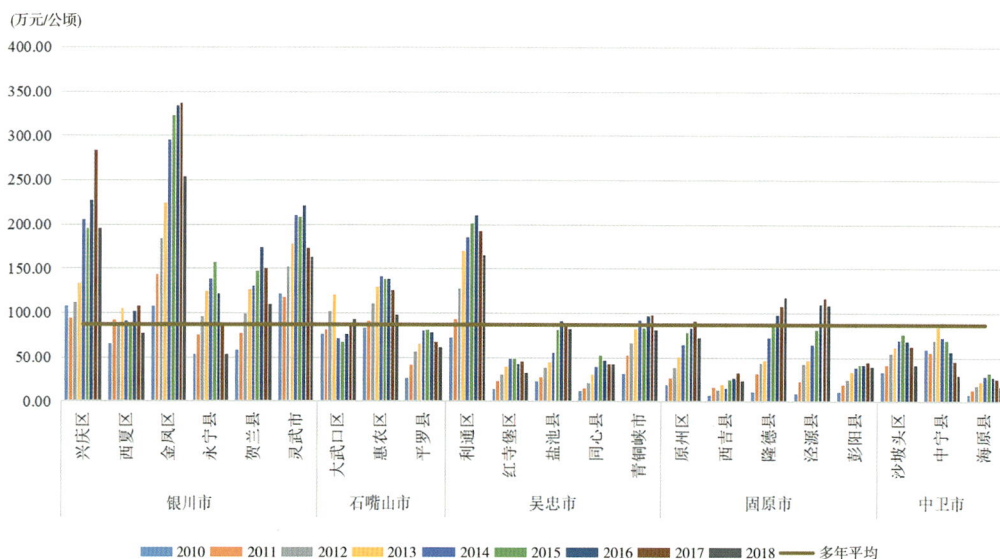

图 2-1-9 地均固定资产投资额多年对比

1.3 建设用地地均地区生产总值

建设用地地均地区生产总值指基准年的地区生产总值与建设用地总面积的比值,反映评价时点土地产出效益状况和土地承载经济总量的能力。如图 2-1-10 所示,2018 年建设用地地均地区生产总值空间上整体呈现"北高南低"的分布态势。具体来看,兴庆区地均地区生产总值最高,为 504.87 万元/公顷,是宁夏历年平均水平(92.22 万元/公顷)的 5.5

倍。兴庆区近年来商贸经济不断发展，新华百货总店等项目快速推进，数字经济、夜间经济、文旅产业融合发展，逐步成为"经济发展高地"之一。西夏区、金凤区、大武口区、灵武市和利通区均高于宁夏历年平均水平。盐池县、同心县、海原县和红寺堡区地均 GDP 低于自治区历年平均水平，其中红寺堡区最低，2018 年建设用地地均 GDP 仅为 14.97 万元/公顷，为全区历年平均水平的 16.23%，主要是由于红寺堡区开发建设较晚，产业结构层次较低，市场主体活力不强，导致区域地区生产总值整体较低。

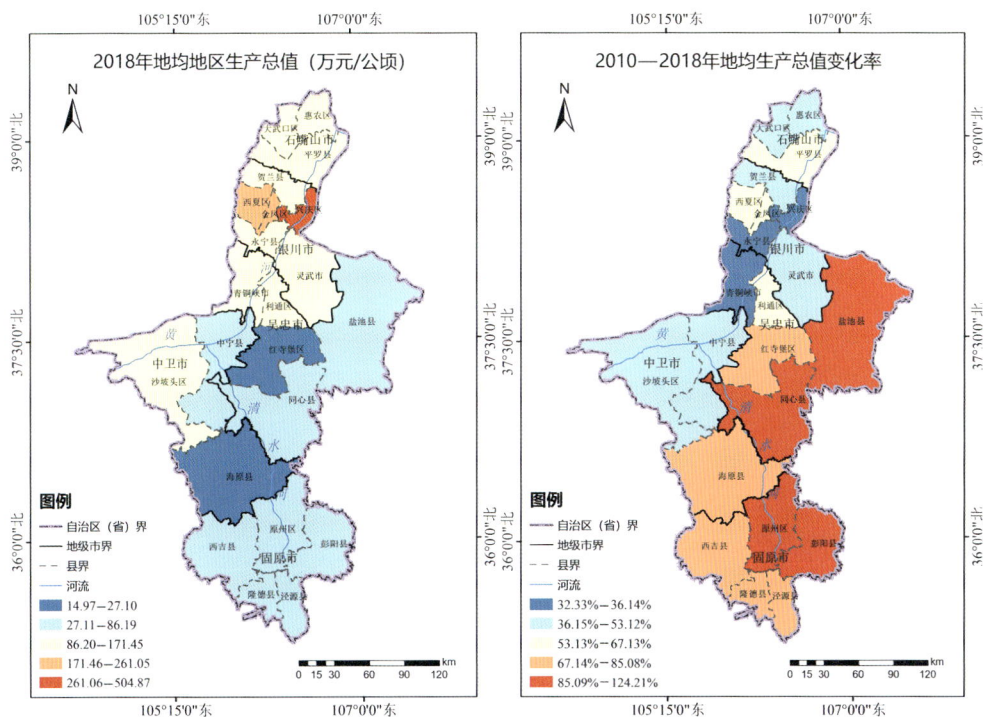

图 2-1-10 建设用地地均地区生产总值

从各县(市、区)地均地区生产总值变化来看(图 2-1-11)，2010—2018 年，宁夏地均地区生产总值增幅超过 50%。盐池县、彭阳县、原州区和同心县增幅显著(均超过 100%)。其中，同心县增幅最大，由 2010 年的 18.13 万元/公顷增长为 2018 年的 40.65 万元/公顷，增幅达到 124.21%。同心县深入推进供给侧结构性改革，三产结构比例不断优化，经济发展势头良好。兴庆区增长值最大，由 2010 年的 320.53 万元/公顷增加至 2018 年的 504.87 万元/公顷。这是由于兴庆区加速形成新华商圈等三产多点开花格局，培育花卉等特色产业，打造集养老、医疗、康复于一体的健康产业基地(宝丰医院)，为经济增长持续增添新活力。青铜峡市和永宁县的建设用地地均生产总值增幅最小，这是由于这两个县(市、区)均为农业人口大县，两县的产业结构均有待进一步优化。

(万元/公顷)

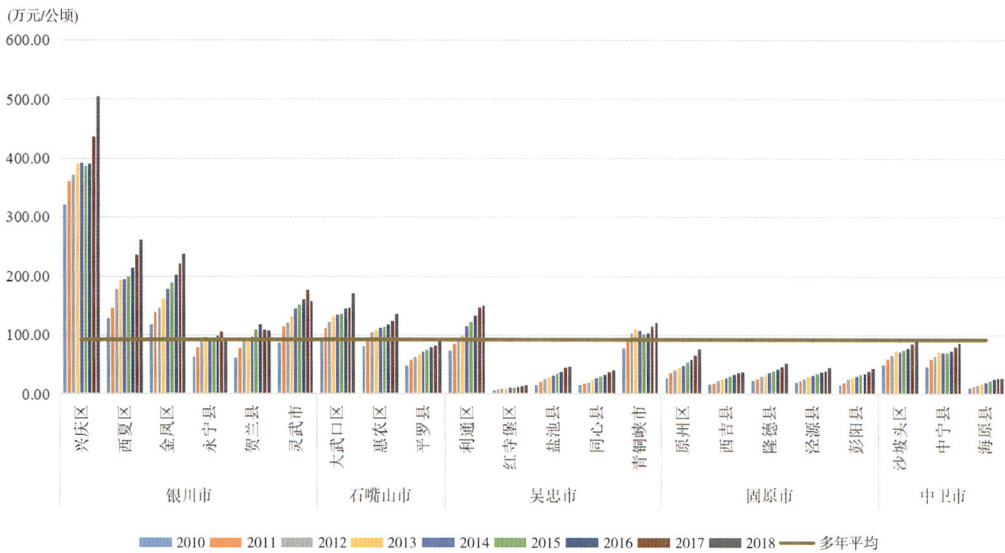

图 2-1-11 建设用地地均地区生产总值多年对比

2. 增长耗地指标分析

2.1 单位人口增长消耗新增城乡建设用地量

单位人口增长消耗新增城乡建设用地量指基准年的新增城乡建设用地量与人口增长量比值，反映人口增长消耗的新增城乡建设用地状况，为反向指标。如图 2-1-12 所示，2018年宁夏单位人口增长耗地总体呈现"北高南低"的分布态势。具体而言，惠农区和灵武市人口增长消耗的新增建设用地过多，均超过 1000m²/人，其中，惠农区最多，达 1449.51m²/人，远超全区平均水平（720.26m²/人），该区建设用地增量较大，布局相对分散，人口吸引力有待增强。此外，盐池县、贺兰县、西夏区和沙坡头区等 4 个县（市、区）人口增长耗地也相对较高。而金凤区和大武口区人口增长耗地较少，其中金凤区仅为 81.82m²/人，为全区平均水平的 11.36%，金凤区作为银川市政治行政文化中心，服务业已成为带动区域经济发展的主要引擎，这类劳动密集型产业正向促进了该区的人口集聚和土地节约集约利用。

从各县（市、区）单位人口增长消耗新增建设用地变化来看（图 2-1-13），2010—2018年，大武口区、同心县的单位人口增长耗地持续下降，两地均严格执行国家土地利用总体规划，限制农用地转为建设用地；同时，通过工业/农业技术升级（如智能制造和设施农业）在承载劳动力的同时减少了土地依赖。此外，金凤区、利通区则呈现波动但总体降低的趋势，其中金凤区通过城市化、产业升级和政策调控实现土地集约，利通区则依托农业现代化和特色产业提升土地效益。而兴庆区、西夏区、盐池县、青铜峡市和中宁县的单位人口增长耗地先下降后上升，这些地区前期通过政策引导和技术进步初步实现了土地集约，但后期受人口增长、资源约束和产业转型压力影响，土地利用效率出现反复。

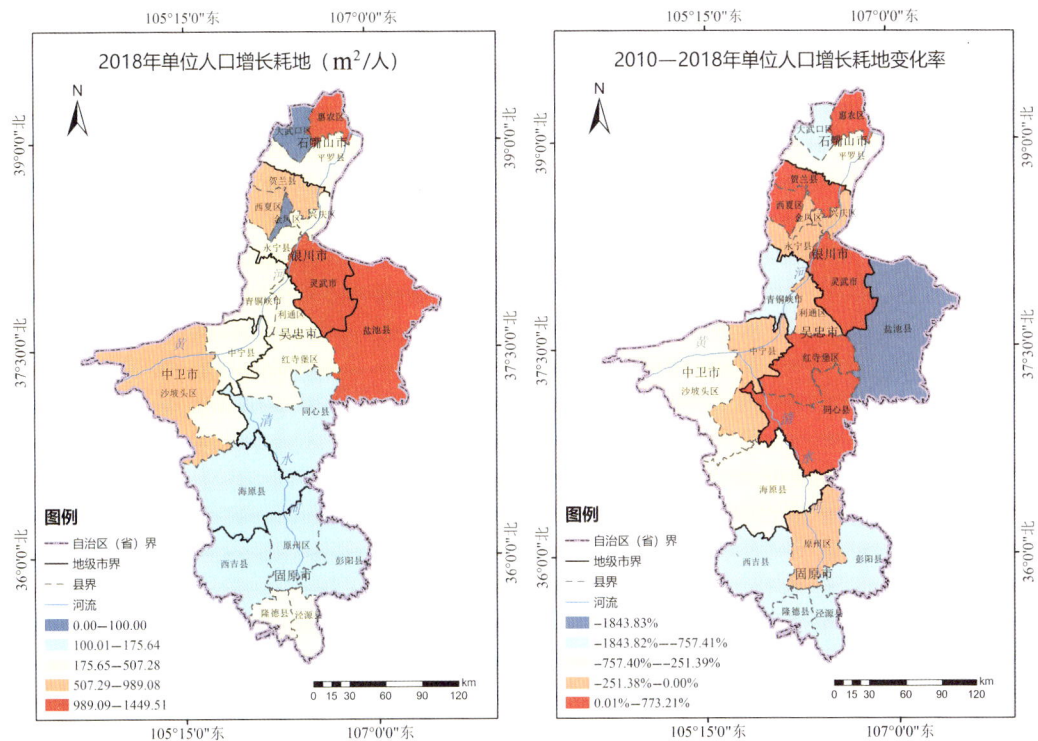

图 2-1-12 单位人口增长消耗新增城乡建设用地量

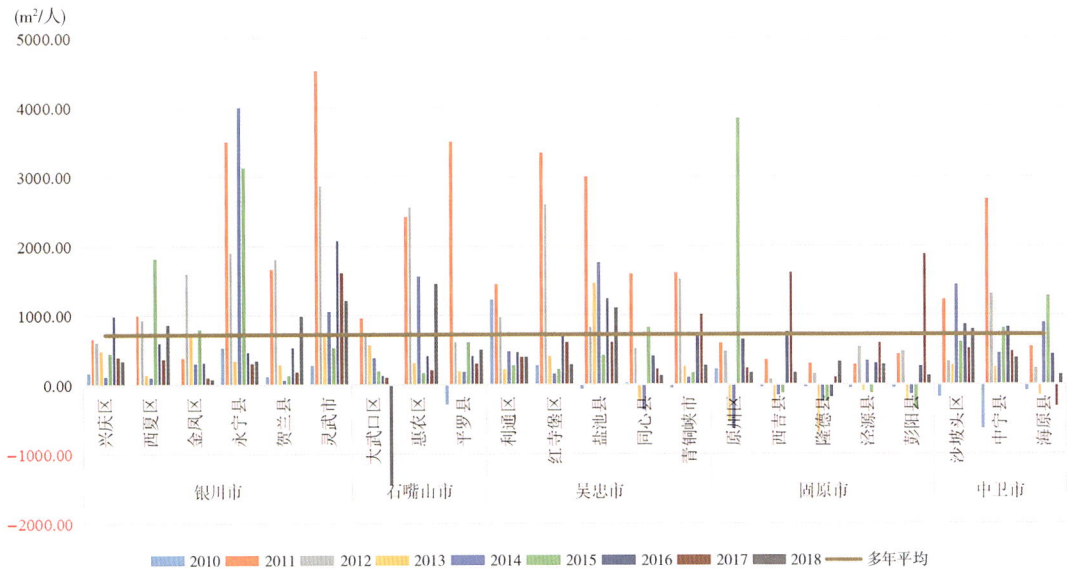

图 2-1-13 单位人口增长消耗新增建设用地量多年对比

2.2　单位固定资产投资消耗新增建设用地量

单位固定资产投资消耗新增建设用地量指基准年的新增建设用地量与全社会固定资产投资总额的比值，反映单位投资消耗的新增建设用地状况，属反向指标。如图 2-1-14 所示，各县(市、区)2018 年单位固定资产投资耗地大致呈现"北低南高"的分布态势。具体来看，西吉县该指标值高于宁夏多年平均值(4.02 公顷/亿元)，2018 年以 6.72 公顷/亿元的单位固定资产投资耗地居于首位，这是因为西吉县该年的新增建设用地总量居于宁夏首位。金凤区、大武口区在 2010—2018 年均始终远低于宁夏历年平均水平，其中，2018 年大武口区的单位固投耗地为全区最低，仅为 0.12 公顷/亿元，以较少土地消耗支撑了较大规模的经济增长。

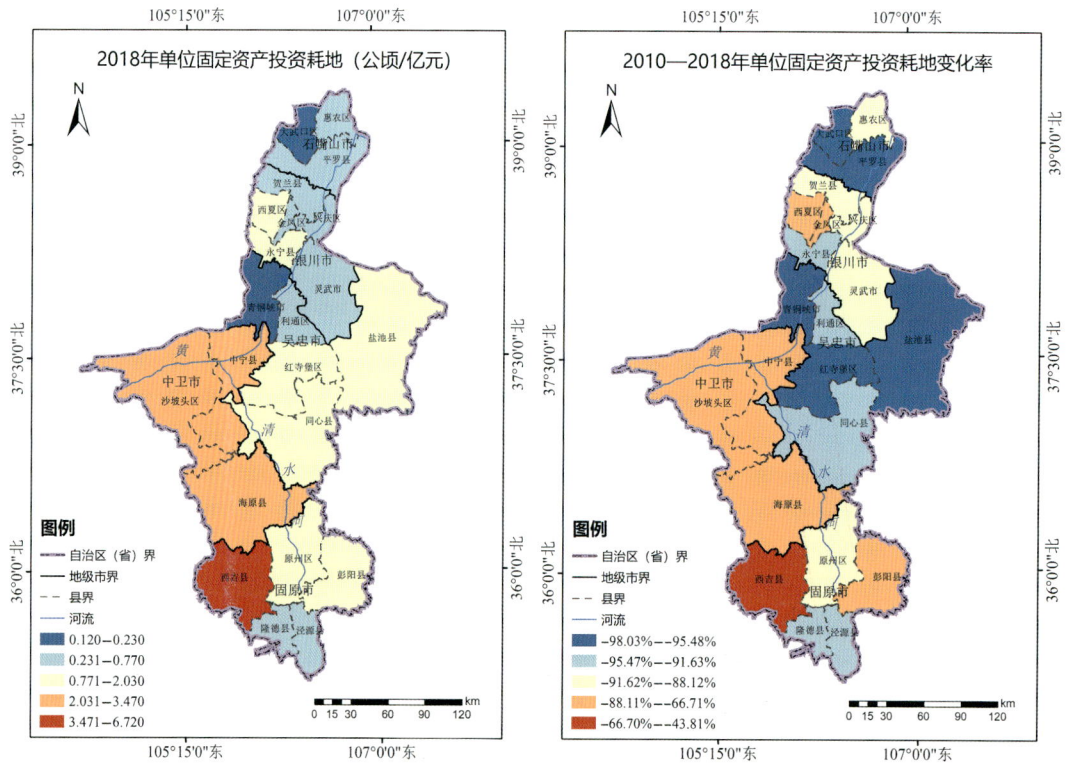

图 2-1-14　单位固定资产投资消耗新增建设用地量

从单位固定资产投资消耗新增建设用地量变化来看(图 2-1-15)，2010—2018 年，宁夏各县(市、区)均呈现出逐年降低趋势，新增建设用地增长幅度低于固定资产投资的增长幅度。主要是由于各地加大对批而未供和闲置土地盘活力度，严格用地定额审查，有效控制了新增建设用地，建设用地增速放缓。其中，红寺堡区下降最快，同比减少93.08%，这是由于红寺堡区是易地生态移民扬黄扶贫集中安置区，再加上辖区内园区招商引资、项目推进及基础设施改造力度较大，固定资产投资增速显著高于建设用地增速。

（公顷/亿元）

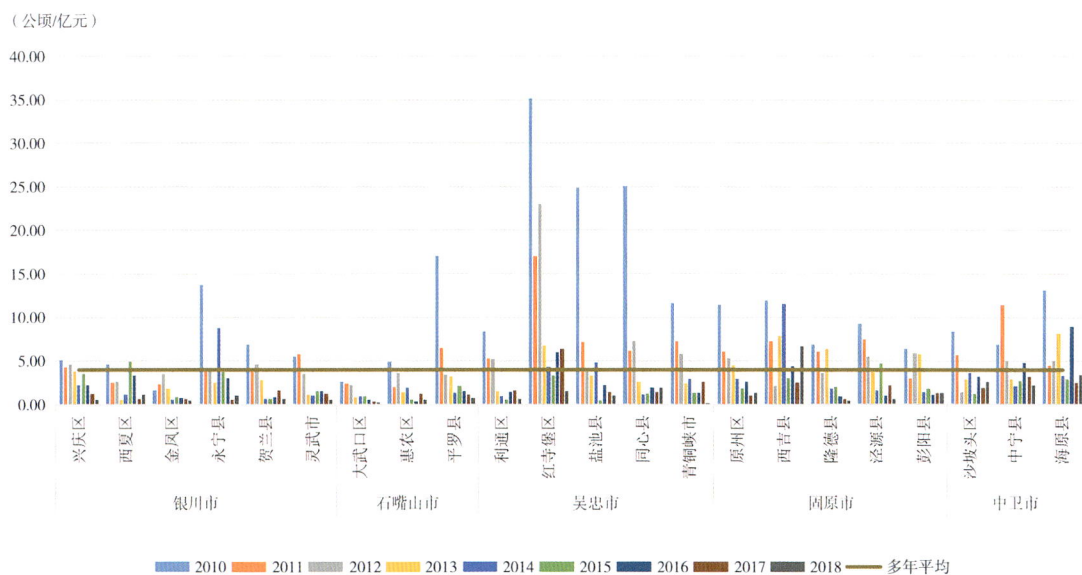

图 2-1-15　单位固定资产投资消耗新增建设用地量多年对比

2.3　单位地区生产总值增长消耗新增建设用地量

单位地区生产总值增长消耗新增建设用地量指基准年的新增建设用地总量与同期地区生产总值增长量的比值，反映经济增长消耗的新增建设用地状况，属反向指标。从图2-1-16来看，宁夏单位地区生产总值增长耗地总体呈现"北低南高"的态势。具体而言，西夏区、兴庆区和大武口区等8个县（市、区）单位地区生产总值增长耗地较低，其中兴庆区的单位地区生产总值增长耗地最低，这是因为兴庆区作为老城区，经济发展较早，且一直是宁夏经济发展的龙头，产业集聚程度高。2010—2018年，海原县、西吉县、泾源县、盐池县、原州区和永宁县的单位地区生产总值增长耗地值多次高于全区历年平均水平（45.32公顷/亿元）。贺兰县的该指标值虽多年低于全区平均水平，但在2018年以256.70公顷/亿元居于首位，约为全区历年平均水平的6倍。这主要是因为2018年原德胜工业园区和暖泉园区整合成立了贺兰工业园区，新园区的建设和规划仍在进行，再加上宁夏生态纺织产业示范园区存在招商引资的短板，用地产出效益低。

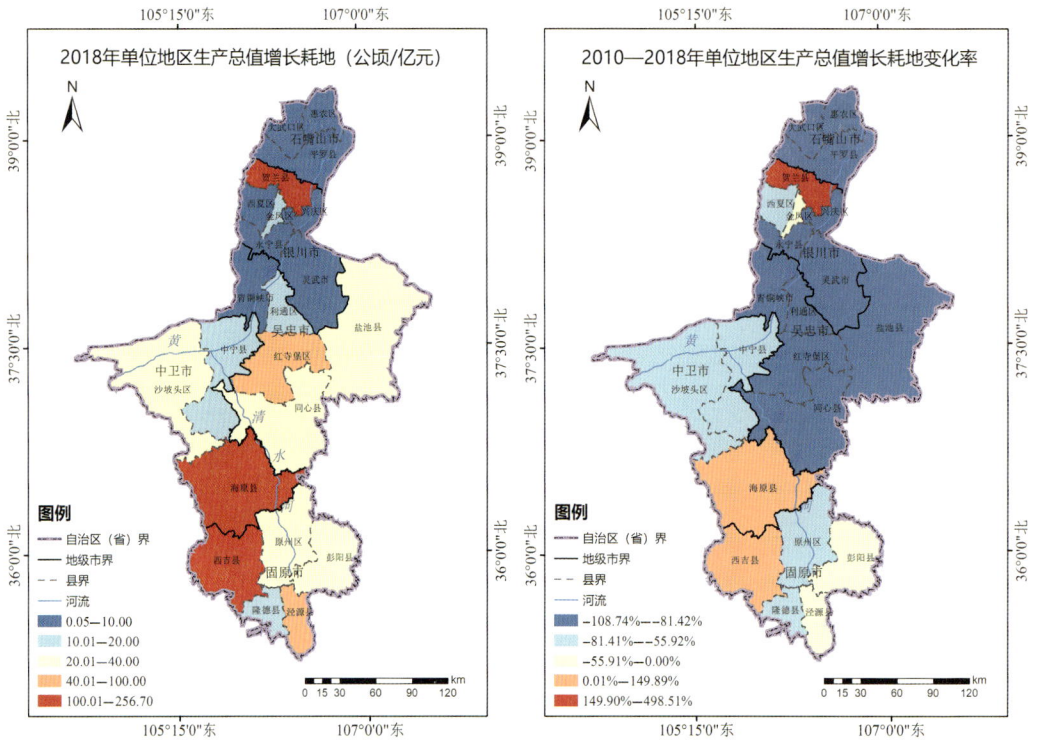

图 2-1-16　单位地区生产总值增长消耗新增建设用地量

从各县(市、区)该指标 2010—2018 年的变化来看(图 2-1-17)，海原县、泾源县和永宁县呈现波动增加的趋势，其中海原县增加最快，由 2010 年的 106.26 公顷/亿元增至 2018 年的 200.87 公顷/亿元，同比增长 89.04%，这主要是因为海原县作为典型的农业大县，贫困程度较深，地区生产总值增速较缓。同心县、盐池县等呈现出逐年降低趋势，其中盐池县下降最快，由 2010 年的 186.38 公顷/亿元下降至 2018 年的 25.64 公顷/亿元，同比下降 86.24%，这主要是因为盐池县近年来综合经济实力大幅跃升，全县主要经济指标及其增速均位居宁夏前列，率先退出贫困县序列。从空间分布来看，宁夏北部地区除贺兰县单位地区生产总值增长耗地显著增加外，石嘴山市、银川市和吴忠市该指标下降明显(均超过 80%)，这是因为石嘴山市深入推进全国老工业城市和资源型城市产业转型升级示范区建设，不断推进产业转型升级和结构调整，新增建设用地大幅减少；银川市作为宁夏回族自治区首府经济基础较好；吴忠市打造转型发展先行市，建设西部绿色食品生产基地，打造西部精密高端制造基地，经济持续向好，三者的土地产出效益都在逐年增加。

（公顷/亿元）

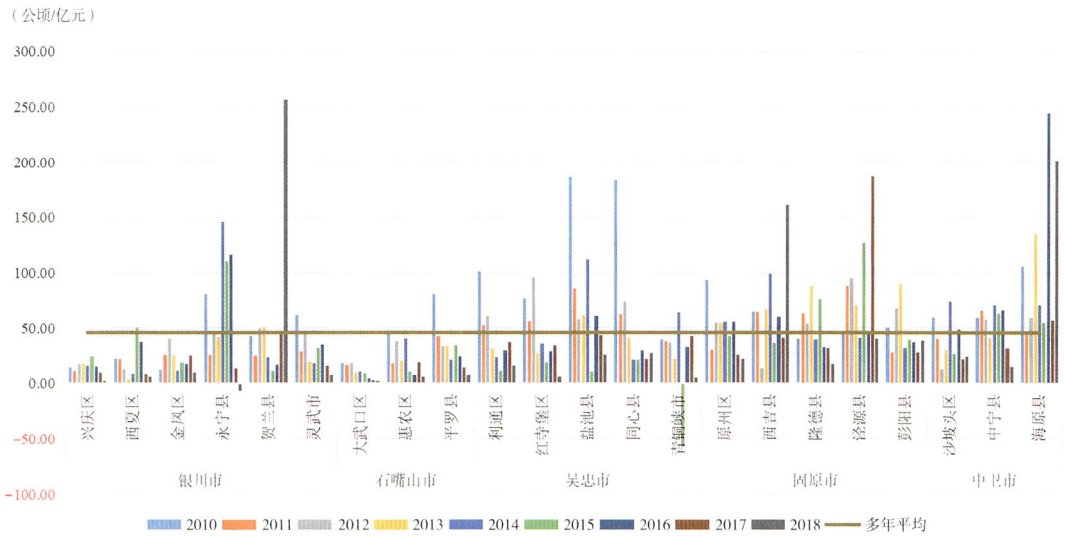

图 2-1-17　单位地区生产总值增长消耗新增建设用地量多年对比

2.4　单位地区生产总值耗地下降率

　　单位地区生产总值耗地下降率指基准年前一年的单位地区生产总值耗地与基准年的单位地区生产总值耗地的差值占基准年前一年的单位地区生产总值耗地的比率，反映经济增长耗地下降的速度，属于正向指标。从图 2-1-18 来看，2018 年大武口区、兴庆区、盐池县、同心县和红寺堡区单位地区生产总值耗地下降率较高，其中大武口区单位地区生产总值耗地下降率最高，为 10.49%，这是由于大武口区充分发挥辖区产业优势，依托国家钽铌特种金属材料工程技术研究中心和碳基材料产业技术研究院等技术创新平台，重点建设锂电产业园、电子信息产业园、智能制造产业园等园区，在西部地区形成以新型材料为基础、链式效应凸显、科技创新与集群发展特征明显的新型材料创新发展高地，通过技术创新节约建设用地，提高了土地利用效率。金凤区、青铜峡市、西吉县、海原县、贺兰县和永宁县的单位地区生产总值耗地下降率较低，均位于 4% 以下。

　　从各县（市、区）单位地区生产总值耗地下降率变化来看（图 2-1-19），2010—2018 年，仅兴庆区和利通区该指标值有所增加，贺兰县和永宁县单位地区生产总值增长耗地下降率显著降低，其中永宁县降幅最为明显，这是因为永宁县 2017—2018 年地区生产总值下降而建设用地数量持续增长，导致 2018 年的单位地区生产总值耗地下降率为负值；而贺兰县则是由于其地区生产总值增长速度远不及其建设用地消耗速度。原州区、灵武市、同心县和中宁县该指标值在"十二五"期间下降，之后波动上升，其中，灵武市 2018 年单位地区生产总值耗地下降率为 6.09%，比 2015 年增加 1%，"十三五"初期，随着宁东能源化工基地大力建设，灵武市新增城乡建设用地面积超过 400 公顷，而 2018 年灵武市新增建设用地下降至 195.16 公顷，降幅超 50%，而地区生产总值保持增长态势，因此 2018 年单位地区生产总值耗地下降率更大。

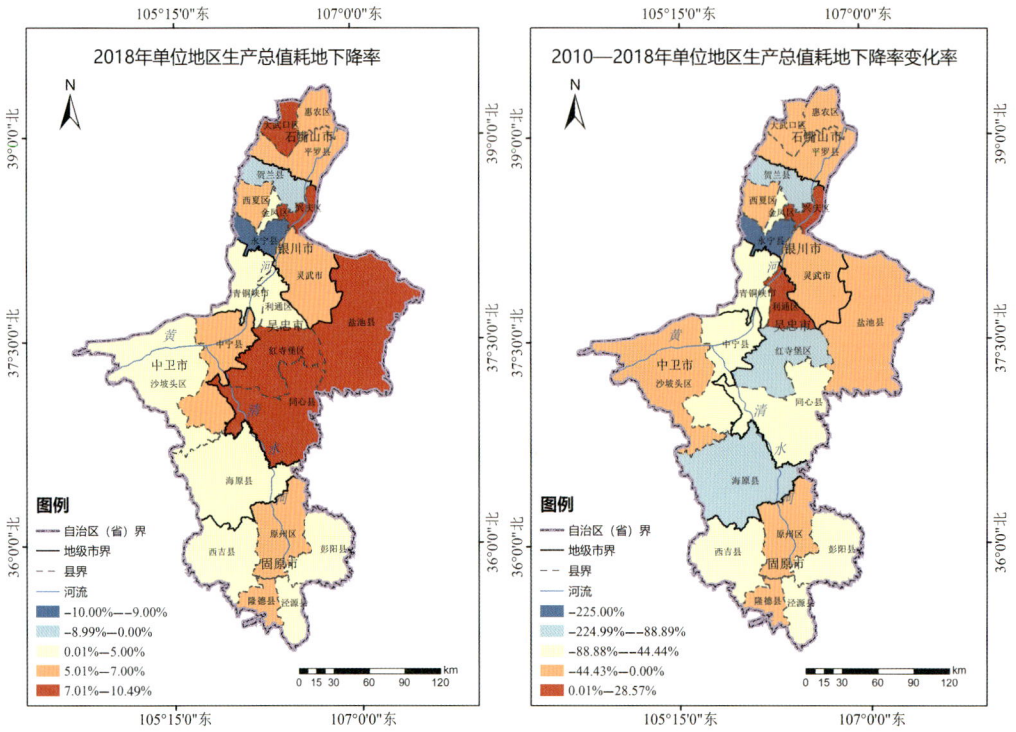

图 2-1-18 单位地区生产总值耗地下降率

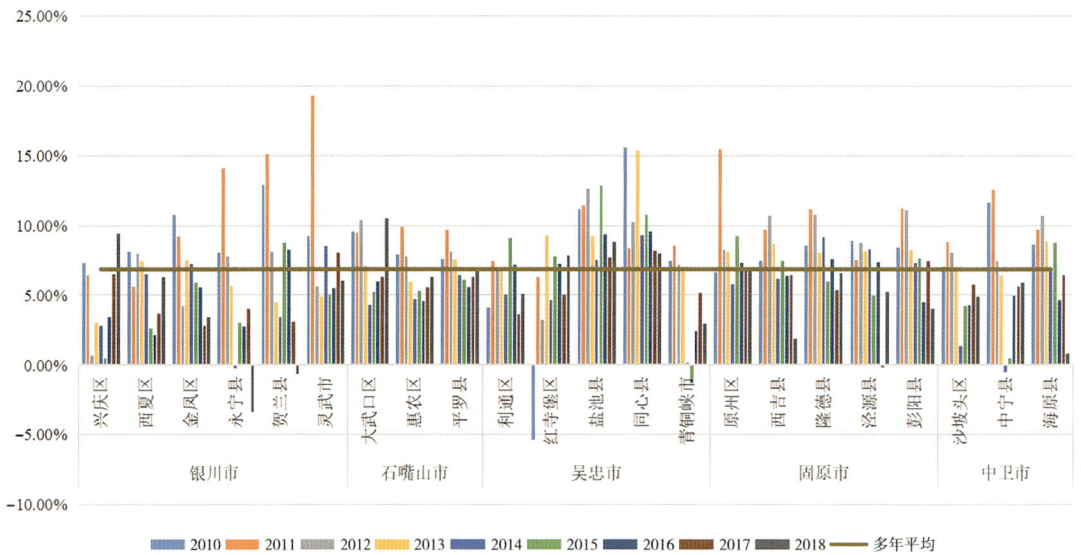

图 2-1-19 单位地区生产总值耗地下降率多年对比

3. 用地弹性指标分析

3.1　人口与建设用地增长弹性系数

人口与建设用地增长弹性系数是指基准年之前 3 年(含基准年)的人口增长幅度与同期建设用地增长幅度比值，属正向相关指标。从空间分布来看，2018 年宁夏人口与建设用地增长弹性系数总体呈现"北低南高"的分布态势(图 2-1-20)。具体来看，永宁县、海原县等 7 个县(市、区)人口与建设用地增长弹性系数都超过全区平均水平。其中，永宁县通过承接银川市商贸物流、教育医疗等功能，吸引流动人口，同时，实施多个棚户区改造项目，通过集中居住减少了宅基地占用面积。海原县则通过农业集约化、现代化及生态移民等策略，既保障了人口增长需求，又避免了"摊大饼"式的土地扩张，体现了生态脆弱区人口与资源协调发展的典型路径。固原市和中卫市的各县(市、区)2010年该指标值呈负值，之后逐年增长，增至正值，主要是由于早些年人口外流，后随着固原市和中卫市经济发展、产业转型，不断吸引外出务工人员回乡，人口与建设用地的协调度不断增强。

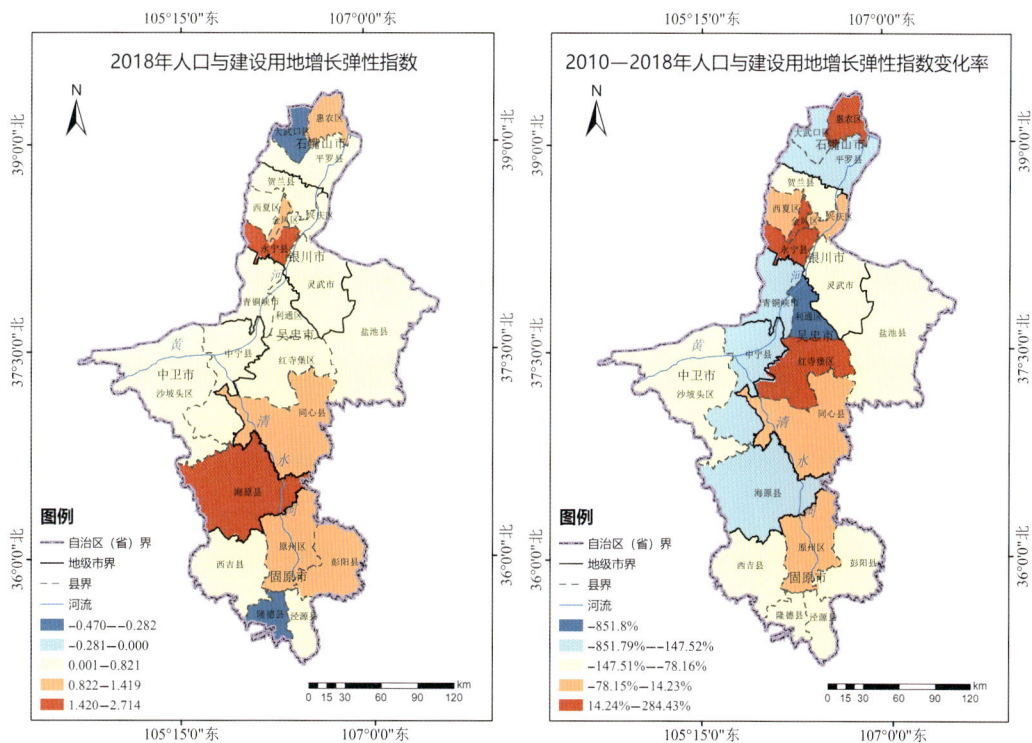

图 2-1-20　人口与建设用地增长弹性系数

从各县(市、区)人口与建设用地增长弹性系数变化来看(图 2-1-21)，贺兰县、灵武市、同心县、原州区和中宁县该指标值在"十二五"期间先下降，之后波动上升。2010—2018 年，仅有金凤区、惠农区等 6 个县(市、区)人口与建设用地增长弹性系数变化率呈正向发展，其余县(市、区)均有不同程度的下降，造成这一现象的原因是早期城镇快速建设，人口和建设用地增速较快，近些年城镇化速度减缓，人口与建设用地弹性系数下降。而金凤区突出首府核心区优势，围绕现代服务业高端发展、工业转型升级、农业提质增效，加速产业聚集，强化与兴庆区、西夏区、经开区和阅海湾中央商务区的互动融合、联动发展，促进产城融合，构建"一极、两带、双引擎、六大商圈"的空间格局，促进人口与建设用地协调发展；惠农区充分利用本地丰富的基础原料资源及蒸汽、电力成本优势，建设光敏材料产业园，盘活周边"僵尸"企业、闲置土地，建设用地合理有序增加，人地关系较为和谐。

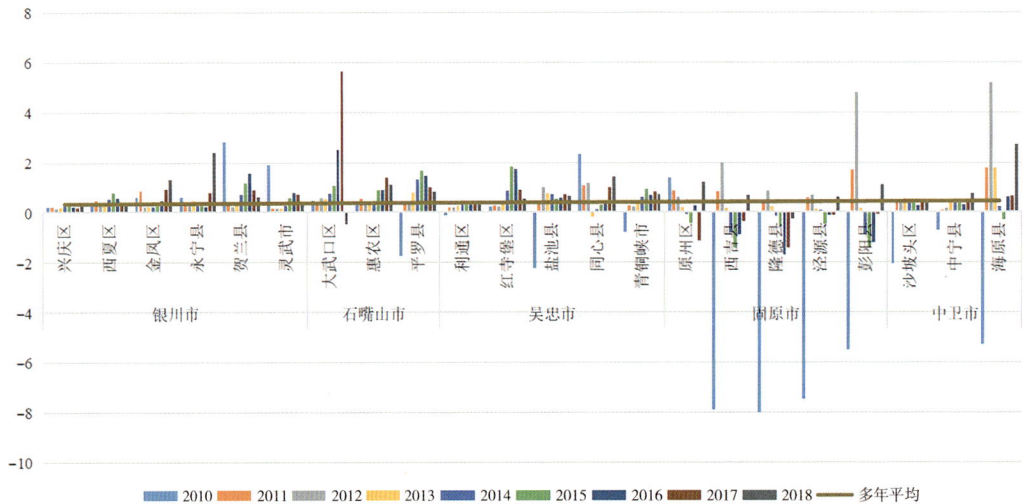

图 2-1-21　人口与建设用地增长弹性系数

3.2　地区生产总值与建设用地增长弹性系数

地区生产总值与建设用地增长弹性系数是指基准年之前 3 年(含基准年)的地区生产总值增长幅度与同期建设用地总面积增长幅度的比值，属正向相关指标。从图 2-1-22 来看，2018 年，海原县、隆德县和同心县等 8 个县(市、区)地区生产总值与建设用地增长弹性系数超过全区平均水平。海原县严格落实国土空间规划，持续优化各类产业布局，科学划定城镇开发边界，统筹经济增长与建设用地增加协调发展；隆德县土地权改革重在"盘活增值"，深化农村承包地"三权分置"，持续推动集体经营性建设用地入市交易，盘活利用闲置土地，全面提高土地利用效率。

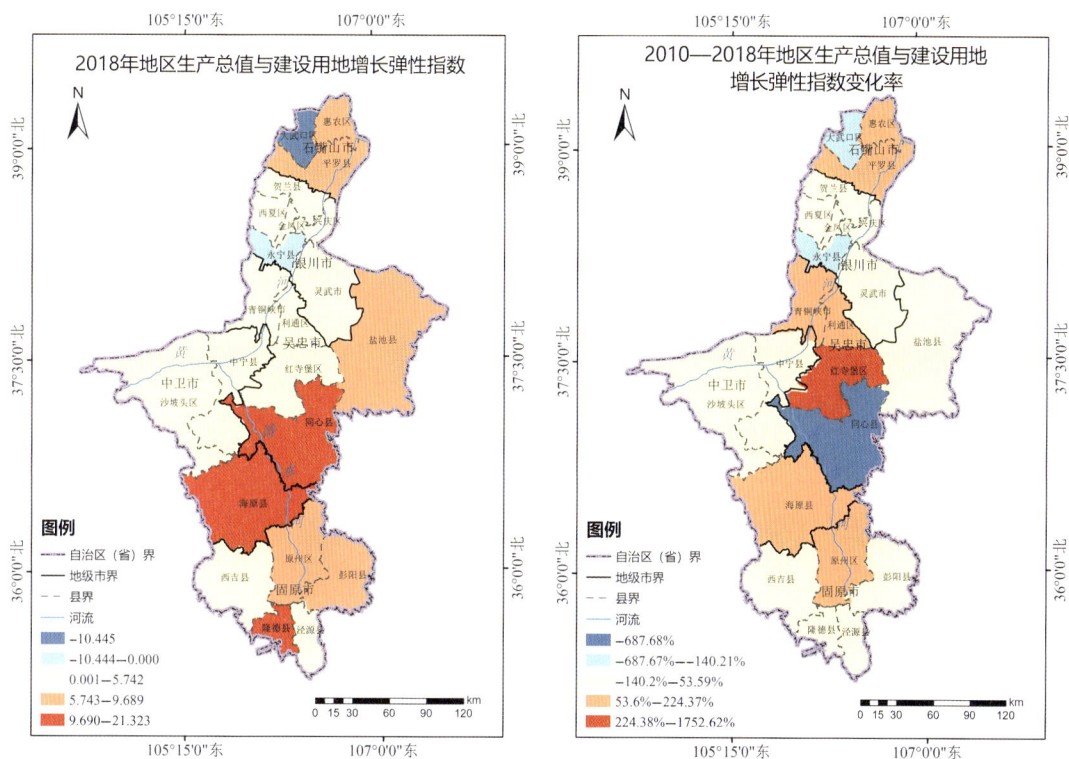

图 2-1-22　地区生产总值与建设用地增长弹性系数

从各县(市、区)地区生产总值与建设用地增长弹性系数变化来看(图 2-1-23)，红寺堡

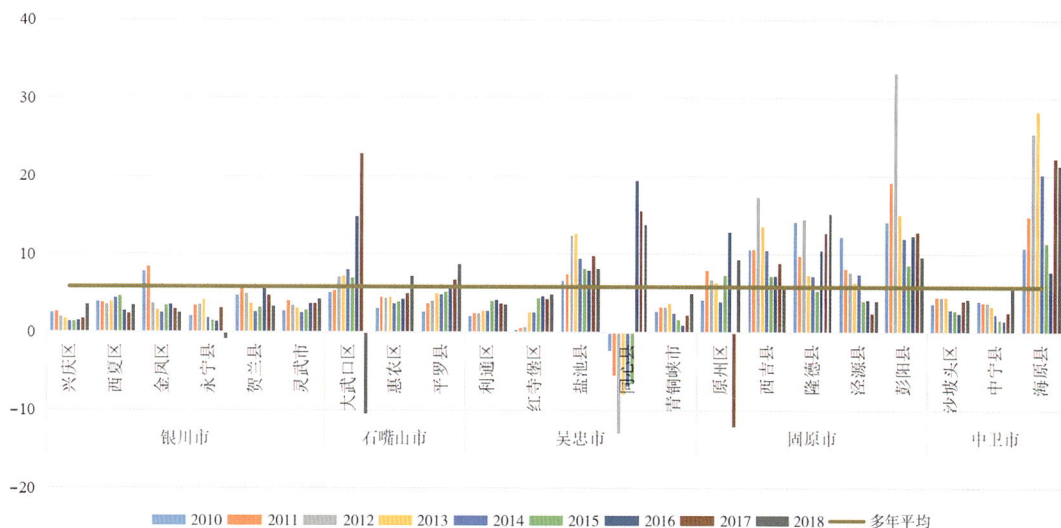

图 2-1-23　地区生产总值与建设用地增长弹性系数多年对比

区地区生产总值与建设用地增长弹性系数增长最高；平罗县、惠农区、原州区、海原县、青铜峡市和利通区指标增长率次之；其余县（市、区）指标增长率呈负值。红寺堡区强化农业农村各项土地利用统筹力度，优化耕地保护、乡村建设、产业发展、生态保护等用地布局，最大限度地发挥资源效益，经济与建设用地协调增长。同心县地区生产总值与建设用地增长弹性系数在"十二五"期间先下降，之后波动上升，这是由于同心县深入推进供给侧结构性改革，继续做好"调"和"转"的文章，优化存量、扩大增量、提升质量，经济高质量发展势头良好。

4. 管理绩效指标分析

4.1　城市存量土地供应比率

城市存量土地供应比率指基准年之前 3 年（含基准年）的各年实际供应城市存量土地总量与城市土地供应总量的比值，反映存量用地盘活促进节约集约用地的管理效果，为正向指标。从空间分布来看（图 2-1-24），2018 年全区城市存量土地供应比率呈"高值团簇状"分布态势。贺兰县和惠农区、同心县和红寺堡区、彭阳县和泾源县三大区域的存量土地供应比率较高，其中，贺兰县的城市存量土地供应比率在 2018 年以 20.19% 居于全区首位；

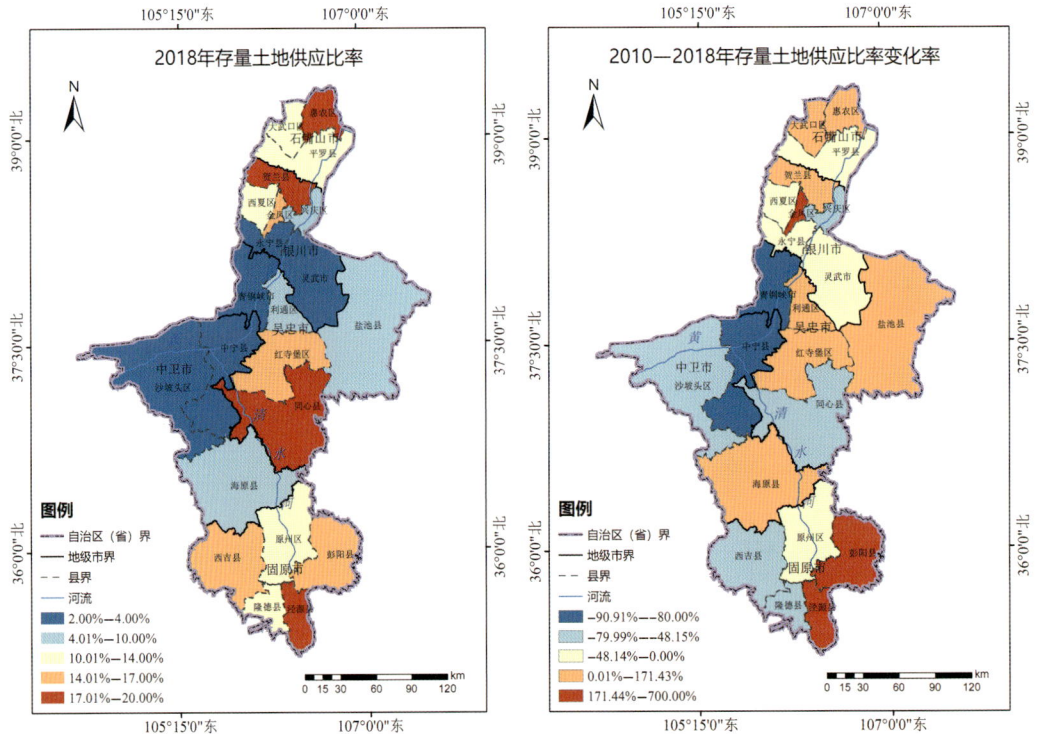

图 2-1-24　城市存量土地供应比率

而永宁县和灵武市的城市存量土地供应比率始终低于全区平均水平，其中，永宁县的存量建设用地供应面积始终较少，而灵武市则是因为土地供应总量较大而导致城市存量土地供应比率整体偏小。

从各县（市、区）历年变化来看（图 2-1-25），彭阳县和金凤区该指标值增幅较大，其中，彭阳县在 2010—2018 年增加最为明显，由 2.42% 增长为 16.19%。青铜峡市、中宁县则呈现逐年降低趋势，中宁县下降最快，由 2010 年的 22.11% 降至 2018 年的 1.73%。

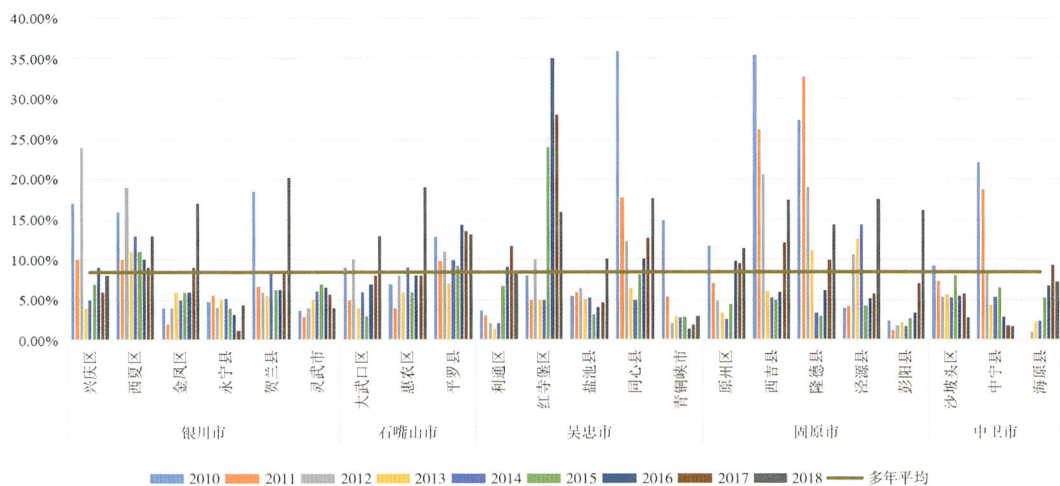

图 2-1-25　城市存量土地供应比率多年对比

4.2　城市批次土地供应比率

城市批次土地供应比率指基准年之前 3 年（不含基准年）的实际供应城市土地总量与经批次批准允许供应的城市土地供应总量的比值，反映新增用地供应管理促进节约集约用地的效果。从空间分布来看（图 2-1-26），2018 年大部分县（市、区）城市批次土地供应比率差异不大，指标值多介于 31.01%~39.00%。仅惠农区的城市批次土地供应比率超过全区历年平均水平，贺兰县最低，仅为宁夏历年平均水平的 33.83%。

从各县（市、区）变化情况来看（图 2-1-27），兴庆区、永宁县、大武口区、原州区、沙坡头区等大多数县（市、区）均呈"U"形变化趋势；金凤区总体呈现逐年升高的趋势，由 2010 年的 21.00% 增至 2018 年的 44.07%，同比增长 109.86%。2010—2018 年，除彭阳县、金凤区和惠农区外，大部分县（市、区）的批次土地供应比率显著下降，其中贺兰县降幅最明显，达 87.81%，此外，同心县、永宁县、西吉县、泾源县、兴庆区和贺兰县降幅超过 70%。

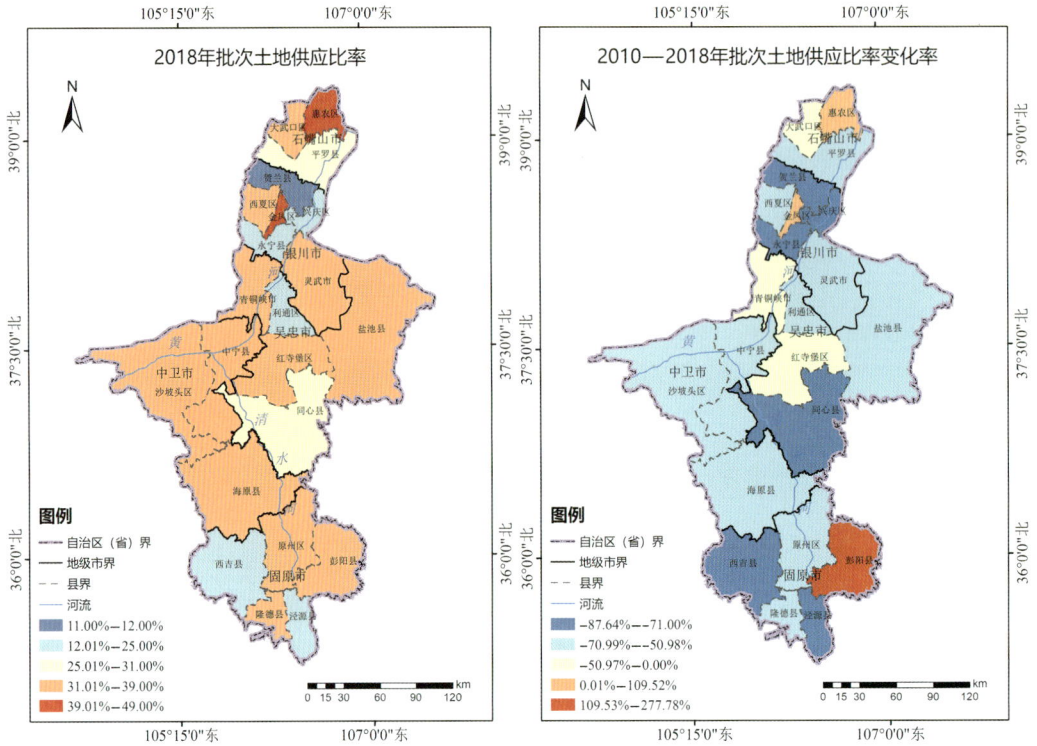

图 2-1-26　城市批次土地供应比率

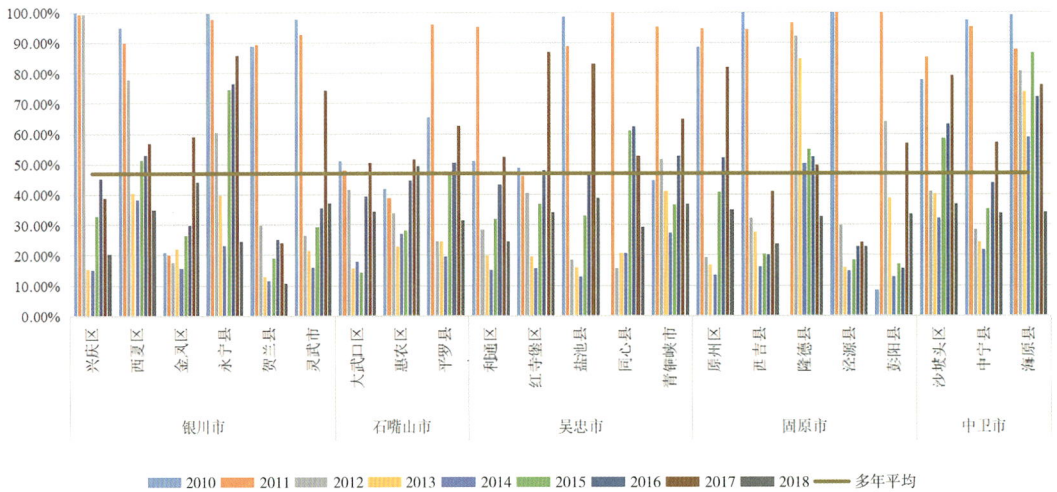

图 2-1-27　城市批次土地供应比率多年对比

4.3 城市土地闲置率

城市土地闲置率指基准年的闲置土地与已供应建设用地的比值，反映土地的闲置情况，为反向指标。从图2-1-28看，2018年全区城市土地闲置率总体呈现"两边高中间低"的空间态势。具体而言，永宁县、贺兰县和盐池县多年土地闲置率远高于全区平均水平，在"十四五"规划中，永宁县拟加强对永宁工业园和杨和功能区规划管控，清理闲置土地，城市土地闲置率有望下降；贺兰县提出加快园区闲置土地利用、批而未供土地供应、盘活长期停产企业、低端低效高污染产业，提升园区资源利用效率；盐池县2018年土地闲置率高达12.75%，今后应加大批而未供土地处置力度，积极盘活闲置土地资源，用足用活低效用地。

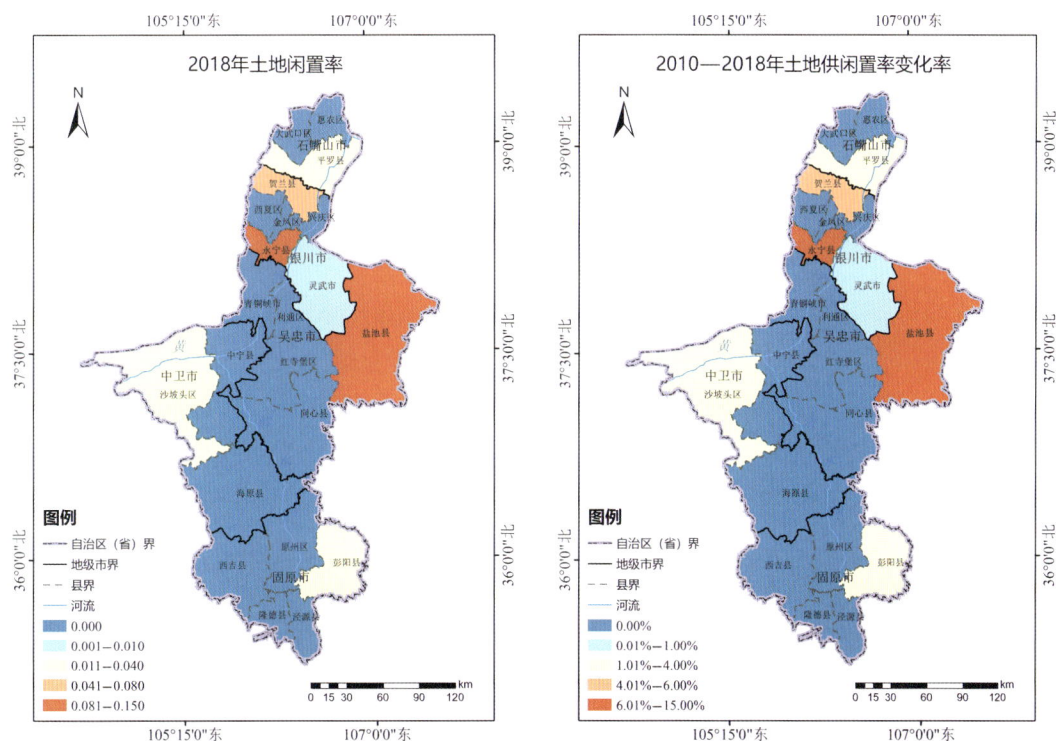

图 2-1-28 城市土地闲置率

从各县（市、区）2010—2018年土地闲置率变化情况来看（图2-1-29），永宁县、贺兰县、沙坡头区和灵武市该指标均呈现逐年升高的趋势，其中，永宁县增长速率最高，增幅最为明显，兴庆区、西夏区、金凤区、中宁县等13个县（市、区）城市土地闲置率持续维持低值。

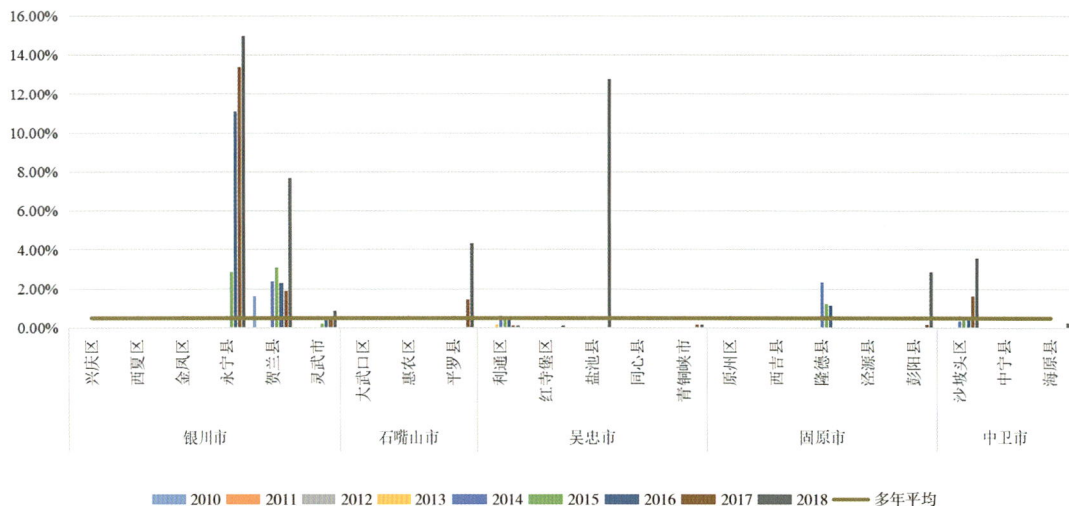

图 2-1-29　城市土地闲置率多年对比

三、建设用地节约集约利用评价及分析

基于《建设用地集约利用评价规程》(TD/T 1018—2008)中确定的指标框架,采用特尔菲法设定利用强度、增长耗地、用地弹性和管理绩效指数的权重依次为 0.40、0.23、0.17 和 0.20,各分指数及具体指标权重如图 2-1-30 所示。

1. 利用强度评价

将城乡建设用地人口密度、建设用地地均固定资产投资额和建设用地地均生产总值三个指标加权,计算得到各县(市、区)建设用地利用强度指数。2018 年全区利用强度指数总体呈现"北高南低"的分布态势(图 2-1-31、图 2-1-32)。具体来看,兴庆区利用强度指数最高,2018 年强度指数高达 0.764,是全区历年平均水平的 3 倍;金凤区、西夏区和利通区等同样为利用强度指数高值区。这些主城区内劳动密集型产业发展迅速,第三产业吸纳了大量的劳动力和投资,区内人口、GDP 快速增长;而彭阳县、盐池县、红寺堡区等县(市、区)利用强度指数较低,均低于全区历年平均水平。这些县(市、区)多以葡萄、枸杞、黄花菜、肉牛和滩羊等种植畜牧业为主,受产业类型、区位条件等多因素影响,人口数量偏低、GDP 增速较慢,建设用地利用强度指数水平较低。

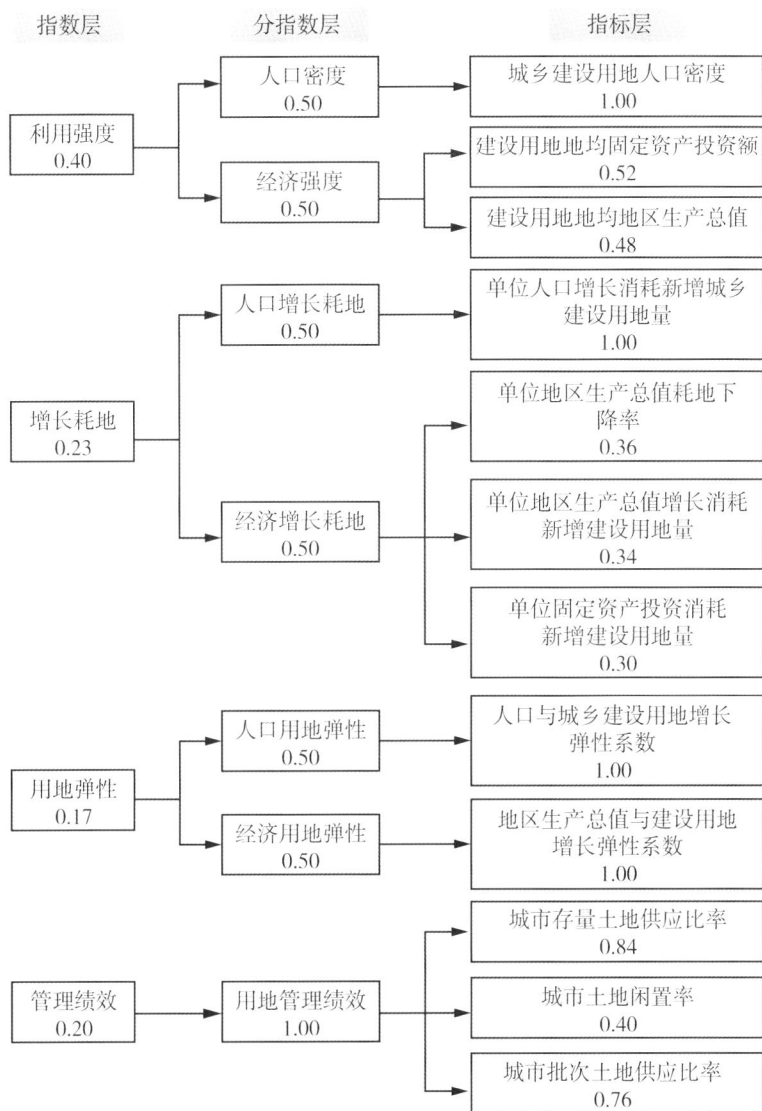

图 2-1-30 节约集约评价指标体系权重

从变化趋势来看(图 2-1-33),2010—2018 年,兴庆区、金凤区和利通区总体呈现增加趋势。这是由于三区优化产业结构,着力推动第三产业发展,根据地区特色发展文化旅游、休闲养生等现代服务业;红寺堡区、沙坡头区等利用强度指数增长相对较慢,主要由于第一产业占比较高,枸杞、葡萄等应坚持标准化、产业化发展,打造品牌效应,增加产业产值。从变化幅度来看,2010—2018 年,多数县(市、区)利用强度指数提高,其中以盐池县、平罗县、同心县和彭阳县提高最为明显,这四个县(市、区)2010—2018 年挖掘比较优势,培育中药材、滩羊、冷凉蔬菜等特色主导产业,吸引了大量劳动密集型企业落地,地均固定资产投

75

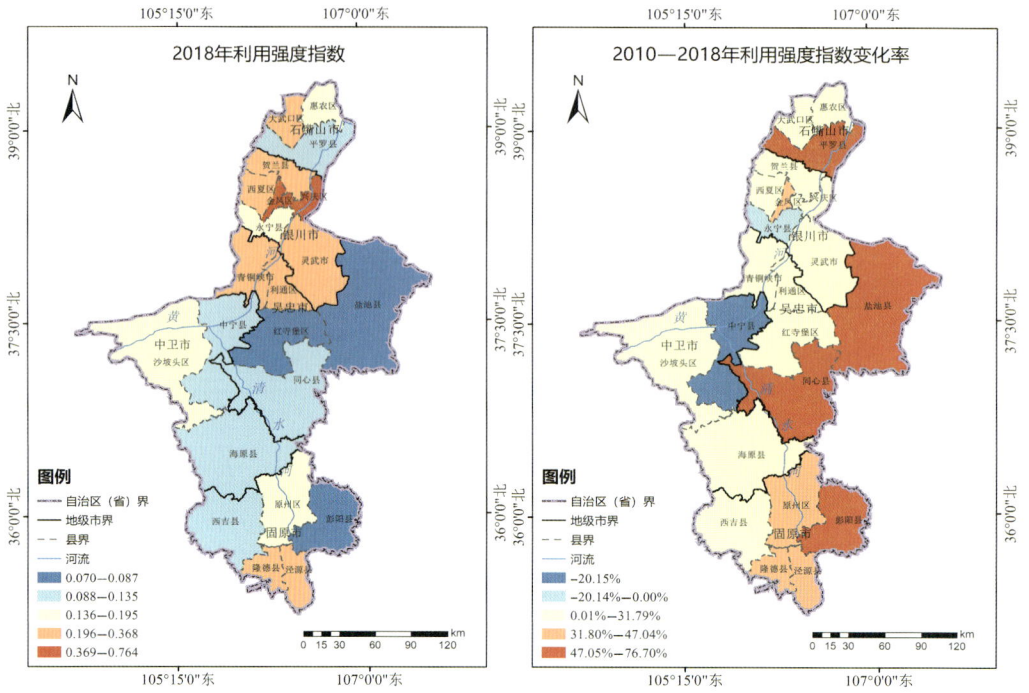

图 2-1-31 利用强度指数空间分布及变化特征

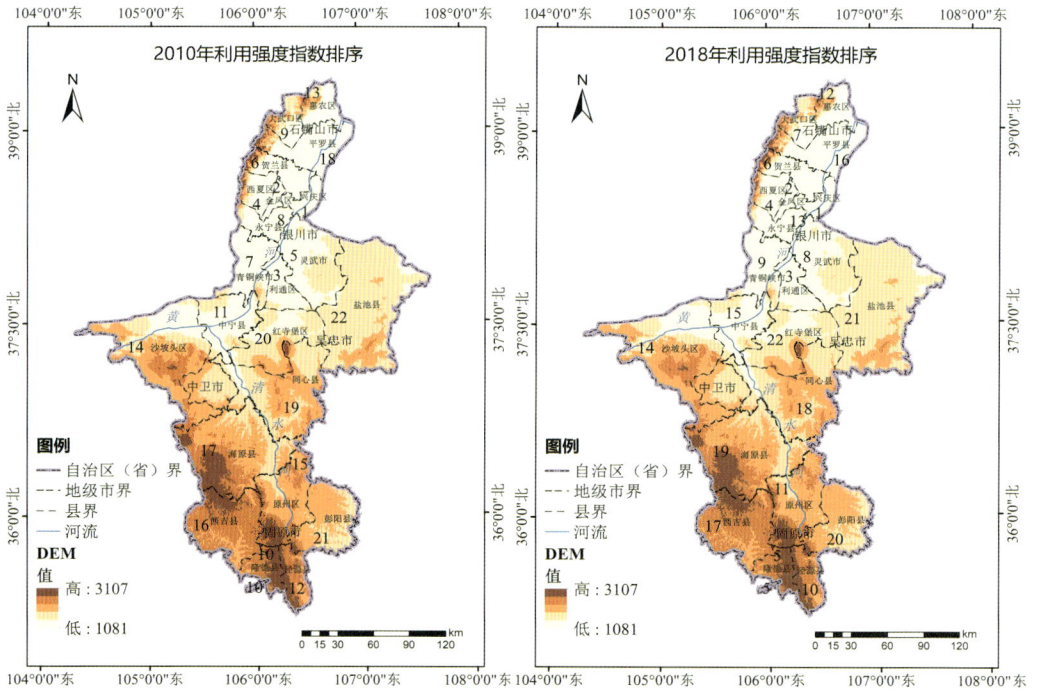

图 2-1-32 2010 年、2018 年利用强度指数排序

资和地均地区生产总值大幅提高。永宁县和中宁县的利用强度指数略有降低，主要是"十二五"之后大量人口迁移至城区，导致县内城乡建设用地人口密度降低。

图 2-1-33　利用强度指数多年对比

使用四象限图对 2018 年利用强度及 2010—2018 年利用强度变化率进行聚类分析（图2-1-34），兴庆区（1）和金凤区（3）的利用强度显著高于全区平均水平；利通区（10）、西夏区（2）等 8 个县（市、区）利用强度仅次于兴庆区和金凤区，这些县（市、区）加大了基础设施建设和产业结构调整力度，多产业融合发展，区内人口密度和 GDP 产出增加显著；盐池县（12）、红寺堡区（11）等 10 县（市、区）利用强度指数略低于宁夏平均水平，但在研究

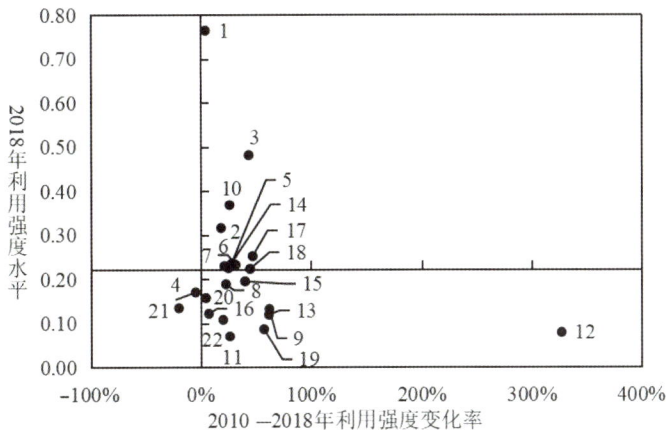

图 2-1-34　利用强度指数"状态—变化"聚类

时段内有所增长，这些区域以第一产业（葡萄、枸杞、黄花菜、肉牛和滩羊等种植畜牧业）为主，各地应因地制宜建设本土"一产接二连三"产业链，促进农产品规模化、标准化、品牌化发展；仅有永宁县（4）和中宁县（21）的利用强度值较低且出现减小趋势，与区内大量人口向城区转移有关。

2. 增长耗地评价

将单位人口增长消耗新增城乡建设用地量、单位地区生产总值耗地下降率、单位固定资产投资消耗新增建设用地量、单位地区生产总值增长消耗新增建设用地量四个指标加权，计算得到建设用地增长耗地指数。从计算结果来看，2018 年宁夏增长耗地指数总体呈现出在市辖区范围内指数值高、各县（市、区）总体差异较小的分布态势（图 2-1-35、图 2-1-36）。具体来看，大武口区增长耗地指数最高，为 0.636，兴庆区、同心县、原州区和隆德县次之，西吉县、海原县、永宁县和贺兰县等增长耗地指数较低。大武口区依托两大传统优势产业，做大做强新型材料和机械装备制造板块，完善亩产效益综合评价机制，用地产出效益较优；西吉县、海原县、永宁县和贺兰县等县（市、区）由于存在招商引资短板、工业项目布局分散、用地效益低等问题，单位地区生产总值增长消耗土地面积较大，需通过严控新增建设用地总量，进一步提高土地利用效率。

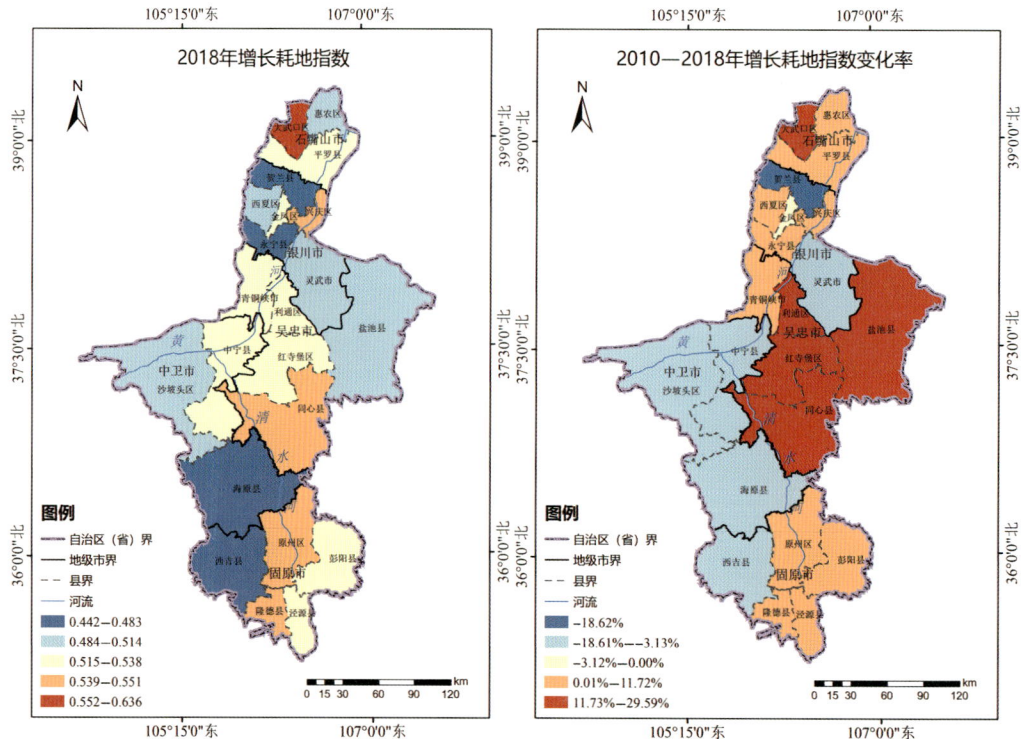

图 2-1-35　2018 年增长耗地指数空间分布及 2010—2018 年变化率

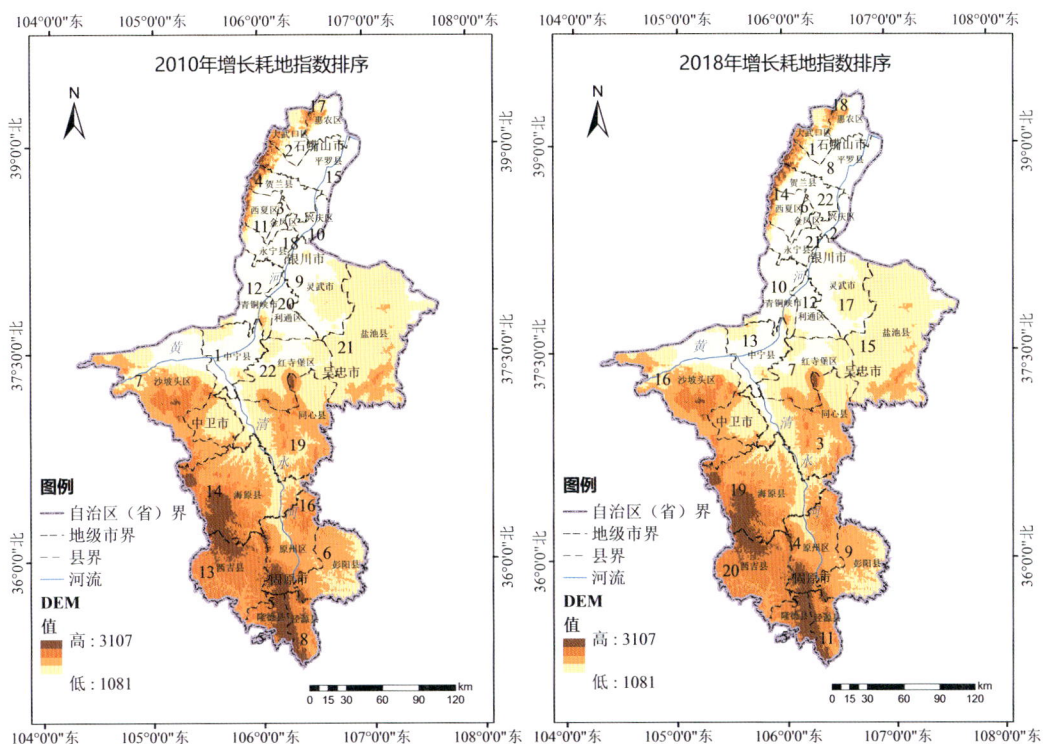

图 2-1-36　2010 年、2018 年增长耗地指数排序

从变化趋势来看(图 2-1-37)，大武口区和隆德县的增长耗地指数在 2010—2018 年明显高于宁夏历年平均水平，这些县(市、区)不断优化用地结构，产业融合、集约绿色发展特征逐渐明显，经济增长消耗新增建设用地面积下降。永宁县、红寺堡区的增长耗地指数在 2010—2018 年多年低于宁夏历年平均水平，红寺堡区以第一产业为主，如葡萄、枸杞等种植业，经济增长所消耗的建设用地量较大，建设用地产出效益较低。从变化幅度来看，2010—2018 年宁夏 15 个县(市、区)增长耗地指数均有所提高，以红寺堡区提高最为明显，其不断积极推进农业增效、移民增收、城乡融合发展，产业集聚效益高，经济增长消耗建设用地面积呈逐年下降趋势；此外，海原县、沙坡头区和中宁县增长耗地指数小幅下降，主要由于这些县(市、区)的城市竞争力较小，人口集聚程度较低，人口增长消耗新增建设用地面积呈增加趋势。

使用四象限图对 2018 年增长耗地及 2010—2018 年增长耗地变化率进行聚类，如图 2-1-38 所示，大武口区(7)的增长耗地水平显著高于全区平均水平；兴庆区(1)、原州区(15)等 10 县(市、区)增长耗地次之，其中，红寺堡区(11)在 2010—2018 年显著增加；灵武市(6)等 4 县(市、区)的增长耗地水平较低且出现减少趋势；贺兰县(5)的增长耗地水平显著降低；盐池县(12)和永宁县(4)的增长耗地指数多次低于宁夏平均水平，但 2018年比 2010 年水平略有增加。

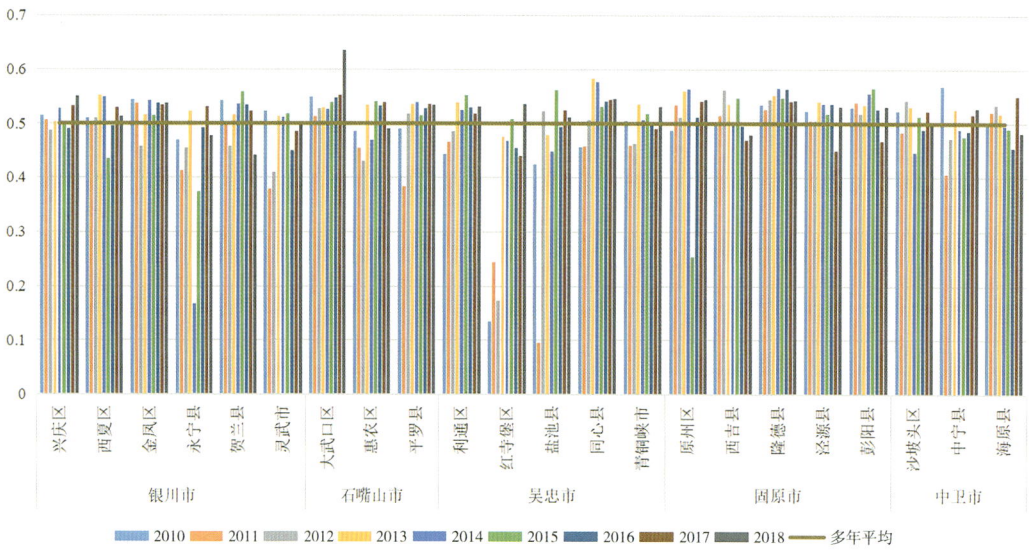

图 2-1-37 增长耗地指数多年对比

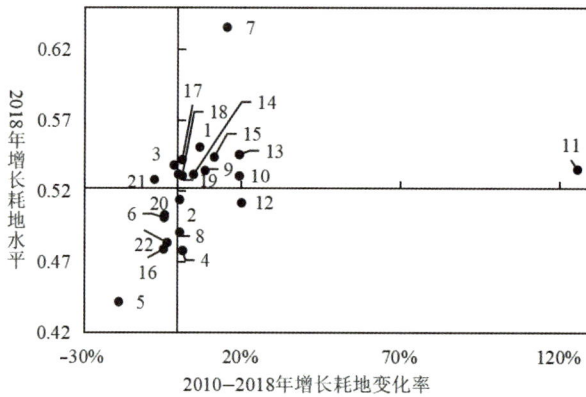

图 2-1-38 增长耗地指数"状态—变化"聚类

3. 用地弹性评价

将人口与城乡建设用地增长弹性系数、地区生产总值与建设用地增长弹性系数两个指标加权求和，计算得到建设用地弹性指数。2018 年，宁夏用地弹性指数总体呈现"南高北低"分布态势（图 2-1-39、图 2-1-40）。具体来看，海原县用地弹性指数最高，达到 0.561，主要是 2016 年以来，海原县积极改造老旧小区，同时加快工业转型升级，新能源装备制造、农产品深加工、轻纺"三大特色"产业初具规模，建设用地消耗与自身社会经济发展的协调程度较佳。同心县、隆德县、彭阳县、原州区、平罗县、永宁县和惠农区同样位于用地弹性指数高值区。

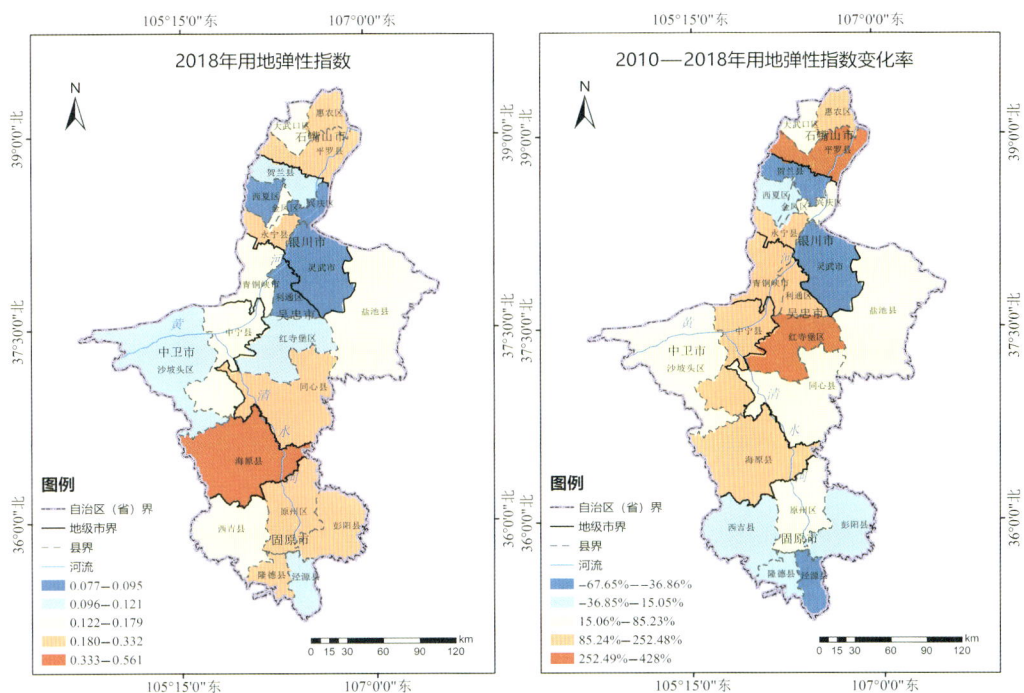

图 2-1-39　2018 年用地弹性指数空间分布及 2010—2018 年变化率

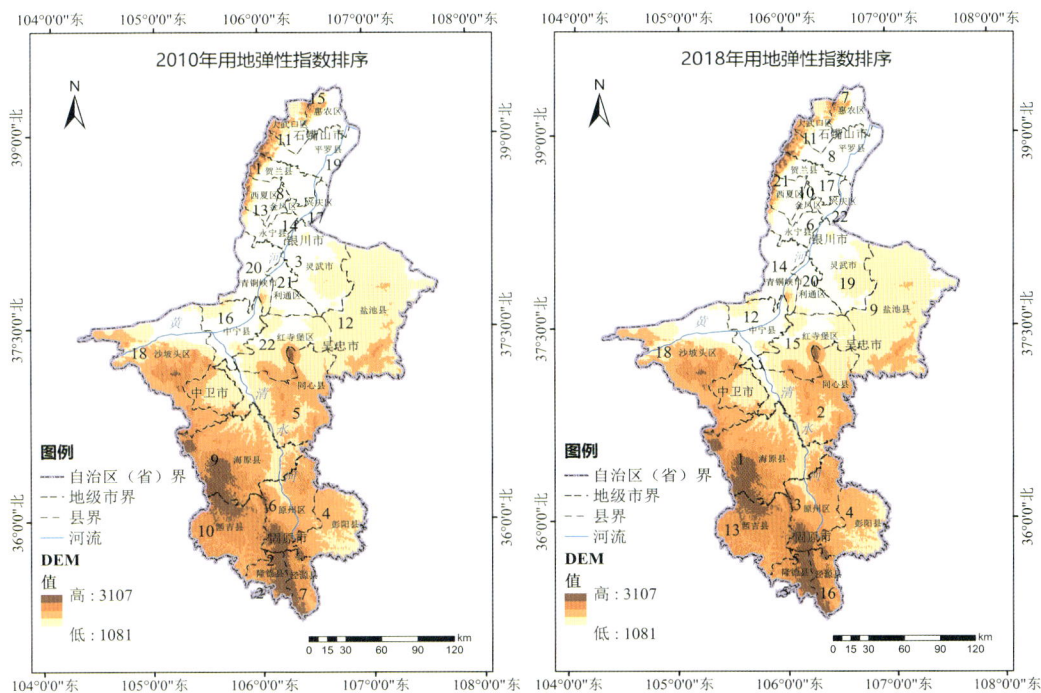

图 2-1-40　2010 年、2018 年用地弹性指数排序

从变化趋势来看(图 2-1-41)，青铜峡市、惠农区、中宁县、永宁县、兴庆区、原州区和大武口区的用地弹性指数在 2010—2018 年呈显著增加趋势，是由于这些县(市、区)在促进产业聚集的同时，加强土地利用调控，合理科学用地，提高区域人口吸引力，使自身社会经济发展与建设用地利用的协调程度不断提升。从变化幅度来看，2010—2018 年宁夏大部分县(市、区)用地弹性指数呈正向变化。其中，红寺堡区、平罗县用地弹性指数增长率最高。平罗县现代畜牧、优质瓜菜、特色制种三大特色产业不断集聚优化，通过改造提升精细化工、特色冶金、碳基材料、能源电力四大传统产业，汇融新天地、阳光商业广场和鼓楼步行街三大商圈实现特色化、差异化发展，产业集聚效应凸显，社会经济发展与建设用地增长的协调程度不断提升；灵武市、泾源县和贺兰县用地弹性指数下降最多，经济发展与建设用地消耗的协调程度总体呈下降趋势。

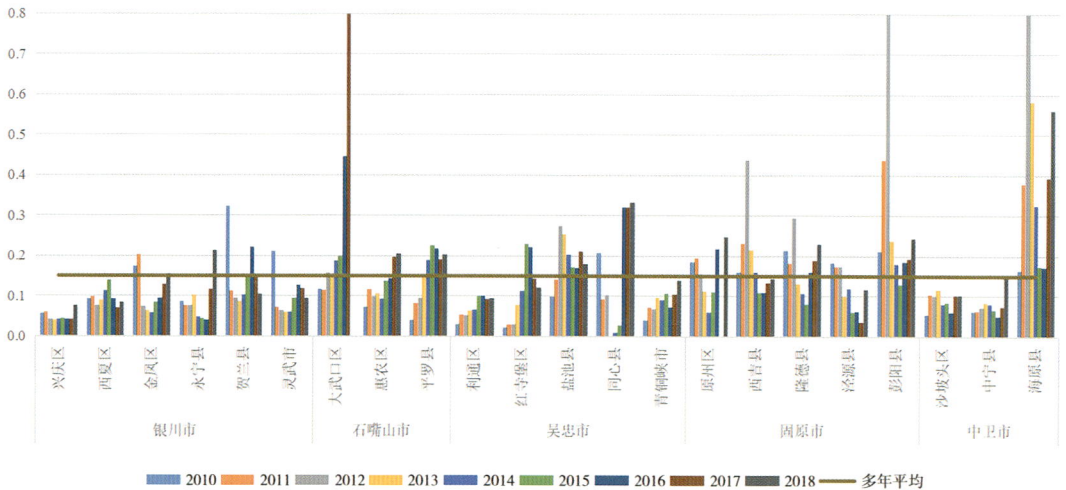

图 2-1-41　用地弹性指数多年对比

使用四象限图对 2018 年用地弹性及 2010—2018 年用地弹性变化率进行聚类，如图 2-1-42所示，红寺堡区(11)的用地弹性显著高于全区平均水平，平罗县(9)、海原县(22)、惠农区(8)、永宁县(4)的用地弹性同样高于全区平均水平，且呈现较快增长；红寺堡区(11)、隆德县(14)、利通区(10)、中宁县(21)的用地弹性虽然较高，但在研究时段内增长速率缓慢；灵武市(6)、贺兰县(5)等 9 县(市、区)的用地弹性值较低，且呈现减小趋势。

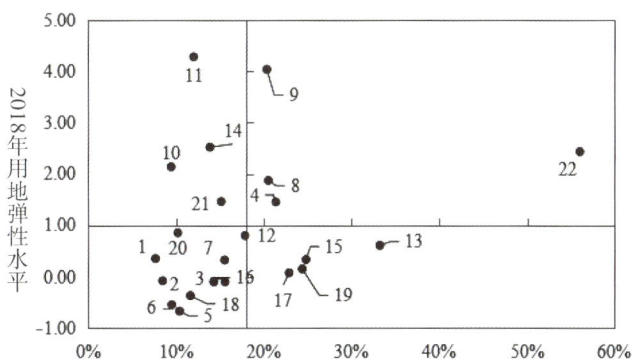

图 2-1-42　用地弹性指数"状态—变化"聚类

4. 管理绩效评价

将城市存量土地供应比率、城市批次土地供应比率和城市土地闲置率三个指标加权求和，计算得到建设用地管理绩效指数。2018 年，宁夏各县（市、区）管理绩效指数空间分布差异较大（图 2-1-43、图 2-1-44）。具体来看，金凤区管理绩效指数高达 0.50，其通过积极盘活阅海湾中央商务区（丝路经济园）闲置楼宇、闲置厂房等资源来提高利用率，此外，还通过集体经营建设用地入市等方式盘活乡村闲置集体建设用地、闲置宅基地等土地资源，优先用于乡村旅游、田园康养、电商文创、三产融合等产业项目建设，节约集约发展导向的开发经营模式管理效果较佳。西夏区、大武口区、同心县、红寺堡区以及固原市全域等同样为管理绩效指数高值区；而沙坡头区、盐池县和永宁县管理绩效指数相对较低，在产业结构升级的同时需注重加快城市存量建设用地的再开发利用。

从变化趋势来看（图 2-1-45），西夏区、平罗县、同心县、西吉县、隆德县、沙坡头区等县（市、区）的管理绩效指数在 2010—2011 年、2016—2017 年超过宁夏历年平均水平，随时间序列变化大致呈现出"U"形分布趋势。从变化幅度来看，2010—2018 年宁夏大部分县（市、区）管理绩效指数有所降低，主要是由于随着落实最严格的节约集约制度，宁夏加大了对批后监管的核查力度，持续多年对批而未供和闲置土地进行全面清查，进一步推动批而未供和闲置土地清理处置，进而盘活存量，提高土地利用效率。

使用四象限图对 2018 年管理绩效及 2010—2018 年管理绩效变化率进行聚类，如图 2-1-46 所示，金凤区（3）、惠农区（8）的管理绩效显著高于全区平均水平，红寺堡区（11）和彭阳县（19）管理绩效同样高于全区平均水平且有所增长；同心县（13）、隆德县（17）等 7 县（市、区）管理绩效虽然较高，但在研究时段内略有下降；永宁县（4）、盐池县（12）、沙坡头区（20）等 11 县（市、区）的管理绩效值较低且出现减小趋势，永宁县闲置土地面积较大，存量用地盘活成效不显著，同时受经济下行影响，招商引资存在一定难度，影响存量用地再利用。

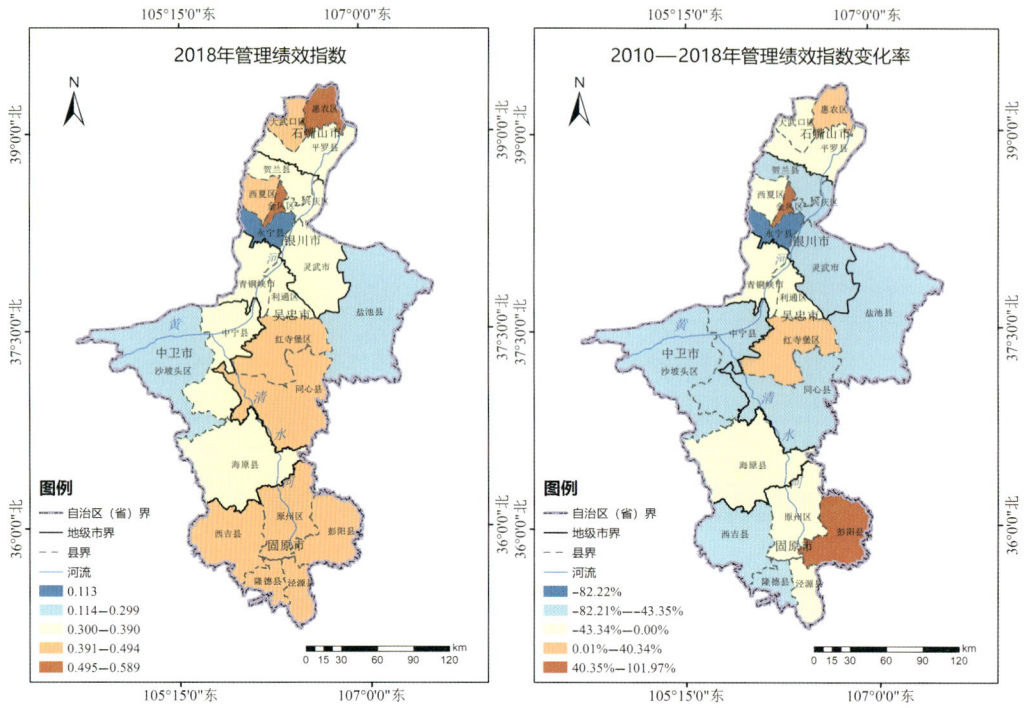

图 2-1-43　2018 年管理绩效指数空间分布及 2010—2018 年变化率

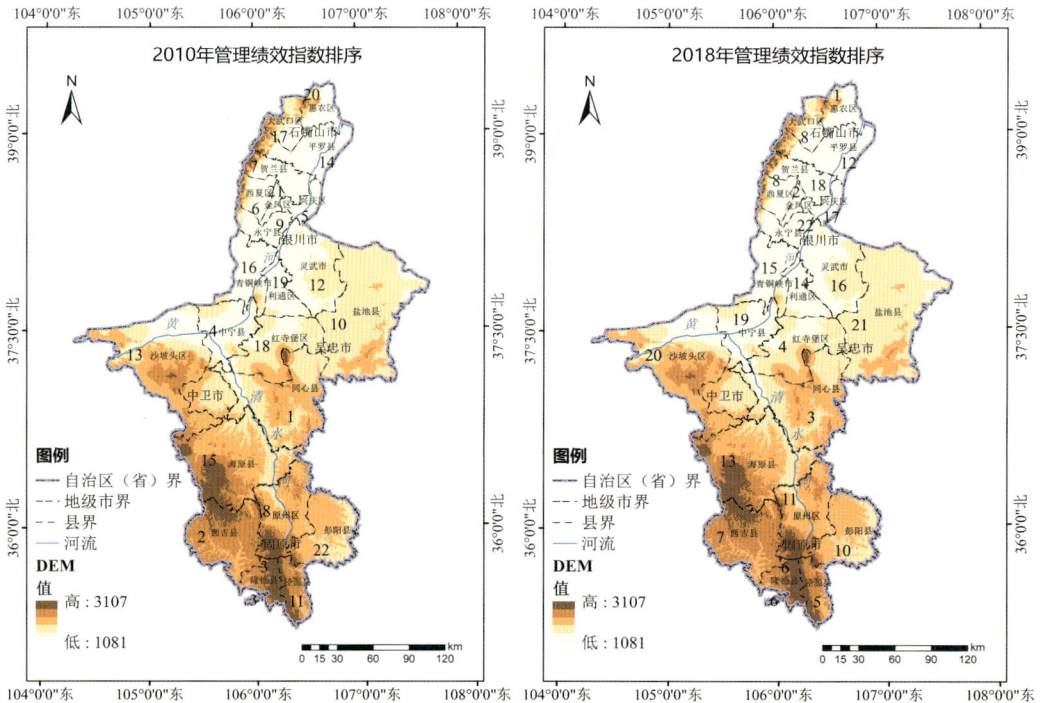

图 2-1-44　2010 年、2018 年管理绩效指数排序

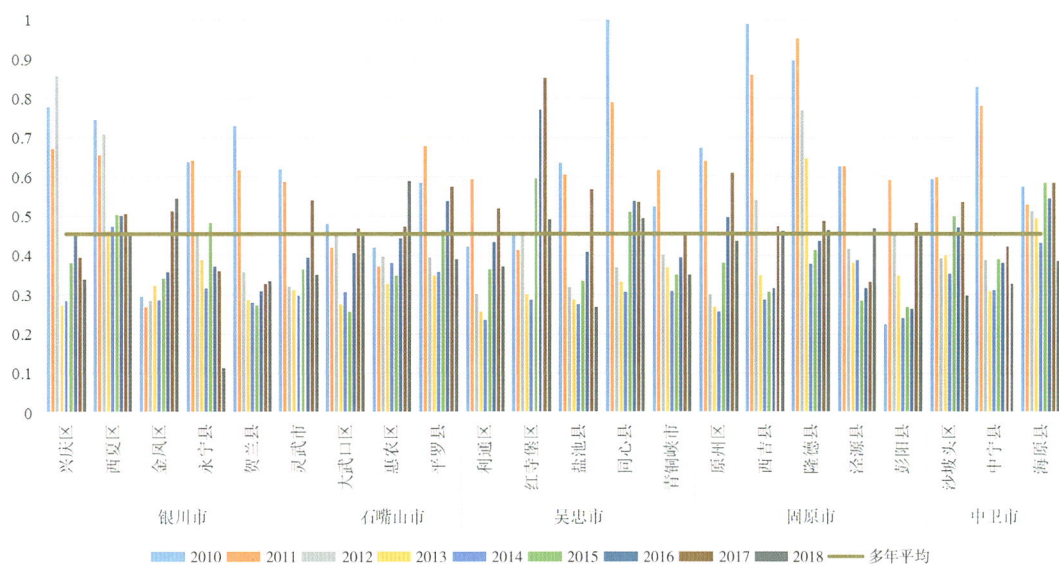

图 2-1-45　管理绩效指数多年对比

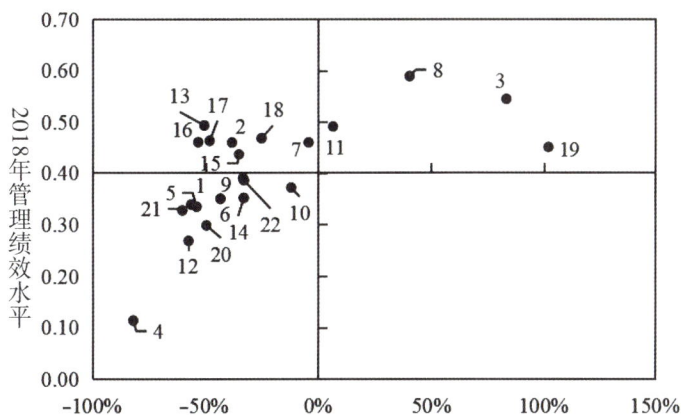

图 2-1-46　管理绩效指数"状态—变化"聚类

5. 建设用地节约集约水平综合评价

　　将利用强度、增长耗地、用地弹性和管理绩效指数加权求和，计算得到建设用地节约集约综合水平。2018 年，宁夏节约集约综合指数总体呈现以银川市为高值核心区的"北高南低"分布格局（图 2-1-47、图 2-1-48）。具体来看，兴庆区的节约集约水平位于宁夏前列，金凤区、利通区、西夏区和隆德县均为节约集约指数高值区，其中，金凤区以"突出特色、错位发展、集聚提升"为思路，提升城镇综合服务能力，补齐城镇化基础设施短板，因地制宜发展集镇特色产业，促进了土地节约集约利用和人口有序聚集，推动了"经济—人口—资源—环境"的空间匹配。永宁县、盐池县节约集约综合指数最低，其中，永宁县的管理绩效和增长耗地指数均较低，在新增建设用地指标迫近极限的情况下，加快产业转型升级、提升产出效益和加大存量土地挖潜力度是其提升节约集约用地水平的当务之急；盐池县的利用强度指数较低，应放缓城市建设用地总量供应，同时随着人口不断流出做减量规划，防止建设用地人口密度过低影响城市未来发展。

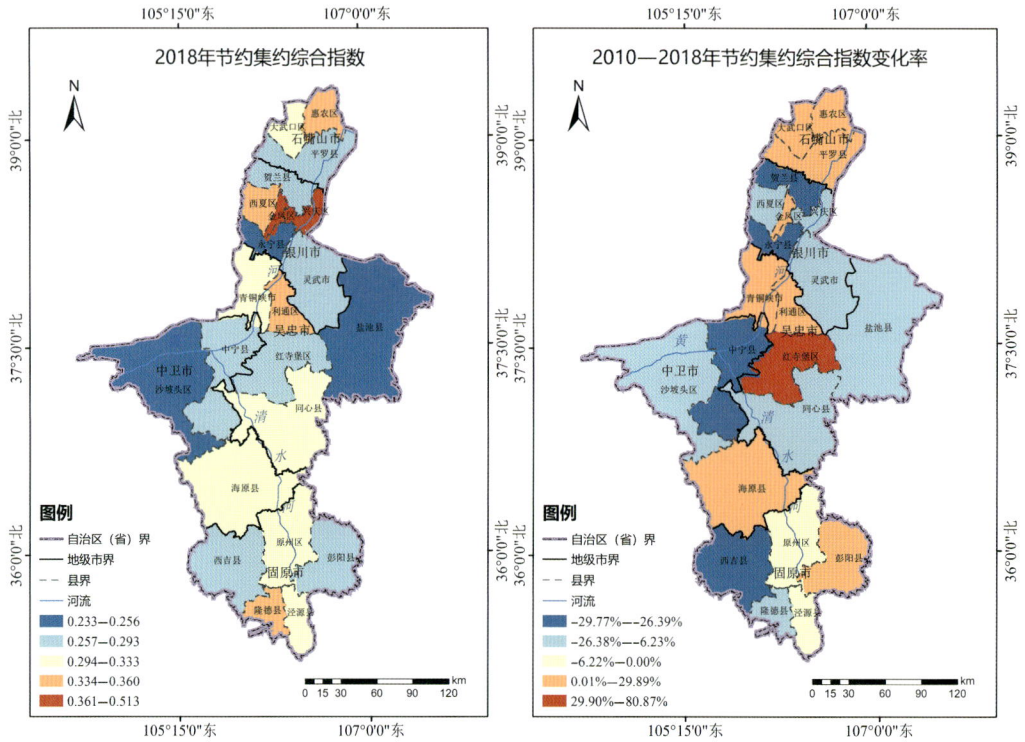

图 2-1-47　2018 年建设用地节约集约综合指数空间分布及 2010—2018 年变化率

从变化趋势来看(图 2-1-49)，2010—2018 年兴庆区、西夏区、大武口区、原州区和沙坡头区等大部分县(市、区)节约集约指数大致呈现先减小后增大的"U"形变化趋势，这些县(市、区)前期对于建设用地节约集约利用的关注度不高，后期持续促进城乡建设内涵挖潜，缓解建设用地供需矛盾，推进新增建设用地集约高效利用。金凤区、惠农区节约集约水平总体升高，其中，金凤区节约集约水平增长率高达 2%/年，其不断推广应用节地技术和模式，加快土地集约利用，坚决淘汰落后产能、低端产业，盘活闲置土地。从变化幅度来看，红寺堡区、金凤区、利通区和大武口区节约集约程度提升较大，其中，红寺堡区节约集约水平显著提高，社会经济增长消耗的新增建设用地状况良好。利通区坚定不移调结构、增动能、转方式，产业结构逐步优化，融合、绿色、集聚发展特征愈加明显。而贺兰县、西吉县和中宁县降幅最为明显，其中，贺兰县社会经济发展所消耗建设用地量仍有降低的余地，西吉县和中宁县的闲置土地数量在 2010—2018 年不减反增，应在加快产业结构调整的同时进一步挖潜内涵，提高土地节约集约利用水平。

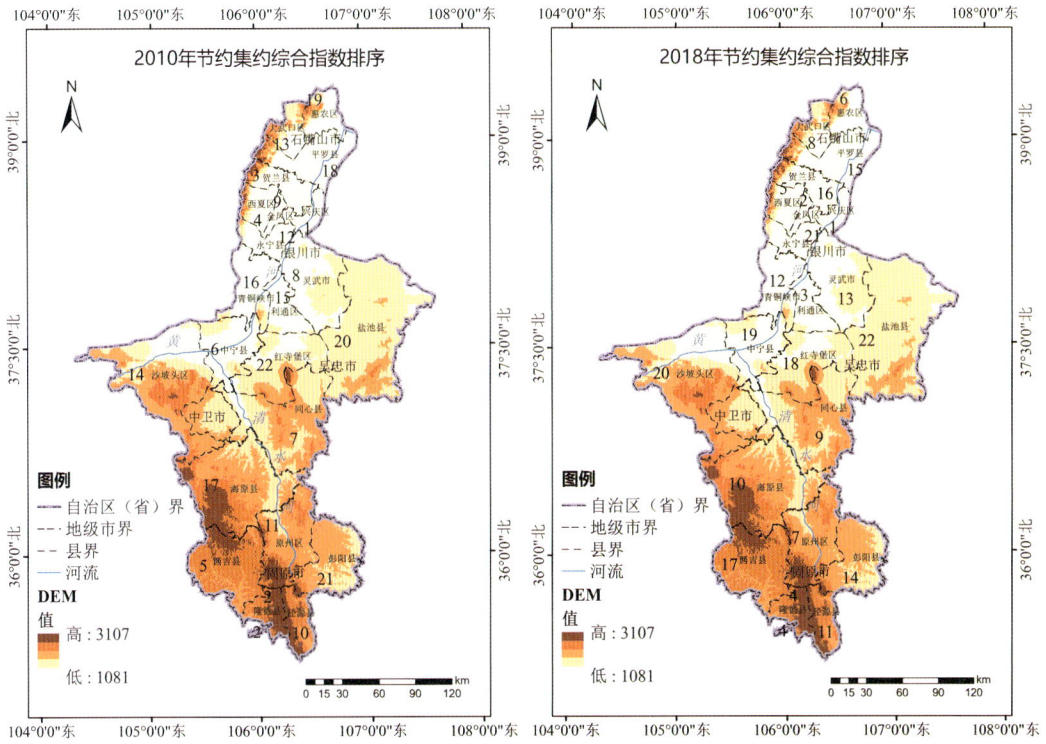

图 2-1-48　2010 年、2018 年建设用地节约集约综合指数排序

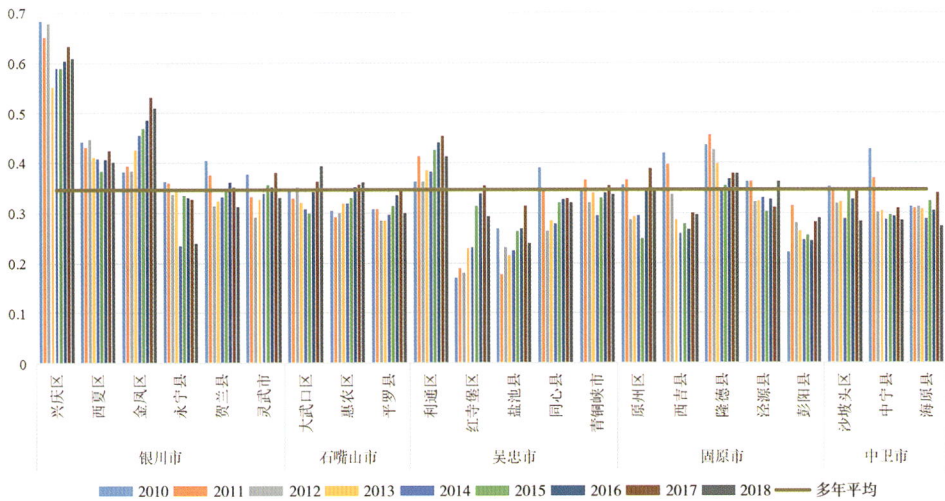

图 2-1-49　节约集约综合指数多年对比

　　使用四象限图对 2018 年节约集约水平及 2010—2018 年节约集约变化率进行聚类，如图 2-1-50 所示，虽然兴庆区(1)和金凤区(3)的节约集约水平均较高，但前者呈降低趋势，而后者出现提升趋势；彭阳县(19)和红寺堡区(11)等县(市、区)节约集约水平较低，但在研究时段内呈逐年提高趋势；永宁县(4)、盐池县(12)等 10 县(市、区)的节约集约水平较低且出现降低趋势。

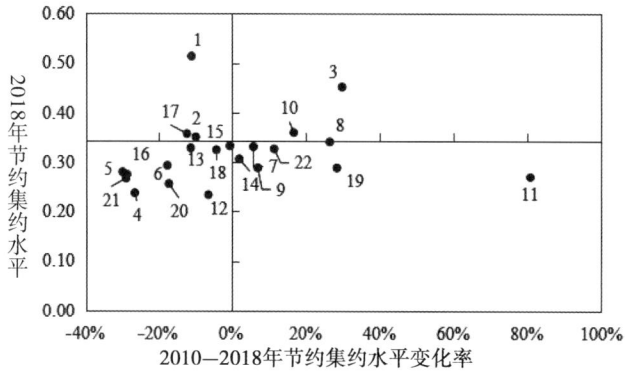

图 2-1-50　建设用地节约集约综合指数"状态—变化"聚类

第二章　宏观尺度高质量发展分析与评价

本章从"创新、协调、绿色、开放、共享、安全"六维度高质量发展目标出发，以宁夏下辖县(市、区)为评价单元，构建高质量发展评价指标体系，把握各县(市、区)多维度高质量发展现势特征，结合层次分析法和熵权法确定指标权重，开展高质量发展综合评价。

一、高质量发展指标计算方法

以 22 个县(市、区)为评价对象，从"创新、协调、绿色、开放、共享、安全"六维度新发展理念出发，建立评价指标体系(图 2-2-1)，并归类说明主要指标的计算方法。

相关指标具体计算方法如下。

1. 土地利用数据分析

(1) 土地利用现状分析方法

以宁夏 2018 年度土地利用变更调查成果为基础，利用信息熵、均衡度指数着重分析建设用地(城镇村建设用地)、耕地和生态用地(林地、园地、草地和水域)土地利用结构现状的合理性。信息熵能够反映当前混合利用的均匀程度，信息熵越大表明不同职能的土地利用类型越多，各类用地面积相差越小，土地利用越均衡；反之，土地利用越失衡。均衡度指数反映用地结构的平衡状态，均衡度取值范围为[0，1]，当 $J = 1$ 时，用地结构达到理想的平衡状态；反之，当 $J = 0$ 时，用地结构处于最不均衡状态。计算公式如下：

$$H = -\sum_{i=1}^{n} P_i \ln P_i, \quad P_i = \frac{S_i}{S} \tag{2-1}$$

$$S = \sum_{i=1}^{n} S_i (i = 1, 2, 3, \cdots, n) \tag{2-2}$$

$$J = H / H_{max} = -\left[\sum_{i=1}^{n} P_i \ln P_i \right] / \ln n \tag{2-3}$$

式中，H 为信息熵，J 为均衡度，n 为土地利用类型种类；P_i 为第 i 类用地占城镇区域总面积的比重，S_i 为第 i 类用地面积。

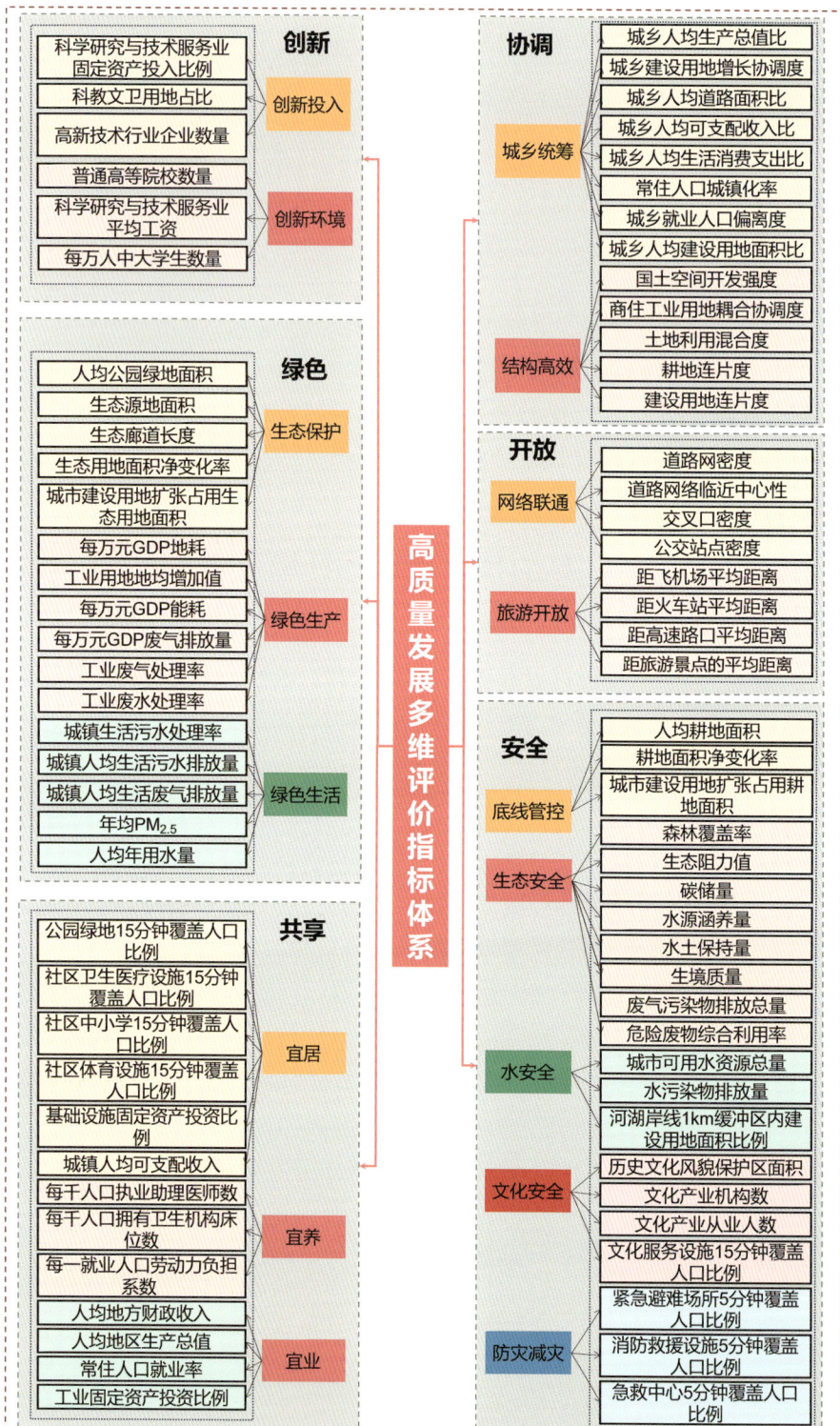

创新

创新投入
- 科学研究与技术服务业固定资产投入比例
- 科教文卫用地占比
- 高新技术行业企业数量

创新环境
- 普通高等院校数量
- 科学研究与技术服务业平均工资
- 每万人中大学生数量

绿色

生态保护
- 人均公园绿地面积
- 生态源地面积
- 生态廊道长度
- 生态用地面积净变化率
- 城市建设用地扩张占用生态用地面积

绿色生产
- 每万元GDP地耗
- 工业用地地均增加值
- 每万元GDP能耗
- 每万元GDP废气排放量
- 工业废气处理率
- 工业废水处理率

绿色生活
- 城镇生活污水处理率
- 城镇人均生活污水排放量
- 城镇人均生活废气排放量
- 年均PM$_{2.5}$
- 人均年用水量

共享

宜居
- 公园绿地15分钟覆盖人口比例
- 社区卫生医疗设施15分钟覆盖人口比例
- 社区中小学15分钟覆盖人口比例
- 社区体育设施15分钟覆盖人口比例
- 基础设施固定资产投资比例
- 城镇人均可支配收入

宜养
- 每千人口执业助理医师数
- 每千人口拥有卫生机构床位数
- 每一就业人口劳动力负担系数

宜业
- 人均地方财政收入
- 人均地区生产总值
- 常住人口就业率
- 工业固定资产投资比例

高质量发展多维评价指标体系

协调

城乡统筹
- 城乡人均生产总值比
- 城乡建设用地增长协调度
- 城乡人均道路面积比
- 城乡人均可支配收入比
- 城乡人均生活消费支出比
- 常住人口城镇化率
- 城乡就业人口偏离度
- 城乡人均建设用地面积比

结构高效
- 国土空间开发强度
- 商住工业用地耦合协调度
- 土地利用混合度
- 耕地连片度
- 建设用地连片度

开放

网络联通
- 道路网密度
- 道路网络临近中心性
- 交叉口密度
- 公交站点密度

旅游开放
- 距飞机场平均距离
- 距火车站平均距离
- 距高速路口平均距离
- 距旅游景点的平均距离

安全

底线管控
- 人均耕地面积
- 耕地面积净变化率
- 城市建设用地扩张占用耕地面积

生态安全
- 森林覆盖率
- 生态阻力值
- 碳储量
- 水源涵养量
- 水土保持量
- 生境质量
- 废气污染物排放总量
- 危险废物综合利用率

水安全
- 城市可用水资源总量
- 水污染物排放量

文化安全
- 河湖岸线1km缓冲区内建设用地面积比例
- 历史文化风貌保护区面积
- 文化产业机构数
- 文化产业从业人数
- 文化服务设施15分钟覆盖人口比例

防灾减灾
- 紧急避难场所5分钟覆盖人口比例
- 消防救援设施5分钟覆盖人口比例
- 急救中心5分钟覆盖人口比例

图 2-2-1　高质量发展多维指标体系图

（2）土地利用变化分析方法

将 2018 年土地变更调查数据与 2010 年的第二次全国土地调查数据（"二调"）对比，计算用地变化率指数并比较各类用地规模变化快慢。计算公式如下：

$$S = \frac{U_b - U_a}{U_a} \times \frac{1}{T} \times 100\% \tag{2-4}$$

式中，S 为用地变化率，U_a、U_b 分别为 2010 年、2018 年实际用地面积，T 为研究时段，即 $T = 8$。

计算土地利用转移矩阵，直观反映 2010—2018 年各个地类面积的转入转出量，见表 2-2-1：

表 2-2-1　土地利用转移矩阵

		T_2				P_{i+}	减少
		A_1	A_2	$\cdots$	A_n		
T_1	A_1	P_{11}	P_{12}	$\cdots$	P_{1n}	P_{1+}	$P_{1+} - P_{11}$
	A_2	P_{21}	P_{22}	$\cdots$	P_{2n}	P_{2+}	$P_{2+} - P_{11}$
	$\cdots$	$\cdots$	$\cdots$	$\cdots$	$\cdots$	$\cdots$	$\cdots$
	A_n	P_{n1}	P_{n2}	$\cdots$	P_{nn}	P_{n+}	$P_{n+} - P_{11}$
P_{+j}		P_{+1}	P_{+2}	$\cdots$	P_{+n}	1	
新增		$P_{+1} - P_{11}$	$P_{+2} - P_{22}$		$P_{+n} - P_{nn}$		

其中 T_1 为初期时相，T_2 为当期时相，A_n 为第 n 个用地类型，P_{ij} 为第 i 类用地转移为第 j 类用地的面积。

2. 生态安全评价方法

生态安全格局是以景观格局与过程的相互作用为基础，在诸多生态要素的干扰下，判定出需要进行生态保护、提高生物多样性、增益景观功能作用的区域。构建区域生态安全格局是提升生态系统质量和稳定性及区域生态安全的重要手段。目前，"识别生态源—构建阻力面—提取廊道"的研究框架已成为构建区域生态安全格局的标准范式。具体计算方法如下所示：

（1）生态源地识别

生态源地是承载重要生态功能、保障生态系统安全的区域。斑块面积和连接度指数是生态源地识别的重要指标。采用形态学空间格局分析方法（Morphological Spatial Pattern Analysis，MSPA）提取区域内面积较大的生境斑块，并采用可能连接度指数（dPC）开展斑块连通性评价，进一步选取连接度较高的生境斑块作为生态源地。

（2）生态阻力面构建

生态阻力面表示生态源地扩散的阻力障碍空间分布，反映了景观要素的可达程度和运动趋势，生态阻力值越高，物质能量流动受到的障碍越大。结合以往研究，建立生态源地扩张阻力体系，选取土地利用类型、高程、坡度、距河流距离、距居民点距离和归一化植被指数（NDVI）作为主要阻力因子，加权求和构建生态阻力面。

（3）生态廊道识别

生态廊道作为能量和物质循环的载体，是生态源地之间的最低累积阻力谷线，是保持物质流、生态流、生态过程及能量在区域内连续、连通的关键生态用地。采用最小累积阻力（Minimal Cumulative Resistance，MCR）模型考虑源地、距离和阻力面 3 个特征，识别物种运动的潜在可能性及趋势，计算物种在不同生态源地间运动所需要耗费的代价，将最短累积阻力线作为生态廊道。公式如下：

$$\mathrm{MCR} = \int_{\min} \sum_{i=n}^{i=m} (D_{ij} \times R_i) \tag{2-5}$$

式中，MCR 为最小累积阻力值，$\int$ 是一正函数，用来表示空间上任意单元的最小阻力与它到空间上其他任意单元的特征关系，D_{ij} 表示物种从源地 j 到空间某景观单元 i 的实际距离，R_i 表示景观单元 i 对物种运动的阻力系数，阻力系数需要根据具体路径来确定。

3. 生态系统服务功能计算

生态系统服务功能是生态系统在维持人类生存和发展过程中体现的重要作用，是指生态系统在能量流、物质流的生态过程中为人类提供的各种效益，包括供给服务（如提供食物和水）、调节服务（如控制洪水和疾病）、文化服务（如精神、娱乐和文化收益）以及支持服务（如维持地球生命生存环境的养分循环）。本书选择了产水量、生态环境质量（简称"生境质量"）和碳储量与人类生产生活、环境保护密切相关的三大功能，识别建设用地增长需要避让的重点保护区。

（1）产水量

InVEST 产水量模型是基于 Budyko 水热耦合平衡假设，综合考虑年均降雨量和实际蒸散量的影响，具体公式如下：

$$Y(x) = \left(1 - \frac{\mathrm{AET}(x)}{P(x)}\right) \cdot P(x) \tag{2-6}$$

式中，$Y(x)$ 为栅格 x 产水量（mm）；$\mathrm{AET}(x)$ 为栅格 x 年实际蒸散发量（mm）；$P(x)$ 为栅格 x 年降水量（mm）。植被蒸散发量采用傅抱璞和 Zhang 等提出的 Budyko 水热耦合平衡假设公式计算：

$$\frac{\mathrm{AET}(x)}{P(x)} = 1 + \frac{\mathrm{PET}(x)}{P(x)} - \left[1 + \left(\frac{\mathrm{PET}(x)}{P(x)}\right)^{\omega}\right]^{1/\omega} \tag{2-7}$$

式中，$\mathrm{PET}(x)$ 为年潜在蒸散量（mm）；ω 为经验参数。$\mathrm{PET}(x)$ 计算公式为：

$$PET(x) = K_c(l_x) \cdot ET_0(x) \tag{2-8}$$

式中，$ET_0(x)$ 为栅格 x 的参考作物蒸散（mm）；$K_c(l_x)$ 表示栅格 x 中特定土地利用/覆盖类型的植被蒸散系数。

$\omega(x)$ 计算公式为：

$$\omega(x) = Z\frac{AWC(x)}{P(x)} + 1.25 \tag{2-9}$$

式中，$AWC(x)$ 为土壤有效含水量（mm）；Z 为季节常数，与年降水次数成正比。

（2）生境质量

基于 InVEST 的生境稀缺性模型评估了生物多样性维持服务。该模型主要考虑影响生境质量的三个因素：威胁的相对影响、生境与威胁的相对距离以及生境类型对威胁的相对敏感性。威胁因素主要包括城镇用地、农村居民点、其他建设用地、铁路、其他道路与高速公路。威胁对生境类型的相对影响越高，相对影响得分越高；生境与威胁的相对距离越近，威胁的程度越强。

在模型中可通过线性或指数距离衰减函数来表示威胁的空间衰减，公式如下所示：

线性衰减：

$$i_{rxy} = 1 - \left(\frac{d_{xy}}{d_{rmax}}\right) \tag{2-10}$$

指数衰减：

$$i_{rxy} = \exp\left(-\left(\frac{2.99}{d_{rmax}}\right)d_{xy}\right) \tag{2-11}$$

式中，i_{rxy} 为威胁 r 在栅格 x 的生境对栅格 y 的影响；d_{xy} 是栅格 x 和 y 间距离；d_{rmax} 是威胁 r 的最大影响距离。不同生境类型对不同威胁的相对敏感性不同，受威胁生境越敏感，越易受到威胁影响而退化。生境类型 j 中栅格 x 总威胁水平 D_{xj} 公式如下所示：

$$D_{xj} = \sum_{r=1}^{R}\sum_{y=1}^{Y_r}\left(\frac{w_r}{\sum_{r=1}^{R}w_r}\right)r_y i_{rxy}\beta_x S_{jr} \tag{2-12}$$

式中，y 为 r 威胁栅格图中所有栅格；Y_r 是指 r 威胁栅格图上的一组栅格；β_x 表示栅格 x 的邻近性；S_{jr} 为生境 j 对威胁 r 的敏感程度。生境类型 j 中栅格 x 的生境质量为 Q_{xj}，公式如下所示，H_j 为生境类型 j 的生境适宜性。生境质量数值越高，生境质量越好。

$$Q_{xj} = H_j\left(1 - \left(\frac{D_{xj}^z}{D_{xj}^z + k^z}\right)\right) \tag{2-13}$$

（3）碳储量

陆地生态系统碳储存总量（C_{total}）主要取决地上植被碳储量（C_{above}）、地下植被碳储量（C_{below}）、土壤碳储量（C_{soil}）和枯落物碳储量（C_{dead}）四大碳库。InVEST 模型中的"Carbon"模块以不同土地利用/覆被类型或植被类型的栅格为评价单元，根据不同土地利用/覆被类型四大基本碳库的平均碳密度与各评价单元面积的乘积来获得区域碳储存总量（C_{total}），碳储量计算原理见公式：

$$C_i = C_{i\_above} + C_{i\_below} + C_{i\_dead} + C_{i\_soil} \qquad (2\text{-}14)$$

式中，C_i 为土地利用类型 i 的碳密度；C_{i_above} 为土地利用类型 i 的地上植被碳密度；C_{i_below} 为其对应地下植被碳密度；C_{i_dead} 为对应死亡枯落物有机质碳密度；C_{i_soil} 为 i 土地利用类型的有机质碳密度，碳密度单位均为 t/hm^2。

4. 道路网络中心性计算

中心度以节点为单位进行计算，可以有效发现网络中的重要节点，即具有较大中心度值的顶点具有相对更大的功能重要性。中心度的测度指标主要选择了中介中心性（betweenness）、直线中心性（straightness）两个指标。中介中心度很好地描述了一个网络中节点可能需要承载的流量。一个节点的中介中心度越大，表明最短路径经过的次数越多，即流经它的流量越多，意味着它更容易拥塞，成为网络的瓶颈；而直线中心性衡量节点在网络中的接近效率，二者从不同方面分别反映了节点的可达程度。

（1）中介中心性

中介中心度是一个有效预测交通流量的指标，是以经过某个节点的最短路径数目来刻画节点中介作用的指标。

$$C_i^b = \frac{1}{(N-1)(N-2)} \sum_{j=1; \; k=1; \; j \neq k \neq i}^{N} \frac{n_{jk}(i)}{n_{jk}} \qquad (2\text{-}15)$$

式中，N 为节点个数，n_{jk} 为节点 j 与节点 k 间的最短路径条数，$n_{jk}(i)$ 为节点 j 与节点 k 间的最短路径经过节点 i 的次数。在道路网中，中介中心度越高的道路节点，表示最短路径通过的次数越多，在整个网络中起到桥梁或枢纽转移作用也就越明显，具有越强的影响力和控制力，道路节点越重要。

（2）直线中心性

直线中心度是衡量节点与其他节点的通达效率，即实际路线接近空间直线的程度。

$$C_i^s = \frac{1}{N-1} \sum_{j=1; \; j \neq i}^{N} \frac{d_{ij}^{\text{Eucl}}}{d_{ij}} \qquad (2\text{-}16)$$

式中，N 为节点个数，d_{ij} 为节点 i 与节点 j 间的实际路线距离，d_{ij}^{Eucl} 为节点 i 与节点 j 间的空间直线距离。

5. 基于 POI 数据的计算

（1）可达性计算

网络是一种由互联元素组成的系统，例如边（线）和连接的交汇点（点）等元素，这些元素用来表示从一个位置到另一个位置的可能路径。相较于欧氏距离，通过使用网络构建潜在行进路径模型进一步考虑了真实表面距离，以反映空间上两个实体位置间流动所需成本。一般而言，需求点与设施点间更短的路径距离意味着更高的可达性。例如，在安全发展因子中的消防设施可达性指标，需求点是多尺度(区、格网、开发区)中心点，设施点是消防站点。在矫正路网拓扑后，基于 ArcGIS Network Analysis 扩展模块计算多尺度(区、格网、开发区)中心点至最近消防站点的路径距离以模拟设施可达性。

(2)覆盖人口比例计算

网络服务区是指包含所有通行街道(即在指定的阻抗范围内的街道)的区域。由 ArcGIS Network Analysis 从设施点出发，在计算路径距离的基础上，对于公园绿地、卫生医疗设施、中小学、体育设施等公共服务设施设置车行 15 分钟作为时间阈值，对于紧急避难场所、消防站等急救设施设置车行 5 分钟作为时间阈值获取可覆盖面。多尺度(区、格网、开发区)计算设施覆盖范围内的人口数与区域总人口比值即为设施覆盖人口比例。

(3)设施密度计算

核函数根据点或折线要素计算每单位面积的量值，以将各个点或折线拟合为光滑锥状表面。相较于直接计算统计单元内(统计单元一定范围缓冲区内)设施数量/长度/面积/密度，它可以同时考虑设施本身的特征和设施的空间分布。

$$Density = \frac{1}{(radius)^2} \sum_{i=1}^{n} \left[\frac{3}{\pi} \cdot pop_i \left(1 - \left(\frac{dist_i}{radius} \right)^2 \right)^2 \right] \qquad (2-17)$$

式中，$i = 1, 2, \cdots, n$ 是输入点，若其距 (x, y) 位置的距离$dist_i$在搜索半径 radius 内，计入核密度估算；pop_i 是 i 点的权重字段值。

二、高质量发展指标分析

本节从高质量发展的"创新、协调、绿色、开放、共享、安全"六个维度出发，对各维度指标因子进行逐一分析，剖析各县(市、区)空间分布特征，为高质量发展问题诊断提供参考。

1. 创新发展指标分析

1.1 创新投入分析

宁夏各县(市、区)创新投入水平分析借助科学研究与技术服务业经费固定资产投入比例、教科文卫用地占比和高新技术行业企业数量 3 项指标展开。

科学研究与技术服务业经费反映科技投入的规模和水平。2018 年，宁夏科学研究与技术服务业经费固定资产投入占比指标总体呈现"南北高、中间低"的空间态势(图 2-2-2 (1))。其中，彭阳县该项指标值最高(达 2.47%)，这是由于彭阳县围绕草畜、蔬菜、中药材、林果、特色种养等重点优势产业，搭建了产业技术协同创新中心等科技创新平台，

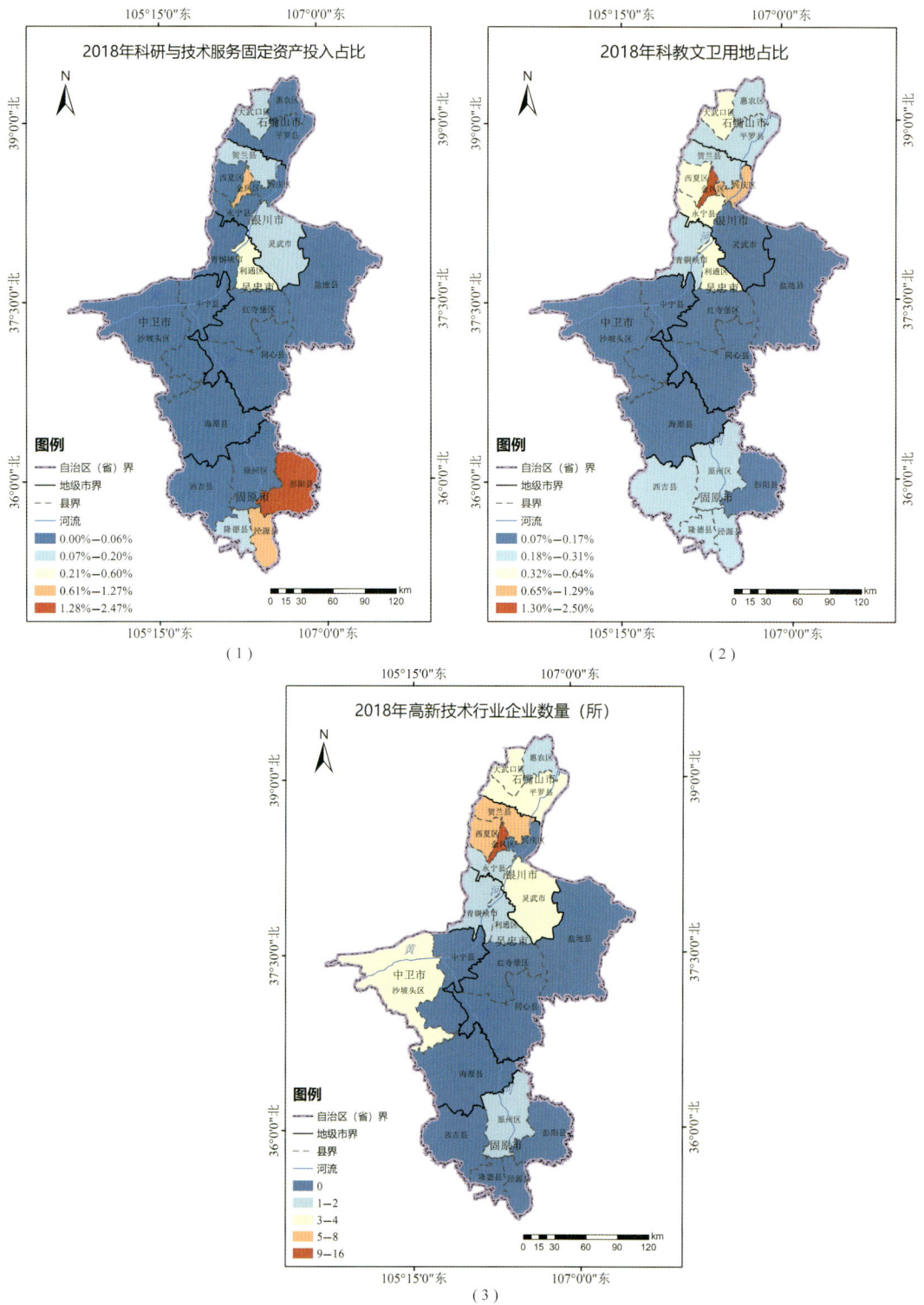

（1）

（2）

（3）

图 2-2-2　2018 年宁夏创新投入单因子空间分布

有效提升了区域自主创新能力。金凤区该项指标次之(超 1.25%),该区把握沿黄科技创新改革试验区建设契机,建成了阅海湾中央商务区(丝路经济园),依托阅海湾中央商务区及现有各类科技创新资源,加快培育更多科技型中介服务机构和科技创新平台,为企业及科研人员创新、研发提供支持。利通区的该指标也较高(0.60%),该区着力推进科技创新,营造创新发展环境,建成多处创新基地。其他县(市、区)科研与技术服务投入经费占比较低,未来应坚持创新在现代化建设全局中的核心地位,全面提升科技创新支撑力,培育新产业、新业态、新模式,推动经济发展质量变革、效率变革、动力变革。

科研基地的建设是促进高校科技事业快速发展的有效途径。2018 年,宁夏科教文卫用地占比指标总体呈现石嘴山市和银川市高、中卫市和固原市较低的空间态势(图 2-2-2 (2))。其中,金凤区的科研用地占比指标值最高(达 2.50%),宁夏大学(南校区)、北方民族大学(商学院)等均坐落于此。兴庆区、大武口区、西夏区、永宁县和利通区该指标值也相对较高(超 0.32%),兴庆区推进东西部协同创新平台建设,拥有多所科技园区,例如银川兴庆科技园、西安交通大学苏州(江苏)研究院银川分院;大武口区重点支持航空航天材料、工业级半导体模块等新型材料、新型产品研发,建设产业研究院、国家重点实验室等。此外,惠农区、平罗县、贺兰县等科研用地占比均较小(小于 0.30%),这些县(市、区)大多以第一产业为主,应结合主导产业和特色产业发展要求,推动科技创新平台建设,解决农业产业化过程中面临的重大技术瓶颈问题。

高新技术企业数量可以反映地区的创新活跃度,是区域发展重要的内在推动力。2018年,宁夏高新技术行业企业数量指标总体呈现"北高南低"的空间态势(图 2-2-2(3))。截至 2018 年底,金凤区高新技术企业数量最多,包括宁夏康亚药业股份有限公司、中航(宁夏)生物股份有限公司等;贺兰县拥有 8 家高新技术企业,包括百瑞源枸杞股份有限公司、银川汤姆森电气有限公司等;西夏区拥有 6 家高新技术企业,包括银川特种轴承有限公司、宁夏巨能机器人股份有限公司等。

1.2　创新环境分析

宁夏各县(市、区)创新环境水平分析借助普通高等院校数量、科研与技术服务业平均工资和每万人中大学生数量 3 项指标展开。

普通高等院校是培养高技术人才、储备高素质劳动力的人力组织,是区域重要的科研力量。2018 年,宁夏该指标总体呈现银川市较高、中卫市较低的空间态势(图 2-2-3(1))。宁夏共有 21 所高等院校,其中,西夏区高校数量最多(共 12 所),包含宁夏大学、北方民族大学等院校,大武口区拥有宁夏理工学院、石嘴山工贸职业技术学院、宁夏卫生健康职业技术学院 3 所院校,兴庆区和永宁县各拥有 2 所院校,利通区(宁夏民族职业技术学院)和原州区(宁夏师范学院)各有 1 所院校,其他县(市、区)则暂无普通高等院校。普通高等院校汇集智力和科技资源,培养发展创新型储备人才,各县(市、区)应从区域经济发展水平和区域特色出发,制定更适合自身的人才培养标准,采用设立联合教授等措施优化师

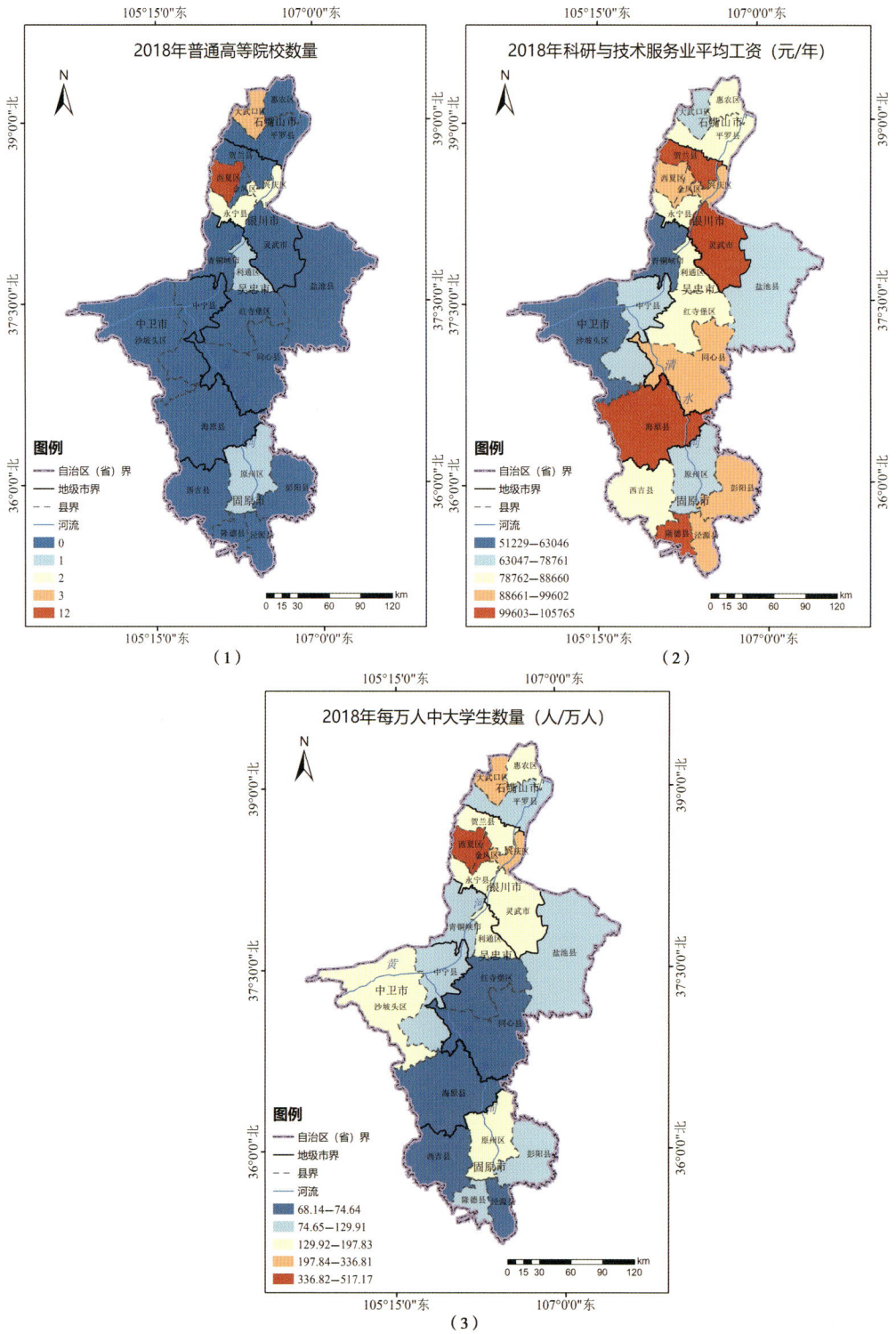

图 2-2-3　2018 年宁夏创新环境单因子空间分布

资结构，使之与区域经济和产业结构相适应。

科研与技术服务业平均工资侧面反映出行业发展节奏，平均工资越高，可认为对该科研工作越支持，更易为行业快速发展带来丰厚"回馈"。2018年，宁夏该指标呈现银川市较高、中卫市较低的空间态势（图2-2-3（2））。其中，灵武市、海原县、贺兰县和隆德县的该指标值较高（超99603元/年），灵武市实施创新人才激励计划，落实科研人员职务发明成果权益分享政策，鼓励企事业单位对急需紧缺高层次人才实行灵活多样的分配方式；兴庆区、泾源县、西夏区和金凤区等6县该指标均超过88661元/年，其中，兴庆区逐步完善创新成果转化分配激励制度，有效促进了平均工资与劳动生产率的同步提高；沙坡头区、青铜峡市该指标值均较小（低于63046元/年），应建立向高层次人才倾斜的激励制度，鼓励劳动者以资本、技术、专利和管理等参与分配，提高科研人员科技成果转化收益比例，使区域持续发展保持动力。

每万人中大学生数量代表人口的受教育程度和人才红利潜力。2018年，宁夏该指标总体呈现高值区均衡分布于各市城区、银川市整体水平较高的空间格局（图2-2-3（3））。其中，金凤区和西夏区的该指标值最高（超过336.82人/万人），两区内劳动密集型企业较多，为高校毕业生提供了大量工作岗位，搭建了创业服务平台；兴庆区和大武口市该指标值超197.84人/万人，两区经济发展水平高，青年就业创业服务体系较为完善，有效吸引了高校毕业生；泾源县、西吉县和红寺堡区等5县（市、区）该指标均较小（低于74.65人/万人），应出台相应人才政策，为符合创新型人才需求的高校应届毕业生给予生活补贴、购房补贴或提供人才公寓等住房保障措施，吸纳人才留下创业就业，同时，推动"产学研用"深度融合，支持企业牵头组建创新联合体，加强与高等院校、科研院所合作，建立教育、医疗、健康、电商等研究机构，打造一批具有国际竞争力的创新型企业，为返乡人才提供相应的就业岗位。

2. 协调发展指标分析

2.1　城乡统筹分析

宁夏各县（市、区）城乡统筹分析借助城乡人均生产总值比、城乡建设用地增长协调度、城乡人均道路面积比、城乡人均可支配收入比、城乡人均生活消费支出比、城镇化率、城乡就业人口偏离度和城乡人均建设用地面积比8项指标展开，多视角反映各县（市、区）城乡统筹水平。

人均生产总值是地区生产力水平的直接体现，反映了地区的经济活动水平，城乡人均产值比则直接反映了城市和乡村的生产力差距。由图2-2-4（1）可知，2018年，宁夏城乡人均生产总值比中北部各县（市、区）差异较大，南部各县（市、区）较为均衡。具体来看，大武口区（25.11倍）和灵武市（24.47倍）的城乡人均产值差距最大，其中，大武口区经济偏重工业，农业农村短板突出，老工业城市和资源型城市历史遗留问题仍未根本解决；灵武市同样倚重倚能，产业发展不平衡，导致城乡发展差异较大。沙坡头区、永宁县、惠农区、利通区和贺兰县5个县(市、区)城乡人均产值差距较小(约4倍)，其中，惠农区构建以优质粮食、草畜、瓜菜、枸杞为重点的特色产业格局，农村经济发展较好，城乡差距逐步缩小。

城乡建设用地增长协调度可反映城镇建设用地与乡村建设用地两者之间增长的协调程度。由图2-2-4(2)所示，2018年，宁夏该指标大致呈现中部较低、南北较高的空间态势。具体来看，金凤区、兴庆区和隆德县该指标值较好(0.10~0.15)，其城乡基础设施配套建设逐步完善，城镇建设用地与乡村建设用地增长协同性较好；沙坡头区、盐池县、灵武市、红寺堡区等区域该指标值较低，城乡建设用地增长速度均较慢，应实时监测建设用地利用状况，制定科学规划，充分挖掘城乡建设用地利用潜力，支撑城乡统筹发展。

人均道路面积能综合反映区域内基础设施的建设水平，城乡人均道路面积比则直接反映出城乡交通状况的差异。2018年，宁夏该指标呈现以红寺堡区为中心向外递减的空间态势(图2-2-4(3))。具体来看，红寺堡区、泾源县、永宁县、利通区、青铜峡市和海原县的城乡人均道路面积比值较高，其中，红寺堡区城乡道路面积差异最大，其作为宁夏承东启西、连南接北的重要交通枢纽，城镇交通体系建设完整，但城乡道路建设状况差异较大，应积极优化农村地区的交通体系；西夏区、惠农区、盐池县、彭阳县的城乡人均道路面积比值较低，这些区域城乡道路建设差异不大，可进一步合理规划，建设高效、便利、可达的城镇路网体系，同时提高乡村区域道路基础设施的发达程度。

人均可支配收入是居民可自由支配的收入，即储蓄和消费支出的总和；城乡人均可支配收入比直接反映了城乡人口收入的差异。2018年，宁夏该指标总体呈现"南高北低"的空间态势(图2-2-4(4))。金凤区、原州区、泾源县等6县(市、区)城乡人均可支配收入相差2.7倍以上，均高于2018年我国总体城乡居民人均可支配收入比(2.69倍)，城乡收入差距较明显，究其原因：乡村以第一产业为主，农村人均可支配收入较少，与第二、三产业为主的城镇人口收入差距较大。惠农区等4县(市、区)城乡居民的人均可支配收入相差不大(1.8~2.0)，其中，惠农区得益于农业提档升级、提质增效，构建"一优三特"特色优势产业格局，提高了农村居民的人均可支配收入。

人均生活消费是地区经济活动成果的直接体现，反映了人民物质和文化生活需要的满足程度；城乡人均生活消费支出比可反映城乡居民生活满足程度的差异。2018年，宁夏该指标值总体呈现银川市和固原市较高、石嘴山市和吴忠市较低的空间态势(图2-2-4(5))。其中，原州区、泾源县、兴庆区和金凤区的人均生活消费支出差距最大(2.03~2.42倍)；平罗县、隆德县、盐池县、惠农区和贺兰县的城乡人均生活消费支出差距较小(约1.5倍)。总体上，宁夏城镇居民消费水平仍高于农村居民，应着力促进农村居民增收，同时，

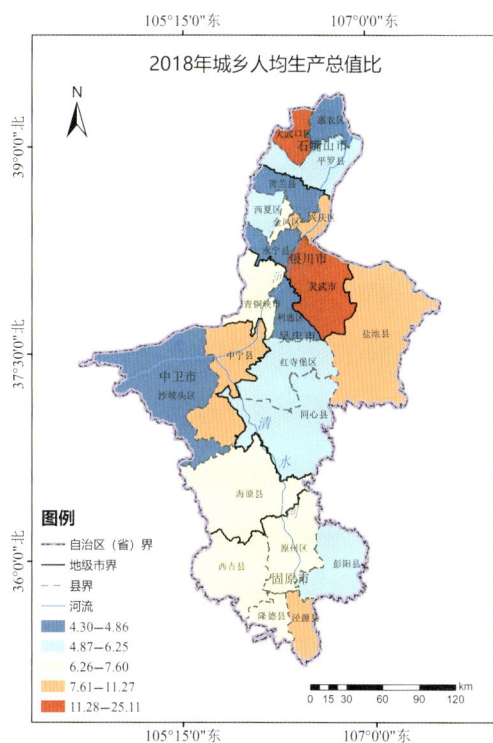

（1）

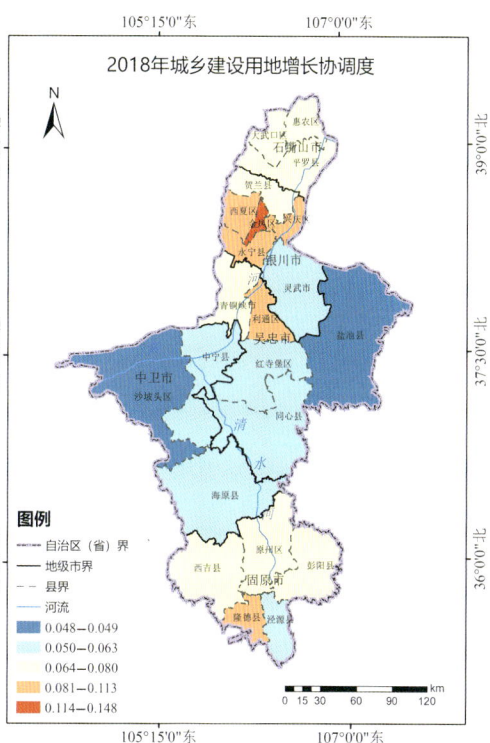

（2）

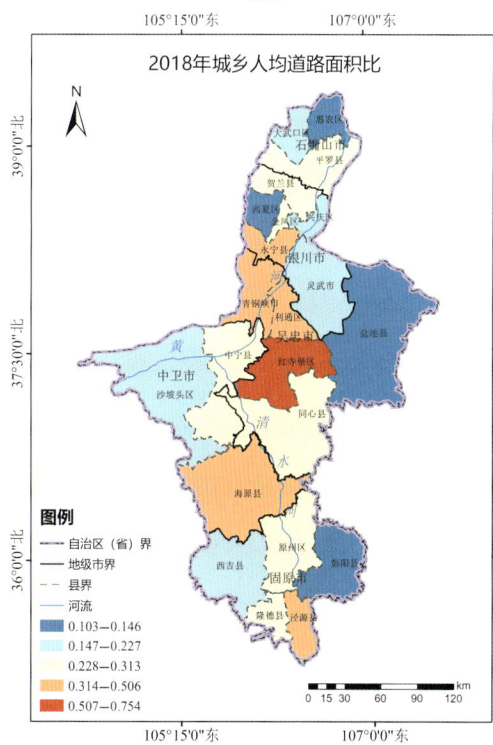

（3）

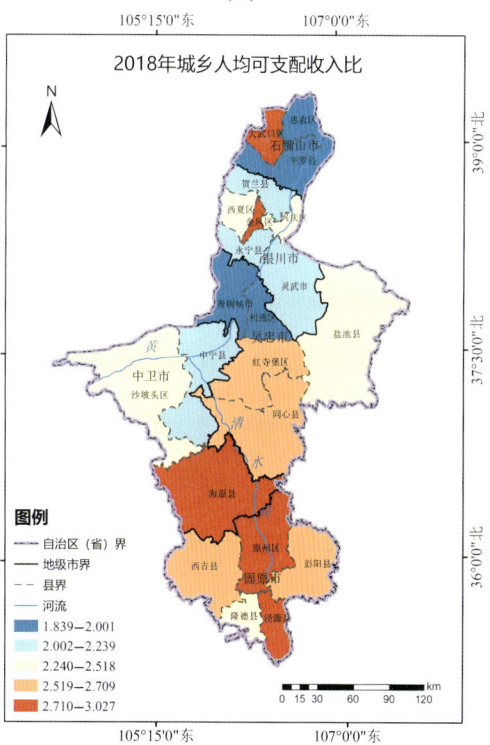

（4）

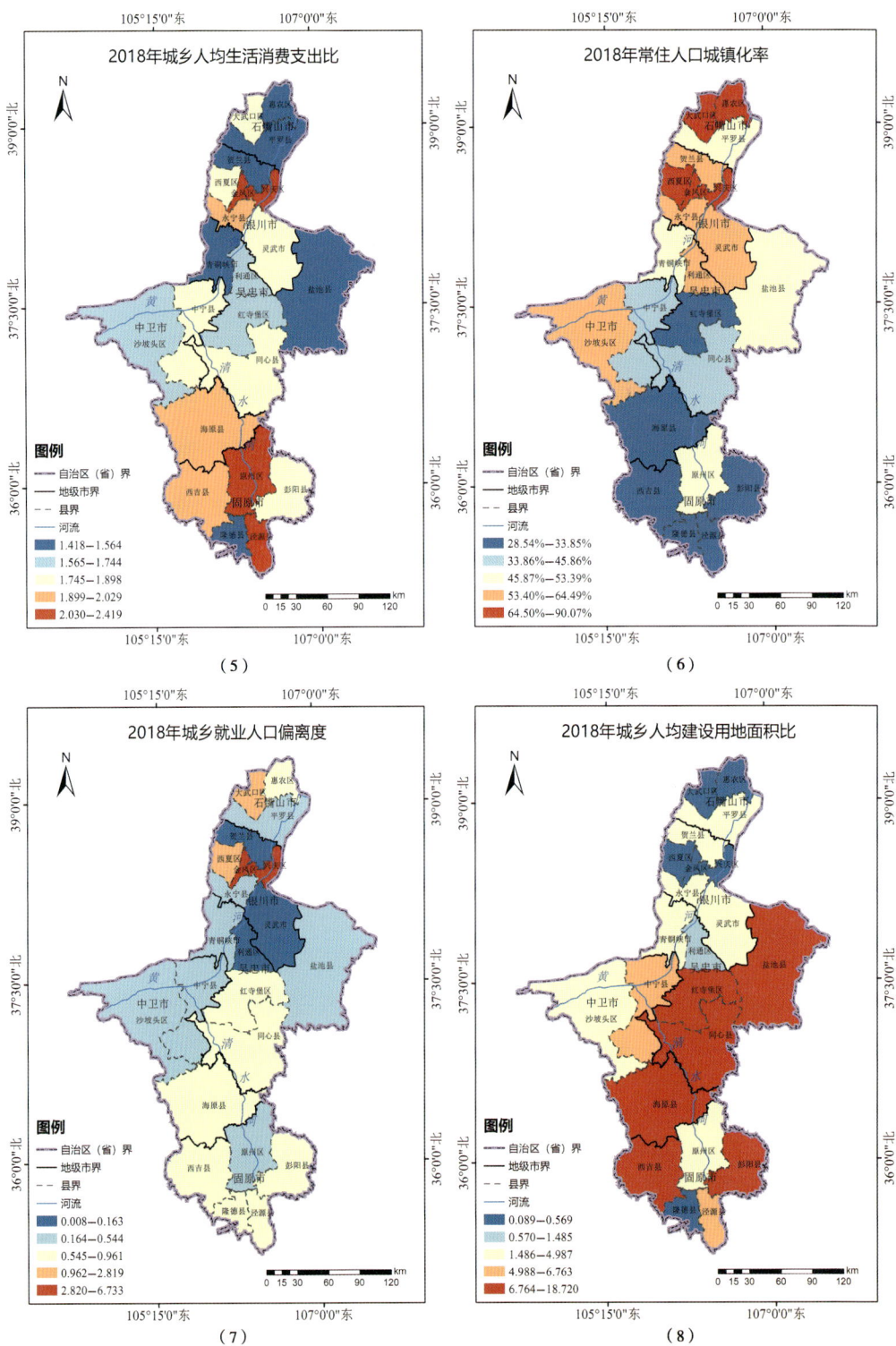

图 2-2-4　2018 年宁夏城乡统筹单因子空间分布

可采用线上线下相结合的方式，加强城镇与农村的消费衔接，挖掘农村市场的消费潜力。

城镇化作为一种高度集约化的形态，对提升人民生活水平、拉动投资和促进消费有积极作用。城镇化率代表地区常住于城镇的人口占地区总人口的比例，反映了地区城镇化的程度。2018年，宁夏该指标总体呈现银川市和石嘴山市较高、吴忠市和固原市较低的空间态势（图2-2-4(6)）。其中，西夏区、大武口区、兴庆区、金凤区和惠农区的城镇化率较高，超64.50%；沙坡头区、利通区和贺兰县等9县(市、区)该指标值超45.86%；红寺堡区、隆德县和泾源县等6县(市、区)该指标值较低(低于33.85%)。吴忠市和固原市应加快城市化进程，为乡村人口向城镇迁移提供保障，助力城乡协调发展。

就业人口直接创造经济价值，城乡就业人口的平衡将有助于稳定城乡人口和经济结构，促进地区协调发展。城乡就业人口偏离度指标通过衡量城镇与乡村就业人口比值的偏离度，直观反映当地居民城乡就业人口的协调程度。2018年，宁夏该指标在空间上呈现"北高南低"的态势，银川市较高，固原市、中卫市和吴忠市较低(图2-2-4(7))。具体来看，兴庆区和金凤区城镇就业人口数量显著高于农村(超出近6倍)，两区均以服务业为主导，可为城镇人口提供大量就业岗位，而农业经济总量小，劳动力需求数量少，城乡就业人口数量差异较大。

人均建设用地面积指区域内现有建设用地面积与常住人口规模的比值，可以反映地区人地匹配程度；城乡人均建设用地面积比则可以间接反映城乡土地利用强度的区域差异。2018年，宁夏各县(市、区)城乡人均建设用地面积比呈现南部差异大、北部较均衡的空间特征(图2-2-4(8))。其中，西夏区、金凤区、兴庆区、大武口区等县(市、区)该指标值远小于1，彭阳县、西吉县、红寺堡区和海原县等县(市、区)的城乡人均建设用地面积比远大于10，城乡土地利用强度差异均较大，前者的城镇地区人口密集，资源环境约束趋紧，但乡村建设用地的粗放利用和浪费问题仍有待解决，后者城镇地区人口吸引力不足，城镇土地利用强度较低，同时乡村人口相对集聚，导致城乡人均建设用地面积比差异较大。

2.2　结构高效分析

宁夏各县(市、区)结构高效评价借助国土空间开发强度、商业、工业、住宅用地耦合协调度、土地利用混合度、耕地连片度和建设用地连片度5项指标展开。

国土空间开发强度是指建设用地总量占行政区域面积的比例。一般情况下，土地开发强度越高，土地利用经济效益就越高，但该指标并非越高越好，按照土地开发强度国际警戒线，30%是一个地区国土空间开发强度的极限，超过该限度，人的生存环境将会受到影响。2018年，宁夏各县(市、区)国土空间开发强度呈现"中北部高、南部低"的空间态势(图2-2-5(1))。其中，金凤区国土空间开发强度最高，达到36.48%，超过了国际惯例的国土开发强度极限30%，后续应统筹好生产空间、生活空间和生态空间建设，注重协调经济发展、粮食安全和生态保护的关系，推动区域土地资源的可持续利用。中卫市、固原市以及吴忠市的大部分县(市、区)国土开发强度均较低，需结合人口资源环境特征，合理确定城镇开发规模，推动城镇建设用地有序开发利用。

商业用地、住宅用地和工业用地均属于建设用地类型，商业、住宅、工业用地耦合协调度可以从用地结构上衡量建设用地内部各类型布局的合理程度。2018年，宁夏该指标呈现"中北部高、南部低"的空间格局(图2-2-5(2))。其中，灵武市、平罗县、沙坡头区和中宁县4个县(市、区)耦合度最高，均达0.63以上，沙坡头区以完善城市功能、增强承载能力、促进城市发展为目的，不断提高建设用地利用效率，优化建设用地内部结构；南部西吉县、彭阳县、隆德县和泾源县耦合度低于0.09，商业、住宅、工业用地比例失调，应控制建设用地总量，调整各类建设用地供应结构。

土地利用混合度指两种或两种以上类型的土地在一定空间和时间范围内的混合使用状况。2018年，宁夏该指标呈现"北高南低"的空间格局(图2-2-5(3))。其中，金凤区土地利用混合度最高(0.38)，该区合理配置不同功能的城市土地，注重土地混合利用与综合开发，营造了活力、安全和便捷的城市环境；兴庆区、西夏区和大武口区的土地利用混合度较高(高于0.16)；原州区、中宁县和红寺堡区等11县(市、区)土地利用混合度均较低(低于0.11)，应根据产业结构调整、社会经济发展转型需求，鼓励不同用途土地混合利用和建筑的复合使用，科学统筹区域混合用地的规模、结构、布局和开发强度，促进产业融合、布局优化和转型发展。

耕地连片度是耕地地块在空间上的相邻程度，定义连片耕地的地块间距离小于10m且总面积大于1km²。耕地集中连片可以有效降低农民劳动成本和劳动强度，还可以提高农产品品质、优化种植结构。2018年，宁夏该指标总体呈现"北高南低"的空间态势(图2-2-5(4))。具体来看，西吉县、贺兰县、平罗县、利通区和青铜峡市的耕地连片度超过96%，其中，西吉县最高，其加快高标准农田建设，全力抓好基本农田非粮化、非农化专项整治工作，有效改善了农业种植环境，提高了耕地连片度；盐池县、沙坡头区、彭阳县等县(市、区)耕地连片度较低(<88%)，应开展耕地集中连片整治工作，建设适宜机械化、规模化粮食生产的平整连片耕地。

建设用地连片度是建设用地地块在空间上的相邻程度，定义连片建设用地的地块间距离小于10m且总面积大于1km²。建设用地集中连片可以有效节约基础设施建设和资源利用成本，还可以提高经济产出效益，减少污染排放。2018年，宁夏该指标总体呈现北部较高且分布均匀、南部差异较大的空间态势(图2-2-5(5))。其中，西夏区、永宁县、兴庆区和金凤区等11县(市、区)建设用地连片度均超过93%，建设用地空间较为集聚；红寺堡区、青铜峡市和中宁县等6县(市、区)建设用地连片度较低(<90%)，中卫市和吴忠市应促进建设用地连片利用，最大限度地提高建设用地投入产出比例。

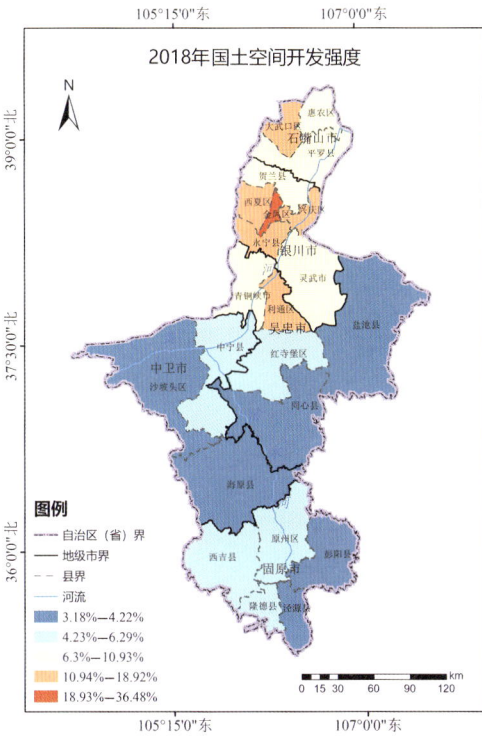

（1）

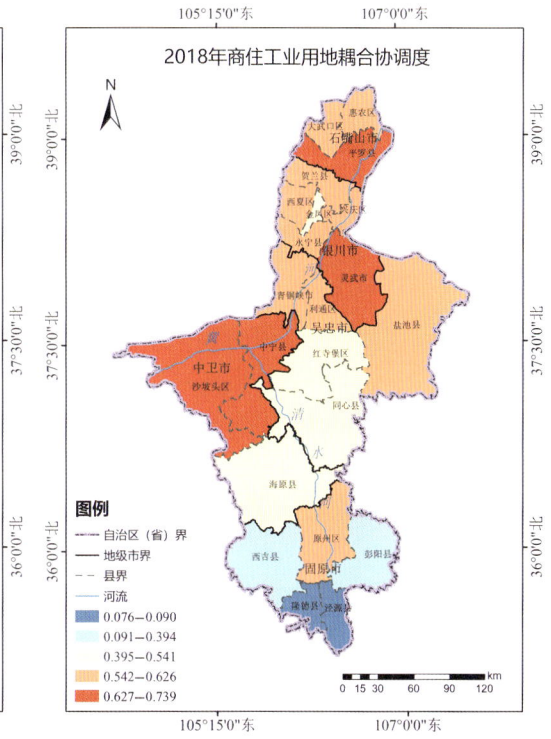

（2）

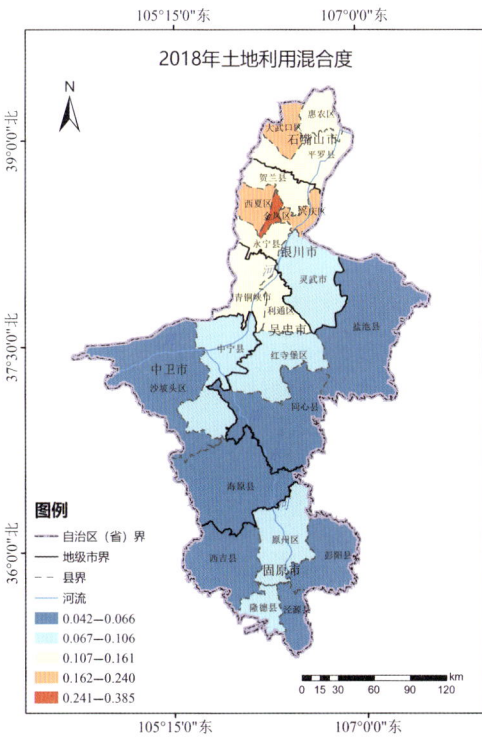

（3）

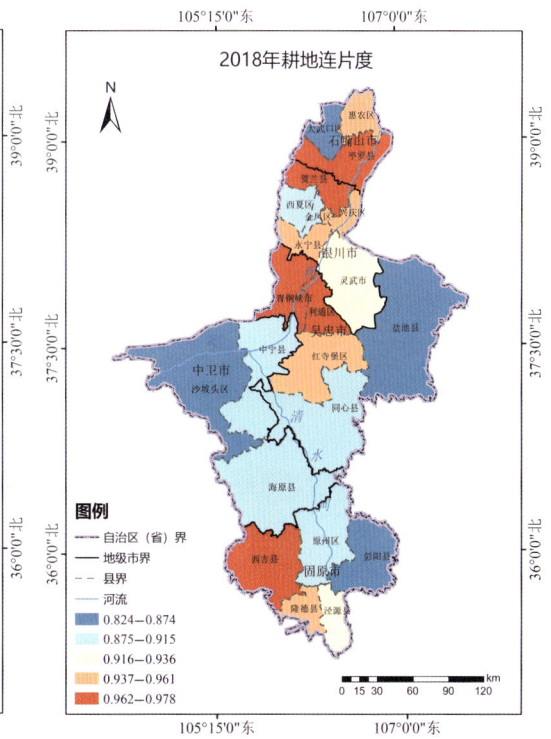

（4）

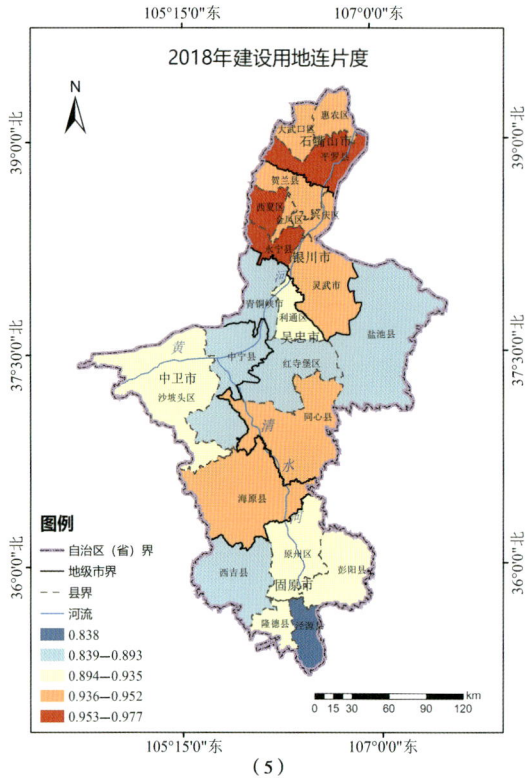

图 2-2-5　2018 年宁夏结构高效单因子空间分布

3. 绿色发展指标分析

3.1　生态保护分析

宁夏各县(市、区)生态保护水平分析借助人均公园绿地面积、生态源地面积、生态廊道长度、生态用地面积净变化率和城市建设用地扩张占用生态用地面积 5 项指标展开。

人均公园绿地面积是居民生活环境和生活质量的重要评价指标。2018 年，宁夏该指标总体呈现"北高南低"的空间态势(图 2-2-6(1))。其中，金凤区最高，人均公园绿地面积达 27.81m²，金凤区深入落实生态立区战略，建成了毓秀公园等城市生态公园，城市生态绿化持续升级。贺兰县(19.15m²/人)和大武口区(16.56m²/人)人均公园绿地面积也较高，贺兰县注重城市社区的绿化提质，完善县城公园绿地建设，极大提升了城市绿化水平；大武口区以市民推窗见绿为目标持续推进大规模绿化行动，建设靓丽城区环境。海原县人均绿地面积最低(0.75m²/人)，应加快城市绿地、公园基础设施的建设，建立县城绿地管护机制，营造绿地畅享的市民生活环境。

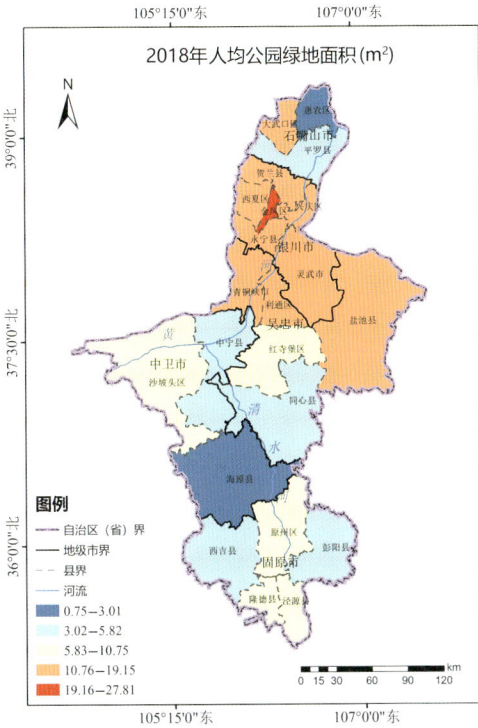

（1）

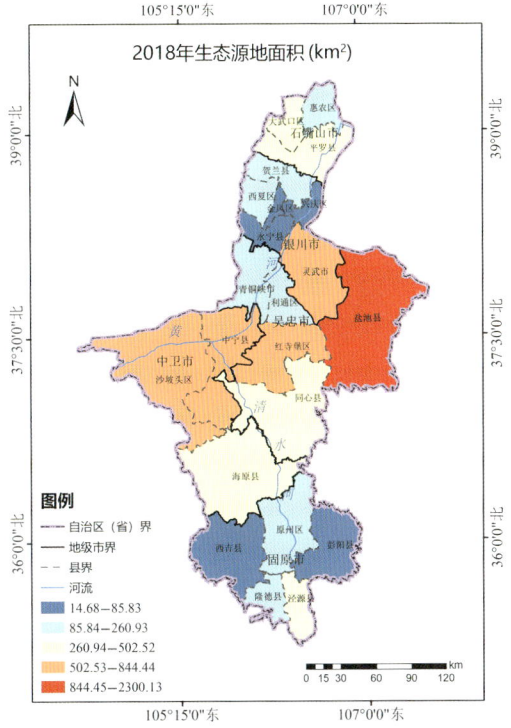

（2）

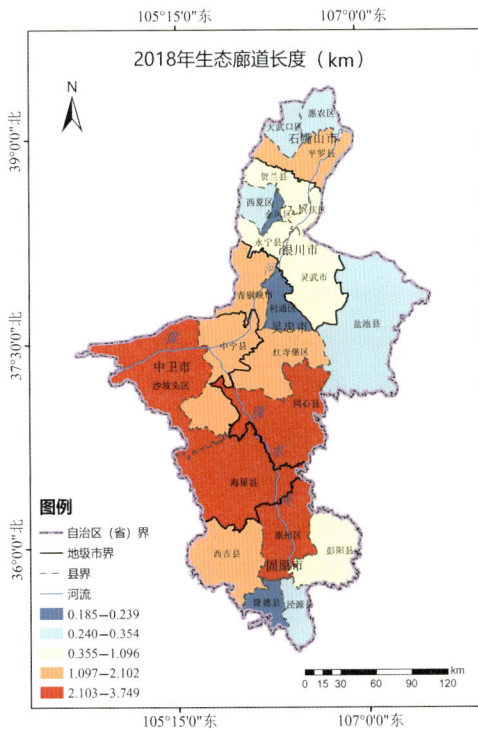

（3）

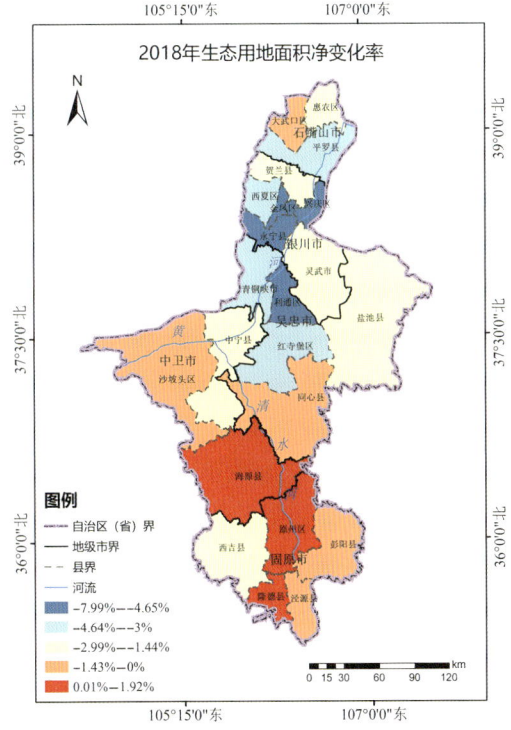

（4）

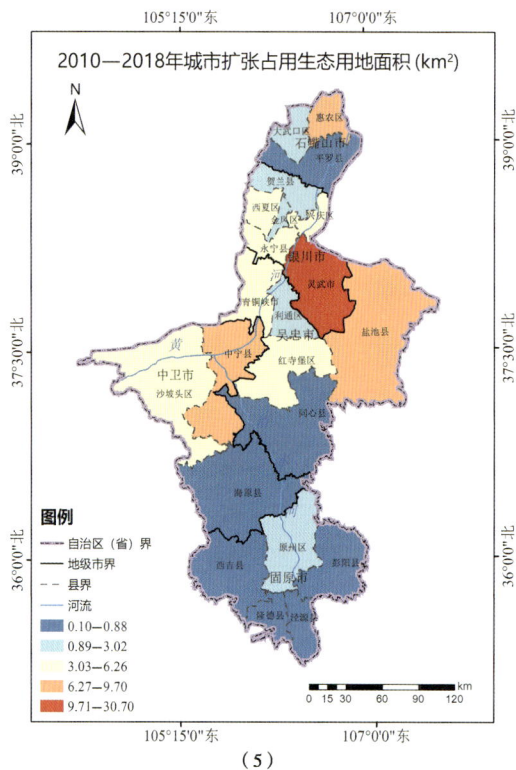

（5）

图 2-2-6　2018 年宁夏生态保护单因子空间分布

　　生态源地是承担各种生态系统服务功能的核心区域，生态源地面积大则代表区域生境质量较好、生物多样性高。2018 年，宁夏该指标总体呈现"中部高、南北低"的空间态势（图 2-2-6（2））。其中，盐池县生态源地面积超 2300km²，区内草原面积较大；灵武市、中宁县、沙坡头区和红寺堡区生态源地面积均超 500km²，其中，沙坡头区实施防沙治沙林、水源涵养林、生态经济林、城市绿化等生态工程，全面开展大规模国土绿化行动，"十三五"期间累计完成营造林 13.9 万亩[①]以上，森林覆盖率达到 17.3%。

　　生态廊道是生态系统中生物、能量流动的便捷通道，能够增强生态源地间的联系和防护功能。2018 年，宁夏该指标总体呈现"南高北低"的空间态势（图 2-2-6（3））。其中，海原县、同心县、原州区和沙坡头区生态廊道长度超 2.1km，原州区全力推进生态建设工作，先后实施三北防护林、天然林保护、生态移民迁出和生态修复等工程。

　　生态用地具有防风固沙、保持水土、净化空气、美化环境、休闲娱乐等重要生态功能。2010—2018 年宁夏生态用地面积净变化率反映了城市扩张过程中各县（市、区）生态

---

　　①　数据来源于《中卫市沙坡头区国民经济和社会发展第十四个五年规划和二〇三五年远景目标纲要》（https：//www.spt.gov.cn）。

用地面积的增减状态。2018年，宁夏该指标总体呈现原州区、隆德县和海原县增长，其他县(市、区)降低的空间态势(图2-2-6(4))。海原县、原州区和隆德县该指标较2010年略微增加，其中，原州区实施"百村万户"绿化工程，"十三五"期间新增经济林4.7万亩，贯彻实施了生态立区的战略；大部分县(市、区)生态用地总量有所减少，应严格落实生态红线管控措施，避免对生态用地的破坏，保护生态环境和生态资源。

协调城市扩张、耕地保护与生态保护是我国土地利用的重要议题，在城市扩张过程中应减少占用城市内湖泊、草地等生态用地。2018年宁夏城市建设用地扩张占用生态用地面积总体呈现"北高南低"的空间态势(图2-2-6(5))。其中，同心县、彭阳县和平罗县等7县(市、区)生态用地减少面积低于0.88km²，建设用地增长与生态用地保护协调较好；灵武市建设用地扩张占用了30.70km²的生态用地，快速城镇化过程占用了大量生态用地，后续应实施严格的生态保护策略，非必要不开发，确保区域生态安全格局的完整性、连通性；中宁县、惠农区和盐池县占用生态用地面积均超过6.27km²，其中，惠农区提出"坚持节约用地，严管城镇开发边界，严控新增建设用地规模"政策，以期保护生态用地，避免不合理占用。

3.2　绿色生产分析

宁夏各县(市、区)绿色生产水平分析借助每万元GDP地耗、工业用地地均增加值、每万元GDP能耗、每万元GDP废气排放量、工业废气处理率和工业废水处理率6项指标展开。

每万元GDP地耗越小，表示产生1万元GDP所需要耗费的土地面积越小，表明土地利用程度越高。2018年，宁夏该指标整体呈现"北低南高"的空间态势(图2-2-7(1))。其中，西夏区(26.89km²/万元)和兴庆区(19.51km²/万元)地耗最低，这些地区第三产业占比较高，用地较为集约的同时经济增长速度快，建设用地利用效率较高；红寺堡区、海原县和同心县每万元GDP地耗较高(大于240km²/万元)，这些县(市、区)以第一产业为主，单位经济产出消耗用地面积较高。

工业用地地均增加值可反映该区域内用地投入与工业产出强度的关系。2018年，宁夏该指标普遍较低，仅兴庆区(8.53亿元/km²)和金凤区(6.85亿元/km²)该指标值较高(图2-2-7(2))。兴庆区、金凤区加速工业数字化转型和节能化改造，促进制造业和现代服务业深度融合，推动工业转型升级，提高了地均工业产出效益；西夏区和利通区的工业用地地均增加值也相对较高，其中，西夏区推动老工业基地低效用地和厂房"腾笼换鸟"，支持鼓励企业向智能制造、工业旅游等新经济、新业态、新模式延伸发展，促进传统产业转型升级；盐池县、海原县和红寺堡区该指标值较低(低于0.65亿元/km²)，应推进传统产业现代化振兴与新兴产业规模化崛起有机结合，坚持走科技含量高、经济效益好、资源消耗低、环境污染少的新型工业化之路。

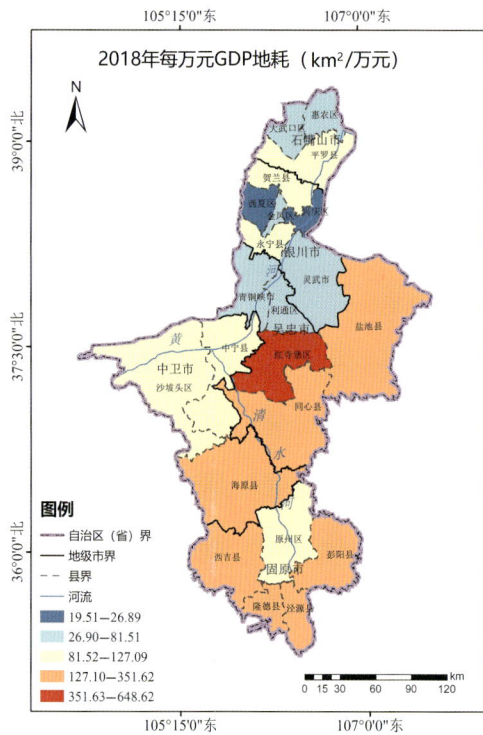

（1）

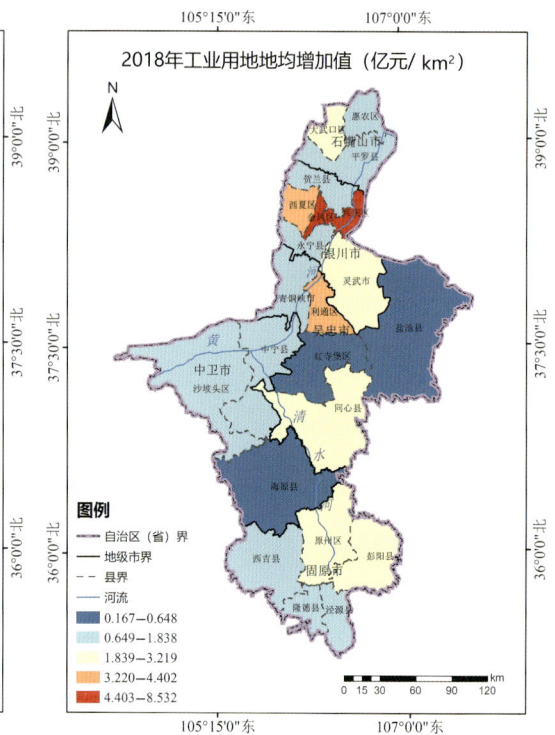

（2）

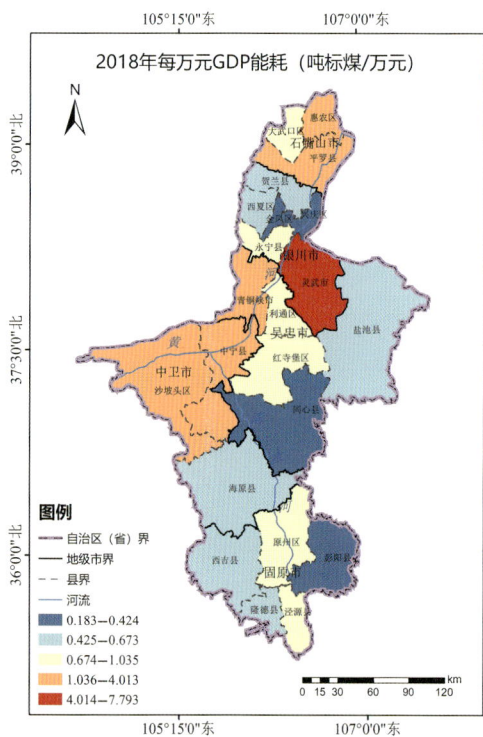

（3）

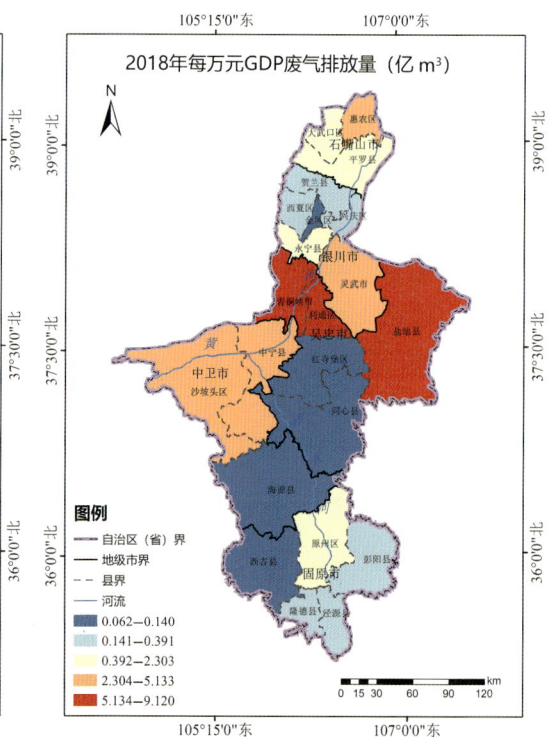

（4）

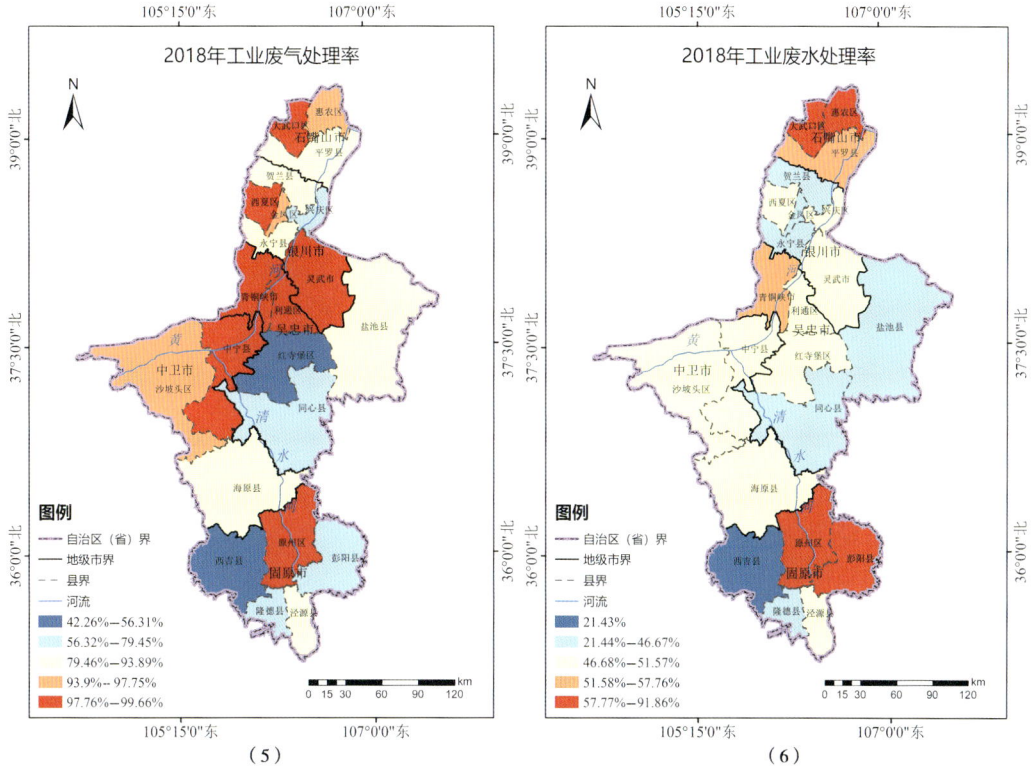

图 2-2-7　2018 年宁夏绿色生产单因子评价结果

每万元 GDP 能耗可直接反映经济发展对能源的依赖程度，间接反映产业结构状况、设备技术装备水平、能源消费构成和利用效率等多方面内容。2018 年，宁夏该指标呈现"北高南低"的空间态势(图 2-2-7(3))，其中，彭阳县、同心县、金凤区和兴庆区每万元 GDP 能耗最低(低于 0.42)，金凤区和兴庆区第三产业发展较好，经济产出高，同时能耗强度相对较低；彭阳县和同心县虽经济发展较弱，但能耗相对较低。海原县、盐池县、西夏区、贺兰县、西吉县和隆德县该指标值较低(0.43～0.67)，这些县区工业产业占比小，能源消耗量低少。灵武市、平罗县、惠农区、沙坡头区、中宁县和青铜峡市该指标值较高，其中，灵武市的每万元 GDP 能耗最高，区内宁东能源化工基地以煤、石油等能源化工产业为基础，能源消耗相对较大。

每万元工业 GDP 废气排放量指标可以表征区域能源清洁利用和产业绿色转型能力。2018 年，宁夏该指标呈现"中北部高、南部低"的空间态势(图 2-2-7(4))，其中，贺兰县、西夏区、隆德县、彭阳县等 11 县(市、区)每万元工业 GDP 废气排放量均低于 0.39 亿 m³。其中，西夏区持续淘汰落后和过剩产能，全面推进重点行业领域绿色化升级改造，延展绿色经济产业链，加快传统工业园向生态工业园转变。青铜峡市、利通区和盐池县该指标值较高(高于 5.13 亿 m³)，相关企业应通过引进新设备、新技术减少废气排放量，同时通过科技创新提升产品的经济价值。

工业废气是大气污染的主要来源之一，提高工业废气处理率将直接改善大气环境。2018年，宁夏工业废气处理率指标总体呈现"北高南低"的空间分布态势(图2-2-7(5))。其中，灵武市、利通区、青铜峡市、西夏区和原州区工业废气处理率较高，超过99%，利通区开展"生态治理+清洁能源"全产业链建设工程，带来经济效益的同时大大提高了废气处理效率；彭阳县、隆德县、同心县、红寺堡区、兴庆区和西吉县该指标值较小(42.26%~79.45%)，应加大治理力度，引进废气处理技术和设备，以提升处理效率。

工业废水是水污染的主要来源之一，工业废水中富集的化学需氧量(COD)和氨氮等污染物将直接威胁生态环境和人类健康。2018年，宁夏工业废水处理率指标总体呈现"南北高、中部低"的空间态势(图2-2-7(6))。其中，原州区、彭阳县、大武口区和惠农区的工业废水处理率较高(超57.76%)。其中，大武口区推动企业循环化生产、产业循环化组合、园区循环化发展，促进废水、废气、废渣、余热、余压循环利用，减少了工业废水的排放。金凤区、盐池县、贺兰县、同心县等7县(市、区)该指标值低于46.67%，其中，西吉县该指标值最小(21.43%)。银川市和吴忠市应适当引入工业废水先进处理技术，重复利用污水中的氮磷营养物，严格监管污水口水质，保障居民健康并促进可持续发展。

3.3　绿色生活分析

宁夏各县(市、区)绿色生活水平分析借助城镇生活污水处理率、城镇人均生活污水排放量、城镇人均生活废气排放量、年均$PM_{2.5}$、人均年用水量5项指标展开。

城镇污水处理能有效减少水污染风险，净化水的重复利用可以有效提高城市水资源利用率。2018年，宁夏中部各县(市、区)城镇生活污水处理率指标值较高(图2-2-8(1))。其中，吴忠市和中卫市境内的城镇生活污水处理率较高。吴忠市的红寺堡区实施流域水环境污染治理工程，建设完善城市污水管网及再生水管网配套工程，"十三五"期间建成城区污水管网共计226.9km，城市污水处理率显著提高。中卫市的沙坡头区切实打好碧水攻坚战，开展集中式饮用水水源地专项整治，狠抓工业企业直排口，并对入黄排污口排查整治。西吉县、兴庆区、隆德县和西夏区也较高(85.24%~94.07%)。海原县的城镇生活污水处理率最低(13.93%)，应尽快补齐城镇污水管网短板，提升收集、处理效能，加强再生利用设施建设，推进污水资源化利用。

城镇生活污水是水污染的主要来源之一，发展节水型城市不仅要求提升城市污水治理能力，还要求居民合理节约利用水资源。2018年，宁夏城镇人均生活污水排放量指标总体呈现"中北部高、南部低"的空间态势(图2-2-8(2))。其中，海原县、永宁县和贺兰县的人均生活污水排放量最高(超76.37吨/年)；大武口区、金凤区、利通区、兴庆区等6县(市、区)该指标值超过52.69吨/年；原州区和西吉县该指标值最小(低于31.63吨/年)。各市主城区应大力宣传、推行节水措施，减少污染源，减轻污水处理基础设施负担，强化城市生活污水处理厂及配套设施建设，增强城市生活污水处理能力。

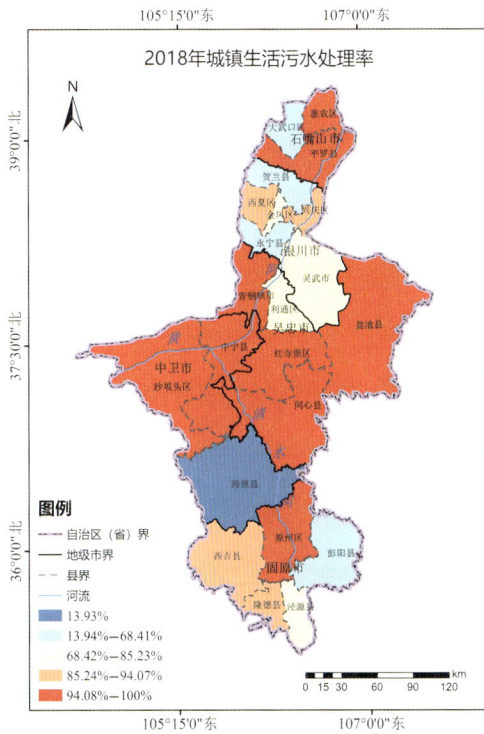

（1）2018年城镇生活污水处理率

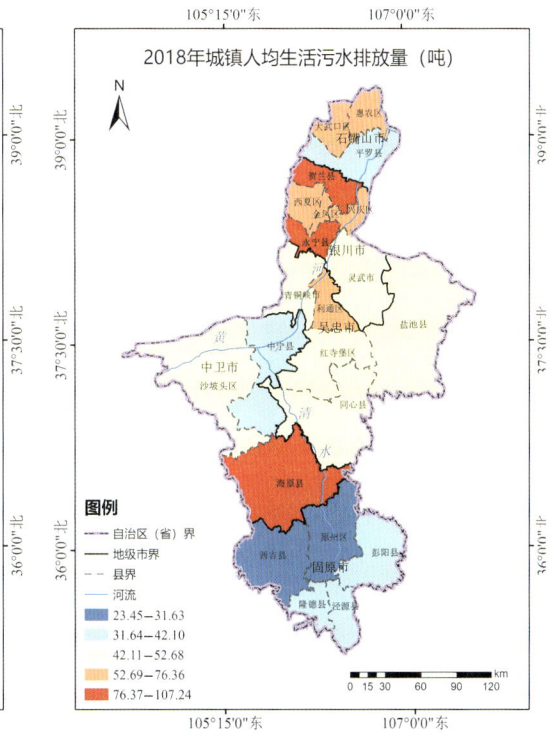

（2）2018年城镇人均生活污水排放量（吨）

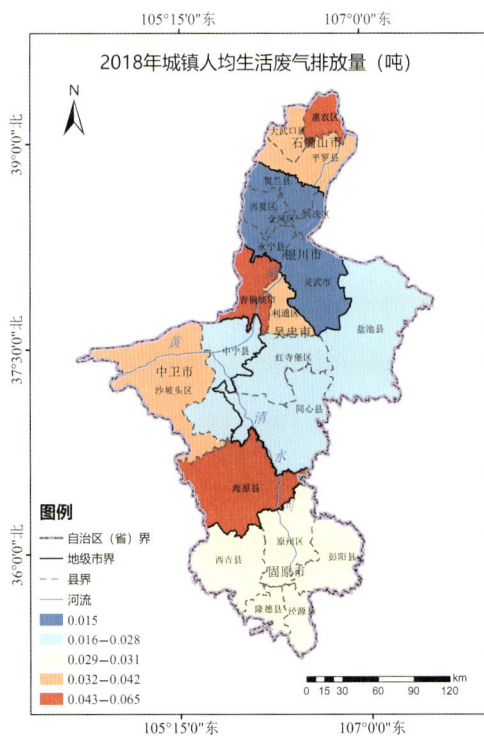

（3）2018年城镇人均生活废气排放量（吨）

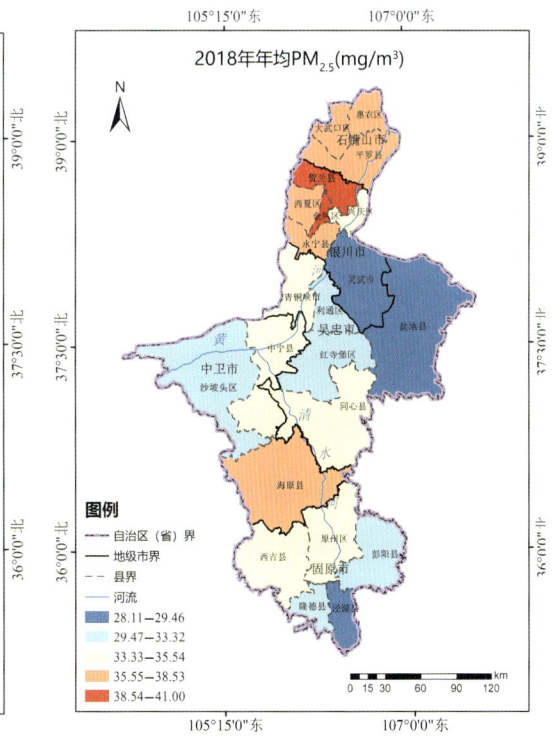

（4）2018年年均PM2.5(mg/m³)

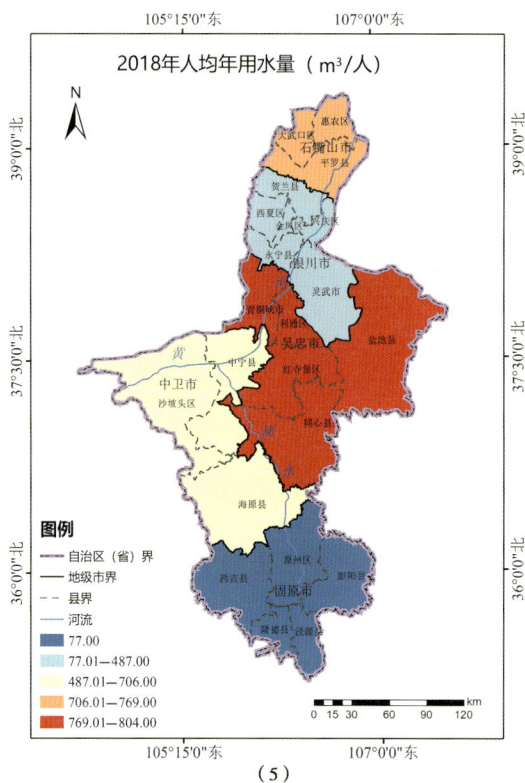

2018年人均年用水量（m³/人）

图例
- 自治区（省）界
- 地级市界
- 县界
- 河流
- 77.00
- 77.01—487.00
- 487.01—706.00
- 706.01—769.00
- 769.01—804.00

（5）

图 2-2-8　2018 年宁夏绿色生活单因子分析结果

城镇生活废气是大气污染的主要来源之一，它同时会对水、土、生物等重要环境要素造成损害。2018 年，宁夏城镇人均生活废气排放量指标总体呈现石嘴山市较高、银川市较低、其他市居中的空间态势（图 2-2-8（3））。其中，海原县、惠农区和青铜峡市的人均生活废气排放量较高（超 0.04 吨/年）；沙坡头区、平罗县、利通区和大武口区该指标值超过 0.03 吨/年；西夏区、兴庆区等 6 县（市、区）该指标值均较小（0.015 吨/年）。兴庆区大力开展废水、废气以及余热、余压的综合处理和循环利用，持续实施绿色工厂创建活动和"散乱污"企业综合整治行动，走绿色、低碳、循环发展之路。石嘴山市、吴忠市和中卫市主城区应加强宣传大气污染防治条例，淘汰老旧生产方式和消费方式，减少污染源，推行综合防治工程，限制废气对生态系统的危害。

大气污染指数（PM$_{2.5}$）是衡量空气质量的重要指标之一，是雾霾产生的主要原因，其浓度越高，呼吸系统病症和心血管疾病的发病率也同步增高。2018 年，宁夏 PM$_{2.5}$ 指标总体呈现"北部高、中南部低"的空间态势（图 2-2-8（4））。其中，金凤区和贺兰县年均 PM$_{2.5}$ 值最高（超39mg/m³）。金凤区针对此问题，已经展开了相应的改善措施，在全地域、全时段、全过程推进"四尘同治"，强化区域联防联控，对标优良天数指标，狠抓建筑施工扬尘管控、燃煤锅炉淘汰治理、农村清洁能源替代、"散乱污"企业治理、餐饮油烟等问题防控，有效降低二氧化碳排放强度。惠农区、西夏区、平罗县、大武口区等 5 县(市、区)该指标值为 35.55~38.53mg/m³，银川市和石嘴山市应淘汰污染严重的工艺和设备，提倡使用清洁能源，大力发展公共交通，同时，加强宣传大气污染防治条例，杜绝露天焚烧秸秆等违法问题。

水是生命之源，要保证永续的水资源供应和良好的水环境，必须建立节水型社会。人均年用水量直接反映区域人口用水强度，2018 年，宁夏该指标总体呈现"中部高、南北低"的空间态势(图 2-2-8(5))。其中，原州区、西吉县、隆德县等 5 县(市、区)该指标值较小(77m³/人)，这些县(市、区)经济结构不断优化调整，一些高耗水、低产值企业遭淘汰或转型升级，同时强化节水管理，重复用水率持续提升，水资源循环利用取得明显成效。利通区、红寺堡区、大武口区、惠农区、平罗县等 8 县(市、区)人均年用水量高(超 706.01m³/人)。考虑到部分县(区、市)以农业生产为主，水资源利用效率低，应推广高效节水灌溉技术，推广水肥一体化、农耕农艺、地膜覆盖等现代农业节水技术，大力推动绿色农业发展，同时，开展最严格水资源管理制度考核，压实节水责任。

4. 开放发展指标分析

4.1　网络连通分析

宁夏各县(市、区)网络连通水平分析借助道路网络密度、道路网络临近中心性、交叉口密度、公交站点密度 4 项指标展开。

道路网络密度可表征区域路网发展水平，衡量城市道路网络发展规模。2018 年，宁夏该指标呈现"北高南低"的空间分布态势(图 2-2-9(1))。金凤区、兴庆区、西夏区等 7 县(市、区)道路网络密度均较高(大于 0.51km/km²)，其中，金凤区加快城市交通基础路网建设，有效完善了城市道路网络；西夏区主干道拓宽改造和建设工作快速推进，道路通达度、城市空间承载力大幅提升。彭阳县、海原县、西吉县等 6 个县(市、区)道路网络密度较低(低于 0.24km/km²)，应加快补齐交通基础设施建设短板，提高道路网通行效率和承载能力。

道路网络临近中心性是衡量道路网络结构优度的指标之一，它考量每个交叉口到其他交叉口最短路径的平均长度。临近中心性越高，道路交叉口越密集，路网连通性越高。2018 年，宁夏该指标呈现"中南高、北部低"的空间态势(图 2-2-9(2))。彭阳县和泾源县临近中心性最高(超 7.32×10⁻⁴)，"十三五"期间，彭阳县开工建设银昆高速彭阳过境段，实施农村公路项目 137.3km，新增城乡公交线路 3 条，农村公路列养率达到 100%；泾源县实施农村巷道提升工程，推进多项公路建设项目，全面推行"路长制"，不断提升县域公路承载力。灵武市、西夏区、贺兰县等 9 县(市、区)临近中心度较低，主要是村庄公路交叉口较为稀疏，应提高城区内外道路网络的连通性，增加居民出行的道路备选项。

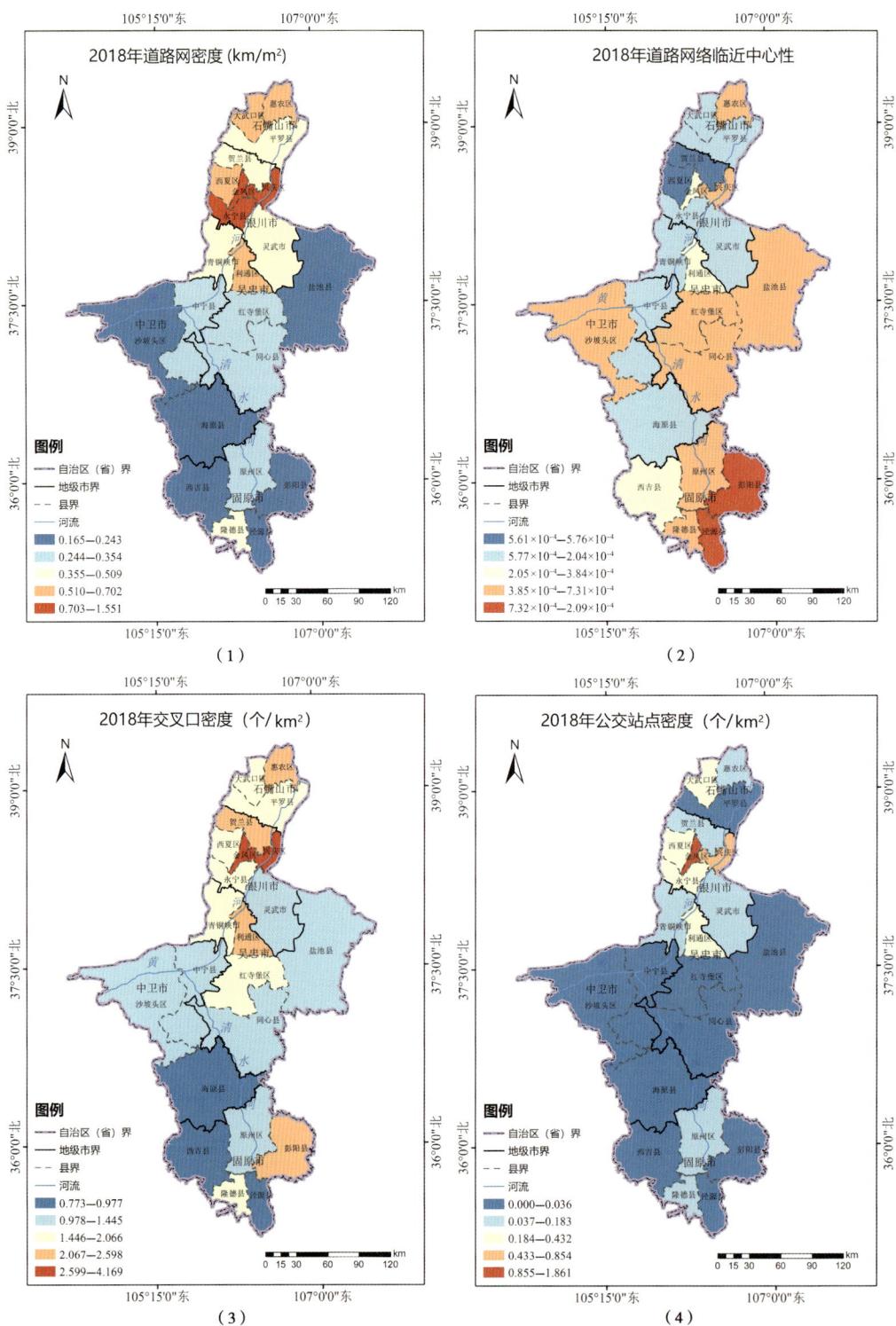

图 2-2-9　2018 年宁夏网络连通单因子分析结果

交叉口密度是指特定区域内道路交叉口的数量。交叉口密度越高，区域内的街区越小，越有利于步行和骑行，区域活力较高。2018 年，宁夏交叉口密度指标总体呈现"北高南低"的空间态势(图 2-2-9(3))。其中，金凤区和兴庆区交叉口密度最高(超 2.599 个/km²)，金凤区完善路网建设，建设沈阳路快速通道，哈尔滨路建成通车，配合区市实施银西高铁、海绵城市、地下管廊等项目，进一步完善城市功能，路网衔接更加高效。兴庆区围绕"四个高地"建设，持续推进道路疏堵提畅，实施道路拓宽改造等工程，有效增加了区内道路交叉口数量。西吉县、泾源县和海原县该指标值较小(低于 0.977 个/km²)，应实施主干道路延伸、次干路支路加密、商圈市政配套交通建设、背街小巷提升改造等工程，同时，推进农村道路拓宽改造，打造高效便捷的道路网系统。

公交站点密度反映居民出行接近公共交通的便利程度和区域网络连通状态，是公共交通服务水平评定的重要指标。2018 年，宁夏该指标同样呈现"北高南低"的空间态势(图 2-2-9(4))。其中，金凤区公交站点密度最高(超 1.8 个/km²)，金凤区加强城乡交通运输规划衔接，发展城市公共交通，同时，加快城市交通路网向农村延伸建设，完善农村公交转运体系建设。公交站点密度较低的县(市、区)主要分布在固原市、中卫市和吴忠市，三市应统筹推进综合交通规划，大力发展公共交通等绿色出行方式，加快构建便捷畅通的现代化综合交通体系。

4.2　旅游开放分析

宁夏各县(市、区)旅游开放水平分析借助距飞机场平均距离、距火车站平均距离、距高速路口平均距离、距旅游景点平均距离 4 项指标展开。

交通是旅游者完成旅游活动的先决条件。作为高时速、运行稳定的运输工具，机场是远距离旅客进入宁夏的主要媒介之一，因此，旅游目的地距离机场的路径距离可以反映区域长距离旅游开放水平。依据自然断点法将各县(市、区)划分为五级(图 2-2-10(1))，2018 年原州区、西夏区、兴庆区、金凤区等 6 县(市、区)该指标值较小(低于 25.38km)，距宁夏河东机场、固原六盘山机场和中卫香山机场较近，航空出行便捷；红寺堡区、盐池县、同心县和惠农区距飞机场平均距离最高(超过 65.75km)，应合理选址、补充建设周边通用机场。

作为大运力、价格低廉且安全的运输工具，火车是旅客接近目的地的主要媒介之一。因此，以距火车站的平均路径距离来反映区域旅游开放水平。依据自然断点法将各县(市、区)划分为五级(图 2-2-10(2))，2018 年永宁县、大武口区和金凤区该指标值较小(低于 7.91km)，银川火车站坐落在金凤区，宜依托银新铁路打造"过境游、高铁游、铁路游"等项目；西吉县、海原县、隆德县、盐池县等 6 县(市、区)该指标值超过 21.63km，海原县正在建设平川经海原至环县铁路重大项目，隆德县正在建设兰州经定西至平凉过境铁路重大交通基础设施，将有效促进火车出行。

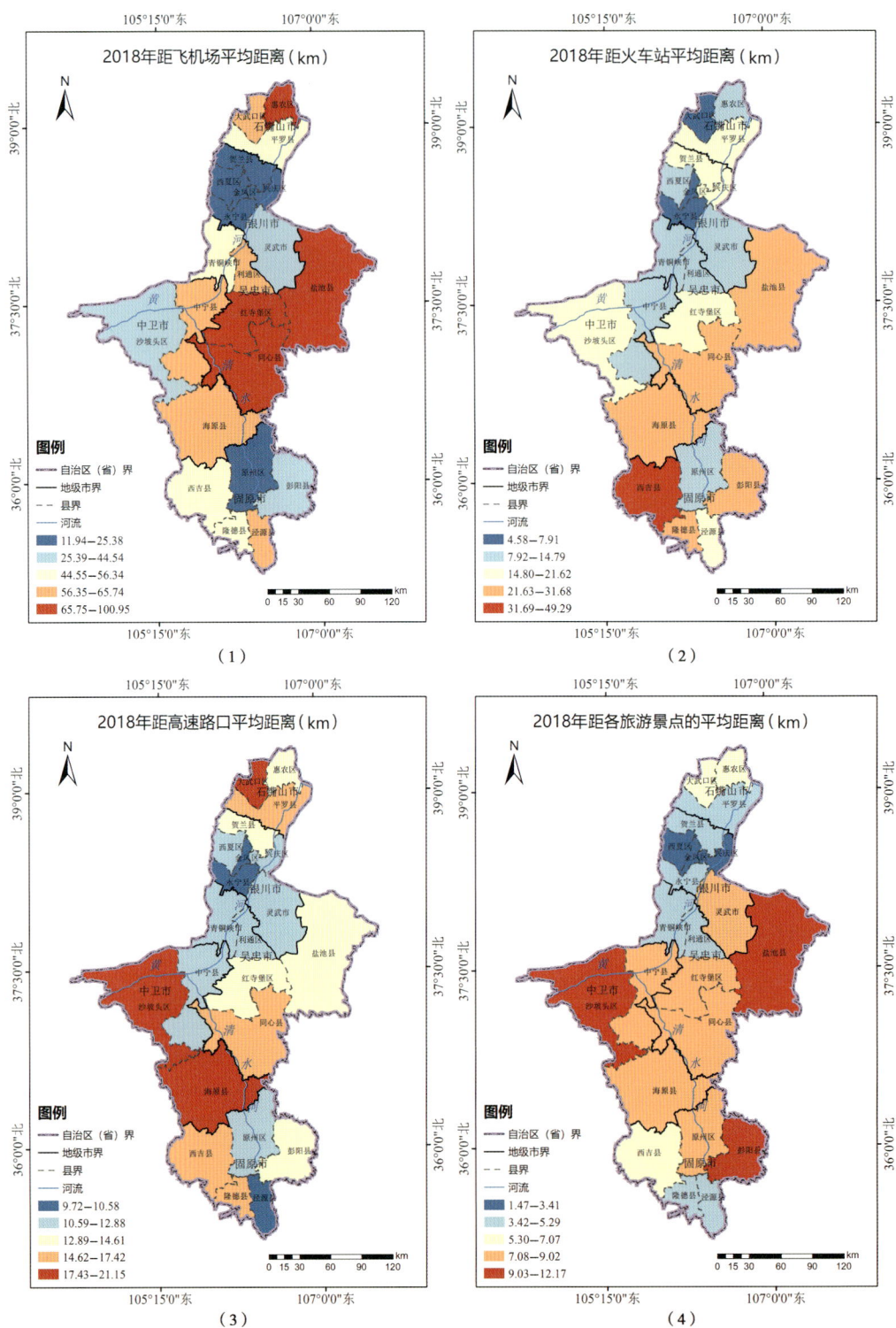

（1）　　　　　　　　　　　　　　　（2）

（3）　　　　　　　　　　　　　　　（4）

图 2-2-10　2018 年宁夏旅游开放单因子评价结果

私家车作为自主且私密的交通工具，借助高速公路到达目的地是短距离旅客的主要选择之一。因此，各县(市、区)距高速路口的平均路径距离可以反映区域短距离旅游开放水平。2018年，宁夏该指标空间上呈"南高北低"的空间态势(图2-2-10(3))。其中，泾源县、金凤区和永宁县该指标值较小(低于10.58km)，金凤区强化对外连接，高速路口呈多点布局，可达性较好。大武口区、海原县和沙坡头区距高速路口平均距离最远(超17.43km)。大武口区可考虑在城市生活区、工厂集中区、物流基地等大型节点增设高速公路出入口，推动形成区内畅通、周边联通、全国融通的综合交通体系；海原县应加快实施交通强县工程，增加高速公路里程，完善"三纵一横一联"高速公路网络。

各旅游目的地的可达性是实现游客流动的先决条件，是各县(市、区)旅游发展的重要内容。距各旅游景点的平均距离与可达性负相关，距离越近则代表景点的可达性越高，有利于实现区域间的流动。2018年，宁夏该指标空间上呈"南高北低"的空间态势(图2-2-10(4))。其中，西夏区、兴庆区和金凤区该指标值较小(低于3.41km)，三区构建便捷交通网络，打造立体交通骨架，实施多项综合交通建设工程，使区域内各景点可达性处于较高水平；彭阳县、盐池县和沙坡头区距旅游景点的平均距离最远(超9.03km)，这些地区旅游景点较为分散，可以考虑设置旅游专线，方便游客接近景区。

5. 共享发展指标分析

5.1 宜居水平分析

宜居水平分析借助公园绿地15分钟覆盖人口比例、社区卫生医疗设施15分钟覆盖人口比例、社区中小学15分钟覆盖人口比例、社区体育设施15分钟覆盖人口比例、基础设施固定资产投资比例、城镇人均可支配收入6项指标展开。

公园绿地是满足人民群众更高层次社会生态需求的核心要素，也是区域宜居环境的重要基础。2018年，宁夏公园绿地15分钟覆盖人口比例指标总体呈现"北高南低"的空间态势(图2-2-11(1))。其中，金凤区和兴庆区的该指标值较高(35.86%~56.1%)，金凤区深入落实生态立区战略，扎实推进城市道路绿化建设，建成了毓秀公园等城市生态公园，城市生态绿化持续升级。兴庆区积极实施城镇扩绿和居民小区增绿工程，同时，严格落实以"三区三线"为核心的国土空间开发保护制度，绿地率达到43%。西吉县、灵武市、海原县、红寺堡区等6县(市、区)的该指标值较低(低于5.65%)。吴忠市和固原市应围绕生态园林化示范城市建设，实施道路、农田、庄点、园林绿化提升改造工程，积极创建森林城市。

社区医疗卫生设施是提高群众幸福指数的关键，及时有效、高品质的医疗服务是宜居环境的重要保障。2018年，宁夏社区卫生医疗设施15分钟覆盖人口比例指标总体呈现"北高南低"的空间态势(图2-2-11(2))。其中，金凤区、兴庆区、西夏区、大武口区等7县(市、区)覆盖人口比例较高(超23.73%)，金凤区改扩建良田镇、丰登镇卫生院；兴庆区建立了覆盖城乡的医疗卫生服务体系、疾病预防控制体系；大武口区成功创建全国首批健康促进县区、国家慢性病综合防控示范区。西吉县、红寺堡区、海原县等 5 县(市、区)的该指标值较低(低于 7.18%)。吴忠市和固原市应考虑在薄弱地区增设社区卫生医疗服务设施,提升社区医疗服务水平。

教育配套是居民置业的焦点,更是地区生活幸福感的衡量标准之一。2018 年,宁夏社区中小学 15 分钟覆盖人口比例指标总体呈现"北高南低"的空间态势(图 2-2-11(3))。其中,兴庆区、金凤区、西夏区、大武口区等 7 县(市、区)的指标值较高(50.21% ~ 80.09%),金凤区累计实施新建、扩建中小学幼儿园项目 36 所,兴庆区累计新改扩建学校 63 所,这些区县大力统筹各级各类教育资源协调发展,持续改善教育教学条件。泾源县、红寺堡区、西吉县的该指标值较低(低于 9.85%),应适当增设教育机构,推动教育事业公平、全覆盖发展。

社区体育设施是保障居民常态化健身的重要条件,是满足居民身体健康的基础。2018 年,宁夏社区体育设施 15 分钟覆盖人口比例指标总体呈现"北高南低"的空间态势(图 2-2-11(4))。其中,金凤区、兴庆区、利通区、惠农区等 7 县(市、区)该指标值较高(超 25.86%),这些区县在"十三五"期间实施"全民健身"系列工程和行动,加大全民健身步道、社会足球场、体育公园等公共体育场地设施建设,并免费或低收费向社会公众开放。西吉县、泾源县、红寺堡区、海原县该指标值则较低(低于 8.35%),需要推进县域内城乡基础设施一体化、公共服务均等化,按照场地条件、群众需求及使用年限配发健身体育器材。

城市固定基础设施包括公共交通、道路、垃圾处理和文明娱乐设施等,是满足居民物质文化生活的重要条件。基础设施固定资产投资是区域建造和购置基础设施固定资产的总费用,比例越高代表市政越重视基础设施建设。2018 年,宁夏基础设施固定资产投资比例指标总体呈现"南高北低"的空间态势(图 2-2-11(5))。其中,西吉县、原州区、青铜峡市、红寺堡区等 8 县(市、区)该比例均超过 18.21%,这些地区推动重点民生项目建设,基础设施、公共服务设施达标提质。泾源县、同心县、盐池县等 9 县(市、区)该指标值较小(低于 12.30%),应统筹实施基础设施改善工程,加大城市道路、供水、供热、治污、防洪等基础设施建设,注重老旧小区改造提升等基础服务保障,推进城市品质和城市功能"双提升"。

城镇人均可支配收入代表城镇居民家庭总收入中可用于支付生活费用的部分,是体现地区居民经济状况和生活水平的重要指标之一。指标值越高代表居民收入和消费能力越高。2018 年,宁夏城镇人均可支配收入指标总体呈现"北高南低"的空间态势(图 2-2-11(6))。其中,金凤区和兴庆区的该指标值超 3.5 万元/年,兴庆区生产总值稳居宁夏首位,地区生产总值年均增长 7.8%以上,以服务业为主导的产业体系持续巩固;金凤区产业结构不断调整优化,服务业引领带动优势更加凸显,提质增效成果明显。海原县、同心县、隆德县和红寺堡区 4 县(市、区)城镇人均可支配收入均低于 2.5 万元/年,应优先发展新兴产业和现代服务业,以科技赋能经济,持续推进产业转型升级、经济提质增效,稳步提高居民工资性收入水平。

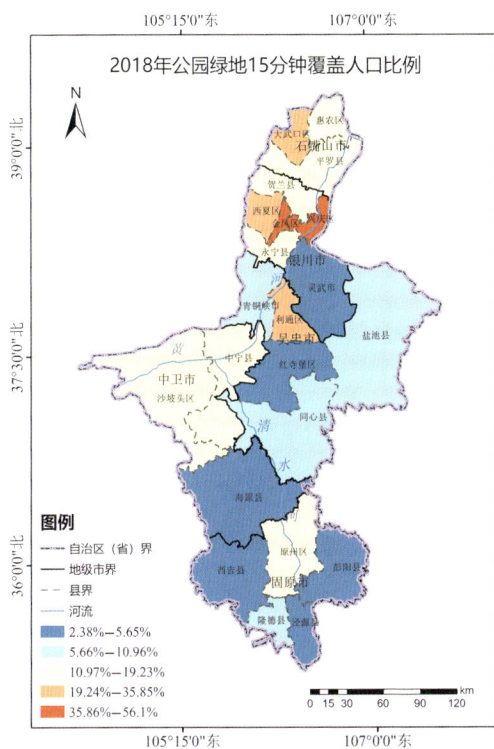

（1）2018年公园绿地15分钟覆盖人口比例

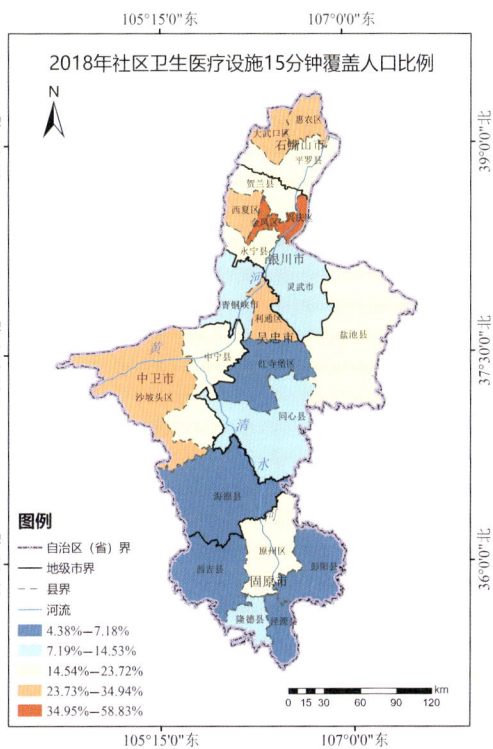

（2）2018年社区卫生医疗设施15分钟覆盖人口比例

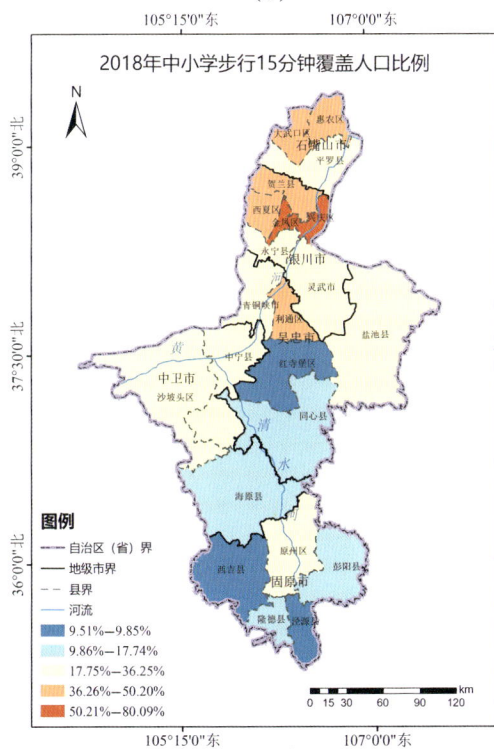

（3）2018年中小学步行15分钟覆盖人口比例

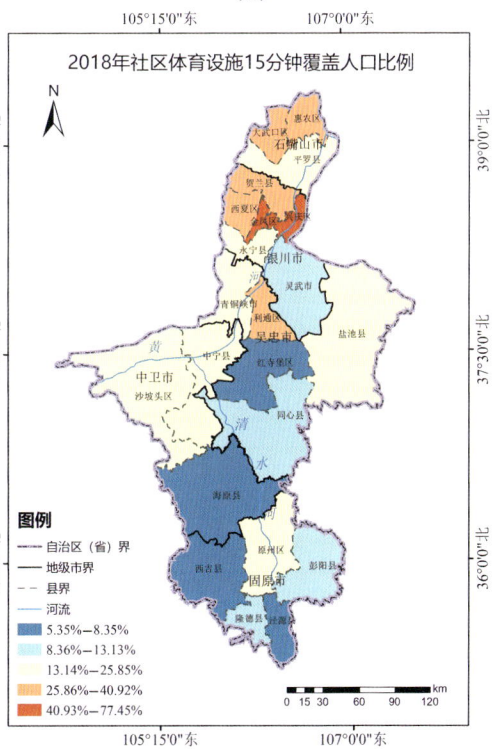

（4）2018年社区体育设施15分钟覆盖人口比例

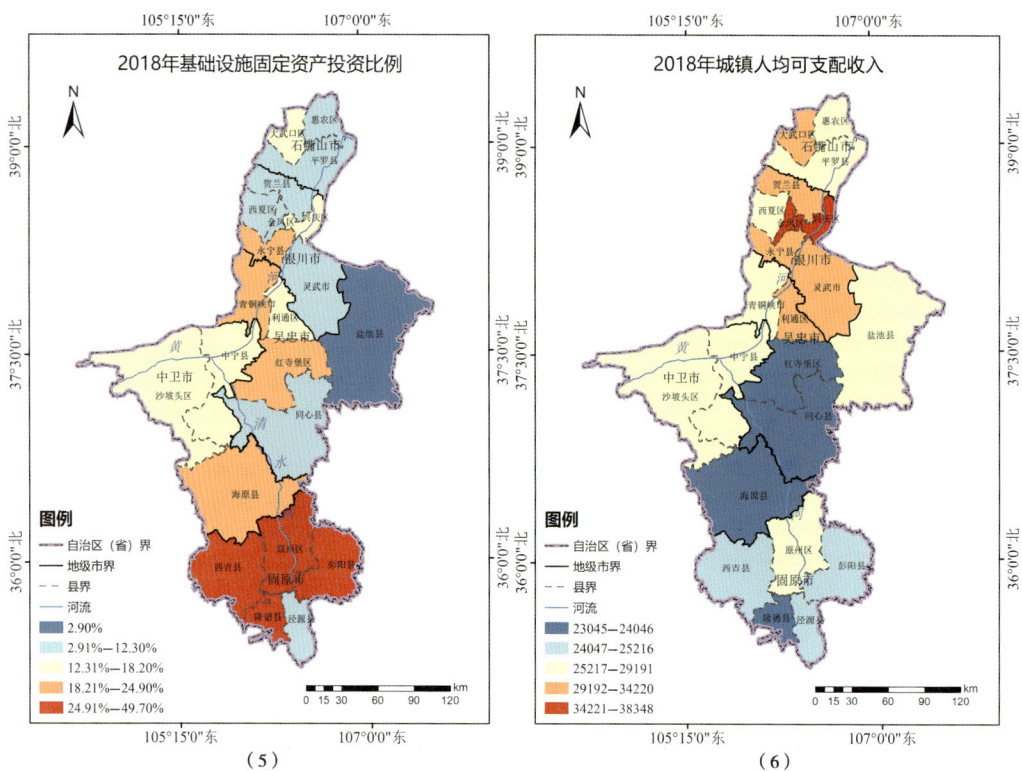

图 2-2-11　2018 年宁夏宜居水平单因子空间分布

5.2　宜养水平分析

宁夏各县(市、区)宜养水平分析借助每千人口执业助理医师数、每千人口拥有卫生机构床位数、每一就业人口劳动力负担系数 3 项指标展开。

每千人口拥有执业助理医师数直接代表医师队伍建设水平,是"十四五"规划中表征地区医疗卫生条件的重要指标之一。2018 年,宁夏每千人口执业助理医师数指标总体呈现"北高南低"的空间态势(图 2-2-12(1))。其中,兴庆区、金凤区、大武口区、西夏区等 7 县(市、区)该指标值超过 2.15 人/千人,这些地区建立稳定的公共卫生投入保障机制,实施医疗卫生人才提升工程,加强基层医疗卫生体系和全科医生队伍建设,完善公共卫生服务项目。红寺堡区、永宁县、海原县和同心县该指标值均较小(低于 1.5 人/千人),可与高校联合加强医师人才定向培养,有序推进医疗卫生体制改革,夯实基层医疗卫生服务体系建设。

每千人口拥有卫生机构床位数直接代表卫生基础设施建设水平,同样是"十四五"规划中表征地区医疗卫生条件的重要指标。2018 年,宁夏每千人口拥有卫生机构床位数指标总体呈现"南高北低"的空间态势(图 2-2-12(2))。其中,兴庆区、大武口区、惠农区、隆德县、原州区、金凤区和彭阳县该指标均超过 6.02 张/千人,这些县(市、区)大力加强公共

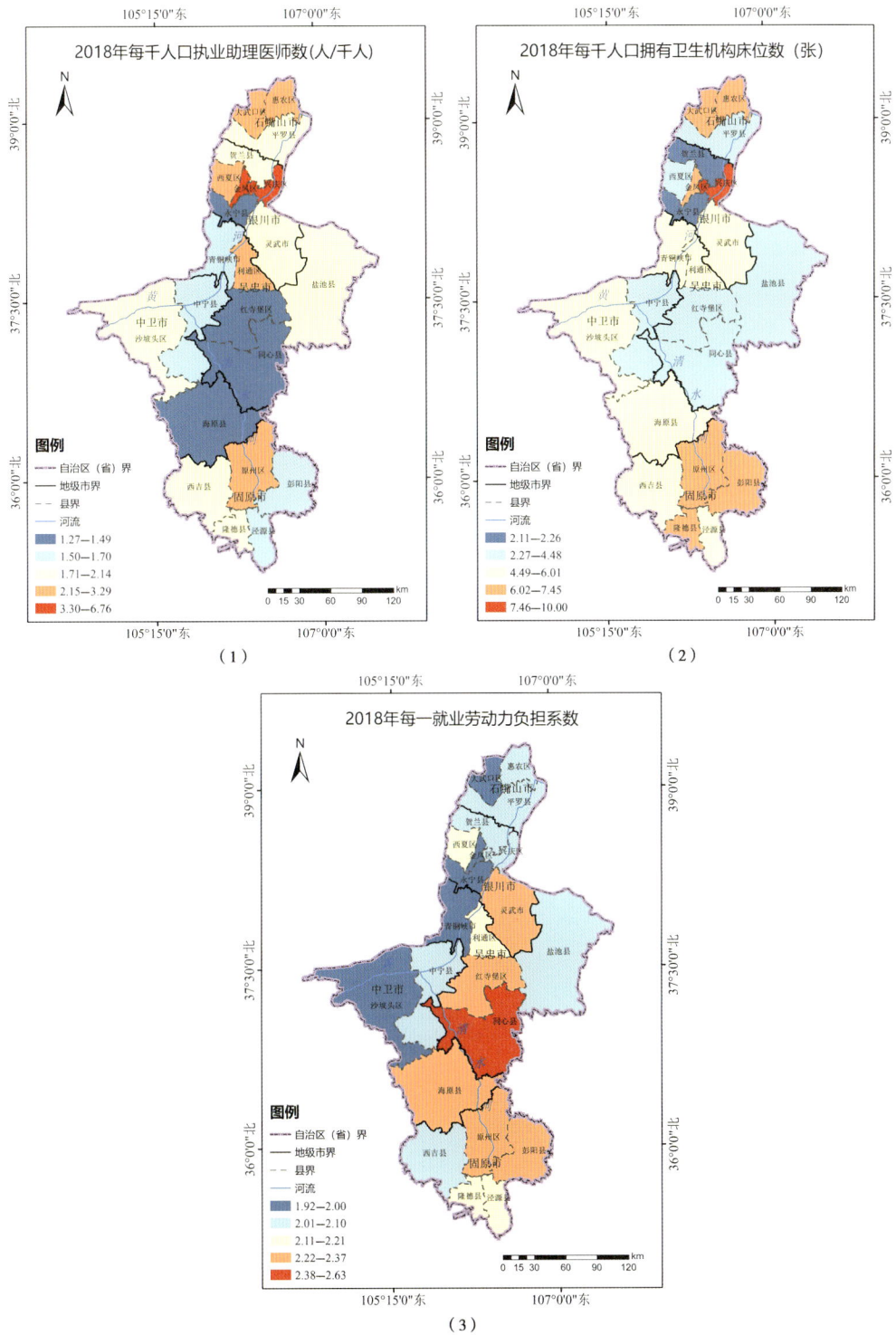

（1）

（2）

（3）

图 2-2-12 2018 年宁夏宜养水平单因子空间分布

卫生应急管理体系建设，不断提升乡村基层医疗服务能力，推动基层医疗卫生服务体系提档升级，更好地保障群众健康。吴忠市各县(市、区)每千人口拥有卫生机构床位数低于4.5张/千人，应关注医疗基础设施建设，鼓励社会资本投资，补齐公共服务卫生短板。

每一就业人口劳动力负担系数又称"就业人口赡养系数"，反映地区就业人口负担压力，值越小代表地区就业越充分，在业人口经济负担越轻。2018年，宁夏该指标值总体呈现"中部高、南北部低"的空间态势(图2-2-12(3))。其中，金凤区、沙坡头区、青铜峡市、大武口区和永宁县每一就业人口劳动力负担系数最小(低于2)；同心县、原州区、红寺堡区等6县(市、区))该指标值超2.22，上述县(市、区)应瞄准市场需求，增加先进制造业、现代农业和服务业等高质量就业岗位，鼓励毕业生自主创业和下岗失业人员再就业，推动经济增长，有效降低劳动者赡养压力。

5.3　宜业水平分析

宁夏各县(市、区)宜业水平分析借助人均地方财政收入、人均地区生产总值、常住人口就业率、工业固定资产投资比例4项指标展开。

地方财政收入是衡量地区政府财政资源的重要指标，直接影响政府在社会经济活动中可提供的公共产品和服务的范围与数量。2018年，宁夏人均地方财政收入指标总体呈现"北高南低"的空间态势(图2-2-13(1))。其中，灵武市的地方财政收入最高，达1.16万元/人，该市积极推进产业结构升级，脱贫攻坚成效显著，综合经济实力明显提升；大武口区、利通区、沙坡头区、原州区等10个县(市、区)的该指标值均较小(低于0.1万/人)，这些县(市、区)应依托支柱和特色产业基础，加大招商引资力度，同时，关注旅游业等新兴产业的协同发展，综合提高地方财政收入。

人均地区生产总值是衡量地区人民生活水平的重要指标，直接反映了地区经济发展的程度。2018年，宁夏该指标总体呈现"北高南低"的空间态势(图2-2-13(2))。其中，灵武市人均地区生产总值最高(18万元)，该市充分发挥宁东能源化工基地作为国家新型工业化产业示范基地作用，搭建灵武与宁东产供需有效对接、产业上中下游协同完善的产业体系，实现城市、产业、人居协同发展；泾源县、西吉县和海原县人均地区生产总值低于2.6万元，这些县(市、区)应进一步实施招商引资项目，优化营商环境，培育新的经济增长点。

常住人口就业率是衡量区域劳动力就业程度的重要指标，指征劳动力中被实际利用的比例，间接反映了就业环境的优劣程度。2018年，宁夏该指标总体呈现"北高南低"的空间态势(图2-2-13(3))。其中，平罗县、西吉县、利通区、金凤区、灵武市、沙坡头区等11个县(市、区)该项指标值较高(超55.74%)。平罗县坚持创业带动就业，"十三五"期间累计转移农村劳动力21.5万人次；金凤区深入实施高校毕业生基层成长计划，做好就业援助工作，实现零就业家庭动态清零；利通区出台"就业创业政策10条"，落实三位一体创业帮扶机制，支持农民工等人员返乡创业。惠农区、大武口区和西夏区常住人口就业

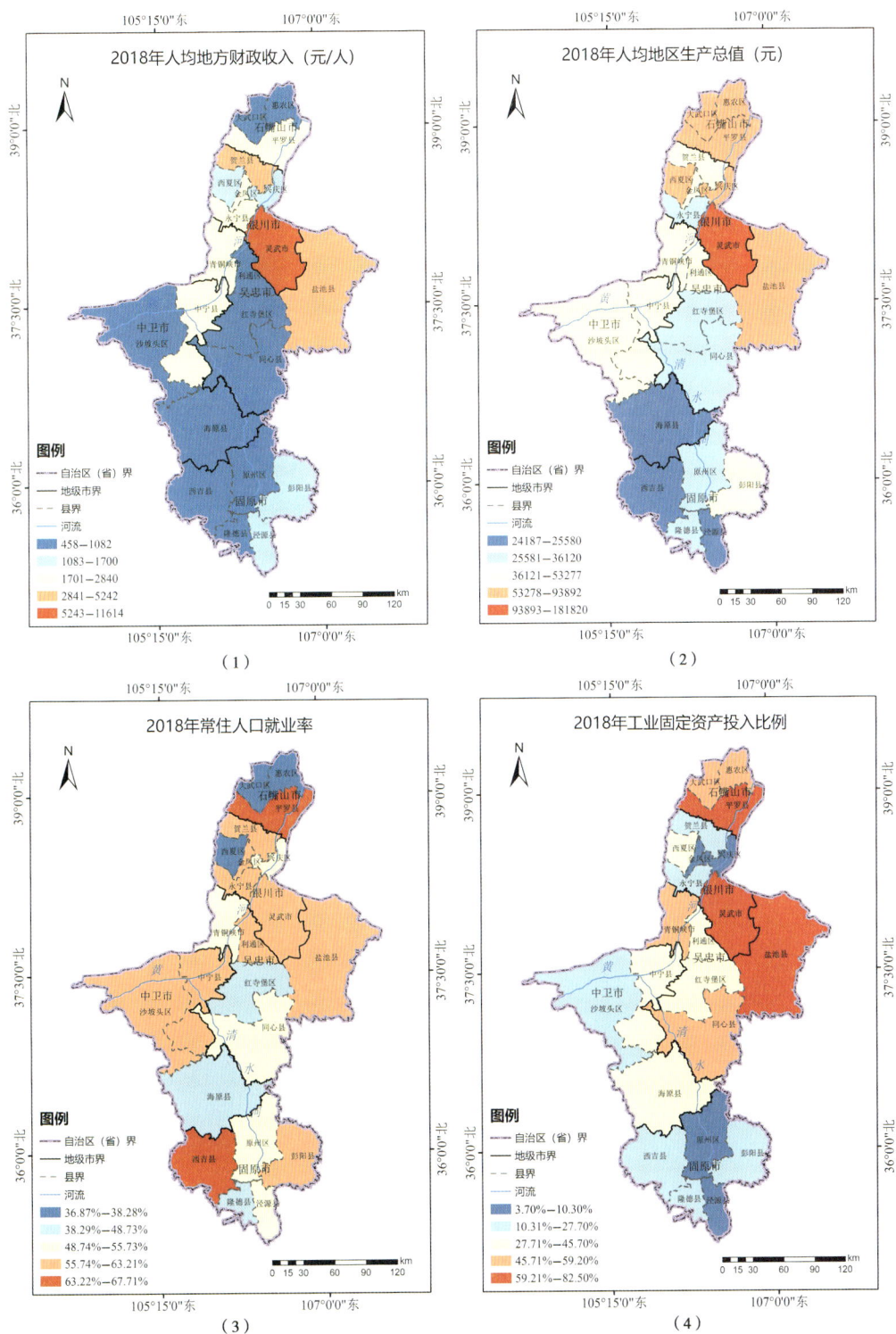

（1）2018年人均地方财政收入（元/人）

图例
- 自治区（省）界
- 地级市界
- 县界
- 河流
- 458—1082
- 1083—1700
- 1701—2840
- 2841—5242
- 5243—11614

（2）2018年人均地区生产总值（元）

图例
- 自治区（省）界
- 地级市界
- 县界
- 河流
- 24187—25580
- 25581—36120
- 36121—53277
- 53278—93892
- 93893—181820

（3）2018年常住人口就业率

图例
- 自治区（省）界
- 地级市界
- 县界
- 河流
- 36.87%—38.28%
- 38.29%—48.73%
- 48.74%—55.73%
- 55.74%—63.21%
- 63.22%—67.71%

（4）2018年工业固定资产投入比例

图例
- 自治区（省）界
- 地级市界
- 县界
- 河流
- 3.70%—10.30%
- 10.31%—27.70%
- 27.71%—45.70%
- 45.71%—59.20%
- 59.21%—82.50%

图 2-2-13　2018 年宁夏宜业水平单因子空间分布

率均较低(低于 38.28%),这些县(市、区)应以"大众创业、万众创新"为动能培育带动就业,同时,采取措施保障劳动者权益,减少失业率。

工业固定资产投资比例指工业投资占固定资产投资的比例,是衡量区域固定资产投资面向工业企业的规模的综合性指标,可以反映地区对工业发展的关注度,有效提高工业生产效率。2018 年,宁夏该指标总体呈现"北高南低"的空间态势(图 2-2-13(4))。其中,盐池县、平罗县和灵武市的工业固定资产投资比例超过 59.21%,灵武市以构建灵武宁东联动发展共同体为方向,充分发挥宁东能源化工基地作为国家新型工业化产业示范基地作用,高标准建设国家现代煤化工产业示范区,推动现代煤化工产业创新发展;平罗县以精细化工、特色冶金、碳基材料、能源电力四大传统工业为支柱;盐池县以油气化工与煤化工、天然石膏生产加工研发、风光电产业等为主导产业,工业体系均在其各自产业结构中占据显著地位。原州区、泾源县、金凤区和兴庆区该指标值较低(低于 10.30%),金凤区、兴庆区以第三产业为主,工业经济占比小、增量少;原州区和泾源县应增加高新技术企业投资力度,促进传统产业转型升级。

6. 安全发展指标分析

6.1　底线管控分析

底线管控水平分析借助人均耕地面积、耕地面积净变化率和城市建设用地扩张占用耕地面积 3 项指标展开。

人均耕地面积是衡量区域农业生产能力和粮食生产压力的重要指标之一,人均耕地面积较少会直接影响粮食供需关系,威胁粮食安全。2018 年,宁夏该指标总体呈现"南高北低"的空间态势(图 2-2-14(1))。其中,盐池县、西吉县、彭阳县、同心县、海原县的人均耕地面积超过 3.61 亩,盐池县推进高标准农田建设,保障人均耕地面积处于较高水平;西夏区、金凤区、兴庆区及大武口区该指标值均较小(低于 0.70 亩),低于全国平均水平(1.80 亩),上述地区应对耕地"进出平衡"实行"宽进严出",多方拓宽耕地资源,对于目前变更为非耕地稳定地类,逐地块进行分析,优先将即可恢复、工程恢复地类作为耕地"进出平衡"的最大潜力来源。

耕地面积净变化率指标可以反映一定时期内耕地净流入或流出程度,有利于掌握耕地整体变化情况。2018 年,宁夏该指标总体呈现全区整体高、个别县(市、区)低的空间态势(图 2-2-14(2))。平罗县、惠农区和红寺堡区的耕地面积净增长率较高(超 4.44%),惠农区立足构建耕地数量、质量、生态"三位一体"保护格局,守住了耕地保护红线,完成下达的耕地保护任务,使耕地面积有所增加;红寺堡区着力盘活存量,按照高质量发展和实施全面节约战略要求,推动土地利用方式从依赖新增向挖潜存量转变,推进低效用地再开发,从源头上减少对耕地的占用。利通区、大武口区、西夏区、兴庆区、金凤区等 10 县(市、区)耕地处于净流失状态,应紧密关注城市建设过程中对耕地的占用情况,加强耕地

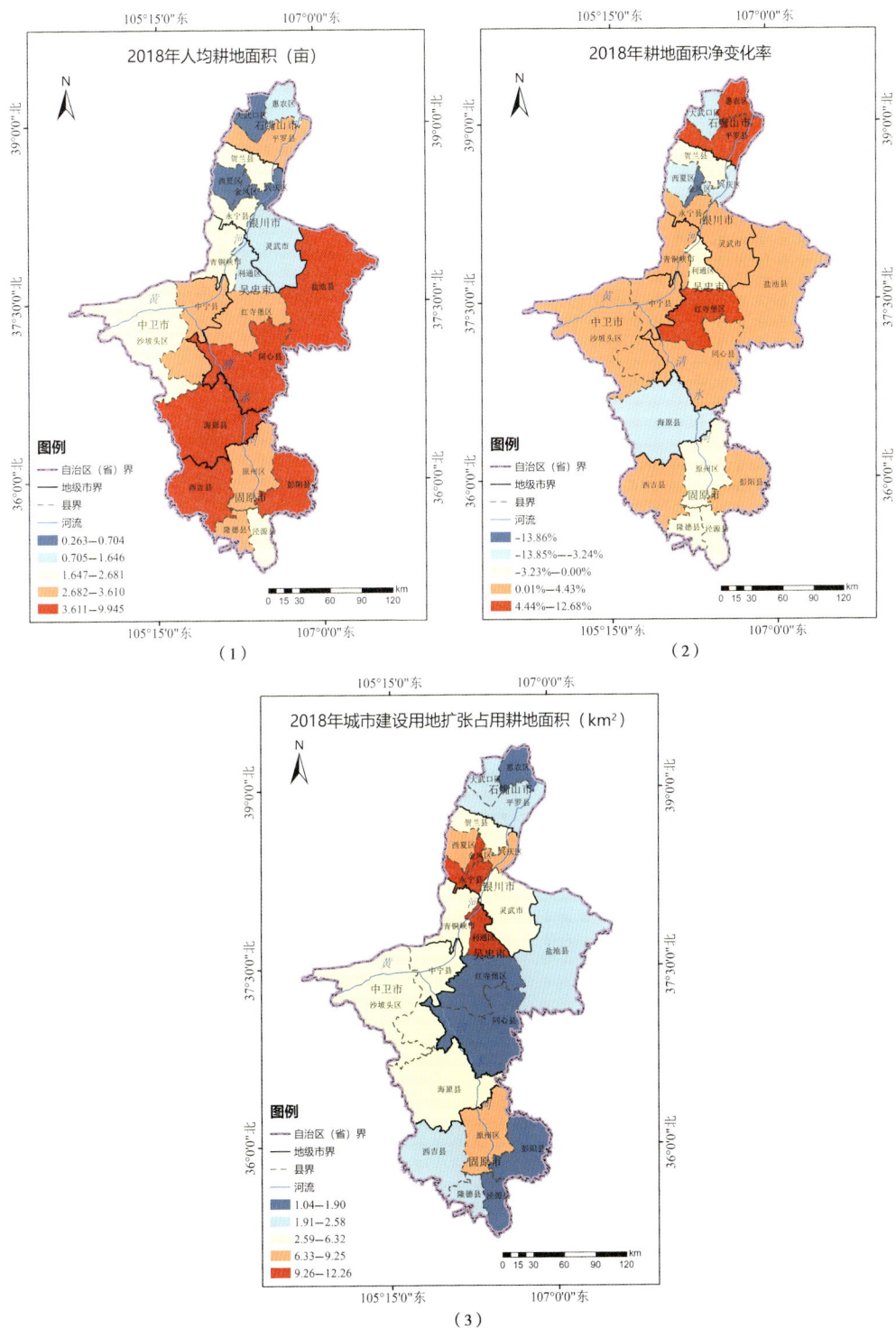

图 2-2-14　2018 年宁夏底线管控单因子空间分布

保护、严守耕地红线，同时，落实耕地占补平衡制度，杜绝占好补坏等问题发生。

关注 2010—2018 年宁夏各县(市、区)城市建设用地扩张对耕地的占用情况，可为后续耕地保护工作提供参考。2018 年，宁夏该指标总体呈现"中部高、南北低"的空间态势(图 2-2-14(3))。其中，惠农区等 5 县(市、区)城市扩张占用耕地较少(1.04~1.90km²)，惠农区 2010—2018 年耕地处于净增加状态，积极提升农业生产水平，强化现代农业产业体系，以第一产业带动第二、三产业，因此对于耕地占用较少。城市扩张占用耕地现象主要出现在金凤区、利通区和永宁县(超 9.26km²)，上述地区应密切关注建设用地对耕地的占用情况，严格落实耕地占补平衡，盘活利用批而未供及闲置土地，以高密度集约化发展减少城市扩张对耕地的影响。

6.2 生态安全分析

宁夏各县(市、区)生态安全水平分析借助森林覆盖率、生态阻力值、碳储量、水源涵养量、水土保持量、生境质量、废气污染物排放总量、危险废物综合利用率 8 项指标展开。

森林覆盖率指森林面积占土地总面积的比率，是反映一个国家(或地区)森林资源和林地占有的实际水平的重要指标。2018 年土地利用变更调查数据结果显示，宁夏回族自治区共有林地 964935 公顷，森林覆盖率约为 14.53%，与 2017 年 14.0% 的森林覆盖率相比已有明显提高，但距离《宁夏回族自治区国民经济和社会发展第十三个五年规划纲要(修订本)》中确定的 2020 年目标值 15.8% 还有一定距离。2018 年，宁夏各县(市、区)森林覆盖率总体呈现"南高北低"的空间态势(图 2-2-15(1))，南部地区的森林覆盖率显著高于中部和北部地区。其中，泾源县的森林覆盖率最高(66.14%)，泾源县全面推广"2433"林业生态建设机制，提升林业生态建设质量，扩大森林资源总量；惠农区、青铜峡市、大武口区和中宁县的森林覆盖率最小，分别为 3.43%、3.32%、3.08% 和 2.92%。这些地区应加大林业法律法规、政策和生态建设的宣传力度，确定区域内林地保护利用目标和任务，严格限制林地的使用建设，确保现存林地保有量的同时，加强补充林地的规划，加大营造林和封山育林力度，提高森林覆盖率。

生态阻力值代表影响生态源地扩散的阻力大小，即维护区域生态安全和可持续发展必须加以保护的区域在扩张过程中所受的阻碍程度，从景观生态学的视角反映人类活动干扰的空间分布及强度。2018 年，宁夏该指标总体呈"中部低、南北高"的空间态势(图 2-2-15(2))。其中，青铜峡市、灵武市、中宁县、红寺堡区生态阻力值处于最低一级(2.575~2.611)，上述县(市、区)践行"绿水青山就是金山银山"的发展理念，实施多项生态修复项目，有效减少生态源地扩散阻力；隆德县和西吉县生态阻力值最高(2.998~3.243)，应结合国家及地方"十四五"规划编制，通过调整红线、增设或整合自然保护地等方式，加强重要源地空间管控，同时，也应严格控制城镇发展区域范围，防止建设用地无序扩张影响生态源地扩散。

碳储量是衡量碳库功能的一个重要指标，及时有效地评估碳储量，对区域碳循环、减

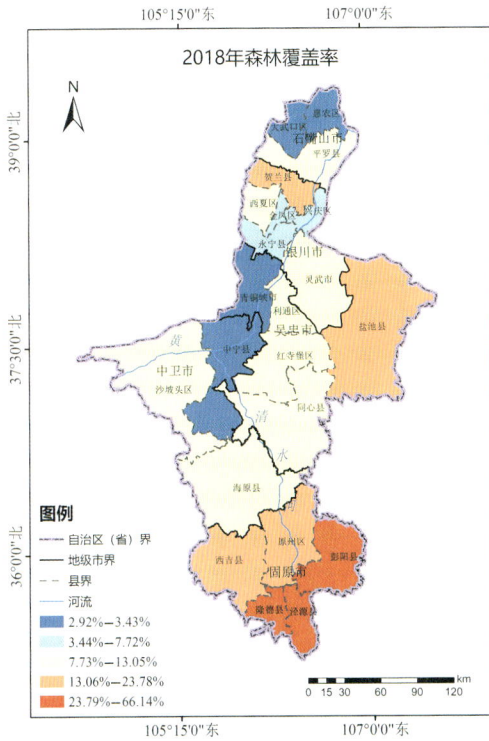

（1）

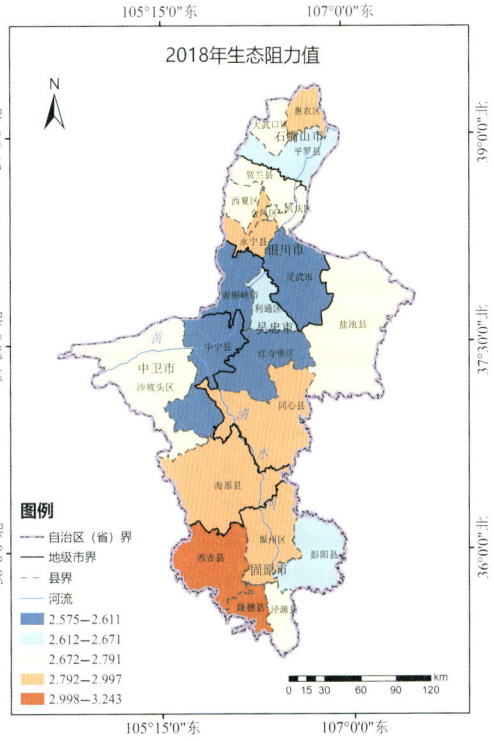

（2）

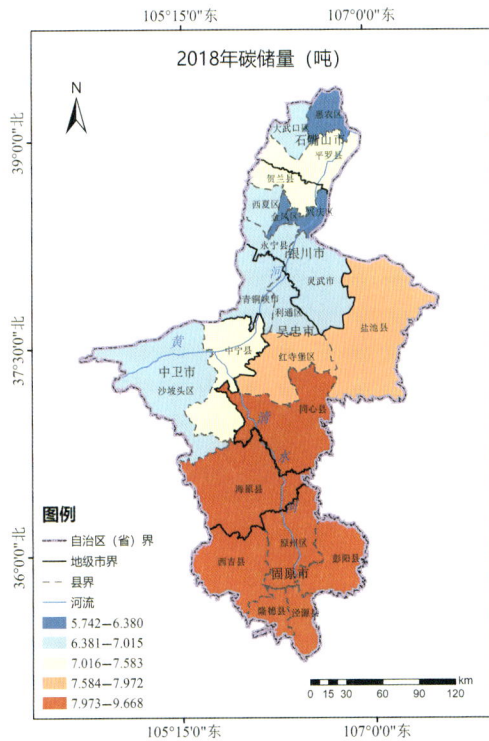

（3）

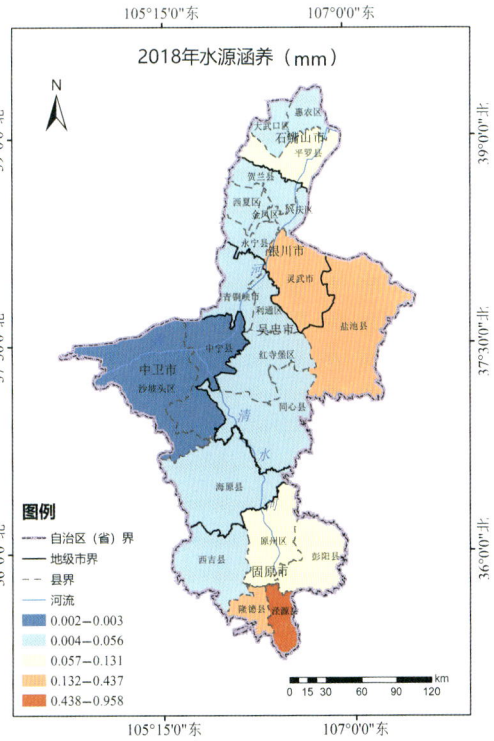

（4）

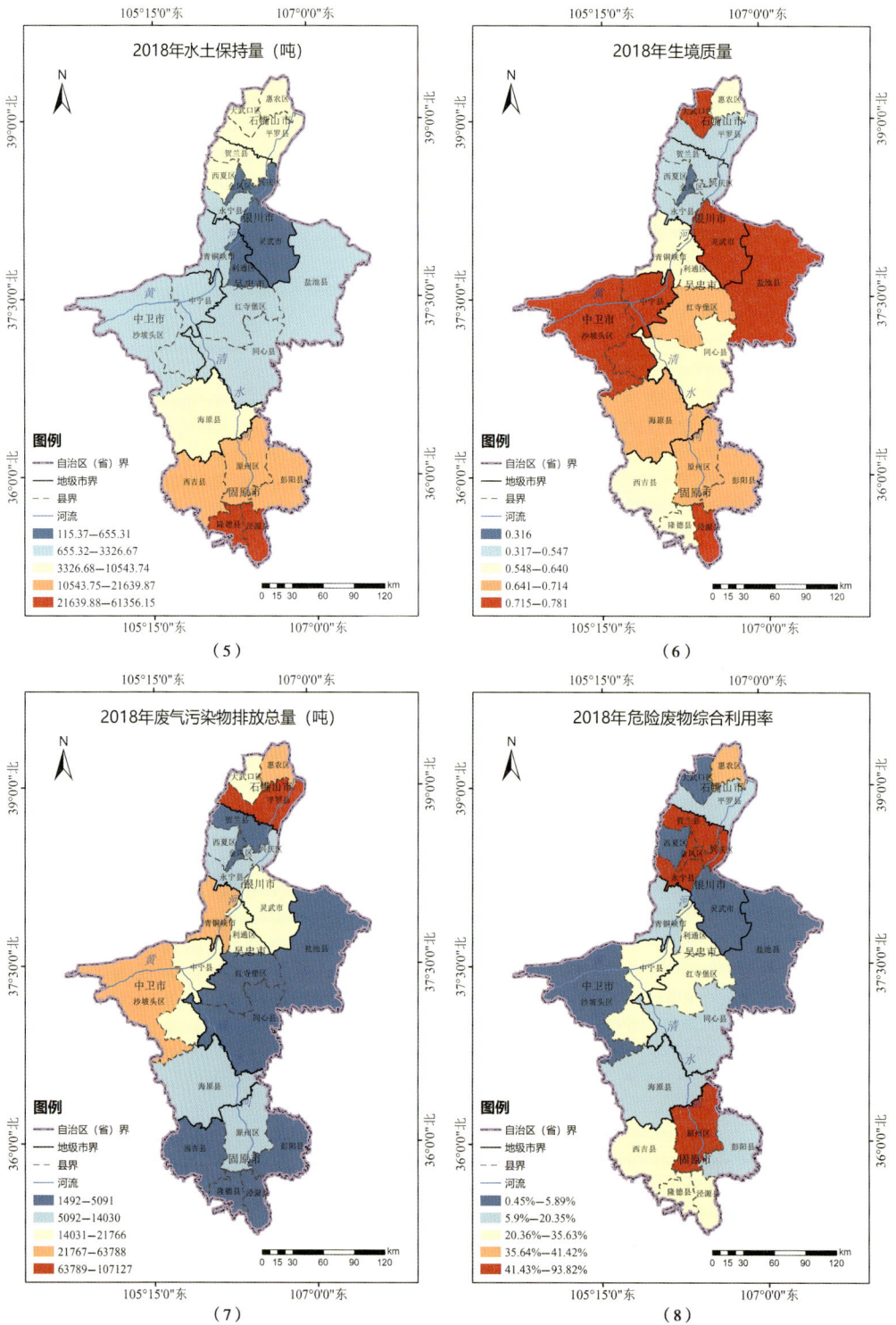

图 2-2-15 2018 年宁夏生态安全单因子空间分布

缓气候变化和维持区域可持续发展具有重要意义。2018 年，宁夏该指标总体呈现"南高北低"的空间态势（图 2-2-15（3））。其中，位于最南部的泾源县、彭阳县和隆德县的碳储量最多，分别为 9.67 吨、8.87 吨和 8.75 吨，原州区、西吉县、海原县、同心县也相对较多（大于 8 吨）。南部的用地类型主要是林地、草地和耕地，森林生态系统是最经济的吸碳器，森林土壤有机碳库是陆地土壤有机碳库的重要组成部分。金凤区和兴庆区碳储量最低，分别为 5.74 吨和 5.97 吨，主要是因为两区土地覆盖类型以耕地、建设用地、未利用地和部分草地为主，两区应强化森林资源保护，提升林业执法能力，严厉打击破坏森林资源行为，做好林业有害生物防治和森林防火工作，确保森林资源持续增长，从而增加森林碳储量。

水源涵养是陆地生态系统重要生态服务功能之一，其变化将直接影响区域气候水文、植被和土壤等状况，是区域生态系统状况的重要指标。2018 年，宁夏水量普遍较低，整体呈现"北部低、中南部高"的空间态势（图 2-2-15（4））。其中，南部的泾源县水源涵养量最多，为 0.958mm，泾源县精准提升森林质量，多措并举提升水源涵养功能；沙坡头区和中宁县的产水量最少，分别仅为 0.003mm 和 0.002mm，主要是因为两地处于宁夏回族自治区中部干旱带，大气降水、地表水和地下水都相对贫乏，应重视植被恢复，积极建设水源涵养区。

水土保持是农业发展、林业发展、水利工作的基础，治理水土流失事关经济社会可持续发展和中华民族长远福祉。2018 年，宁夏水土保持量总体呈现"南高北低"的空间态势（图 2-2-15（5））。其中，最南部的泾源县和隆德县的水土保持情况最好，固原市作为宁夏地势最高的区域，是林地覆盖的主要区域，区域内气温低、湿度大、蒸发量小，植被生长较好，土壤有机质分解缓慢，森林土壤有机碳含量和密度较大，因此土壤保持功能较好；灵武市、利通区、兴庆区和金凤区水土保持量最少，该区域土壤垦殖率高但灌溉保证率低，城镇化水平高，建设用地扩张挤压生态用地面积，导致水土保持量处于较低水平，应重视生态修复、植树造林，提高水土保持量。

生境质量指生态系统提供适宜个体与种群持续生存发展条件的能力，可以在一定程度上反映区域的生物多样性状况。2018 年，宁夏该指标整体呈现"南高北低"的空间态势（图 2-2-15（6））。南部地区和中部地区的生境质量整体优于北部地区，如泾源县、盐池县、沙坡头区等，上述地区较其他地区气候条件更优越，森林覆盖率更高、植被类型更多样，因此生境维持功能更好；生境质量不足的县（市、区）集中于北部区域，如西夏区、兴庆区和金凤区等地，应优化空间利用布局，对过度利用或不当利用土地进行整治，开展流域治理、退耕还林、还湖、还湿，提供更多的生态用地空间。

大气污染物浓度过高将影响生态安全、危害人类健康。污染物排放量是污染物产生量与削减量之差，是污染物总量控制的主要指标之一。2018 年，宁夏废气污染物排放总量总体呈现"南低北高"的空间态势（图 2-2-15（7））。其中，金凤区、红寺堡区等 9 县（市、区）该指标值较小（1492~5091 吨），金凤区全地域、全时段、全过程推进"四尘同治"，进行建筑施工扬尘管控，有效降低废气污染物排放；红寺堡区积极践行"两山论"，绿色生产渐成风尚。平罗县废气污染物排放总量最高，达 107127 吨，应注意改进工业能源结构和工艺，淘汰高污染企业，鼓励居民采用公共交通出行，降低能源消耗、废气排放。

危险废物减量化、资源化和无害化处理是推动城市全面绿色转型的关键方法之一，危险废物综合利用率高可以直接促进地区治污减碳和生态保护工作。2018 年，宁夏危险废物综合利用率总体呈现"南北高、中间低"的空间态势（图 2-2-15（8））。其中，金凤区、兴庆区等 5 县（市、区）危废综合利用率超过 40%，兴庆区持续打好净土保卫战，统筹推进危险废物等多种废弃物联防联治；金凤区推进"六废连治"，危险废物安全处置率达到 100%。西夏区、盐池县、大武口区、灵武市和沙坡头区该指标值均较小，低于 5.89%，应统筹城市发展与固体废物管理，强化制度、技术、市场和监管等保障体系建设，提升固体废物综合治理能力，同时，应宣传垃圾分类及回收相关知识，推动源头减量化发展。

6.3 水安全分析

宁夏各县（市、区）水安全单因子分析借助城市可用水资源总量、水污染物排放量和河湖岸线 1km 缓冲区内建设用地面积比例 3 项指标展开。

2018 年，宁夏城市可用水资源总量指标总体呈现"中北高、南部低"的空间态势（图 2-2-16（1））。其中，兴庆区、利通区等 5 县（市、区）城市可用水资源总量超过 4.60 亿 m^3，兴庆区深化水资源税改革，加大水资源节约保护投入，资源节约高效和综合利用水平处于相对领先地位；利通区强化政策设计与资金支持，加快推进高效节水农业，成为全国水资源管理先进县区。原州区等 5 县（市、区）城市可用水资源量低于 0.437 亿 m^3，固原市多山地，水资源匮乏，应着重提高现有水资源利用率，呼吁民众树立水资源危机意识和节水意识，同时，严格把控地下水开采，保障地区水安全。

当排入水中的污染物质超过了水资源本身的自净能力，便会破坏水安全，造成水污染问题，将导致生物减少、引发疾病、破坏生态平衡。将各县（市、区）污水排放污染物含量进行可视化表达，2018 年，宁夏该指标总体呈现"中南低、北部高"的空间态势（图 2-2-16（2））。其中，贺兰县、彭阳县、红寺堡区、盐池县、利通区和泾源县的水污染物排放量较低，这些县（市、区）实施流域水环境污染治理工程，建设和完善城市污水管网及再生水管网配套工程，城市污水处理率达到 80% 以上，城市生活垃圾无害化处理率达到 100%；兴庆区、沙坡头区、西吉县、平罗县、西夏区和大武口区污水排放污染物含量较高，超过 2778 吨。这些地区应健全城镇污水和企业污水处理项目实施，监管超标排污现象，水利部门应做好水资源的动态监测工作，宣传环保知识，提高广大群众保护水环境的积极性和主动性。

结合《水利部关于加强河湖水域岸线空间管控的指导意见》，水资源岸线边应设置河湖管理保护控制带，加强对房地产、工矿企业和化工园区等建设用地的管控。对各县（市、区）的河湖岸线 1km 缓冲区内建设用地面积比例进行分析，得到空间分布，2018 年，宁夏该指标总体呈现"南低北高"的空间态势（图 2-2-16（3））。其中，同心县、灵武市、中宁县、原州区等 9 县（市、区）河湖岸线 1km 缓冲区内建设用地面积比例低于 0.42%，这些

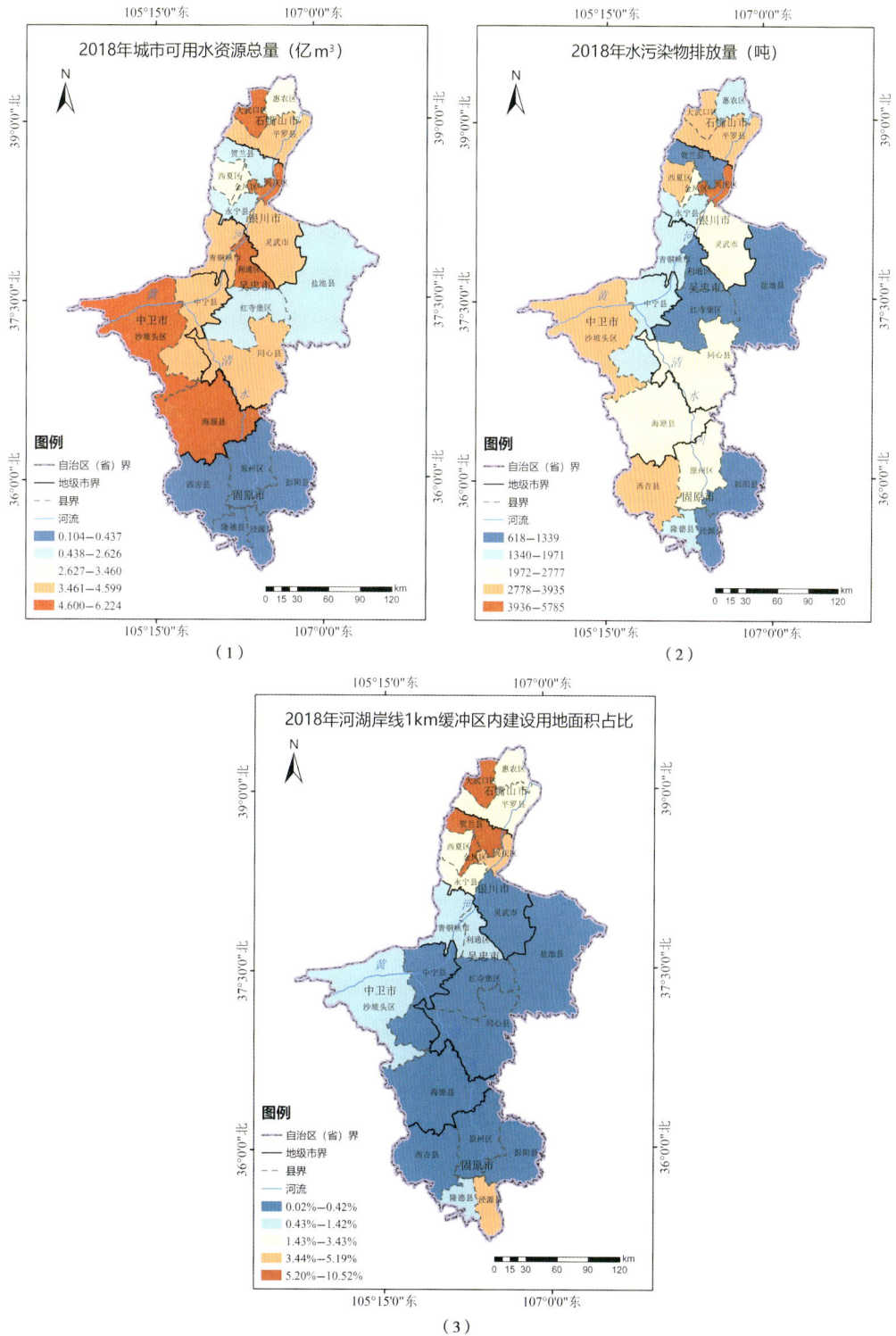

（1）

（2）

（3）

图 2-2-16　2018 年宁夏水安全单因子空间分布

133

县(市、区)积极实施流域生态保护和修复，在重点生态保护地区退耕还湖、还林，有效保护了河流周边的生态系统；大武口区、金凤区、贺兰县和兴庆区河湖岸线 1km 缓冲区内建设用地面积比例较高，超过 3.44%。银川市和石嘴山市应加强河湖水域岸线监管能力，规范沿河沿湖绿色生态廊道建设，对违规建筑依法拆除，确保河流岸线生态安全。

6.4　文化安全分析

文化安全单因子分析基于历史文化风貌保护区面积、文化产业机构数、文化产业从业人数和文化服务设施 15 分钟覆盖人口比例 4 项指标展开。

历史文化保护区，是指经国家有关部门批准并公布的、文物古迹比较集中、能较完整地反映某一历史时期的传统风貌和地方、民族特色，具有较高历史文化价值的街区、镇、村、建筑群等。2018 年，宁夏历史文化风貌保护区面积指标总体呈现"北高南低"的空间态势(图 2-2-17(1))。其中，大武口区历史文化风貌保护区面积最高，其深入挖掘贺兰山、老工业城市历史文化，着力打造生态工业文化旅游项目，有效增加历史文化风貌保护区面积；红寺堡区、利通区等 15 县(市、区)暂无历史文化风貌保护区，这些地区应对照《历史文化街区划定和历史建筑确定标准(参考)》，及时认定公布符合标准的街区和建筑，纳入保护名录，并以文化保护、挖掘和展示相结合的方式再开发。

文化产业机构是生产面向精神文化服务以及提供文化服务的机构总称，它具有经济增长、意识形态培养、教育、审美和文化传播功能，是保障文化安全的重要支柱，也是满足人民群众日益增长的精神文化需要的关键。2018 年，宁夏该指标总体呈现"南高北低"的空间态势(图 2-2-17(2))。其中，兴庆区、西吉县和海原县文化产业机构数较多，超过 20 所。兴庆区的文旅融合赋能工程，着力扩大文化产业规模，将兴庆区建设成宁夏文化产业的聚集区；永宁县和红寺堡区文化产业机构数较少(仅 11 所)，应大力发展本地区文化市场，发挥文化底蕴，提高本地文化吸引力，将精神文明的强大能力转化为经济和社会进步的竞争力。

文化产业从业人员是传播精神文化的重要出口，是服务人民群众文化活动的基层主体。2018 年，宁夏文化产业从业人数总体呈现"南北高、中间低"的空间态势(图 2-2-17(3))。各县(市、区)文化产业从业人数指标分布较为零散，其中，兴庆区和泾源县文化产业从业人数超过 337 人；金凤区、西吉县、红寺堡区和青铜峡市相关从业人数超过 164 人，这些县(市、区)正大力推进文化产业转型升级，加强文化产业数字化发展，创建国家文化和科技融合示范基地；永宁县、利通区、大武口区等 5 县(市、区)该指标值均较小(均少于 73 人)，这些地区应重点培养熟悉本地文化的专业人员，开展职业技能训练和专门知识培训，增加高质量的从业人员基数，保障文化传播等事务发展需要。

公共文化服务设施包括图书馆、博物馆、科技馆、纪念馆、剧院和体育场等，是公共文化服务体系建设的基础平台，是展示文化建设成果、开展群众文化活动的重要阵地。公共文化设施的可达性水平直接关系人民群众基本文化权益的实现和文化发展成果的共享。2018 年，宁夏文化服务设施 15 分钟覆盖人口比例总体呈现"北高南低"的空间态势(图

2018年历史文化风貌保护区面积

图例
- 自治区（省）界
- 地级市界
- 县界
- 河流
- 0.00
- 0.01−0.00
- 0.01−205.69
- 205.70−357.14
- 357.15−549.54

（1）

2018年文化产业机构数

图例
- 自治区（省）界
- 地级市界
- 县界
- 河流
- 11
- 12−16
- 17−20
- 21−32
- 33−63

（2）

2018年文化产业从业人数

图例
- 自治区（省）界
- 地级市界
- 县界
- 河流
- 35−73
- 74−108
- 109−163
- 164−336
- 337−1019

（3）

2018年文化服务设施15分钟覆盖人口比例

图例
- 自治区（省）界
- 地级市界
- 县界
- 河流
- 0.00%−2.48%
- 2.49%−6.93%
- 6.94%−11.07%
- 11.08%−18.54%
- 18.55%−45.34%

（4）

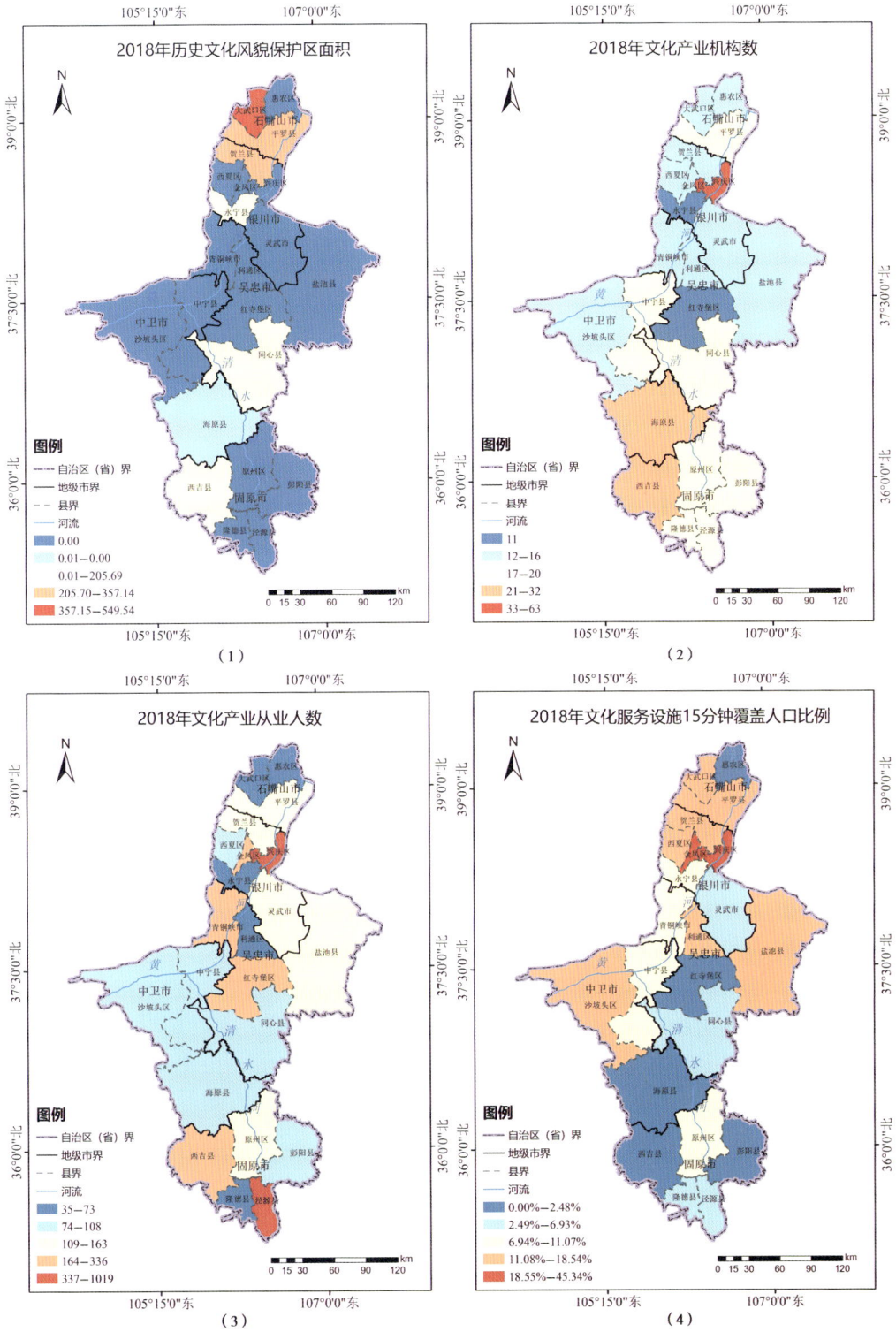

图 2-2-17　2018 年宁夏文化安全单因子空间分布

2-2-17（4））。其中，金凤区和兴庆区该指标值超过 20%，金凤区努力健全公共文化服务体系，扩大公共服务供给，旨在提高综合文化服务设施覆盖率；兴庆区健全区、乡镇（街道）、村（社区）三级公共文化设施网络，推进文化馆、图书馆数字文化建设、总分馆制建设，提升文化设施承载力和服务效能。彭阳县、西吉县、红寺堡区、惠农区和海原县的文化设施覆盖人口比例低于 2.5%，应优化服务设施配置水平和质量，在区域空间、社群间及社会个体间尽可能实现均衡的文化资源配置，提高文化设施的公益性和全民性。

6.5　防灾减灾分析

各县（市、区）防灾减灾水平分析基于紧急避难场所 5 分钟覆盖人口比例、消防救援设施 5 分钟覆盖人口比例、急救中心 5 分钟覆盖人口比例 3 项指标展开。

紧急避难场所是保障地区居民安全避难、基本生活及救援和指挥的场所，是保障地区安全健康发展的重要基础服务设施。对各县（市、区）紧急避难场所进行 5 分钟覆盖人口比例计算，得到空间分布图（图 2-2-18（1）），2018 年，宁夏该指标总体呈现"北高南低"的空间态势。其中，沙坡头区和贺兰县覆盖人口比例较高，西夏区、原州区、金凤区、惠农区和青铜峡市该指标值较高，超过 4.30%，这些县（区、市）坚持推进合理布局应急避难场所，加快人防设施配套建设；其余县（区、市）紧急避难场所 5 分钟覆盖人口比例较低（低于 4.30%），应优先利用区域内现有的公园、学校、广场、体育场、人防工程等场地，按人群分布和疏散需求设置相应的应急避难场所。远期可在城镇总体规划之中，预先考虑提供给群众安全可靠、设施完备的生活和避难避险空间。

消防救援是地区安全稳定发展的重要保障，同样对消防救援设施进行分析，得到宁夏各县（市、区）消防救援 5 分钟覆盖人口比例空间分布图（图 2-2-18（2）），2018 年，宁夏该指标总体呈现"北高南低"的空间态势。其中，金凤区和兴庆区覆盖人口比例较高（7.79%～13.95%），金凤区围绕城乡"五网"基础设施一体化建设，加强公共资源配置，改造提升消防设施等基础建设；兴庆区不断加强城乡消防基础设施建设，因地制宜推动建设乡镇专职消防队、志愿消防队和微型消防站。泾源县、平罗县、灵武市、西吉县、红寺堡区和同心县的消防救援 5 分钟覆盖人口比例较低（低于 0.88%），应推动相关部门新建、改建、升级消防救援站，对老旧城区、文物古建筑集中区、人流物流集中区、工业园区、高新技术区等火灾风险高危地区组建微型消防站，并与消防救援机构实行联勤联训。

急救中心是提供高水平院前院内急救服务的医疗机构，对于保障居民生命健康和城市公共安全至关重要。由各县（市、区）急救中心 5 分钟覆盖人口比例分布图可知（图 2-2-18（3）），2018 年，宁夏该指标总体呈现"南北高、中部低"的空间态势。其中，大武口区和平罗县覆盖人口比例较高（3.55%～10.25%），西夏区和原州区该指标值超过 2.4%。这些县（市、区）不断健全医疗卫生服务体系，其中，大武口区在"十四五"规划中提到要建成城市区 15 分钟就医圈；原州区 11 个乡镇卫生院、3 家社区服务中心在"十三五"期间完成了纳入区医院统一管理工作，医联体覆盖率达到 100%。其余县（市、区）急救中心 5 分钟覆盖人口比例较低（低于 2.4%），这些地区应完善车辆、急救人员的合理配置，提高抢救

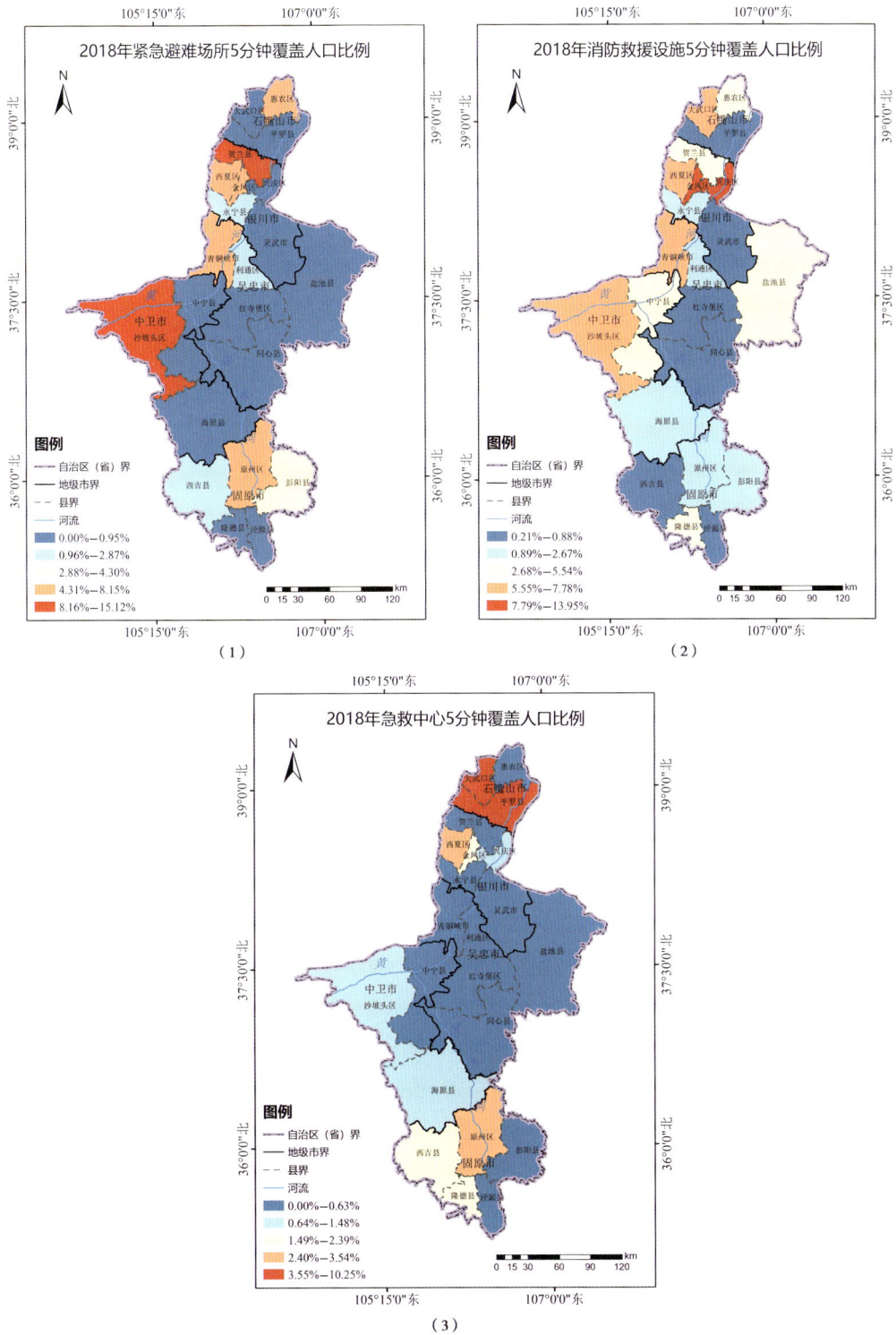

图 2-2-18　2018 年宁夏防灾减灾单因子空间分布

效率，保障病人生命安全，同时，加快乡镇救助站点建设，尽快完成救急就近。

三、高质量发展评价

本节综合熵权法和层次分析法确定各维度指标权重（表2-2-2），评价各县（市、区）"创新、协调、绿色、开放、共享、安全"六维度发展状态，综合评价区域高质量发展水平。

表 2-2-2　县（市、区）高质量发展综合评价因子权重

指数	指数权重	分指数	指　标	指标权重
创新	0.167	创新投入产出	科学研究与技术服务业经费固定资产投入比例（%）	0.246
			科教文卫用地占比（%）	0.107
			高新技术行业企业总数（所）	0.149
		创新环境	普通高等院校数量（所）	0.259
			科学研究与技术服务业平均工资（元/年）	0.056
			每万人中大学生数量（人/万人）	0.183
协调	0.167	城乡统筹	城乡人均生产总值比	0.063
			城乡建设用地增长协调度	0.088
			城乡人均道路面积比	0.029
			城乡人均可支配收入比	0.070
			城乡人均生活消费支出比	0.053
			常住人口城镇化率（%）	0.102
			城乡就业人口偏离度	0.044
			城乡人均建设用地面积比	0.052
		结构高效	国土空间开发强度（%）	0.149
			商住、工业、住宅用地耦合协调度	0.078
			土地利用混合度	0.160
			耕地连片度（%）	0.057
			建设用地连片度（%）	0.055
绿色	0.167	生态保护	人均公园绿地面积（m²/人）	0.062
			生态源地面积（km²）	0.104
			生态廊道长度（km）	0.100
			生态用地面积净变化率（%）	0.040

指数	指数权重	分指数	指　　标	指标权重
绿色	0.167	生态保护	城市建设用地扩张占用生态用地面积(km^2)	0.031
		绿色生产	每万元 GDP 地耗(m^2)	0.033
			工业用地地均增加值(亿元/km^2)	0.128
			每万元 GDP 能耗(吨标煤/万元)	0.034
			每万元 GDP 废气排放量(亿m^3/万元)	0.051
			工业废气处理率(%)	0.036
			工业废水处理率(%)	0.047
		绿色生活	城镇生活污水处理率(%)	0.032
			城镇人均生活污水排放量(m^3/人)	0.042
			城镇人均生活废气排放量(吨/人)	0.045
			年均 $PM_{2.5}$	0.051
			人均年用水量(m^3/人)	0.166
开放	0.167	网络连通	道路网密度(km/km^2)	0.092
			道路网络临近中心性	0.135
			交叉口密度(个/km^2)	0.069
			公交站点密度(个/km^2)	0.176
		旅游开放	距飞机场平均距离(km)	0.143
			距火车站平均距离(km)	0.089
			距高速路口平均距离(km)	0.123
			距旅游景点平均距离(km)	0.173
共享	0.167	宜居	公园绿地车行 15 分钟覆盖人口比例(%)	0.065
			社区卫生医疗设施车行 15 分钟覆盖人口比例(%)	0.055
			社区中小学车行 15 分钟覆盖人口比例(%)	0.057
			社区体育设施车行 15 分钟覆盖人口比例(%)	0.063
			基础设施固定资产投资比例(%)	0.036
			城镇人均可支配收入(元/人)	0.044
		宜养	每千人口执业助理医师数(人/千人)	0.196
			每千人口拥有卫生机构床位数(张/千人)	0.080
			每一就业人口劳动力负担系数	0.073

续表

指数	指数权重	分指数	指　　标	指标权重
共享	0.167	宜业	人均地方财政收入(元/人)	0.116
			人均地区生产总值(元/人)	0.085
			常住人口就业率(%)	0.064
			工业固定资产投资比例(%)	0.066
安全	0.167	底线管控	人均耕地面积(亩/人)	0.003
			耕地面积净变化率(%)	0.002
			城市建设用地扩张占用耕地面积(km²)	0.062
		生态安全	森林覆盖率(%)	0.036
			生态阻力值	0.010
			碳储量(吨)	0.020
			水源涵养量(mm)	0.065
			水土保持量(吨)	0.056
			生境质量	0.013
			废气污染物排放总量(吨)	0.008
			危险废物综合利用率(%)	0.029
		水安全	城市可用水资源总量(亿 m³)	0.115
			水污染物排放量(吨)	0.045
			河湖岸线 1km 缓冲区内建设用地面积比例(%)	0.062
		文化安全	历史文化风貌保护区面积(km²)	0.100
			文化产业机构数(个)	0.047
			文化产业从业人数(人)	0.049
			文化服务设施 15 分钟覆盖人口比例(%)	0.044
		防灾减灾	紧急避难场所 5 分钟覆盖人口比例(%)	0.101
			急救中心 5 分钟覆盖人口比例(%)	0.075
			消防救援设施 5 分钟覆盖人口比例(%)	0.060

1. 创新发展评价

将创新投入产出(科学研究与技术服务业经费固定资产投入比例、科教文卫用地占比、高新技术行业企业总数)和创新环境(普通高等院校数量、科研与技术服务业平均工资、每万人中大学生数量)两维度指标进行加权,求得宁夏各县(市、区)创新发展水平。

如图 2-2-19 所示,宁夏创新发展水平空间上呈"北高南低"的分布态势。其中,金凤区、兴庆区和西夏区创新发展综合水平较高(0.309~0.638),其创新投入产出和创新环境均较好,科教投入、高等院校、高新技术企业和在校大学生数量均较高,有利于实施创新驱动发展战略,通过校企联合培养应用型人才;红寺堡区、中宁县、西吉县等 7 县(市、区)的创新发展水平最差(0.040~0.055),应集中力量优先解决弱势指标,短期内综合考虑科研投入、人才引进和创新激励政策,吸引新技术新成果和创新人才落地,长期应从区域经济发展水平和区域特色出发,建立对口培养机制,提高区内广大群众的整体受教育水平。

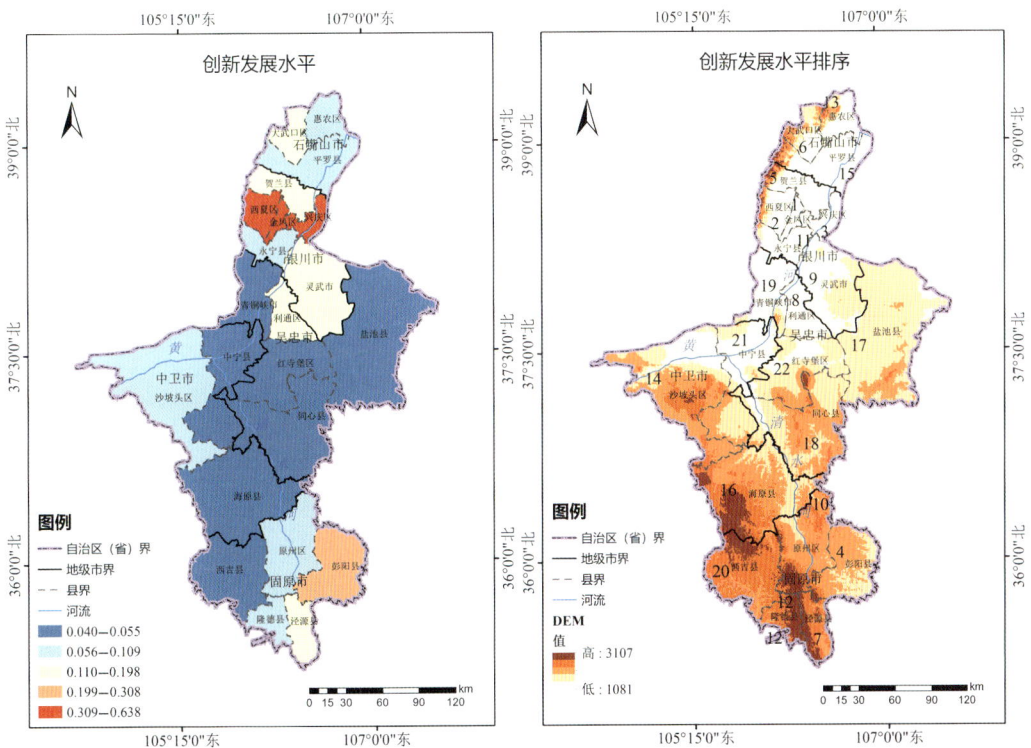

图 2-2-19　宁夏创新发展水平空间分布

2. 协调发展评价

基于城乡统筹(城乡人均产值比、城乡建设用地增长协调度、城乡人均道路面积比、城乡人均可支配收入比、城乡人均生活消费支出比、城镇化率、城乡就业人口偏离度和城乡人均建设用地面积比)和结构高效(国土空间开发强度、商住工业用地耦合协调度、土地利用混合度、耕地连片度和建设用地连片度)两维度子目标,加权求得宁夏各县(市、区)的协调发展综合水平。

由图 2-2-20 可知，宁夏协调发展水平呈现"北高南低"的空间态势。具体来看，金凤区、兴庆区、惠农区和西夏区协调发展综合水平较好(0.62~0.76)，这些区(市、县)结构高效水平均较好，国土空间开发强度高，土地利用混合、建设用地连片较好，但是城乡统筹发展较差，城乡居民人均可支配收入、消费支出差距较大，宜在保持土地集约利用的同时，采取措施促进农村经济发展，缩小城乡收入差距。泾源县、彭阳县和海原县协调发展综合水平较差(0.21~0.30)，其城乡统筹和结构高效发展条件均较差，城乡居民收入差距较大、城镇化率低且国土空间开发强度低。这些区(市、县)第一产业占比较高，投入产出效率相对较低，宜优化产业结构，鼓励特色产业规模化、高级化、品牌化生产，提高居民收入。

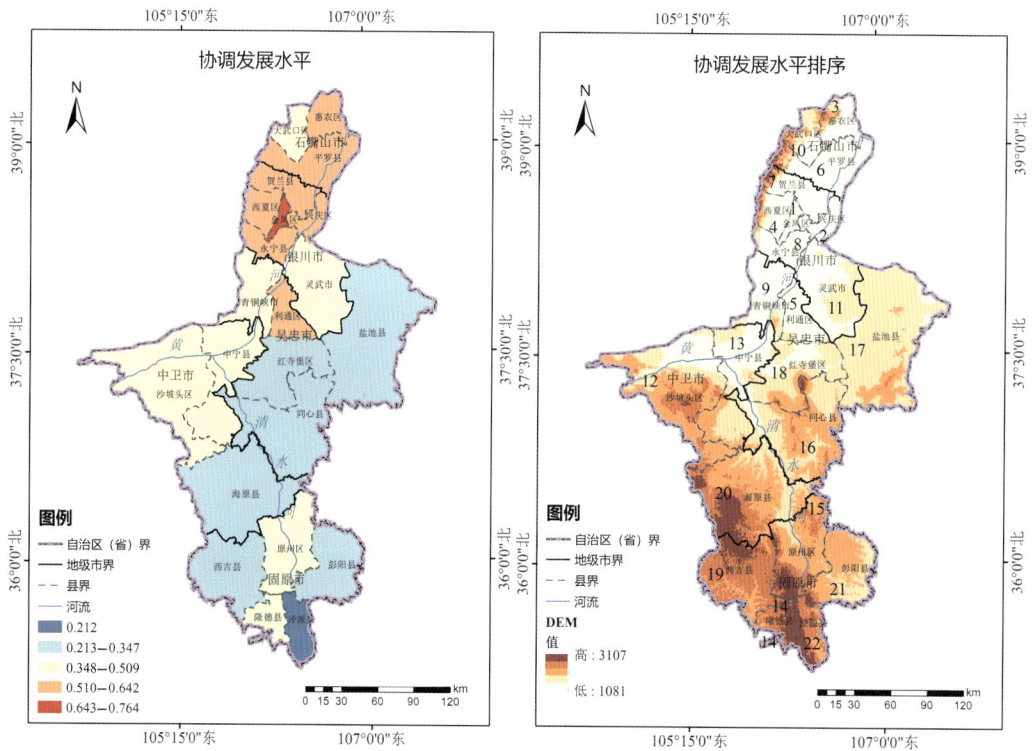

图 2-2-20　宁夏协调发展水平空间分布

3. 绿色发展评价

基于生态保护(人均公园绿地面积、生态源地面积、生态廊道长度、生态用地面积净变化率、城市建设用地扩张占用生态用地面积)、绿色生产(每万元 GDP 地耗、工业用地地均增加值、每万元 GDP 能耗、每万元 GDP 废气排放量、工业废气处理率和工业废水处理率)和绿色生活(城镇生活污水处理率、城镇人均生活污水排放量、城镇人均生活废气排放量、年均 $PM_{2.5}$、人均年用水量)三维度子目标,加权求得宁夏各县(市、区)绿色发展综合水平。

如图 2-2-21 所示,宁夏绿色发展水平呈现"南北高、中间低"的空间态势。原州区、金凤区和兴庆区绿色发展水平较好(0.60~0.66),其中,原州区着力发展绿色农业、生态友好型工业,每万元 GDP 能耗和废弃物排放量显著降低;金凤区和兴庆区落实生态立区战略,推行城市生态绿化和节水节电策略,绿色低碳发展有效促进了水土资源的高效利用。惠农区和海原县绿色发展水平较低(0.30~0.34),惠农区城市扩张过程占用了部分生态用地,应严格落实"三区三线"政策,确保区域生态安全格局的基本功能;海原县应鼓励居民节水、发展节水型农业,同时加大污水处理力度。

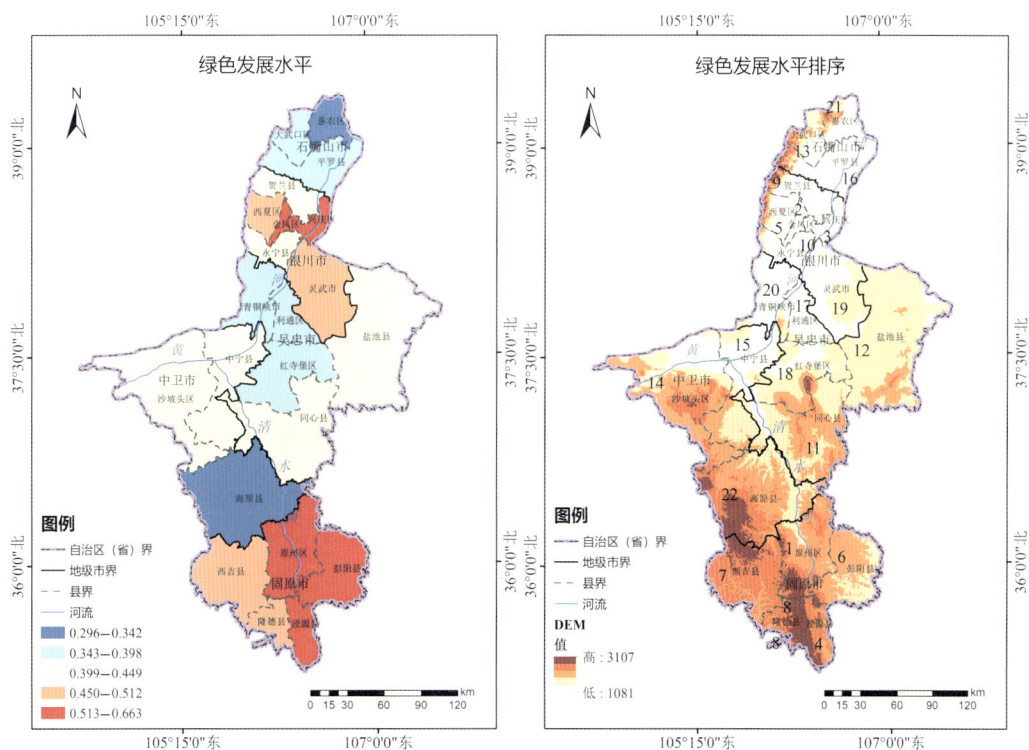

图 2-2-21 宁夏绿色发展水平空间分布

4. 开放发展评价

基于网络连通(道路网密度、道路网络临近中心性、交叉口密度、公交站点密度)和旅游开放(距飞机场平均距离、距火车站平均距离、距高速路口平均距离、距旅游景点平均距离)两维度子目标,加权求得宁夏各县(市、区)开放发展综合水平。

如图 2-2-22 所示，宁夏开放发展水平呈现"南北高、中间低"的空间态势。其中，金凤区开放发展综合水平最好 (0.66~0.88)，主要是由于该区的网络联通程度和旅游开放水平均较高。金凤区瞄准"塞上湖城"定位，完善都市休闲游、乡村休闲游、活力金凤游等三大主题旅游精品线路，同时，以旅游与文化深度融合为目标，培育文化创意产业。海原县、西吉县、盐池县和同心县开放发展水平较差 (0.17~0.23)。其中，同心县和西吉县网络连通程度较差，应加快修建网格状道路，增加交叉口密度，形成小街区样式；海原县和盐池县旅游开放水平较低，宜建设火车线、高速路等，并在景点与市区之间开通旅游专线。

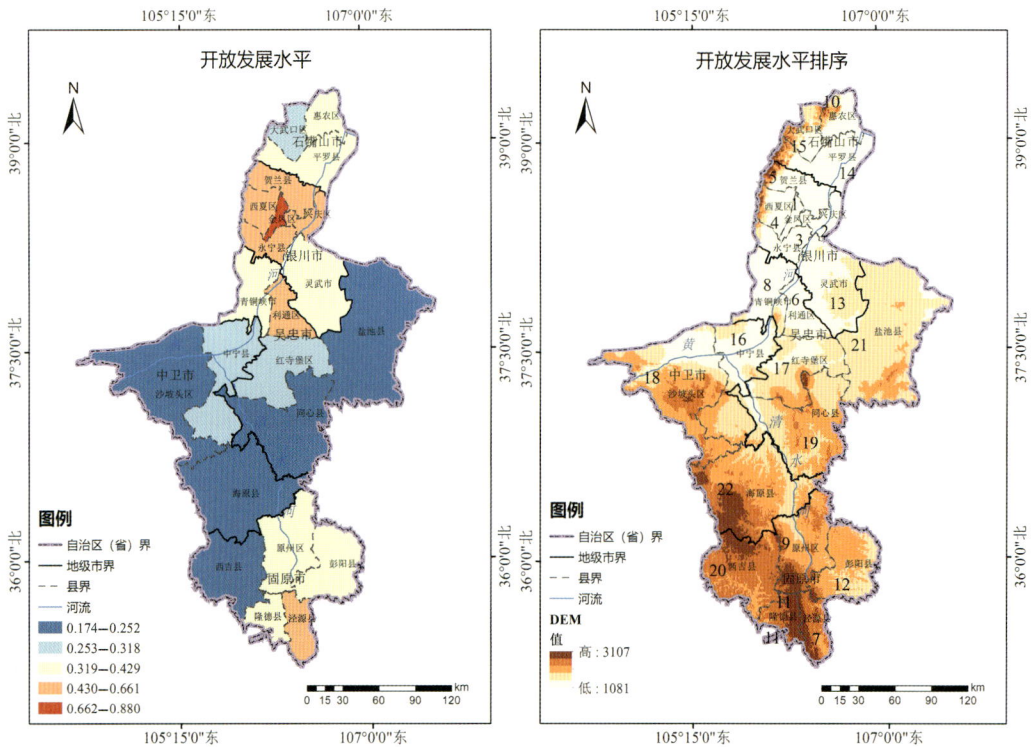

图 2-2-22 宁夏开放发展水平空间分布

5. 共享发展评价

基于宜居(公园绿地 15 分钟覆盖人口比例、社区卫生医疗设施 15 分钟覆盖人口比例、社区中小学 15 分钟覆盖人口比例、社区体育设施 15 分钟覆盖人口比例、基础设施固定资产投资比例、城镇人均可支配收入)、宜养(每千人口执业助理医师数、每千人口拥有卫生机构床位数、每一就业人口劳动力负担系数)和宜业(人均地方财政收入、人均地方生产总值、常住人口就业率、工业固定资产投资比例)三维度子目标评价宁夏各县(市、区)共享发展综合水平,加权求得宁夏各县(市、区)的共享发展综合水平。

如图 2-2-23 所示,宁夏共享发展水平呈现"北高南低"的空间态势。其中,金凤区和兴庆区共享发展综合水平最好(0.477~0.671),主要是由于宜居、宜养水平均较好,两区公园绿地、社区卫生医疗设施等基础设施 15 分钟覆盖人口比例和城镇人均可支配收入均较好,基本符合 15 分钟生活圈建设要求,即在 15 分钟步行范围内配置了居民基本生活所需的公园、医疗、教育、体育等各项功能和设施,其产业结构也以新兴产业和现代服务业为主,居民工资水平较高。灵武市共享发展综合水平较好,其坚持推进第一、二、三产业融合发展,围绕循环经济、新型材料、清洁能源等特色产业板块,积极打造千亿级产业强市,人均收入和常住人口就业率均较高。海原县、红寺堡区和同心县的共享发展综合水平较低(0.14~0.15),其中,海原县和红寺堡区的公园绿地等基础设施 15 分钟覆盖人口比例和城镇人均可支配收入均较低,宜调整产业结构,鼓励第三产业发展,以促进财政收入,同时,增加基础设施的固定资产投入。同心县的每千人执业助理医师数较低,应鼓励服务业发展,因地制宜实施"适老化"改造。

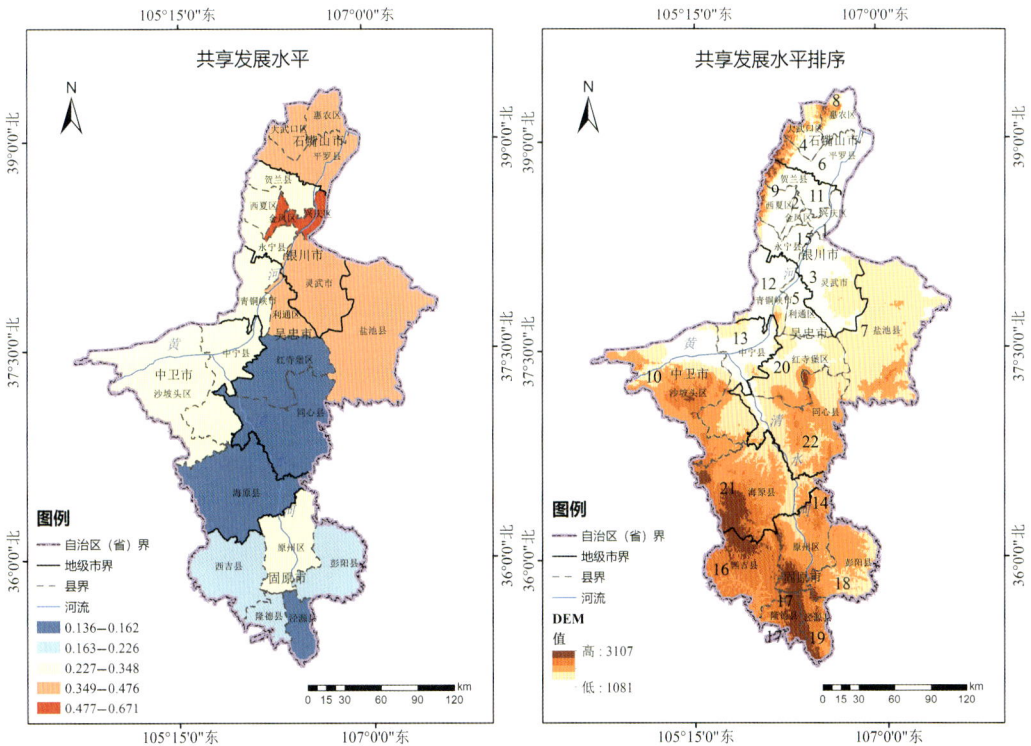

图 2-2-23 宁夏共享发展水平空间分布

6. 安全发展评价

基于底线管控(人均耕地面积、耕地面积净变化率和城市建设用地扩张占用耕地面积)、生态安全(森林覆盖率、生态阻力值、碳储量、水源涵养量、水土保持量、生境质量、废气污染物排放总量和危险废物综合利用率)、水安全(城市可用水资源总量、水污染物排放量和河湖岸线 1km 缓冲区内建设用地面积比例)、文化安全(历史文化风貌保护区面积、文化产业机构数、文化产业从业人数和文化服务设施 15 分钟覆盖人口比例)和防灾减灾(紧急避难场所 5 分钟覆盖人口比例、消防救援设施 5 分钟覆盖人口比例、急救中心 5 分钟覆盖人口比例)五维度子目标,加权求得各县(市、区)的协调发展综合水平。

由图 2-2-24 可知,宁夏安全发展水平呈现"北部高、中南低"的空间态势。其中,兴庆区和平罗县安全发展水平较好(0.399~0.434),兴庆区水安全和文化安全水平较高,而平罗县文化安全和防灾减灾较好,两区均存在大量历史文化风貌保护区,建设了博物馆、展览馆等文化设施,此外,兴庆区可用水资源总量较高,平罗县急救中心 5 分钟覆盖人口比例较高。永宁县和灵武市安全发展水平较低(0.231~0.259),永宁县底线管控、生态安全、水安全和文化安全程度均较低,应积极实施退耕还林还草工程,提高生境质量,鼓励居民节水,同时,培育本土文化从业人员。灵武市水安全、文化安全和防灾减灾水平较低,应减少水污染物排放量,增加基础设施投资,建设紧急避难场所等公益性设施。

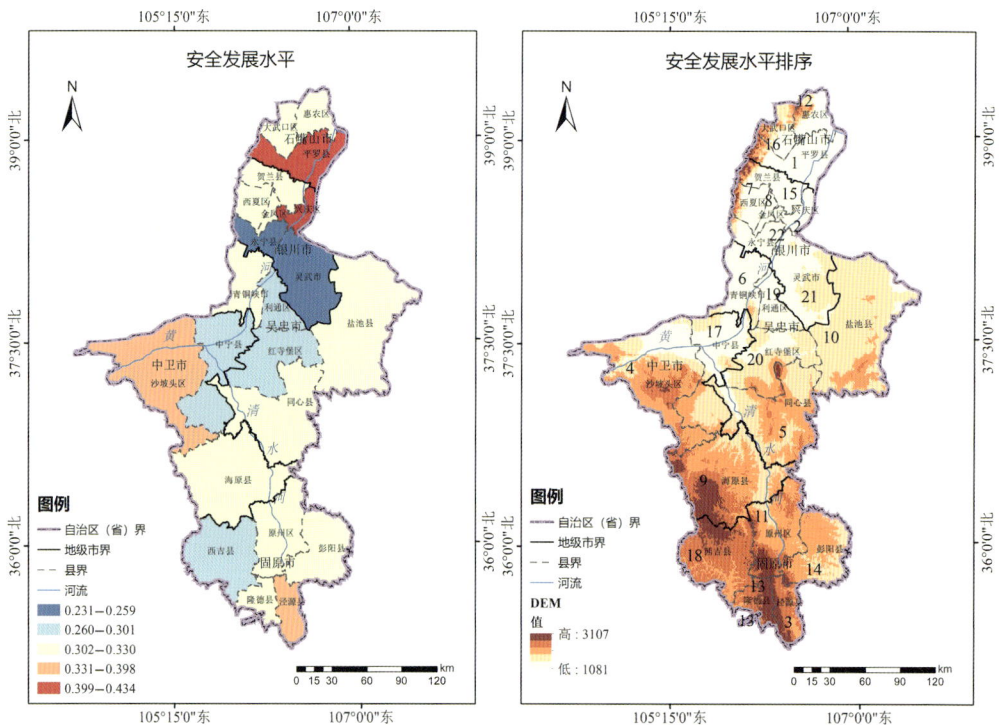

图 2-2-24 宁夏安全发展水平空间分布

7. 高质量发展水平综合评价

综合创新(创新投入、创新环境)、协调(城乡统筹、结构高效)、绿色(生态保护、绿色生产、绿色生活)、开放(网络连通、旅游开放)、共享(宜居、宜业、宜养)和安全(底线管控、生态安全、水安全、文化安全、防灾减灾)六维度指标,加权求得宁夏各县(市、区)的高质量发展综合水平。

如图 2-2-25 所示,宁夏高质量发展水平呈现"南北高、中间低"的空间态势。其中,金凤区和兴庆区高质量发展综合水平较高(0.471~0.637),主要是由于创新、协调、开放维度发展水平均较好。创新发展方面,两区结合地方特色,推行高精尖紧缺人才引领工程等,为教育、医疗、金融、互联网等领域引进和培养了一大批创新人才;协调发展方面,两区积极利用低效用地或存量土地,推动土地利用混合化、差异化建设,注重产业集群和链式发展,区域发展协调性良好;开放发展方面,两区交通建设和旅游景点可达性均较好。同心县、红寺堡区和海原县高质量发展水平较低(0.223~0.256),主要是由于创新和共享发展水平不高。创新发展方面,三县区以第一产业为主,宜结合区域特色农作物,推动科技创新和产品深加工,推动农业自动化、产业化和高级化发展;共享发展方面,三县区基础设施供给较低,人均收入尚未达到全区平均水平,应注重居住环境改善,促进设施均等化发展。

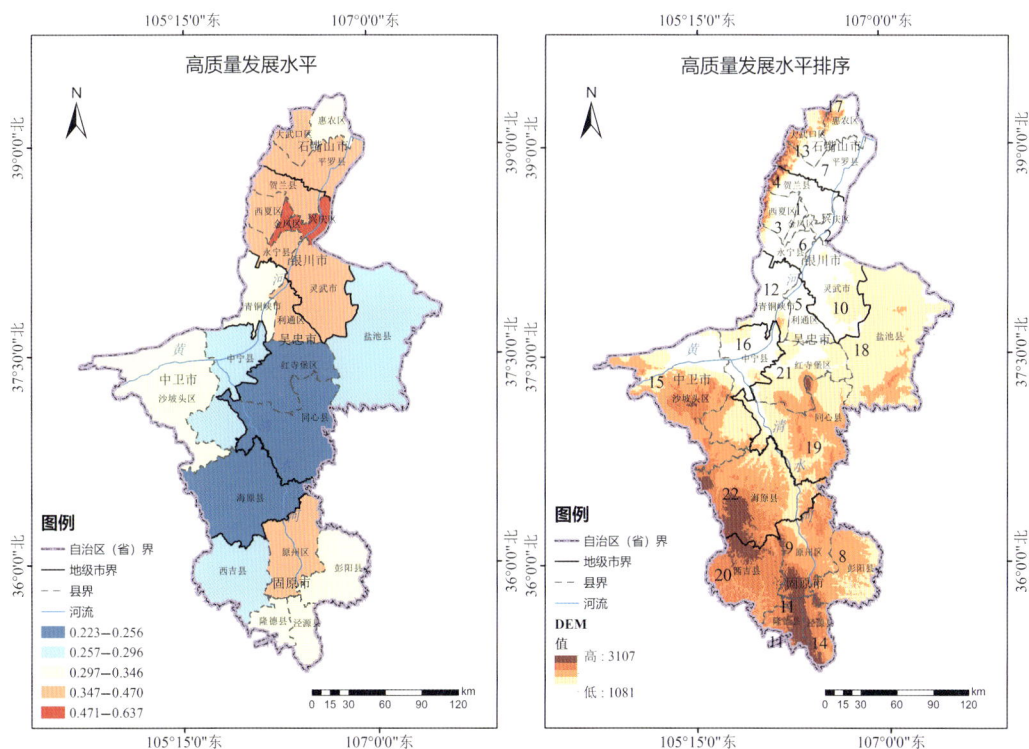

图 2-2-25　宁夏高质量发展水平空间分布

第三章　宏观尺度节约集约利用与高质量发展效应分析

本章基于前述建设用地节约集约与高质量发展综合评价成果，以宁夏各县(市、区)为单元，应用耦合协调度模型揭示节约集约与高质量耦合发展的总体状态，采用"四象限图"识别节约集约与高质量发展的"高/低"组合关系，最后基于地理加权回归模型识别高质量发展对节约集约水平的局部驱动机制，揭示当前宁夏建设用地节约集约利用水平与"创新、协调、绿色、开放、共享、安全"多维度高质量发展目标的关联效应。

一、建设用地节约集约与高质量发展耦合分析

1. 节约集约与创新发展耦合

创新发展带来的生产要素整合和生产效率提升对建设用地节约集约水平有很大促进作用。将宁夏各县(市、区)节约集约水平与区域创新发展水平进行耦合分析，并对耦合协调度进行排序(图2-3-1)，空间特征结果显示，金凤区协调程度最好(中级协调)，金凤区深入落实"北拓—中优—南提"的空间发展策略，以阅海湾中央商务区、丝路经济园为总揽，发挥地区服务业引领带动作用，促进产城融合，有效保持了土地节约集约利用和人口有序聚集，实现"经济—人口—资源—环境"空间匹配。兴庆区和西夏区处于初级协调状态，西夏区首次引入北京中关村新材料、生命健康、环保新能源等战略新兴产业快速聚集，创新活力竞相迸发；兴庆区加速形成"友爱、新华两大商圈"的产业集聚格局，数字经济产业园为创新发展提供了不竭动力。惠农区、平罗县、盐池县和永宁县处于轻度失调状态，青铜峡市处于中度失调状态，上述县(市、区)尚存高层次人才紧缺、创新后劲不足等问题，较难满足当前高质量发展需求。

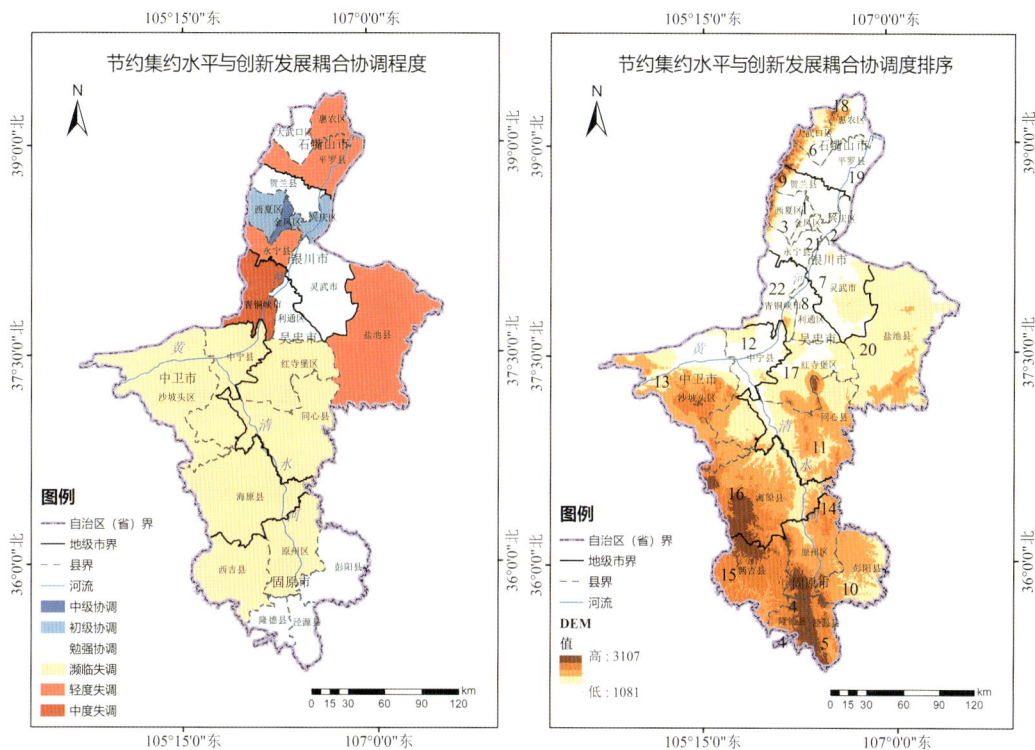

图 2-3-1　节约集约与创新发展耦合分析结果

2. 节约集约与协调发展耦合

将宁夏各县(市、区)节约集约水平与区域协调发展水平进行耦合分析，并对耦合协调度进行排序(图 2-3-2)，空间特征结果显示，兴庆区、金凤区、利通区和西夏区的节约集约水平和区域协调发展水平耦合协调程度最好(中级协调)。西夏区坚持农业农村优先发展，大力实施乡村振兴战略，提升农业农村现代化水平，同时，充分发挥区域创新、开放优势，积极服务于黄河流域生态保护和高质量发展战略，城乡协调程度不断增强；金凤区的中心城区首位度和辐射带动力不断彰显，对周边地区的引领带动能力进一步提升，区域性消费中心地位得到巩固，协调发展水平显著增强；兴庆区严格落实主体功能区战略、区域协调发展战略，积极对接银川市国土空间总体规划(2020—2035 年)，围绕"两带两圈"总体布局，推进以人为核心的新型城镇化建设，构建"中心城区—特色小镇—美丽乡村"城乡融合发展空间格局，建设用地节约集约水平和协调发展水平均较高。石嘴山市所辖县区、青铜峡市、隆德县、原州区、灵武市、贺兰县和同心县处于初级协调状态；永宁县、盐池县和泾源县的节约集约水平和区域协调发展水平耦合程度处于轻度失调状态。

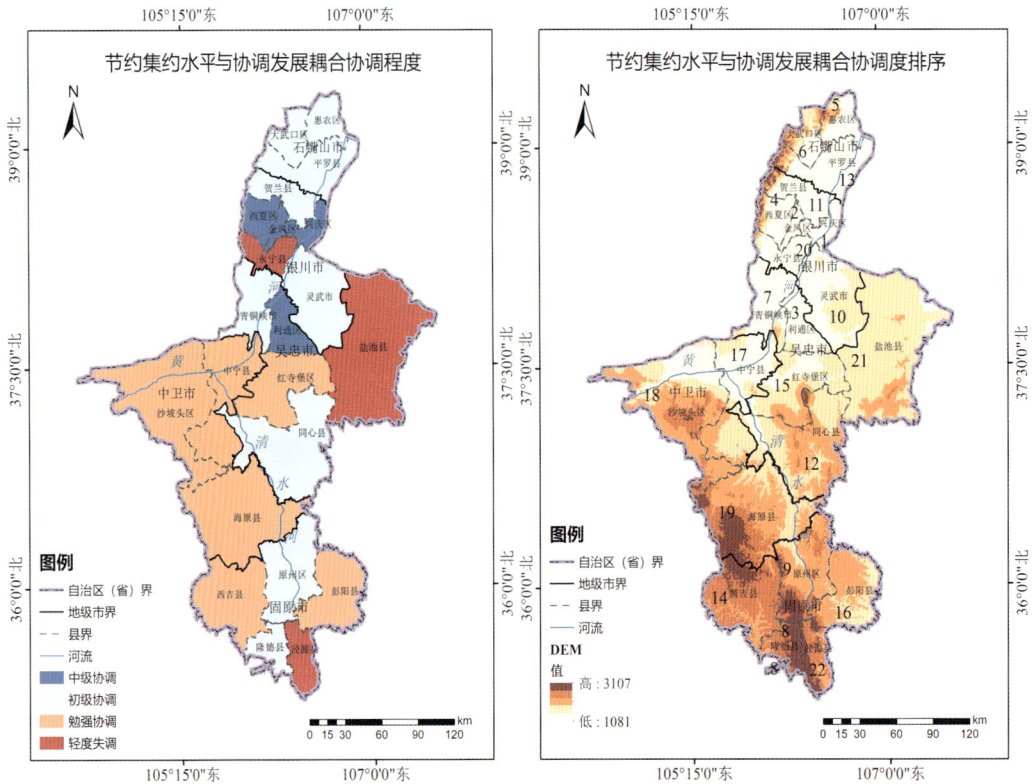

图 2-3-2　节约集约与协调发展耦合分析结果

3. 节约集约与绿色发展耦合

将宁夏各县(市、区)节约集约水平与区域绿色发展水平进行耦合分析,并对耦合协调度进行排序(图 2-3-3),空间特征结果显示,兴庆区、金凤区和西夏区协调水平较好(中级协调)。西夏区在黄河流域生态保护和高质量发展先行区建设中取得重大成果,碳排放稳中有降,广泛形成绿色生产生活方式,生态环境根本好转,生态系统功能完善、稳定高效;金凤区国土空间开发保护格局得到优化,生产生活方式绿色转型成效显著,能源资源配置更加合理、利用效率大幅提高,主要污染物排放总量持续减少。隆德县、大武口区、利通区、泾源县、原州区、灵武市、青铜峡市、同心县、贺兰县和平罗县处于初级协调状态;红寺堡区、西吉县、彭阳县、中宁县、沙坡头区和惠农区处于勉强协调状态;海原县节约集约水平和区域绿色发展耦合协调水平处于濒临失调状态;永宁县和盐池县处于轻度失调状态。

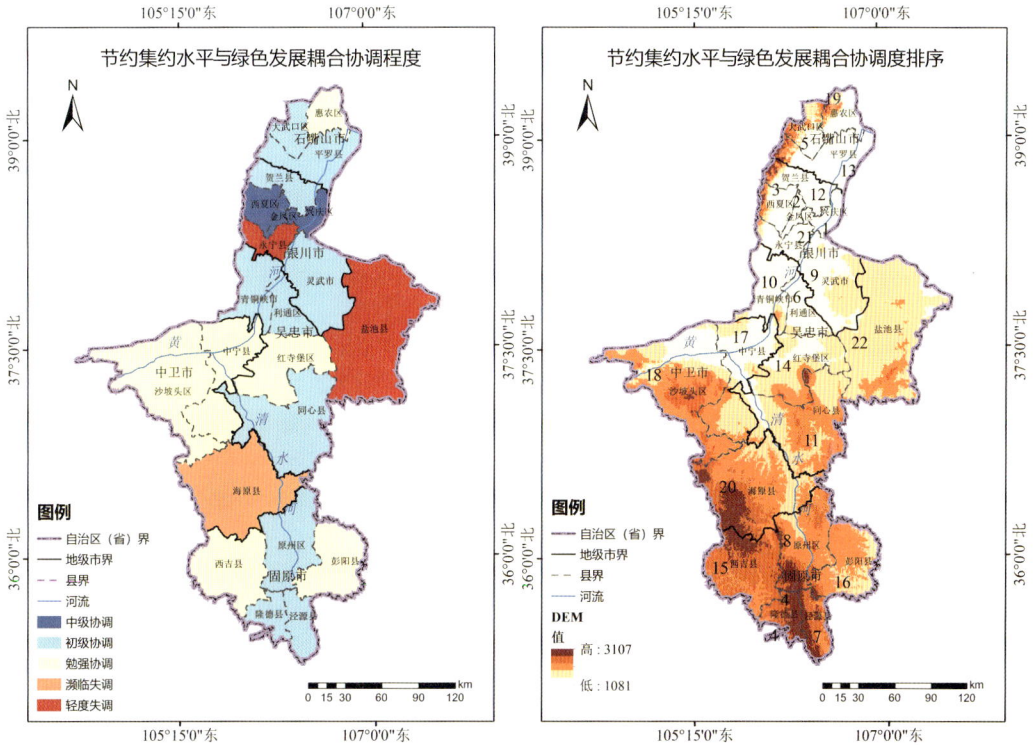

图 2-3-3　节约集约与绿色发展耦合分析结果

4. 节约集约与开放发展耦合

将宁夏各县(市、区)节约集约水平与区域开放发展水平进行耦合分析，并对耦合协调度进行排序(图 2-3-4)，空间特征结果显示，金凤区和兴庆区协调程度最好(中级协调)。金凤区着力加快城市交通基础路网建设、完善城区"八横四纵"南部路网和"三横三纵"北部路网，注重存量资源潜力挖掘，节约土地资源，提升资源节约集约利用水平；兴庆区持续推进城区道路提等升级、道路疏堵提畅等工程，打造农产品进城、消费品下乡的高效便捷通道，实施城市更新赋能工程，推进建设用地集约高效利用。海原县、西吉县和盐池县因开放发展水平较低，未能与节约集约较好耦合，处于濒临失调状态；永宁县开放发展水平居全区前列，但节约集约水平较低，因此处于轻度失调状态。

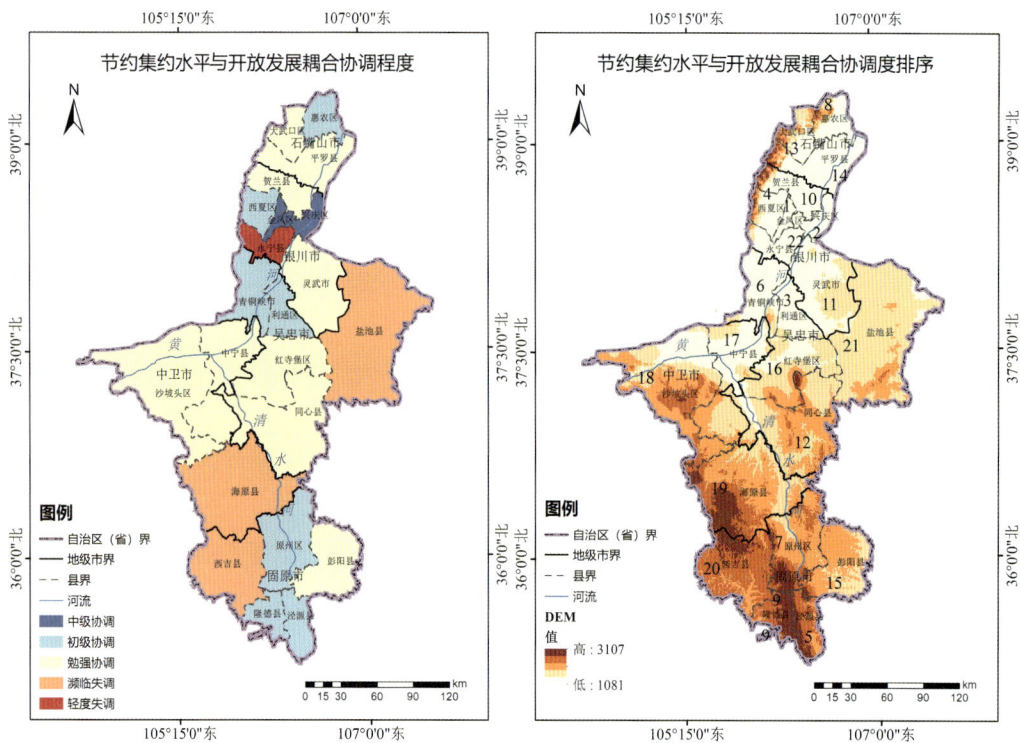

图 2-3-4　节约集约与开放发展耦合分析结果

5. 节约集约与共享发展耦合

将宁夏各县(市、区)节约集约水平与区域共享发展水平进行耦合分析,并对耦合协调度进行排序(图 2-3-5),空间特征结果显示,兴庆区的协调程度最好(良好协调),兴庆区全面落实援企稳岗、社保减免、贷款支持等稳就业政策措施促进就业,康养产业不断趋向专业化、多样化、品牌化,不断促进幼有善育、学有优教、劳有厚得、病有良医、老有颐养、住有宜居。金凤区处于中级协调状态,该区强化就业扶贫、产业扶贫和易地扶贫搬迁后续扶持,保持脱贫攻坚政策稳定,建立和完善以居家养老为基础、社区养老为依托、机构养老为补充、医养相结合的社会养老服务体系,共享发展水平较高。红寺堡区处于濒临失调状态,永宁县、同心县和盐池县处于轻度失调状态,上述四县(市、区)在义务教育、医疗卫生、城乡建设等方面存在短板,在建设宜居宜业宜养城市过程中存在缺陷,较难满足当前高质量发展需求。

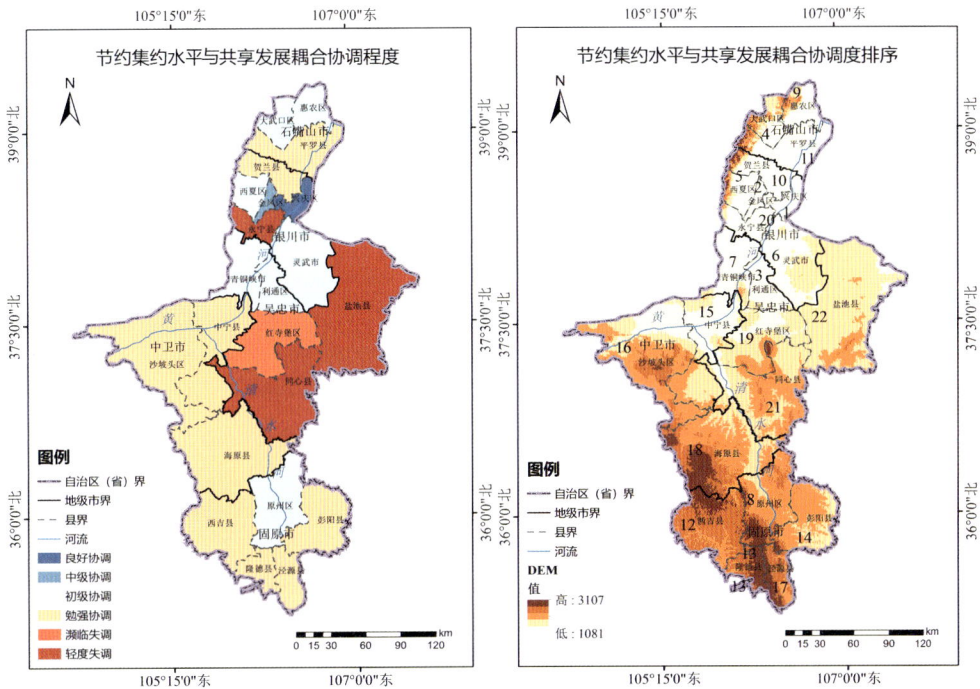

图 2-3-5　节约集约与共享发展耦合分析结果

6. 节约集约与安全发展耦合

　　将宁夏各县(市、区)节约集约水平与区域安全发展水平进行耦合分析,并对耦合协调度进行排序(图 2-3-6),空间特征结果显示,兴庆区耦合协调程度最好(中级协调),该区坚持"绿水青山就是金山银山",筑牢生态安全屏障,坚守自然生态安全边界,同时,加大生态系统保护修复和监测评估力度,全面推进水、土地等资源高效节约集约利用,为建设用地节约集约利用提供有力支撑。金凤区、大武口区、隆德县和西夏区处于初级协调状态,西夏区应优化地上地下、陆水统筹的生态环境治理制度,强化各类固体废弃物的协同安全处置和循环利用,实施节能节水行动,提高资源集约安全利用水平;大武口区需坚持节约优先、保护优先,统筹推进山水林田湖草沙系统治理,守护自然生态安全边界,助力节约集约发展。沙坡头区、永宁县、海原县处于濒临失调状态。盐池县则处于中度失调状态,该县生态环境承载能力较弱,生态修复与污染防治任务压力较大,后续发展需以资源环境承载力为约束,优化能矿资源开发利用,打造自治区级资源要素集聚区,增强安全发展水平,促进区域高质量发展。

153

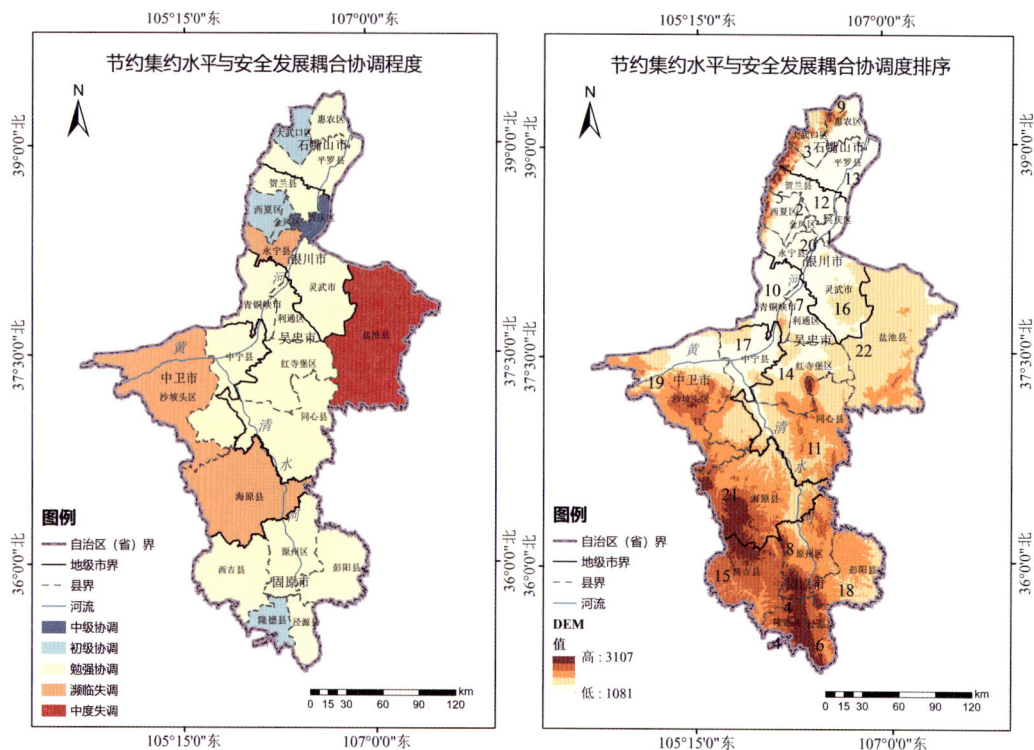

图 2-3-6　节约集约与安全发展耦合分析结果

7. 节约集约与高质量发展耦合

耦合区域节约集约利用程度与高质量发展综合水平，并对耦合协调度进行排序（图 2-3-7），可以整体呈现建设用地节约集约与高质量发展综合水平的耦合协调状态。具体来看，宁夏仅有金凤区、兴庆区 2 个县（市、区）的协调程度较好（中级协调）。金凤区把握沿黄科技创新改革试验区建设契机，围绕现代服务业、数字经济、品牌农业、总部经济、文化旅游五大优势主导产业，加快产业向高端化、绿色化、智能化、融合化方向发展，土地利用经济效益较高，同时，城镇全面建设新型基础设施，促进了城区内部开放和共享发展水平，提升了土地利用的社会效益。兴庆区经济发展水平迅速，产业转型升级步伐加快，培育了数字经济、文化旅游、康养、奶产业、花卉、绿色食品"六大"产业，逐步形成以现代服务业为核心的产业体系，通过数字创新、文旅融合等工程显著提升了用地产出效益。宁夏共有 9 个县（市、区）处于初级协调状态，其节约集约水平均相对较高，但从高质量发展维度来看，西夏区创新环境较好，利通区和惠农区协调水平较高，原州区、隆德县和泾源县绿色发展良好，大武口区、青铜峡市共享发展较优，灵武市开放发展较好，虽然为节约集约与高质量协调发展奠定一定基础，但距优质协调仍存在一定差距，应进一步补齐短板，实现六个维度均衡发展。宁夏有 8 个县（市、区）处于勉强协调状态，沙坡头区、红寺堡区人口和经济增长耗地较高，彭阳县、中宁县、同心县、西吉县和平罗县土地利用强度较低，节约集约水平还需进一步提升，同时，受限于产业结构，区内创新和开放发展水平均较低，导致耦合协调程度一般；而贺兰县高质量发展水平虽较为均衡，但节约集约利用水平较低，主要是由于第二产业主导下经济增长耗地较高，影响了区域协调发展。海原县处于濒临失调状态，盐池县和永宁县处于轻度失调状态，这些县（市、区）经济社会发展更多的依赖资源、资本、劳动力等要素投入，缺乏支撑产业创新发展的要素与投资通道，就业、教育、医疗、养老等领域仍然存在供需不匹配问题，制约着区域高质量发展。

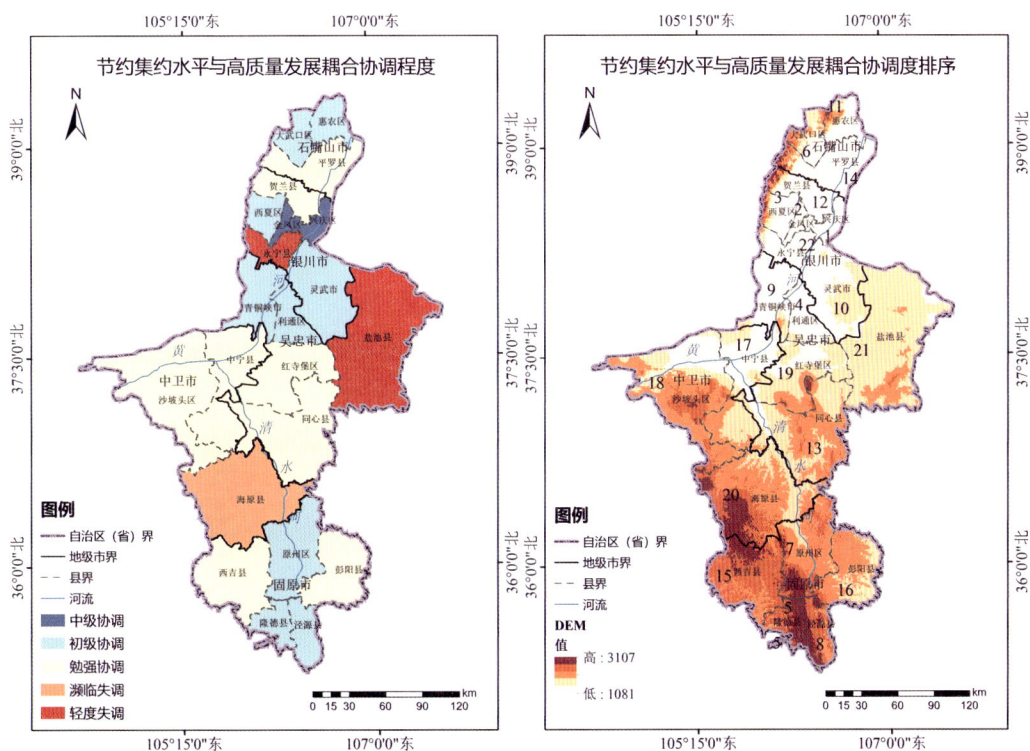

图 2-3-7　节约集约与高质量发展耦合分析结果

二、建设用地节约集约与高质量发展效应评价

1. 节约集约与创新发展效应

在宁夏各县（市、区）节约集约程度和创新发展水平耦合协调度的基础上，结合聚类结果（图 2-3-8（1））可以发现，处于濒临失调或失调状态的地区节约集约与创新发展水平均低

于全区平均水平(低—低聚类),经济增长存在新动力不足和旧动力减弱的结构性矛盾,因此深入实施创新驱动发展战略,力促土地资源集约化、规模化开发是十分必要的;西夏区、金凤区和大武口区等 6 县(市、区)节约集约与创新发展水平均高于宁夏平均水平(高—高聚类),均处于协调状态。大武口区紧紧围绕特色产业发展优势,建设锂电产业园、电子信息产业园、智能制造产业园和石嘴山新型材料协同创新研发中心,有效形成新型材料集群发展的创新高地。

进一步挖掘创新发展对节约集约水平的局部驱动机制可以发现(图 2-3-8(2)),利通区、惠农区、永宁县和平罗县创新发展对节约集约水平的影响系数较大,均超过 0.68;各县(市、区)的影响系数均大于 0,表明创新发展对节约集约起到了正向促进作用。解决用地压力的根本出路在于节约集约,而创新发展带来的生产要素的整合和生产效率的提升给土地节约集约利用注入了新动力。宁夏各县(市、区)应认真落实国家创新驱动发展战略,充分发挥财政资金引导、鼓励作用,引导各类创新资源(R&D 经费投入)和创新要素向企业聚集,各企业应以信息化智能化、产城融合、产业链式集聚发展为导向,向园区化、立体化发展,最终实现土地综合效益最大化的双赢之路。

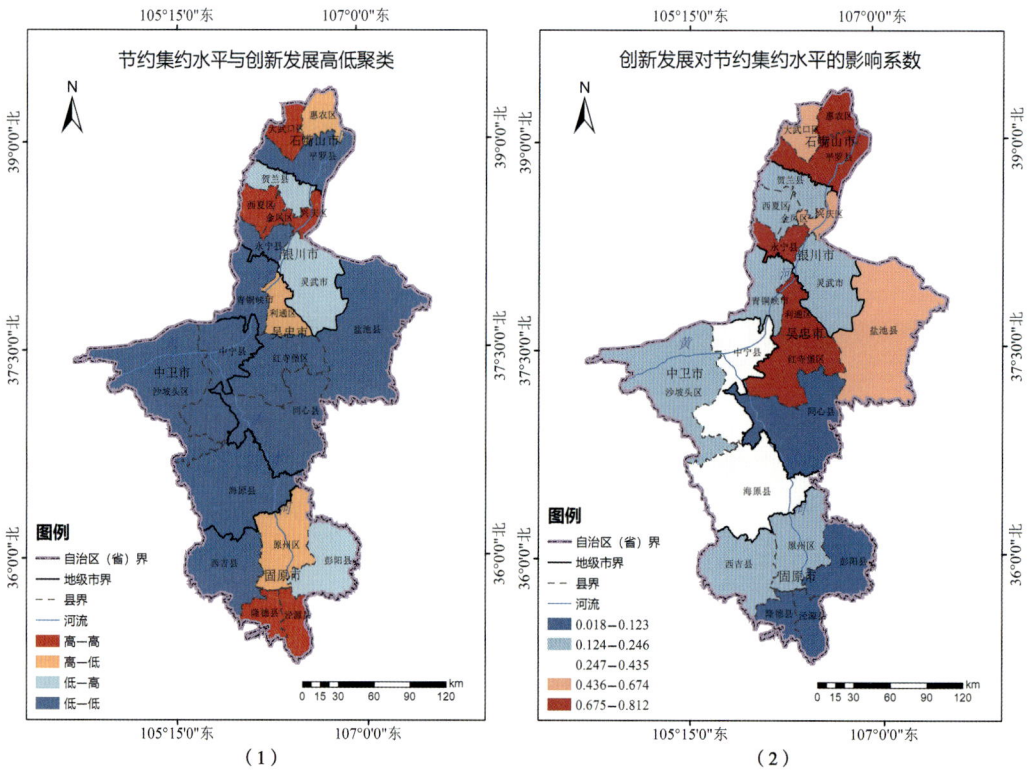

图 2-3-8　节约集约与创新发展效应评价结果

2. 节约集约与协调发展效应

从宁夏各县(市、区)节约集约程度和协调发展水平聚类结果(图 2-3-9(1))来看，西夏区、金凤区、兴庆区、惠农区和利通区都处于高—高聚类区，除惠农区处于初级协调状态外，其他四区均处于中级协调状态。分析处于轻度失调状态的永宁县和泾源县的聚类结果可知，永宁县单位 GDP 产出总体不高，节约集约水平较低，但区域内城乡发展差异较小，协调发展较好，因此处于低—高聚类；泾源县与之相反，处于高—低聚类结果处，节约集约水平高但协调发展程度低，应采取相应政策措施，推动土地利用方式由粗放利用向节约集约利用转变、由注重增量向更加注重挖潜盘活存量转变、由注重规模向更加注重效益转变，全面提升土地利用质量效率，同时，也要健全区域协调发展机制，形成优势互补、高质量发展的区域经济布局。

挖掘协调发展对节约集约水平的局部驱动机制(图 2-3-9(2))，由影响系数可知，协调发展显著促进了大武口区、惠农区、平罗县、永宁县、兴庆区、红寺堡区及利通区的建设用地节约集约水平。区域协调发展要求宁夏各县(市、区)坚持宜山则山、宜水则水、宜粮则粮、宜农则农，宜工则工、宜商则商，塑造城市化地区、农产品主产区、生态功能区三大空间优势互补的区域格局，这为缓解用地压力与提高土地利用节约集约水平提供了基础思路。

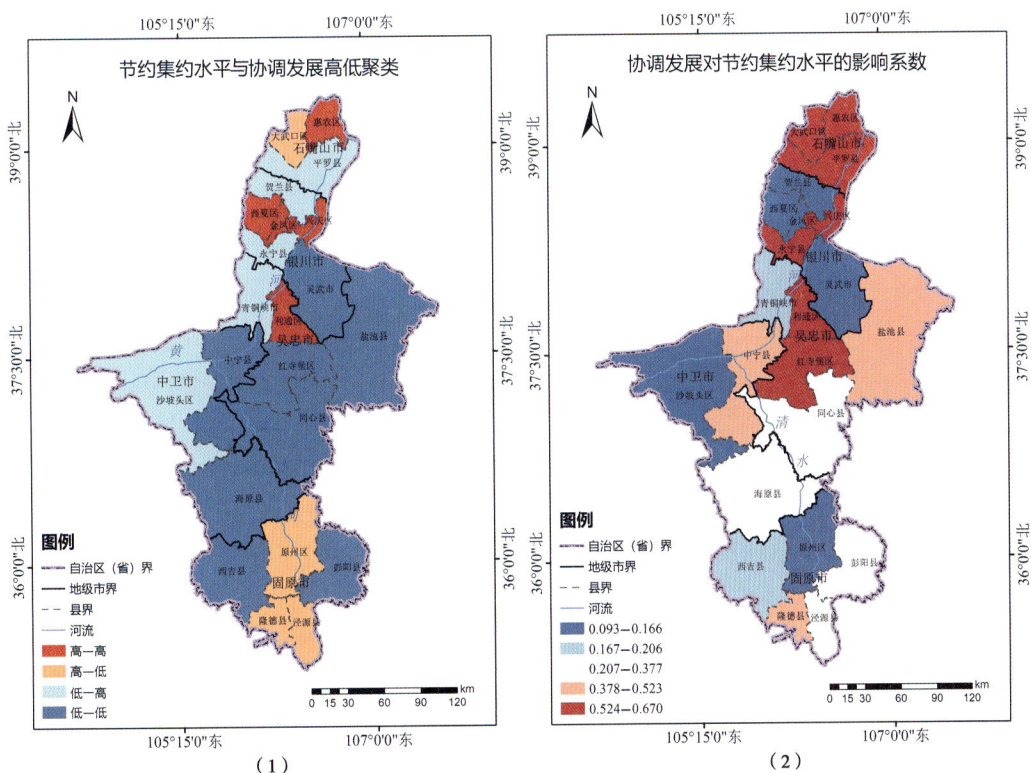

（1）　　　　　　　　　　　　　（2）

图 2-3-9　节约集约与协调发展效应评价结果

3. 节约集约与绿色发展效应

宁夏各县(市、区)节约集约程度和绿色发展水平聚类结果(图 2-3-10(1))显示,西夏区、金凤区、兴庆区、原州区、隆德县和泾源县处于高节约集约程度和高绿色发展水平聚类结果处,上述县(市、区)分别位于中级协调或初级协调状态。处于轻度失调状态的永宁县和盐池县,分别处于低—高和低—低聚类结果处,两县绿色发展对节约集约水平的影响系数也较低,说明区域绿色发展未能很好促进节约集约水平提升,应坚持注重内涵挖潜的资源利用模式,在全面节约基础上,更加注重产出效率、集约效益,不断创新绿色开发路径和形式。

挖掘绿色发展对节约集约水平的局部驱动机制(图 2-3-10(2)),绿色发展显著促进了西夏区、金凤区、贺兰县、灵武市、原州区和泾源县的节约集约水平。绿色发展要求各县(市、区)摒弃外延扩张的粗放利用模式,充分发挥企业在土地盘活中的积极作用,大力推动企业转型升级,全面提高产业"含金量",让土地资源得到最优质最合适的项目,为区域良性发展提供高效的平台和空间,切实提升资源利用综合效益,提高节约集约水平。

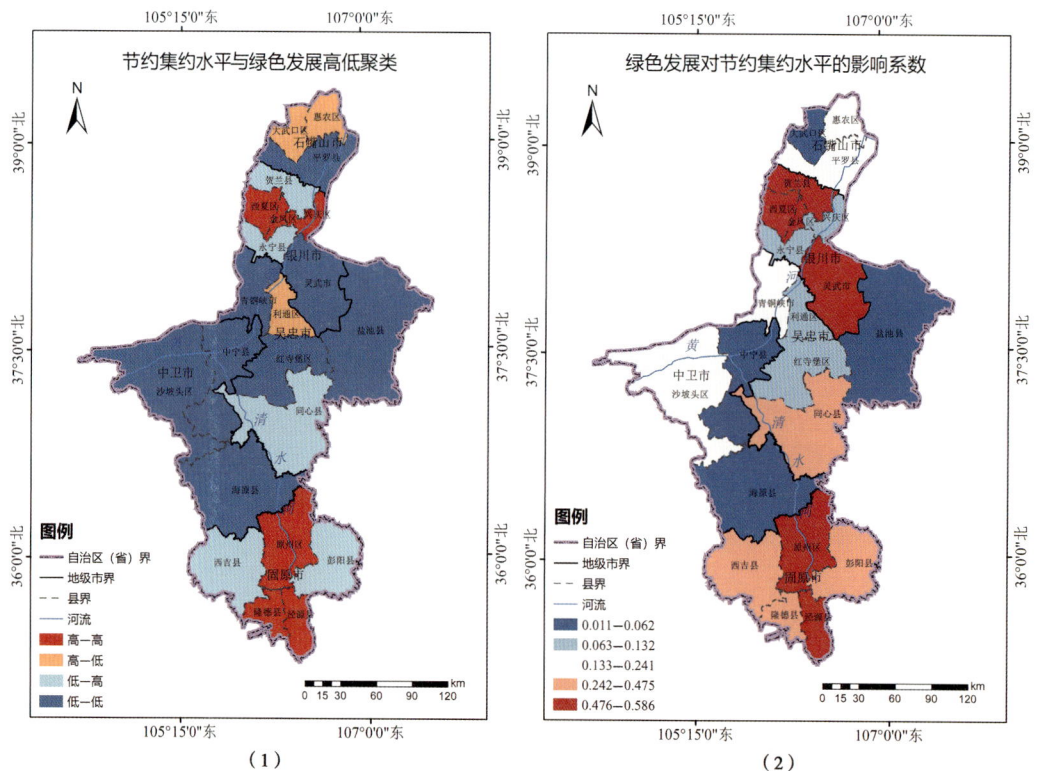

（1）　　　　　　　　　（2）

图 2-3-10　节约集约与绿色发展效应评价结果

4. 节约集约与开放发展效应

对耦合协调程度进一步探究，分析宁夏各县（市、区）节约集约与开放发展的具体水平。对两个指标进行聚类分析，结果（图 2-3-11（1））显示，西夏区、金凤区、兴庆区等 6 个县（市、区）的节约集约水平与开放发展水平（高—高聚类）均高于全区平均水平。惠农区、大武口区和隆德县的开放发展水平较低（高—低聚类），从而影响了耦合协调发展。贺兰县、永宁县、青铜峡市和彭阳县的节约集约水平较低（低—高聚类），阻碍节约集约与开放发展的耦合协同，需要提高建设用地投入产出强度、土地利用的集约化程度。平罗县、灵武市、盐池县等 9 个县（市、区）两项发展水平均较低（低—低聚类），需要深入贯彻开放发展理念，充分发挥资源、市场等优势，提高开发质量和发展的内外联动性，同时推进建设用地的节约集约利用。

挖掘开放发展对节约集约水平的局部驱动机制（图 2-3-11（2）），开放发展显著促进了沙坡头区、青铜峡市等 6 个县（市、区）建设用地的节约集约利用。开放是发展的内在要求，区域开放发展水平的提升可以为土地节约集约利用提供动力支持，促进节约集约水平提升。各县（市、区）应因地制宜地有序推动交通基础设施建设，提高道路网通行效率和承载能力，发展高层次、开放型经济，坚持开放发展，提升节约集约水平。

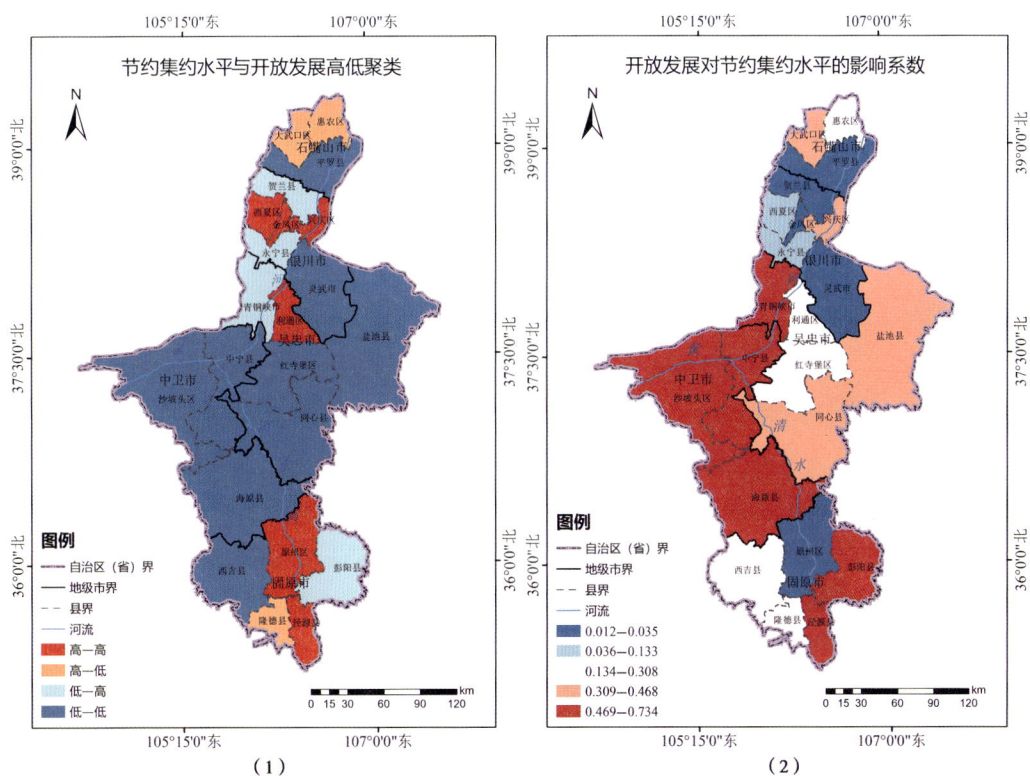

（1）　　　　　　　　　　　　　　　（2）

图 2-3-11　节约集约与开放发展效应评价结果

5. 节约集约与共享发展效应

宁夏各县(市、区)节约集约程度和共享发展水平聚类结果(图 2-3-12(1))显示,金凤区、兴庆区、大武口区和利通区 4 个县(市、区)节约集约与共享发展水平(高—高聚类)高于宁夏平均水平,均处于耦合协调状态。处于失调状态的 4 个县(市、区),除盐池县处于低—高聚类外,永宁县、红寺堡区和同心县节约集约与共享发展水平均低于全区平均水平,共享发展对节约集约的影响系数也较少,说明区域共享发展并未对节约集约水平起到很好的促进作用,二者耦合程度较低。上述县区应不断提高区域共建共享水平,以保障和改善民生为出发点和落脚点,挖掘有限土地的利用潜力,增强土地产出效益,提高建设用地节约集约水平。

挖掘共享发展对节约集约水平的局部驱动机制(图 2-3-12(2)),共享发展显著促进了沙坡头区和青铜峡市的城市建设用地节约集约水平。完善经济发展成果共享机制、促进人民福祉的发展目的督促着用地部门提高土地利用效率,加强土地节约集约利用,宁夏各县(市、区)应把增进民生福祉作为一切工作的出发点和落脚点,在推进公共服务资源优质均衡扩面、进一步促进就业鼓励创业、扎实推进乡村振兴战略过程中,挖掘有限土地利用潜力,加强建设用地节约集约利用,以民生改善赋能节约集约用地。

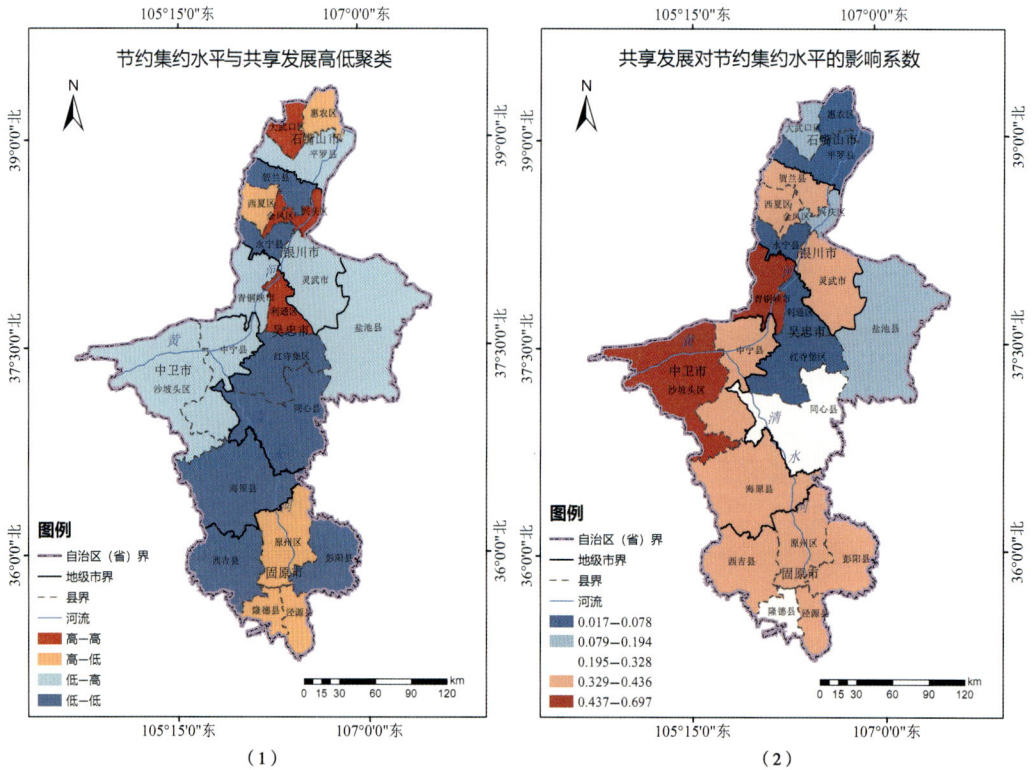

图 2-3-12 节约集约与共享发展效应评价结果

6. 节约集约与安全发展效应

对耦合协调程度进一步探究,分析宁夏各县(市、区)节约集约与安全发展的具体水平。对两个指标进行聚类分析(图2-3-13(1)),结果显示,兴庆区、原州区、隆德县和泾源县的节约集约水平与安全发展水平(高—高聚类)均高于全区平均水平,其中,兴庆区耦合协调度居于全区第一,其余三县区处于初级协调或勉强协调状态。处于失调状态的四个县(市、区)中,沙坡头区、海原县和盐池县的节约集约水平较低(低—高聚类),阻碍着节约集约与安全发展的耦合协同,永宁县节约集约与安全发展水平均较低。各县(市、区)需要合理控制土地开发强度,优化土地利用结构和布局,处置低效用地,集约化、规模化开发土地资源,提高土地集约利用程度,同时,兼顾提升区域安全发展水平。

挖掘安全发展对节约集约水平的局部驱动机制(图2-3-13(2)),安全发展显著促进了兴庆区、利通区、红寺堡区、大武口区等8个县(市、区)节约集约水平的提升。解决用地压力的根本出路在于节约集约,而安全发展带来的底线保障、资源基底对土地节约利用提供有力支持。宁夏各县(市、区)应强化节地思想、严守耕地红线、重视植被恢复、积极建设水源涵养区,降低生态源地扩散阻力,科学推进水土流失综合治理,努力实现高密度集约化发展。

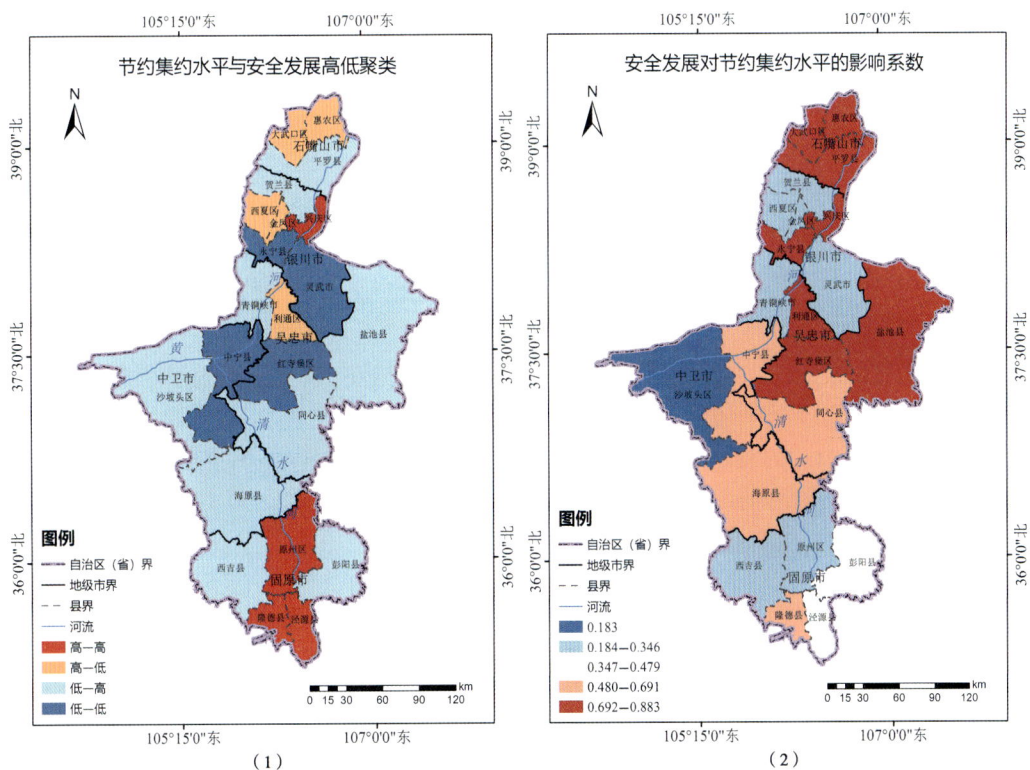

图 2-3-13 节约集约与安全发展效应评价结果

7. 节约集约与高质量发展效应

分析聚类结果(图 2-3-14(1))可以发现，西夏区、金凤区、兴庆区、利通区和原州区节约集约与高质量发展呈现高—高聚类，表明这些区域的节约集约水平和高质量发展程度均较高，主要是由于辖区内创新和开放活力较高，经济增速快，人口吸引力强，经济、人口增长耗地均较低，节约集约水平较高。灵武市、青铜峡市、红寺堡区、同心县和海原县等 9 县(市、区)处于低—低聚类，节约集约和高质量发展水平均较低。其中，灵武市和青铜峡市以第二产业为主，经济发展倚重倚能，土地利用相对粗放，创新、绿色发展路径尚未形成；红寺堡区、同心县和海原县多以第一产业为主，产业缺乏核心竞争力，固定资产投资吸引力不足，土地利用经济效益相对较低，难以驱动高质量发展。大武口区、惠农区、隆德县和泾源县处于高—低聚类，这些县区高质量发展水平略高于宁夏平均水平，但产业发展规模和集聚效应尚未形成，经济增长对土地规模的依赖较强，土地利用强度有待进一步提升。贺兰县、平罗县、彭阳县和永宁县处于低—高聚类，节约集约利用水平虽高于宁夏平均水平，但其对高质量发展的促进作用有限，还需进一步优化土地资源配置与用地结构，推动产业转型升级。

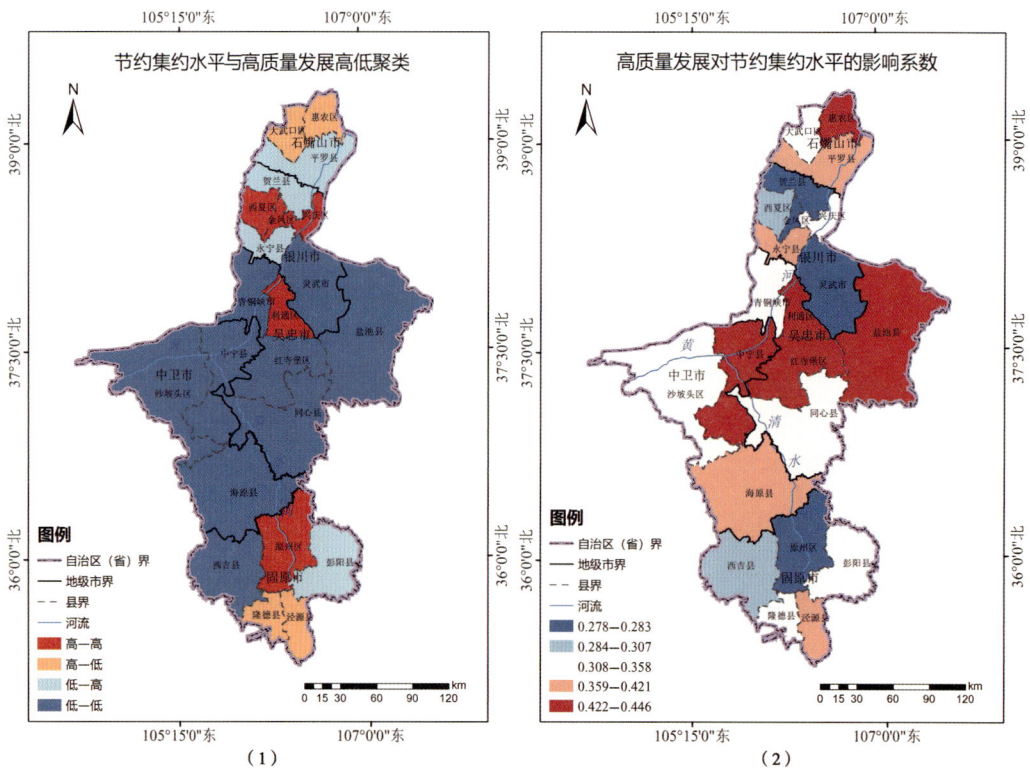

图 2-3-14　节约集约与高质量发展效应评价结果

　　挖掘高质量发展对节约集约水平的局部驱动机制（图2-3-14（2）），高质量发展显著促进了利通区、惠农区、红寺堡区、中宁县和盐池县的城市建设用地节约集约水平。土地作为一切城市经济活动的载体，其集约利用的核心是在一定的资源投入下，包括经济效益在内的土地产出高效化，而高质量发展是一种强调更具效率、更加集约、更为生态的经济发展成效与成果高质量。当经济高质量发展水平较低时，由于资本和技术短缺，投资者往往倾向于以土地投入代替资本投入，土地利用方式粗放，制约城市土地集约利用。因此，经济高质量发展水平越高，所创造的大量财政收入能为土地集约利用提供经济支撑，促进城市土地集约利用，推动两者协调发展，实现"土地—经济"复合系统的高效、高质量良性有序互动，对区域发展至关重要。

第四章　宏观尺度建设用地节约集约利用问题诊断

一、批而未供与闲置土地并存，存量土地亟待挖潜

近年来，宁夏深入贯彻落实国家节约集约用地政策，并结合自身实际，进行了积极探索，出台和制定了一系列政策制度，从而合理供应建设用地，不断提高土地利用水平，为保障宁夏经济社会可持续发展奠定了良好基础，但批而未供、闲置土地仍然存在。2010—2018 年共有 18 个县(市、区)城市批次土地供应比率大幅下降，其中，同心县、西吉县和泾源县批次用地供应比例从 2010 年的 100% 分别降至 2018 年的 21.98%、16.48% 和 15.38%，兴庆区和贺兰县 2018 年批次土地供应比例均低于 15.00%，批而未供问题突出。同时，宁夏闲置土地率呈上升趋势，永宁县和盐池县闲置土地率均高于 10.00%。大部分县(市、区)存量土地供应比率不高，灵武市、青铜峡市和中宁县 2018 年存量土地供应比率低于 4.00%，存量土地有待进一步挖潜。

二、社会经济发展与土地利用不协调，城乡发展差距较大

土地是发展不可或缺的物质基础，土地利用应与人口增长和经济发展相适应。然而，宁夏大部分县(市、区)人口增长滞后于城乡建设用地增长，城乡建设用地增长幅度大于人口增长幅度，城乡建设用地人口密度较低，且除大武口区、平罗县、同心县和海原县外，其他县(市、区)的城乡建设用地人口密度在 2010—2018 年均呈总体下降趋势。此外，建设用地增长带来的经济增长效应仍不显著，仅兴庆区地均固定资产投资额和地均地区生产总值均相对较高，其他县(市、区)这两项指标均不理想。同时，宁夏城乡用地水平差异制约了城乡统筹发展，部分地区农村建设用地利用仍显粗放，农村人均建设用地面积高于城镇人均建设用地面积，但农村人均产值、收入水平与消费水平均显著低于城镇，协调城乡土地、人口、产业以实现城乡融合仍存在较大发展空间。

三、创新要素亟待激活，产业纵深发展支撑不足

创新发展有利于生产要素优化配置，有助于提升土地投入产出效益与集约利用水平。然而，当前各县(市、区)创新发展与节约集约水平多处于轻度或中度失调状态，区域创新发展对节约集约的驱动作用有待进一步激活。具体而言，除金凤区、西夏区外，全区80%以上的县(市、区)科研与技术服务固定资产投入占比均在0.20%以下，高新技术企业不超过6家，科研用地占比均较少(小于0.2%)。资金、技术和用地投入不足导致创新环境较差，创新发展基础薄弱。盐池县、红寺堡区和平罗县等以种植业、畜牧业为主，单位用地经济产出较低，创新发展对农产品深加工、规模化生产贡献不足。灵武市、大武口区等以第二产业为主，多聚集在煤化工等中低端产业，企业投入产出比仍较低，创新引领产业升级作用尚未显现。

四、用地结构低效，三类空间有待协调

建设用地的节约集约利用是三类空间统筹协调的基础，节约用地可以减少建设用地对耕地和生态用地的侵占，保护农业空间和生态空间；集约用地可优化建设用地内部结构，提升建设用地强度与效益，形成高效便利的城镇空间。目前，全区各县(市、区)建设用地节约集约水平不高，用地结构较为粗放，仍面临平衡三类空间关系的难题。首先，部分县(市、区)，如灵武市、中宁县、惠农区和盐池县等仍存在建设用地侵占生态用地现象，金凤区、利通区和永宁县等耕地转为建设用地面积较大，建设用地扩张带来的生态空间保护压力较大；其次，部分县(市、区)，如贺兰县、红寺堡区、海原县和西吉县等经济增长耗地仍较高，经济发展对土地资源投入依赖较大，土地利用经济效益较低，集约化水平亟待提升；最后，红寺堡区、海原县、同心县等地区仍存在基础设施用地供需不平衡问题，道路网络临近中心性较差，公共服务设施覆盖人口有限，还需进一步打造宜居便利的生活环境。

五、土地节约集约利用水平不高，高质量发展不平衡、不充分

总体来看，全区部分县(市、区)土地节约集约利用水平不高，高质量发展存在显著差异。兴庆区、西夏区和利通区等城镇化水平较高，土地利用相对集约，但辖区内资源约束趋紧，面临较大的环境保护压力，且在公共卫生、应急管理等方面存在薄弱环节；以工业

为主导的县(市、区)，如灵武市、大武口区、贺兰县等产业发展方式依然粗放，污染减排压力较大，协调发展和绿色发展水平不佳，亟待转型升级；以农牧业为主导的县(市、区)，如同心县、盐池县、泾源县和彭阳县等经济总量较小，产业层次较低，人均 GDP、R&D 经费投入强度不高，创新、协调发展动力不足，用地综合效益提升难度较大，在就业、教育、医疗、养老等领域仍存在供给水平低、基础设施有待完善、公共服务均等化有待提升等问题。

第五章　宏观尺度建设用地节约集约利用管控措施

一、盘活存量建设用地，释放用地潜能

宁夏各县(市、区)应严格落实"增存挂钩"机制，逐宗分析批而未供和闲置土地情况、成因，综合运用行政、市场、经济、法律等手段，有效盘活批而未供和闲置土地。对于批而未供土地，各地应结合实际分类施策加快土地供应：对因建设项目未落实造成批而未供的，要加大招商引资力度，推进项目尽快尽早落地；对已建设尚未办理供地手续的违法用地，应依法依规尽快处置到位；对因规划条件调整原因导致土地暂时无法供应的，应尽快落实部门责任，依法调整到位，及时出具土地使用规划条件，重新落实项目。对于闲置土地应及时制定处置措施统筹盘活利用：对因政府或政府部门原因造成闲置的，可协议有偿收回土地使用权，或为土地使用权人置换其他价值相当、用途相同的国有建设用地；对因企业原因造成闲置的，土地闲置满一年不满两年的，要采取约谈、信用惩戒、征收土地闲置费等措施，敦促企业限期开工，土地闲置满两年未动工开发的，经有批准权的人民政府批准后，可以依法无偿收回土地使用权。通过释放存量用地潜能，满足日益增长的经济发展需要，为高质量发展夯实物质基础。

二、坚持城乡统筹，推动社会经济和土地利用协调发展

宁夏各县(市、区)应贯彻城乡统筹发展理念，强化国土空间规划管控引领作用，根据各县(市、区)的发展策略、资源条件、土地利用现状、经济社会发展状况和发展定位，结合建设用地节约集约利用水平时空差异，针对性地制定差别化土地利用调控政策，促进区域高质量发展。对于兴庆区、西夏区和利通区等以第三产业为主的县(市、区)，应树立"精明增长""紧凑城市"意识，以人口规模合理确定城镇规模，严格管理城镇开发边界，控制建设用地增量，通过城市更新和低效用地再开发提升土地节约集约利用水平；对于灵武市、大武口区和贺兰县等以工业为主的县(市、区)，要结合园区发展实际，合理确定规划范围，科学划定功能分区，引导工业项目入园进区，形成产业集群，提高用地经济产

出；对于盐池县、泾源县和隆德县等以农业为主的县(市、区)，应着重引导农民适度集中居住，避免村庄建设杂乱无章，促进村庄用地从粗放到集约的转变，同时，应依托枸杞、葡萄、滩羊等特色农牧产品，结合地区特色自然生态旅游风貌，优先发展农牧产品深加工、乡村旅游、田园康养和电商文创等产业项目，形成区域特色产业链，全面提高农村经济发展水平，缩小城乡发展差距。

三、以创新赋能产业转型升级，提高土地利用效率

宁夏各县(市、区)应立足资源禀赋、产业基础和发展潜力，聚焦新型材料、清洁能源、装备制造、数字信息、现代化工和轻工纺织"六新"重点领域，建设根植性的产业链条与特色产业园区，培育出一批"专精特新"企业，实现产业集聚的同时在区域产业竞争中脱颖而出。此外，应加快创新资源集聚，依托国家、省级实验室开展符合特色的区域创新项目，同时，推进国际科技合作，引进国内(外)先进人才、适用技术和科技成果，助推产业链、人才链、资金链、技术链的深度融合，提升用地产出效益，也可以依托特色产业，打造地区核心竞争力，如围绕现代枸杞产业，加强财政扶持，从品种选择、种植模式、管理方法等多方面全方位开展创新实践，打造品牌效应，努力实现现代枸杞产业高质量发展，通过产业转型升级优化土地利用结构，提升土地利用效益，提高土地集约水平。

四、优化用地配置，促进三类空间协调发展

宁夏各县(市、区)应充分认识到建设用地节约集约利用在协调三类空间中的重要性，处理好建设用地与生态用地、农业用地之间的关系，统筹好建设用地内部各类用地之间的关系。一是必须严控建设用地总量，减少建设用地无序扩张，避免建设用地对农用地与生态用地的侵占，统筹好经济发展、粮食安全与生态保护之间的关系；二是加强产业与土地的空间协同，引导产业集聚，合理布局战略新兴产业，"腾笼换鸟"淘汰落后产能，减少资源能源消耗，促进绿色生产，建设高效城镇空间；三是优化建设用地内部结构，合理配置基础公共服务设施用地，完善道路网络建设与公共服务体系，构建适度便利生活环境，通过节约集约突破用地瓶颈，推动三类空间和谐发展。

五、加强市域统筹发展，提升区域整体实力

宁夏应坚持"全域统筹规划"，优化城镇空间布局，合理确定各县(市、区)功能定位，

促进要素集聚和资源优化配置，形成互补互促的产业发展格局，促进经济社会发展全面升级。重点发挥金凤区、兴庆区和利通区等核心区的政治、经济、文化中心职能，构建便捷高效畅通的综合交通体系，提升巩固中心城区辐射带动作用，形成内外联动、深度融合格局，以推动生产要素快速流动与集聚，促进其他县(市、区)城镇化水平提高；积极打造灵武市、大武口区等副中心，通过推进产业园区、基础设施和公共服务设施等土地综合开发，推动单一功能向综合功能转型，以产业集聚带动人口集聚，疏解中心城区非核心功能，增加区域人口密度，提高土地集约利用水平；充分发挥盐池县、泾源县和平罗县等特色区，通过布局普惠均衡、便捷可达、广泛覆盖的教育、医疗、社会福利等设施，增强人口吸引力，激发地区活力。

第三篇

中观尺度土地集约利用
评价与高质量发展

开发区是全区工业经济发展的主战场，科技创新的主阵地，改革开放的排头兵，是推动全区高质量发展的主引擎，为全区经济发展作出了积极贡献，在推动黄河流域生态保护和高质量发展先行区建设中发挥着举足轻重的地位。近年来开发区在管理及建设中取得了显著成效，但仍存在土地利用粗放、节约集约水平不高等问题，制约着开发区的可持续健康发展。本篇以宁夏23个开发区为基本研究单元，在现有成果的基础上开展开发区土地集约利用程度评价分析、潜力测算分析、高质量发展评价等研究，主要内容包括开发区发展概述、开发区土地集约利用评价与时空变化分析、高质量发展评价、土地集约利用与高质量发展效应分析、土地集约利用问题诊断与土地集约利用决策管控六部分，以期为未来宁夏高质量发展情景下开发区土地节约集约利用管理提供全方位的实证参考和政策依据。

第一章 开发区发展概述

一、开发区基本情况

宁夏回族自治区开发区与国内其他省份相比，虽起步较迟，但发展速度较快，2018年底前整合到位，以银川经济技术开发区、银川高新技术产业开发区、宁夏贺兰工业园、宁夏平罗工业园、宁夏吴忠金积工业园区、吴忠太阳山开发、宁夏青铜峡工业园区、宁夏固原经济开发区等为主体，合并撤销不符合"一县一区"要求的开发区。截至2020年底，宁夏共设立了23个开发区，除苏银产业园为产城融合型外，其余开发区的主导产业均为工业，总用地规模为3009.01公顷。其中，国家级开发区5个，含经济技术开发区2个，高新技术开发区2个，保税区1个；省级开发区18个。各开发区级别、类型和成立时间，见表3-1-1。

表 3-1-1 开发区基本情况

开发区名称及编号	级别	成立时间	主导产业
银川经济技术开发区(1)	国家级	2001年	新材料、高端装备制造、大健康、数字经济、现代物流
石嘴山经济技术开发区(2)	国家级	1992年	冶金、电石化工、新材料产业、现代物流、信息服务和清洁能源
银川高新技术产业开发区(3)	国家级	2003年	羊城产业、废弃资源综合利用、装备制造、新材料、生物科技与医疗器械及设备、智额信息产业以及现代物流
石嘴山高新技术产业开发区(4)	国家级	2002年	新材料、装备制造和现代纺织
银川综合保税区(5)	国家级	2012年	物流服务、加工贸易
宁夏贺兰工业园区(6)	省级	2018年	汽车+产业、新食品、新型材料、智能装备制造

续表

开发区名称及编号	级别	成立时间	主 导 产 业
宁夏平罗工业园区(7)	省级	2018 年	冶金及电石、化工、碳基材料、精细化工 农副食品加工和食品制造
吴忠太阳山开发区(8)	省级	1996 年	装备制造、煤炭及煤化工、镁合金材料、 生物医药、轻工及农副产品加工
宁夏盐池工业园区(9)	省级	2003 年	清洁能源、新型材料、绿色食品加工
宁夏中宁工业园区(10)	省级	2003 年	有色金属冶炼及加工延压、农副产品深加 工、非金属矿物制品业
宁夏固原经济开发区(11)	省级	1993 年	有机新材料、装备制造、农副产品精深加 工、纺织服装、商贸物流及现代服务业
苏银产业园(12)	省级	2018 年	新能源储能电池产业、装备制造和医疗 健康
宁夏宁东能源化工基地开 发区(13)	省级	2003 年	现代煤化工、锂离子电池材料、装备制 造、高性能纤维和可降解塑料、节能环 保、精细化工、化工新材料
宁夏永宁工业园区(14)	省级	1997 年	装备制造和装饰材料
宁夏吴忠金积工业园区 (15)	省级	2006 年	大建康、高端装备制造、新材料、纺织服 装、农副产品加工
宁夏同心工业园区(16)	省级	2006 年	清洁能源、装备制造、羊绒纺织、特色农 副产品加工、精细化工
宁夏中卫工业园区(17)	省级	2003 年	精细化工、钢铁冶金、大数据储存及应用
宁夏青铜峡工业园区(18)	省级	2004 年	精细化工、有色金属材料、汽车零部件及 智能制造
宁夏西吉工业园区(19)	省级	2012 年	农副产品加工、轻工产品制造
隆德县六盘山工业园区 (20)	省级	2012 年	农副产品加工、中药材、建材
泾源县轻工产业园区(21)	省级	2012 年	农副产品精深加工、旅游类产品加工、商 贸物流
彭阳县王洼产业园区(22)	省级	2012 年	煤炭采选加工、农副产品加工、轻工产品 制造
中卫市海兴开发区(23)	省级	2013 年	新能源装备制造、农副产品精深加工及轻 工纺织

注：石嘴山经济技术开发区 2021 年退出国家级经开区序列，为保证数据连续性，在分析年份期间，按国家级开发区评价。

从空间分布上看，开发区总体呈"北多南少，北密南疏"的空间格局，符合"一县一区，每个开发区不超过 3 个区块"的整合原则。结合开发区级别来看，5 个国家级开发区，均位于宁夏北部引黄灌区；省级开发区中，宁夏北部引黄灌区有 9 个(宁夏贺兰工业园区、宁夏平罗工业园区、宁夏中宁工业园区、宁夏宁东能源化工基地开发区、宁夏永宁工业园区、宁夏吴忠金积工业园区、宁夏中卫工业园区、宁夏青铜峡工业园区、苏银产业园)，中部干旱带有 3 个(吴忠太阳山开发区、宁夏盐池工业园区、宁夏同心工业园区)，南部黄土丘陵区有 6 个(宁夏固原经济开发区、宁夏西吉工业园区、隆德县六盘山工业园区、泾源县轻工产业园区、彭阳县王洼产业园区、中卫市海兴开发区)。各开发区位置分布，见图 3-1-1。

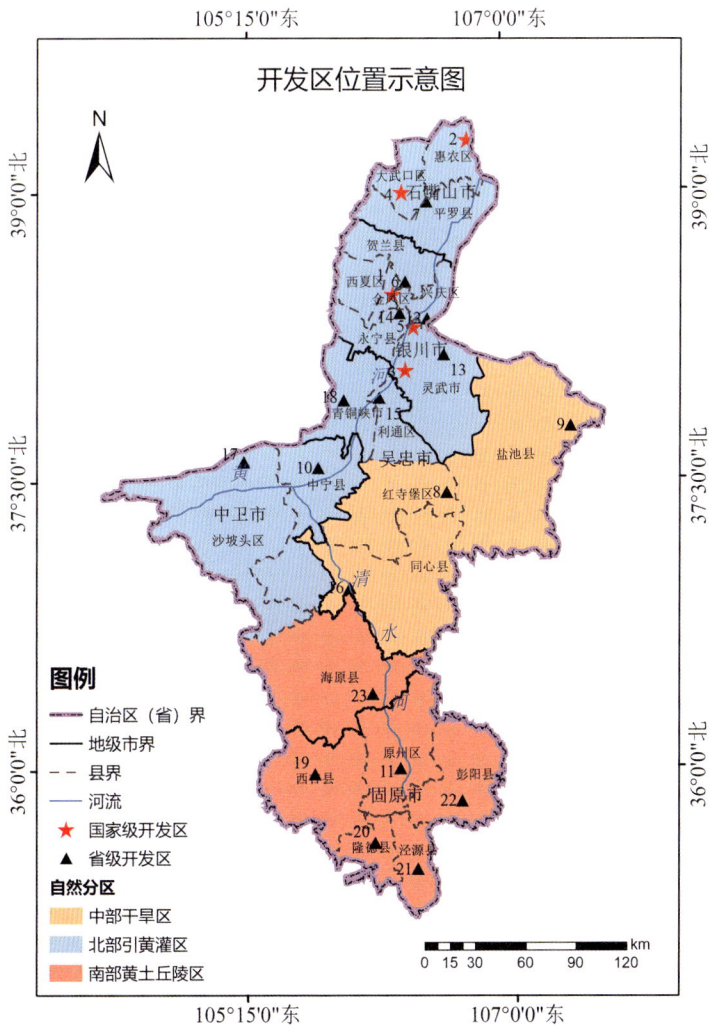

图 3-1-1　开发区位置与主导产业分布

二、开发区土地利用状况

1. 土地供应情况

依据土地供应类型将开发区土地分成已供应国有建设用地、尚可供应土地和不可供应土地。如图 3-1-2 所示，截至 2020 年底，全区开发区上述三类用地面积分别为 40674.24 hm²、26784.18 hm² 和 1748.79 hm²，占评价面积的比例分别为 58.77%、38.70% 和 2.53%。由图可知，2017—2020 年，全区开发区已供应国有建设用地面积占比变化呈现先上升后下降的趋势，于 2019 年达到峰值后，伴随开发区的整合优化，2019—2020 年下降；尚可供应土地面积占比变化与已供应国有建设用地面积占比变化趋势明显不同，呈现波动上升的趋势，2019—2020 年增幅最为明显；不可供应土地面积占比总体呈下降的趋势。由此可见，开发区建设有序，供应及时，用地秩序良好。

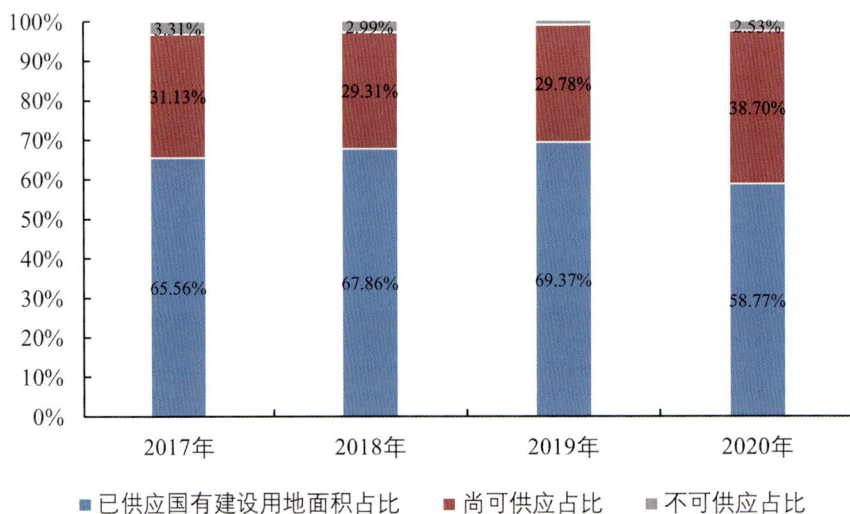

图 3-1-2　2017—2020 年开发区土地供应状况变化

从各开发区情况来看（见表 3-1-2），开发区内尚可供应土地占比超半数的有 7 个，分别是银川高新技术产业开发区、银川综合保税区、吴忠太阳山开发区、宁夏固原经济开发区、苏银产业园、宁夏西吉工业园区、中卫市海兴开发区，上述开发区要结合自身发展需求，科学合理安排建设用地开发利用时序；相反，对于开发区尚可供应土地占比较少的，如宁夏永宁工业园区、石嘴山经济技术开发区和银川经济技术开发区来说，需着重通过内涵挖潜来保障园区建设用地需求。

表 3-1-2 2020 年开发区土地供应状况

开发区名称及编号	已供应国有建设用地土地面积(公顷)	尚可供应土地面积(公顷)	不可供应土地面积(公顷)	已供应占比	尚可供应占比	不可供应占比
银川经济技术开发区	3082.32	840.27	0.00	78.58%	21.42%	0.00%
石嘴山经济技术开发区	4293.79	1135.05	248.97	75.62%	19.99%	4.38%
银川高新技术产业开发区	1641.79	3521.2	7.76	31.75%	68.10%	0.15%
石嘴山高新技术产业开发区	1916.15	905.51	301.59	61.35%	28.99%	9.66%
银川综合保税区	176.71	223.23	0.00	44.18%	55.82%	0.00%
宁夏贺兰工业园区	2041.05	859.23	201.49	65.80%	27.70%	6.50%
宁夏平罗工业园区	4673.61	2512.97	60.65	64.49%	34.67%	0.84%
吴忠太阳山开发区	1210.23	1610.91	8.59	42.77%	56.93%	0.30%
宁夏盐池工业园区	906.57	390.94	0.00	69.87%	30.13%	0.00%
宁夏中宁工业园区	3204.95	1741.75	0.98	64.78%	35.20%	0.02%
宁夏固原经济开发区	737.51	1082.28	81.65	38.79%	56.92%	4.29%
苏银产业园	2030.6	2765.7	565.71	37.87%	51.58%	10.55%
宁夏宁东能源化工基地开发区	5791.81	2825.12	57.81	66.77%	32.57%	0.67%
宁夏永宁工业园区	2152.9	340.62	7.52	86.08%	13.62%	0.30%
宁夏吴忠金积工业园区	1532.98	1119.1	34.42	57.06%	41.66%	1.28%
宁夏同心工业园区	291.82	216.18	0.00	57.45%	42.56%	0.00%
宁夏中卫工业园区	2011.33	1974.62	0.00	50.46%	49.54%	0.00%
宁夏青铜峡工业园区	1947.36	1401.31	136.93	55.87%	40.20%	3.93%
宁夏西吉工业园区	82.76	125.49	0.00	39.74%	60.26%	0.00%
隆德县六盘山工业园区	244.44	156.91	11.64	59.19%	37.99%	2.82%
泾源县轻工产业园区	106.97	50.24	3.21	66.68%	31.32%	2.00%
彭阳县王洼产业园区	234.07	197.07	19.87	51.90%	43.70%	4.41%
中卫市海兴开发区	362.52	788.48	0.00	31.50%	68.50%	0.00%

2. 土地建设情况

依据建设状况将开发区土地分为已建成城镇建设用地、未建成城镇建设用地、不可建设土地三类。如图 3-1-3 所示，截至 2020 年底，开发区内三类土地的面积分别为 35794.30hm^2、31664.19hm^2 和 1748.78hm^2，占开发区评价总面积的比例分别为 51.72%、45.75% 和 2.53 %。国家级开发区已建成城镇建设用地面积占其总评价面积的 48.32%，低于省级开发区的 53.76%。相反，国家级开发区未建成城镇建设用地面积和不可建设土地面积占比均高于省级开发区，说明国家级开发区土地开发建设程度较低，主要是由于国家级开发区内不可建设用地面积相比省级开发区较大，一定程度上影响了开发区的建设。

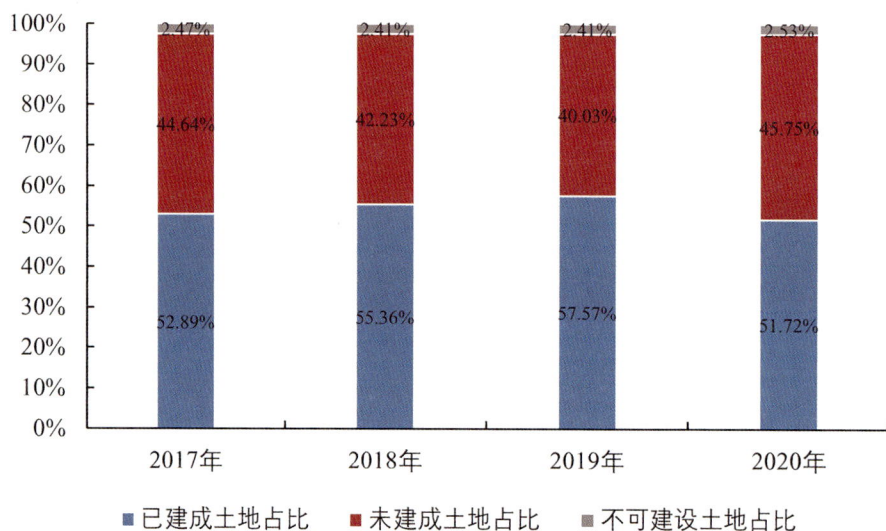

图 3-1-3 2017—2020 年开发区土地建设状况变化

从表 3-1-3 中可看出，2020 年宁夏平罗工业园区、宁夏贺兰工业园区、泾源县轻工产业园区、银川经济技术开发区、石嘴山经济技术开发区和宁夏永宁工业园区等 12 家开发区的已建成城镇建设用地占比高于未建成城镇建设用地，其中宁夏永宁工业园区已建成建设用地占比高达 76.46%，说明上述开发区土地开发利用程度较高。而对未建成城镇建设用地占比高于已建成城镇建设用地的开发区来说，如银川高新技术产业开发区、中卫市海兴开发区、吴忠太阳山开发区和隆德县六盘山工业园区等，仍有较大的发展空间，在今后发展中应加大土地开发利用强度。

表 3-1-3　2020 年开发区土地建设状况

开发区名称及编号	已建成城镇建设用地面积（公顷）	未建成城镇建设用地面积（公顷）	不可建设土地面积（公顷）
银川经济技术开发区	2893.58	1029.01	0.00
石嘴山经济技术开发区	4158.29	1270.55	248.97
银川高新技术产业开发区	1426.40	3736.59	7.76
石嘴山高新技术产业开发区	1623.26	1198.48	301.59
银川综合保税区	153.37	246.58	0.00
宁夏贺兰工业园区	1854.47	1045.80	201.49
宁夏平罗工业园区	4340.51	2846.07	60.65
吴忠太阳山开发区	970.70	1850.44	8.59
宁夏盐池工业园区	738.97	558.54	0.00
宁夏中宁工业园区	2585.47	2361.24	0.98
宁夏固原经济开发区	653.18	1166.60	81.65
苏银产业园	1862.55	2933.75	565.71
宁夏宁东能源化工基地开发区	4617.10	3999.84	57.81
宁夏永宁工业园区	1912.41	581.11	7.52
宁夏吴忠金积工业园区	1532.98	1119.10	34.42
宁夏同心工业园区	237.92	270.08	0.00
宁夏中卫工业园区	1535.78	2450.17	0.00
宁夏青铜峡工业园区	1826.76	1521.91	136.93
宁夏西吉工业园区	82.76	125.49	0.00
隆德县六盘山工业园区	138.61	262.74	11.64
泾源县轻工产业园区	104.17	53.04	3.21
彭阳县王洼产业园区	215.52	215.62	19.87
中卫市海兴开发区	329.55	821.45	0.00

第二章　中观尺度土地集约利用评价与时空变化分析

本章在开发区土地集约利用评价工作的基础上，依据《开发区土地集约利用评价规程》（2014 年度试行）要求，根据政策导向性、综合性和因地制宜等原则，选择具有可比性的研究时期，统一评价标准，从土地利用程度、利用强度、用地结构、产业用地投入产出效益、土地利用监管绩效五个维度，构建开发区土地集约利用评价指标体系（见表1-2-2）。在此基础上，对开发区土地集约利用的综合水平、子目标水平、指标值进行现状与变化分析；对开发区土地集约利用潜力进行评价分析；利用耦合协调度模型、障碍度模型、波士顿矩阵分析等方法探究开发区土地集约利用的水平及其变化特征、协调发展程度以及障碍因子等，以期全面了解开发区土地集约利用的情况，为开发区集约用地管控提供科学依据。

开发区土地集约利用评价工作自 2008 年部署以来，已开展了多轮评价，为宁夏各县（市、区）全面掌握开发区土地利用状况、编制开发区发展规划、研究制定相关政策提供了重要基础；为提高开发区土地节约集约利用水平、促进开发区土地有效供给提供了重要参考；为开发区扩区、升级和年度综合考核提供了重要依据。考虑参评开发区的个数、范围以及评价数据的延续性，本书选择 2017—2020 年度四期开发区土地集约利用水平进行分析。截至 2020 年，全区参加评价的 23 个开发区中，有 22 个定位为工业主导型开发区，仅苏银产业园定位为产城融合型开发区，本书不对开发区进行分类比较，将宁夏 23 个开发区放在相同的评价标准下进行对比分析。

一、土地集约利用特征分析

为全面掌握开发区土地集约利用水平，本节对开发区土地集约利用评价指标体系中土地利用程度、用地结构状况、土地利用强度、产业用地投入产出效益和土地利用监管绩效五个子目标下的所有指标进行时空变化特征分析。

1. 土地利用程度分析

1.1　土地开发率

土地开发率指已达到供地条件的土地面积与除不可建设土地以外的用地面积之比，反映开发区土地的开发状况。截至 2020 年底，23 个开发区已达到供地条件的土地面积为 50258.24hm²，土地开发率为 78.83%（图 3-2-1）。从动态变化来看，2017—2020 年，开发区土地开发率呈现先上升后下降的变化趋势，主要是各开发区严格落实《自治区党委办公厅人民政府办公厅关于印发开发区整合优化和改革创新实施方案》和《宁夏回族自治区开发区节约集约用地管理办法》，提升开发区未来可利用空间潜力。

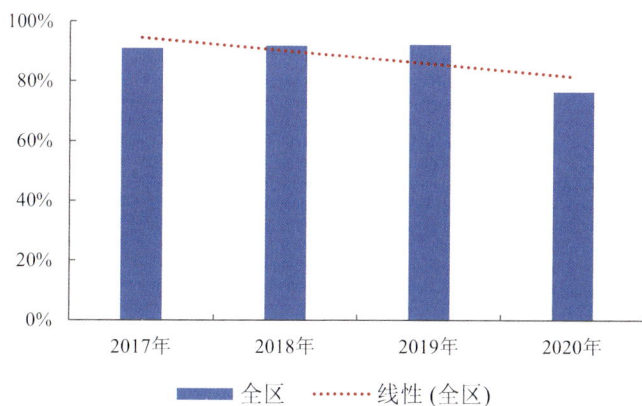

图 3-2-1　2017—2020 年开发区土地开发率变化

从各开发区来看（表 3-2-1），截至 2020 年底，23 个开发区中土地开发率最高的为银川综合保税区、宁夏中卫工业园区和银川经济技术开发区，土地开发率达到 100%；中卫市海兴开发区的土地开发率最低，仅为 33.82%，主要是因为开发区基础设施较差，整体投资环境不佳，目前规上企业仅有 1 个，未来需要加大工业招商力度，优化发展环境，提升园区土地开发率。从动态变化来看，2017—2020 年，伴随开发区的整合优化，23 个开发区中有 5 个开发区的土地开发率实现正增长，2 个开发区的土地开发率保持持平，其余 18 个开发区整合后的土地开发率产生下降，其中下降幅度最大的为吴忠太阳山开发区，2020 年土地开发率较 2017 年下降 50.96%，主要是根据《自治区党委办公厅人民政府办公厅关于印发开发区整合优化和改革创新实施方案》《吴忠市人民政府办公室关于部分工业园区实行整合办公的通知》等文件精神和要求，将原太阳山开发区与宁夏弘德慈善产业园和宁夏吴忠红寺堡工业园区合并，扩大了园区建设用地规模，未来园区可进一步加大引进企业力度，以提高土地开发率。

表 3-2-1　2017—2020 年开发区土地开发率

开发区名称	土地开发率			
	2017 年	2018 年	2019 年	2020 年
银川经济技术开发区	95.63%	95.63%	95.66%	100.00%
石嘴山经济技术开发区	96.69%	96.87%	97.14%	97.53%
银川高新技术产业开发区	67.60%	61.50%	61.50%	67.95%
石嘴山高新技术产业开发区	81.54%	81.75%	81.75%	72.19%
银川综合保税区	100.00%	100.00%	100.00%	100.00%
宁夏贺兰工业园区	98.64%	98.64%	98.64%	73.04%
宁夏平罗工业园区	97.24%	97.27%	97.67%	80.50%
吴忠太阳山开发区	98.61%	98.62%	98.62%	47.64%
宁夏盐池工业园区	100.00%	100.00%	100.00%	80.83%
宁夏中宁工业园区	100.00%	100.00%	100.00%	78.75%
宁夏固原经济开发区	96.16%	96.16%	96.23%	48.19%
苏银产业园	74.12%	95.14%	95.14%	87.88%
宁夏宁东能源化工基地开发区	86.16%	86.17%	89.90%	74.52%
宁夏永宁工业园区	100.00%	100.00%	100.00%	97.84%
宁夏吴忠金积工业园区	98.10%	98.15%	98.15%	74.33%
宁夏同心工业园区	99.64%	99.64%	99.64%	62.28%
宁夏中卫工业园区	100.00%	100.00%	100.00%	100.00%
宁夏青铜峡工业园区	99.41%	100.00%	100.00%	99.56%
宁夏西吉工业园区	62.33%	64.10%	64.69%	49.47%
隆德县六盘山工业园区	97.81%	100.00%	100.00%	73.75%
泾源县轻工产业园区	99.95%	99.95%	99.95%	91.98%
彭阳县王洼产业园区	95.93%	95.93%	95.93%	67.29%
中卫市海兴开发区	51.03%	51.03%	51.97%	33.82%

1.2　土地供应率

土地供应率指已供应国有建设用地面积与已达到供地条件的土地面积之比，反映开发区已达到供地条件土地的供应情况。2017—2020 年，开发区土地开发供应建设衔接有序，土地开发建设程度稳步上升（图 3-2-2）。截至 2020 年底，开发区的土地供应率高达 77.38%，与 2017 年相比提高 2.11%。

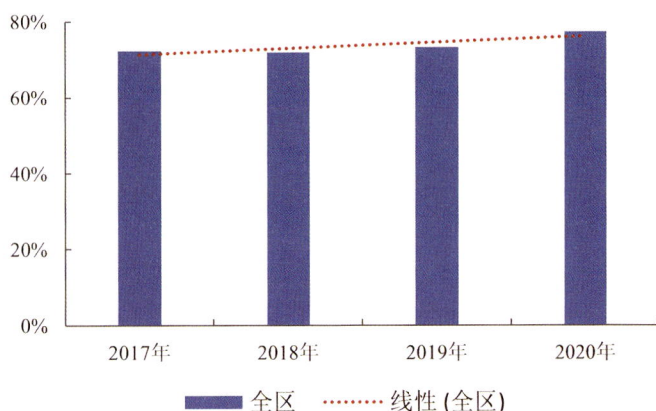

图 3-2-2　2017—2020 年开发区土地供应率变化

从各开发区来看（表 3-2-2），截至 2020 年底，宁夏贺兰工业园区的土地供应率最高，为 96.35%；其次为石嘴山高新技术产业开发区，土地供应率为 94.07%；银川综合保税区的土地供应率最低，为 44.18%，表明银川综合保税区尚可供应土地空间较大。从动态变化来看，2017—2020 年，全区有 16 个开发区的土地供应率持续性上升，其中泾源县轻工产业园区的涨幅最大，为 30.87%；有 7 个开发区的土地供应率出现不同程度的降低趋势，其中累积减少幅度最多的为宁夏中卫工业园区，减少幅度为 40.99%，其次为苏银产业园，减少幅度为 34.65%，上述开发区在未来用地方面要着重内涵式土地挖潜利用，注重招商引资，加快对已达供地条件的供应消化，提高园区内土地开发利用强度。

表 3-2-2　2017—2020 开发区土地供应率

开发区名称	土地供应率			
	2017 年	2018 年	2019 年	2020 年
银川经济技术开发区	73.94%	75.68%	80.08%	78.58%
石嘴山经济技术开发区	82.21%	83.14%	84.66%	81.10%
银川高新技术产业开发区	54.76%	56.03%	60.26%	46.80%
石嘴山高新技术产业开发区	78.73%	80.74%	80.74%	94.07%
银川综合保税区	40.46%	40.46%	44.11%	44.18%

续表

开发区名称	土地供应率			
	2017 年	2018 年	2019 年	2020 年
宁夏贺兰工业园区	85.26%	85.53%	86.82%	96.35%
宁夏平罗工业园区	73.83%	73.73%	74.15%	80.78%
吴忠太阳山开发区	75.56%	75.56%	75.77%	90.04%
宁夏盐池工业园区	65.97%	68.81%	70.15%	86.44%
宁夏中宁工业园区	83.02%	83.07%	83.08%	82.27%
宁夏固原经济开发区	59.35%	61.22%	62.81%	84.09%
苏银产业园	82.83%	46.24%	46.24%	48.18%
宁夏宁东能源化工基地开发区	68.34%	71.21%	73.33%	90.19%
宁夏永宁工业园区	84.80%	85.75%	85.95%	88.24%
宁夏吴忠金积工业园区	51.18%	55.18%	54.91%	77.77%
宁夏同心工业园区	76.43%	78.09%	78.09%	92.23%
宁夏中卫工业园区	89.25%	89.11%	89.23%	48.26%
宁夏青铜峡工业园区	71.11%	71.86%	78.32%	58.41%
宁夏西吉工业园区	90.08%	93.08%	94.17%	80.33%
隆德县六盘山工业园区	77.11%	78.83%	78.83%	82.58%
泾源县轻工产业园区	41.17%	41.17%	41.17%	72.04%
彭阳县王洼产业园区	70.15%	72.44%	74.39%	80.69%
中卫市海兴开发区	87.04%	87.04%	87.42%	93.14%

1.3　土地建成率

土地建成率指已建成城镇建设用地面积与已供应国有建设用地面积之比，反映开发区已供应国有建设用地的建成状况。2017—2020 年，开发区土地建成率整体有所提升（图 3-2-3）。截至 2020 年底，开发区内的已建成城镇建设用地面积为 35794.30hm²，土地建成率高达 88.08%，与 2017 年相比提高了 3.85%。

从各开发区来看（见表 3-2-3），截至 2020 年底，23 个开发区中土地建成率最高的为宁夏吴忠金积工业园区、宁夏西吉工业园区和泾源县轻工产业园区，土地建成率达到 100%；隆德县六盘山工业园区的土地建成率最低，仅为 56.71%，这与其所处六盘山特殊的地理位置，招商引资与建设发展难度高有关。从动态变化来看，2017—2020 年，23 个开发区中有半数以上的土地建成率呈增长趋势，有 10 个开发区的土地建成率出现下降趋势，其中下降幅度最大的为隆德县六盘山工业园区，2020 年土地建成率较 2017 年下降 20.62%，上述开发区在今后发展中可通过调整产业结构、优化"六特六新六优"产业用地政策、创新土地供应方式等方式加大土地开发建设力度。

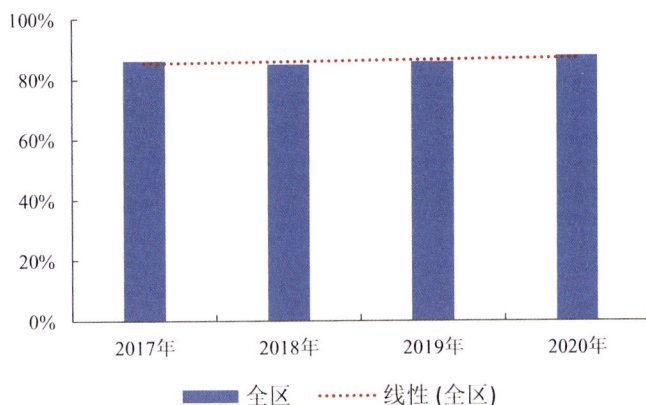

图 3-2-3 2017—2020 年开发区土地建成率变化

表 3-2-3 2020 年开发区土地建成率

开发区名称	土地建成率			
	2017 年	2018 年	2019 年	2020 年
银川经济技术开发区	95.68%	94.86%	92.85%	93.88%
石嘴山经济技术开发区	96.78%	96.46%	95.96%	96.84%
银川高新技术产业开发区	90.80%	85.10%	82.25%	86.88%
石嘴山高新技术产业开发区	95.15%	92.97%	92.97%	84.71%
银川综合保税区	87.27%	88.05%	80.78%	86.79%
宁夏贺兰工业园区	84.79%	84.14%	86.25%	90.86%
宁夏平罗工业园区	86.76%	87.18%	90.24%	92.87%
吴忠太阳山开发区	65.66%	65.46%	71.06%	80.21%
宁夏盐池工业园区	84.88%	83.32%	85.76%	81.51%
宁夏中宁工业园区	78.94%	78.90%	82.21%	80.67%
宁夏固原经济开发区	88.17%	85.07%	87.20%	88.57%
苏银产业园	91.27%	86.12%	86.12%	91.72%
宁夏宁东能源化工基地开发区	73.20%	72.82%	73.01%	79.72%
宁夏永宁工业园区	84.86%	86.34%	91.48%	88.83%
宁夏吴忠金积工业园区	86.18%	83.08%	89.67%	100.00%

开发区名称	土地建成率			
	2017 年	2018 年	2019 年	2020 年
宁夏同心工业园区	87.69%	87.73%	88.69%	81.53%
宁夏中卫工业园区	55.61%	55.53%	55.82%	80.53%
宁夏青铜峡工业园区	96.02%	94.87%	89.62%	93.81%
宁夏西吉工业园区	86.10%	81.98%	81.63%	100.00%
隆德县六盘山工业园区	77.33%	76.60%	86.58%	56.71%
泾源县轻工产业园区	93.06%	93.79%	93.81%	100.00%
彭阳县王洼产业园区	95.79%	94.61%	92.13%	92.08%
中卫市海兴开发区	98.51%	98.51%	96.33%	90.91%

2. 用地结构状况分析

工业用地率指已建成城镇建设用地范围内工矿仓储用地面积与已建成城镇建设用地面积之比,反映开发区已建成城镇建设用地中工矿仓储用地的比重。2017—2020 年,开发区工业用地率整体呈上升趋势(图 3-2-4)。截至 2020 年底,开发区的工业用地率高达77.38%,与 2017 年相比提高 2.11%。

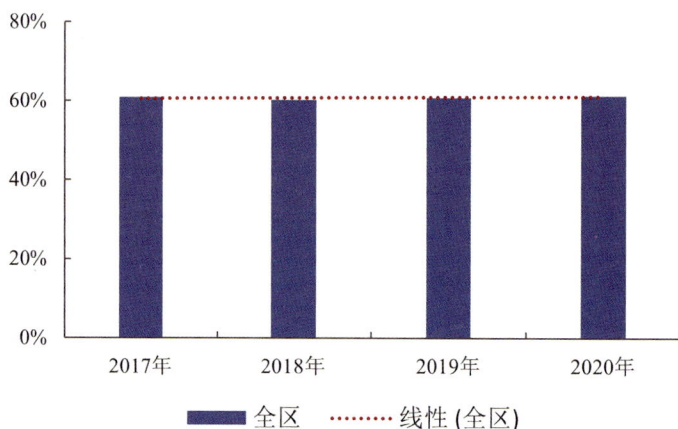

图 3-2-4　2017—2020 年开发区工业用地率变化

从各开发区来看(见表 3-2-4),截至 2020 年底,工业用地率最高的为宁夏中宁工业园区,高达 86.06%;最低的为苏银产业园,仅有 24.79%,主要是因为苏银产业园成立较晚,园区内企业入驻率不高,加之苏银产业园为产城融合型开发区,工业主导不明显,因此工业用地比例较低。从动态变化来看，2017—2020 年，有半数以上的开发区工业用地率稳步上升，其中中卫市海兴开发区的工业用地率增长幅度最大，四年累积增幅为 25.83%；有 11 个开发区的工业用地率出现小幅下降，其中下降幅度最大的为银川高新技术产业开发区，四年累积下降幅度为 31.29%，主要原因是银川高新技术产业开发区在整合优化后，其范围发生了较大变化，导致工业用地率不高。

表 3-2-4 2017—2020 年开发区工业用地率

开发区名称	工业用地率			
	2017 年	2018 年	2019 年	2020 年
银川经济技术开发区	51.17%	51.61%	52.59%	54.12%
石嘴山经济技术开发区	71.12%	72.84%	72.51%	67.86%
银川高新技术产业开发区	76.82%	60.64%	59.78%	45.53%
石嘴山高新技术产业开发区	65.12%	65.91%	65.90%	58.69%
银川综合保税区	43.44%	43.05%	43.05%	47.09%
宁夏贺兰工业园区	50.61%	50.49%	49.87%	63.36%
宁夏平罗工业园区	77.93%	77.92%	78.70%	77.34%
吴忠太阳山开发区	80.41%	80.35%	81.39%	74.96%
宁夏盐池工业园区	78.86%	79.01%	79.52%	73.60%
宁夏中宁工业园区	83.17%	82.85%	83.11%	86.06%
宁夏固原经济开发区	60.05%	59.58%	61.06%	55.93%
苏银产业园	21.73%	19.91%	19.91%	24.79%
宁夏宁东能源化工基地开发区	75.81%	76.67%	78.16%	78.98%
宁夏永宁工业园区	48.88%	50.76%	53.37%	53.18%
宁夏吴忠金积工业园区	71.28%	71.82%	72.63%	68.85%
宁夏同心工业园区	71.27%	71.71%	71.32%	62.38%
宁夏中卫工业园区	80.96%	81.19%	81.31%	77.66%
宁夏青铜峡工业园区	60.54%	60.70%	61.82%	63.06%
宁夏西吉工业园区	50.91%	50.33%	49.50%	61.81%
隆德县六盘山工业园区	73.78%	72.89%	76.01%	76.34%
泾源县轻工产业园区	35.04%	34.77%	35.56%	42.26%
彭阳县王洼产业园区	58.39%	58.17%	58.17%	56.81%
中卫市海兴开发区	12.38%	12.38%	12.38%	38.21%

3. 土地利用强度分析

3.1 综合容积率

综合容积率指已建成城镇建设用地上的总建筑面积与已建成城镇建设用地面积的比值，反映开发区已建成城镇建设用地的综合利用强度。从开发区整体情况来看，2017—2020 年，开发区综合容积率呈现逐年上升的变化趋势（图 3-2-5）。截至 2020 年底，开发区已建成城镇建设用地范围内，建筑工程总建筑面积 15398.59 万平方米，综合容积率为 0.45，较 2017 年提高了 0.05，但远低于《自然资源部办公厅关于 2020 年度国家级开发区土地集约利用监测统计情况的通报》中全国国家级开发区的 0.98。

图 3-2-5　2017—2020 年开发区综合容积率变化

从各开发区来看（表 3-2-5），截至 2020 年底，宁夏永宁工业园区的综合容积率最高，为 0.65；宁夏中卫工业园区的综合容积率最低，为 0.21，主要原因在于宁夏中卫工业园区以钢铁冶金产业、化工产业和云计算大数据产业为主，三大产业难以紧密关联，且厂房多为低层厂房。从动态变化来看，2017—2020 年，除石嘴山高新技术产业开发区、宁夏贺兰工业园区、宁夏吴忠金积工业园区和苏银产业园 4 个开发区的综合容积率出现小幅下降，17 个开发区的综合容积率均呈不同的上升趋势，主要是因为落实《宁夏回族自治区开发区节约集约用地管理办法》，对园区实行厂房加层改造不增收土地价款等政策，有效提升了开发区综合容积率。

表 3-2-5 2017—2020 年开发区综合容积率

开发区名称	综合容积率			
	2017 年	2018 年	2019 年	2020 年
银川经济技术开发区	0.50	0.51	0.56	0.58
石嘴山经济技术开发区	0.36	0.37	0.41	0.47
银川高新技术产业开发区	0.30	0.48	0.47	0.33
石嘴山高新技术产业开发区	0.59	0.60	0.61	0.49
银川综合保税区	0.40	0.42	0.43	0.46
宁夏贺兰工业园区	0.60	0.62	0.65	0.59
宁夏平罗工业园区	0.30	0.33	0.35	0.53
吴忠太阳山开发区	0.15	0.15	0.17	0.26
宁夏盐池工业园区	0.25	0.27	0.27	0.41
宁夏中宁工业园区	0.23	0.24	0.23	0.28
宁夏固原经济开发区	0.28	0.28	0.32	0.34
苏银产业园	0.30	0.30	0.30	0.28
宁夏宁东能源化工基地开发区	0.47	0.47	0.47	0.47
宁夏永宁工业园区	0.63	0.65	0.64	0.65
宁夏吴忠金积工业园区	0.56	0.58	0.61	0.38
宁夏同心工业园区	0.32	0.33	0.34	0.37
宁夏中卫工业园区	0.20	0.20	0.21	0.21
宁夏青铜峡工业园区	0.33	0.34	0.34	0.38
宁夏西吉工业园区	0.24	0.25	0.24	0.28
隆德县六盘山工业园区	0.46	0.46	0.48	0.56
泾源县轻工产业园区	0.17	0.18	0.22	0.23
彭阳县王洼产业园区	0.31	0.33	0.34	0.53
中卫市海兴开发区	0.26	0.26	0.26	0.26

3.2　建筑密度

建筑密度指已建成城镇建设用地内的建筑基底总面积与已建成城镇建设用地面积的比值,反映开发区已建成城镇建设用地的平面利用状况。从开发区整体情况来看,2017—2020 年,开发区建筑密度总体呈逐年上升的趋势(图 3-2-6)。截至 2020 年底,开发区建筑密度为 24.72%,较 2017 年提高了 6.85%,表明开发区建设用地利用方式趋于集约。

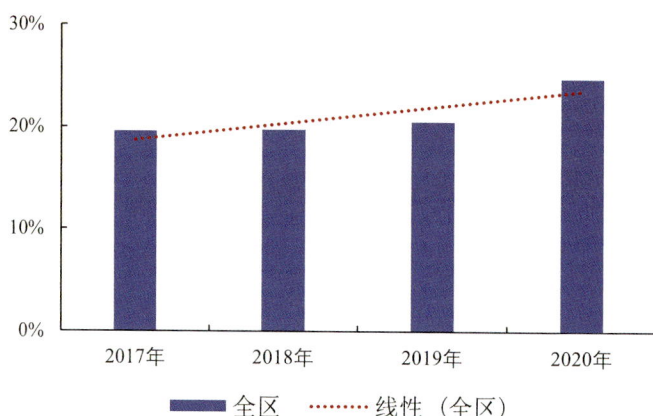

图 3-2-6　2017—2020 年开发区建筑密度变化

从各开发区情况来看(表 3-2-6),截至 2020 年底,开发区土地还有较大的建设潜力,开发区建筑密度平均值仅为 18.89%,开发区建筑基底总面积占已建成城镇建设用地面积平均值仅有 21.50%,尤其是苏银产业园建筑密度不足 10%。

表 3-2-6　开发区建筑密度

开发区名称	建 筑 密 度			
	2017 年	2018 年	2019 年	2020 年
银川经济技术开发区	18.31%	18.76%	19.99%	20.48%
石嘴山经济技术开发区	22.79%	22.66%	26.72%	29.68%
银川高新技术产业开发区	25.22%	23.68%	23.30%	18.13%
石嘴山高新技术产业开发区	35.28%	35.36%	35.54%	30.70%
银川综合保税区	17.57%	17.88%	19.00%	17.57%
宁夏贺兰工业园区	20.07%	21.02%	21.19%	28.22%

开发区名称	建 筑 密 度			
	2017 年	2018 年	2019 年	2020 年
宁夏平罗工业园区	14.34%	15.13%	15.88%	28.66%
吴忠太阳山开发区	7.18%	7.32%	8.12%	15.92%
宁夏盐池工业园区	12.43%	19.95%	19.80%	23.72%
宁夏中宁工业园区	11.68%	12.02%	11.82%	16.37%
宁夏固原经济开发区	14.12%	14.42%	15.97%	18.17%
苏银产业园	8.64%	8.64%	8.64%	9.33%
宁夏宁东能源化工基地开发区	30.81%	30.82%	30.71%	31.05%
宁夏永宁工业园区	23.40%	24.21%	24.15%	25.15%
宁夏吴忠金积工业园区	26.21%	27.19%	27.54%	31.05%
宁夏同心工业园区	17.38%	17.70%	18.27%	19.68%
宁夏中卫工业园区	8.62%	8.63%	9.19%	14.69%
宁夏青铜峡工业园区	15.36%	15.70%	15.88%	19.56%
宁夏西吉工业园区	15.06%	15.93%	15.70%	19.43%
隆德县六盘山工业园区	21.60%	21.93%	22.66%	26.97%
泾源县轻工产业园区	8.88%	9.58%	11.38%	13.34%
彭阳县王洼产业园区	14.81%	15.93%	16.07%	24.87%
中卫市海兴开发区	10.21%	10.35%	10.38%	11.75%

3.3 工业用地综合容积率

工业用地综合容积率指已建成城镇建设用地范围内工矿仓储用地上的总建筑面积与工矿仓储用地面积之比，反映开发区工矿仓储用地的综合利用强度。截至 2020 年底，参评的 23 个开发区工业用地综合容积率的均值为 0.54，较 2017 年增加 25.68%（图3-2-7），在开发区的整合优化与创新转型过程中，《开发区整合优化和改革创新实施方案》与《宁夏工业项目建设用地控制指标》相继出台，各地落实"标准地"供地制度，限定各类产业用地面积上限，明确各类产业土地容积率等控制性指标，提升了全区工矿仓储用地的综合利用强度。

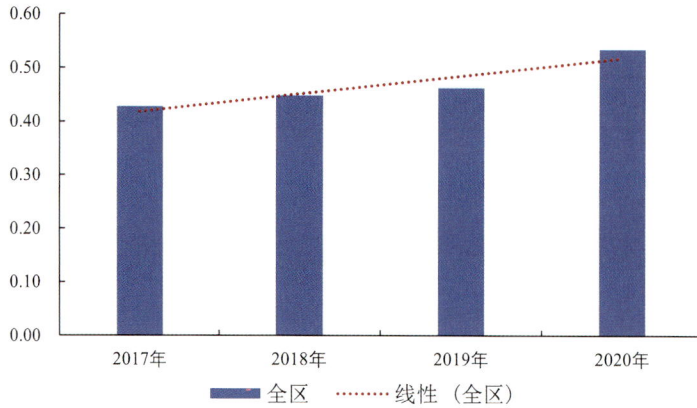

图 3-2-7　2017—2020 年开发区工业用地综合容积率变化

从各开发区来看(表 3-2-7)，截至 2020 年底，银川综合保税区的工业用地综合容积率最高为 0.92，这是由于 2018 年银川市人民政府印发《银川市开发区整合优化和改革创新实施方案》，以开发区整合优化为契机，深化开发区的土地节约集约利用改革，有效提升了辖区内各开发区工矿用地的综合利用强度。泾源县轻工产业园区的工业用地综合容积率最低，为 0.24，未来应在推动开发区绿色、安全发展的基础上提升工业用地综合容积率。

表 3-2-7　2017—2020 年开发区工业用地综合容积率

开发区名称	工业用地综合容积率			
	2017 年	2018 年	2019 年	2020 年
银川经济技术开发区	0.54	0.56	0.63	0.66
石嘴山经济技术开发区	0.40	0.41	0.43	0.58
银川高新技术产业开发区	0.38	0.50	0.50	0.51
石嘴山高新技术产业开发区	0.59	0.61	0.61	0.61
银川综合保税区	0.91	0.91	0.91	0.92
宁夏贺兰工业园区	0.51	0.55	0.56	0.67
宁夏平罗工业园区	0.32	0.35	0.38	0.64
吴忠太阳山开发区	0.18	0.18	0.19	0.33
宁夏盐池工业园区	0.30	0.33	0.33	0.56
宁夏中宁工业园区	0.26	0.27	0.27	0.30
宁夏固原经济开发区	0.41	0.42	0.46	0.52
苏银产业园	0.37	0.51	0.51	0.52

开发区名称	工业用地综合容积率			
	2017 年	2018 年	2019 年	2020 年
宁夏宁东能源化工基地开发区	0.61	0.61	0.60	0.59
宁夏永宁工业园区	0.55	0.57	0.56	0.58
宁夏吴忠金积工业园区	0.70	0.72	0.75	0.45
宁夏同心工业园区	0.36	0.37	0.39	0.47
宁夏中卫工业园区	0.24	0.24	0.25	0.26
宁夏青铜峡工业园区	0.44	0.45	0.45	0.51
宁夏西吉工业园区	0.34	0.36	0.36	0.39
隆德县六盘山工业园区	0.50	0.52	0.53	0.66
泾源县轻工产业园区	0.29	0.29	0.29	0.24
彭阳县王洼产业园区	0.31	0.34	0.35	0.60
中卫市海兴开发区	0.28	0.28	0.28	0.27

3.4　工业用地建筑系数

工业用地建筑系数是指已建成城镇建设用地范围内工矿仓储用地上的建筑物构筑物基底面积、露天堆场和露天操作场地的总面积与工矿仓储用地面积之比，反映开发区工矿仓储用地的平面利用状况。从开发区整体情况来看，截至 2020 年底，参评的 23 个开发区的工业用地建筑系数均值为 44.49%（图 3-2-8），符合我国自然资源部《工业项目建设用地控制指标》中对工业项目的建筑系数应不低于 30% 的要求。

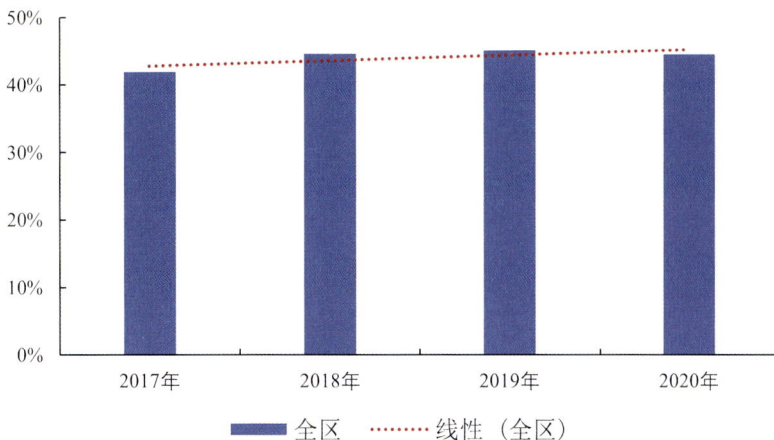

图 3-2-8　2017—2020 年开发区工业用地建筑系数变化

　　从各开发区来看(表 3-2-8)，截至 2020 年底，宁夏中宁工业园区、苏银产业园、宁夏永宁工业园区、泾源县轻工产业园区和中卫市海兴开发区 5 个开发区工业用地建筑系数低于 30%，未来上述开发区建设工业项目要采用先进的生产工艺、生产设备，缩短工艺流程，节约使用土地；对适合多层标准厂房生产的工业项目，应建设多层标准厂房，以提高园区工业用地建筑系数。

表 3-2-8　2017—2020 年开发区工业用地建筑系数

开发区名称	工业用地建筑系数			
	2017 年	2018 年	2019 年	2020 年
银川经济技术开发区	39.03%	39.46%	40.63%	40.16%
石嘴山经济技术开发区	51.31%	56.84%	64.31%	62.30%
银川高新技术产业开发区	32.49%	42.37%	42.22%	32.61%
石嘴山高新技术产业开发区	43.62%	43.26%	43.55%	43.22%
银川综合保税区	44.17%	44.17%	44.17%	45.98%
宁夏贺兰工业园区	37.91%	39.98%	41.46%	46.22%
宁夏平罗工业园区	42.35%	47.46%	45.36%	52.94%
吴忠太阳山开发区	36.54%	36.78%	35.23%	34.39%
宁夏盐池工业园区	51.79%	52.86%	61.35%	36.65%
宁夏中宁工业园区	35.86%	38.81%	38.09%	29.78%
宁夏固原经济开发区	48.79%	51.45%	48.49%	52.40%
苏银产业园	50.76%	29.77%	29.77%	25.07%
宁夏宁东能源化工基地开发区	46.86%	47.26%	45.91%	44.08%
宁夏永宁工业园区	42.61%	44.63%	42.72%	12.43%
宁夏吴忠金积工业园区	40.57%	42.64%	43.45%	76.41%
宁夏同心工业园区	29.55%	29.62%	29.94%	35.97%
宁夏中卫工业园区	35.24%	35.23%	35.78%	36.93%
宁夏青铜峡工业园区	35.65%	36.07%	35.41%	40.17%
宁夏西吉工业园区	26.79%	28.48%	28.48%	31.61%
隆德县六盘山工业园区	38.22%	39.57%	38.31%	38.04%
泾源县轻工产业园区	33.61%	35.85%	35.05%	24.34%
彭阳县王洼产业园区	58.27%	89.22%	89.24%	39.63%
中卫市海兴开发区	23.21%	23.21%	23.41%	23.86%

4. 产业用地投入产出效益分析

4.1 工业用地固定投资强度

工业用地固定投资强度指已建成城镇建设用地范围内的工业(物流)企业累计固定资产投资总额与工矿仓储用地面积之比,反映开发区工矿仓储用地的投入强度。截至2020年底,全区23个开发区工业用地的地均固定投资强度为3097.70万元/公顷(图3-2-9)。从动态变化来看,2017—2019年,开发区工业用地地均固定投资强度逐步增加,2019年达到峰值,2019—2020年开发区工业用地地均固定投资强度渐趋降低,相比于2019年,全区共下降6%,主要是因为开发区工业用地固定投资与开发区工矿仓储用地规模的增长步调不一,开发区工业用地固定投资增长幅度为0.5%,远低于开发区工矿仓储用地规模扩张幅度的7%,未来应根据园区总体规划进行定位,合理确定开发区的资金分配情况,合理调控各地开发区的工业用地地均固定投资强度。

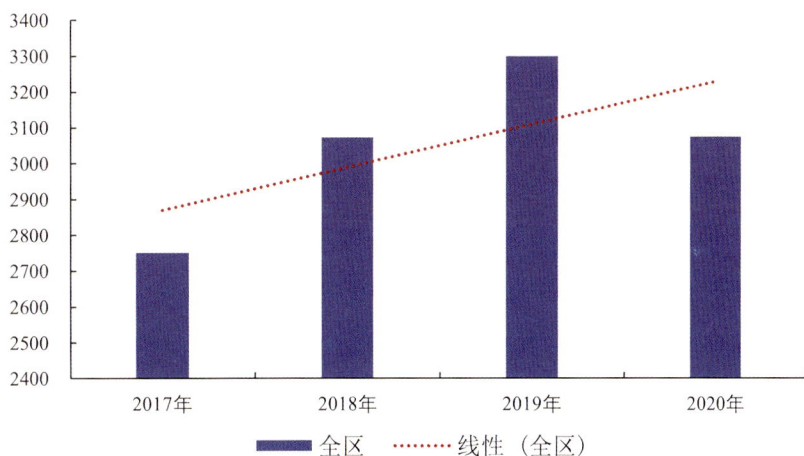

图3-2-9 2017—2020年开发区工业用地固定投资强度变化

从各开发区来看(表3-2-9),截至2020年底,宁夏宁东能源化工基地开发区业用地固定资产投资强度最高,为5908.90万元/公顷,其次为吴忠太阳山开发区,工业用地固定资产投资强度为5052.63万元/公顷,宁夏中卫工业园区的工业用地固定资产投资强度最低,仅有934.63万元/公顷,说明未来宁夏中卫工业园区仍需加大工业用地固定资产投资强度。从动态变化来看,2017—2020年,全区23个开发区中有13个工业用地固定资产投资强度呈逐年增加的趋势,其中增幅最大的为石嘴山高新技术产业开发区,其余10个开发区2020年的工业用地固定资产投入强度较2017年有所下降,其中下降最明显的为银川高新技术产业开发区,累积下降1184.05万元/公顷,这与园区整合优化后部分基础设施尚未完善、企业入驻数量较少、民间投资回落有关，未来开发区应大力推进项目建设，扩大有效投资。

表 3-2-9　2017—2020 年开发区工业用地固定资产投资强度

开发区名称	工业用地固定资产投入强度(万元/公顷)			
	2017 年	2018 年	2019 年	2020 年
银川经济技术开发区	2719.54	3095.49	3600.60	4024.56
石嘴山经济技术开发区	2957.48	2582.16	2721.01	2801.11
银川高新技术产业开发区	2491.15	9485.46	9743.23	1307.10
石嘴山高新技术产业开发区	1179.44	1352.58	1501.95	3668.78
银川综合保税区	1110.97	1110.96	1110.96	963.60
宁夏贺兰工业园区	3349.93	3524.12	3493.71	4070.83
宁夏平罗工业园区	1579.75	1724.77	1828.92	1572.36
吴忠太阳山开发区	3081.39	3241.36	3281.99	5052.63
宁夏盐池工业园区	1852.63	2248.14	2241.59	2222.76
宁夏中宁工业园区	2017.46	2101.93	2055.80	2064.49
宁夏固原经济开发区	2500.69	2819.38	2891.52	4854.29
苏银产业园	2523.24	2359.48	2382.78	1659.95
宁夏宁东能源化工基地开发区	5596.30	5862.79	6048.99	5908.90
宁夏永宁工业园区	3342.61	3184.31	2888.01	3018.75
宁夏吴忠金积工业园区	1987.88	2229.15	2366.63	1317.81
宁夏同心工业园区	1407.03	1785.71	1776.56	2507.22
宁夏中卫工业园区	580.14	957.23	3524.75	934.63
宁夏青铜峡工业园区	2268.76	2403.44	2497.89	2396.75
宁夏西吉工业园区	1016.29	1155.05	1254.72	1466.20
隆德县六盘山工业园区	1552.59	1871.58	2840.97	1429.77
泾源县轻工产业园区	3160.25	4869.30	5625.79	3003.09
彭阳县王洼产业园区	3385.23	3561.30	3582.68	3854.80
中卫市海兴开发区	2138.30	2265.44	2297.81	1598.70

4.2　工业用地产出强度

工业用地产出强度指已建成城镇建设用地范围内的工业(物流)企业总收入与工矿仓储

用地面积之比，反映开发区工矿仓储用地的经济收入强度。截至 2020 年底，宁夏 23 个开发区的工业用地产出强度均值为 1533.30 万元/公顷，较 2017 年上涨 109.79 万元/公顷（图 3-2-10），主要是由于近年来，宁夏把高质高效招商引资和项目建设作为推动供给侧结构性改革、构建"双循环"、推进高质量发展的重要支撑，推动实施招商引资提质增效工程，提升各开发区工业用地产出效益。

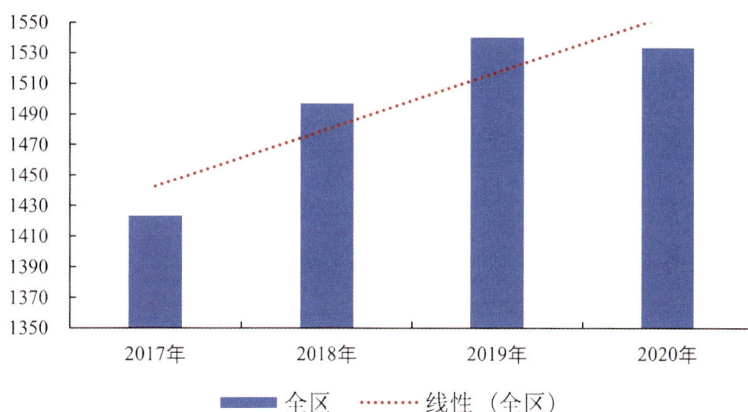

图 3-2-10 2017—2020 年开发区工业用地产出强度变化

从各开发区来看（表 3-2-10），截至 2020 年底，23 个开发区中，宁夏宁东能源化工基地开发区的工业用地产出强度最高，为 2740.22 万元/公顷，其次为银川经济技术开发区，其工业用地产出强度为 2381.72 万元/公顷，中卫市海兴开发区的工业用地产出强度最低，为 23.61 万元/公顷，主要是因为园区位于宁夏中部，园区内有苋麻河穿流而过，土地开发建设难度较高，基础设施建设不够完善，园区招商困难，企业入驻率低。从动态变化来看，2017—2020 年，全区内有 12 个开发区的工业用地产出强度逐年稳步上升，其中增长幅度最大的为吴忠太阳山开发区，2017—2020 年累积增长 1279.11 万元/公顷，有 11 个开发区 2020 年的工业用地产出强度低于 2017 年，其中下降幅度最大的为宁夏吴忠金积工业园区，2020 年年末的工业用地产出强度较 2017 年下降了 1698.82 万元/公顷，这与经济下行，企业产出下降有关。

表 3-2-10 2017—2020 年开发区工业用地产出强度

开发区名称	工业用地产出强度（万元/公顷）			
	2017 年	2018 年	2019 年	2020 年
银川经济技术开发区	2147.48	2240.50	2109.56	2381.72
石嘴山经济技术开发区	1028.75	1098.95	1665.01	1649.45

续表

开发区名称	工业用地产出强度(万元/公顷)			
	2017 年	2018 年	2019 年	2020 年
银川高新技术产业开发区	1145.38	773.04	559.13	730.52
石嘴山高新技术产业开发区	1121.43	1332.53	1274.59	1648.06
银川综合保税区	951.34	607.20	482.56	196.52
宁夏贺兰工业园区	830.98	475.43	640.62	698.86
宁夏平罗工业园区	941.50	1239.81	1370.67	965.97
吴忠太阳山开发区	741.13	1057.12	1361.29	2020.24
宁夏盐池工业园区	885.46	1399.81	1544.69	1608.09
宁夏中宁工业园区	1425.97	1161.65	1049.39	1648.91
宁夏固原经济开发区	620.86	828.86	1263.84	1617.72
苏银产业园	360.38	861.07	1003.44	479.81
宁夏宁东能源化工基地开发区	2642.58	2907.33	2566.00	2740.22
宁夏永宁工业园区	930.75	414.26	428.68	569.88
宁夏吴忠金积工业园区	1798.58	2377.58	2571.20	99.76
宁夏同心工业园区	2987.97	3617.19	3054.20	1319.42
宁夏中卫工业园区	2387.27	2486.43	2290.51	1798.71
宁夏青铜峡工业园区	1296.73	1200.65	1077.07	1039.35
宁夏西吉工业园区	850.16	403.43	565.06	558.78
隆德县六盘山工业园区	445.37	575.38	571.98	451.23
泾源县轻工产业园区	254.26	194.98	176.4895	88.8216
彭阳县王洼产业园区	1487.35	1672.78	1740.87	1861.65
中卫市海兴开发区	1652.85	202.27	69.35	23.61

4.3　工业用地地均税收

工业用地地均税收指已建成城镇建设用地范围内的工业(物流)企业税收总额与工矿仓储用地面积之比,反映开发区工矿仓储用地的产出效益。2017—2020 年,宁夏 23 个开发区工业用地税收总体呈现上升趋势(图 3-2-11),2020 年度工业用地地均税收为 71.88 万元/公顷,较 2017 年增长了 7.9%,说明开发区产出效益逐年提高,土地利用经济效益进一步显化。

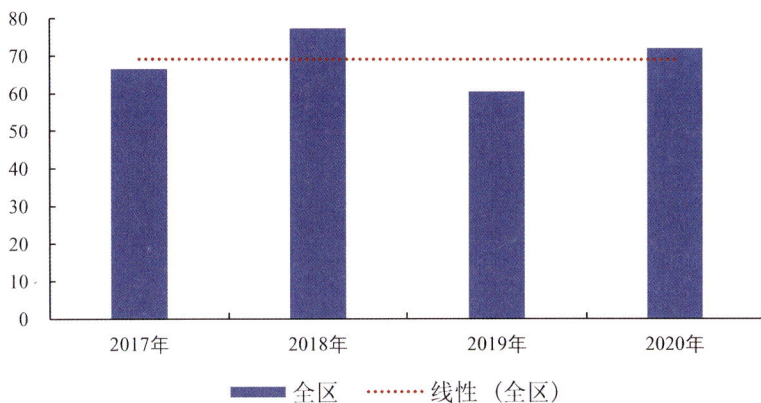

图 3-2-11 2017—2020 年开发区工业用地地均税收变化

从各开发区来看(表 3-2-11),2017—2020 年,工业用地地均税收增幅最大的为宁夏西吉工业园区,2020 年工业用地地均税收总值超过 2018 年工业用地地均税收总值的 10 倍;工业用地地均税收增幅最小的为苏银产业园,较 2017 年增长了 10.87%,宁夏中宁工业园区、宁夏永宁工业园区等 14 个开发区的工业用地税收呈下降趋势,其中下降最明显的为银川综合保税区,下降幅度为 96.76%。

表 3-2-11 2017—2020 年开发区工业用地地均税收

开发区名称	工业用地地均税收(万元/公顷)			
	2017 年	2018 年	2019 年	2020 年
银川经济技术开发区	63.99	72.81	80.44	84.37
石嘴山经济技术开发区	27.53	46.15	47.39	49.01
银川高新技术产业开发区	26.21	60.58	42.97	13.07
石嘴山高新技术产业开发区	37.72	42.28	43.74	48.71
银川综合保税区	154.84	2.07	7.06	5.01
宁夏贺兰工业园区	106.37	103.65	2.67	88.92
宁夏平罗工业园区	25.73	36.11	50.24	41.50
吴忠太阳山开发区	8.90	15.57	26.42	33.36

开发区名称	工业用地地均税收（万元/公顷）			
	2017 年	2018 年	2019 年	2020 年
宁夏盐池工业园区	19.35	25.83	25.70	32.30
宁夏中宁工业园区	25.83	20.61	20.19	20.25
宁夏固原经济开发区	63.69	149.19	28.96	32.57
苏银产业园	9.48	15.39	28.71	10.51
宁夏宁东能源化工基地开发区	198.20	244.66	182.92	240.07
宁夏永宁工业园区	18.94	18.03	10.80	12.09
宁夏吴忠金积工业园区	89.00	42.81	47.07	16.86
宁夏同心工业园区	48.99	54.93	52.99	18.22
宁夏中卫工业园区	69.93	97.32	35.91	17.70
宁夏青铜峡工业园区	69.83	25.67	27.12	27.39
宁夏西吉工业园区	3.22	2.75	4.44	21.39
隆德县六盘山工业园区	27.22	14.65	9.61	4.46
泾源县轻工产业园区	13.28	11.29	1.77	0.97
彭阳县王洼产业园区	356.63	353.97	341.85	249.21
中卫市海兴开发区	92.37	50.86	22.56	36.53

5. 土地利用监管绩效分析

5.1　土地闲置率

土地闲置率指已供应国有建设用地中闲置土地面积与已供应国有建设用地面积之比，反映开发区土地的闲置情况。2017—2020 年，宁夏 23 个开发区的土地闲置率呈下降趋势（图 3-2-12）。截至 2020 年底，开发区土地闲置率均值为 1.34%，较 2017 年下降 1.55%，主要是因为宁夏自然资源厅牢固树立节约集约用地导向，在全区持续深入开展批而未供和闲置土地盘活利用专项行动，通过分解任务，明确措施、时限、处置标准和强力督办，土地闲置现象有所减少。

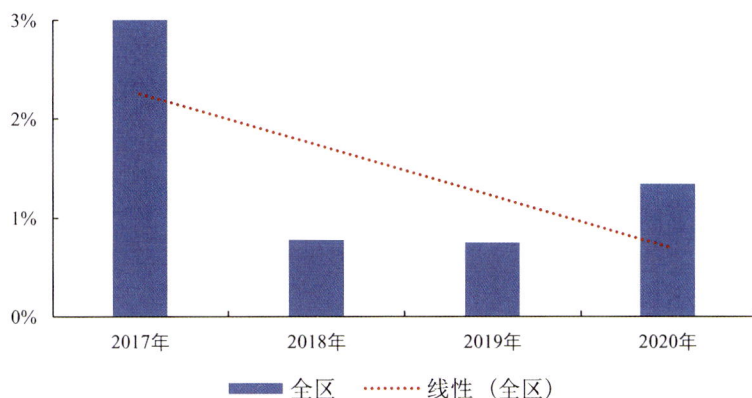

图 3-2-12　2017—2020 年开发区土地闲置率变化

　　从各开发区来看(表 3-2-12)，2017—2020 年，23 个开发区中有 6 个开发区的土地闲置率逐年下降，其中宁夏中卫工业园区的土地闲置率下降幅度最大，高达 94.22%，主要是因为宁夏中卫工业园区落实《宁夏回族自治区工业用地弹性供应实施办法(试行)》相关要求，为开发区内公司企业提供多元化的土地供应方式，如弹性年期出让、长期租赁、先租后让、租让结合等，向"土地存量"要"发展增量"，有效地降低了园区内土地闲置率；23 个开发区中有 13 个开发区的土地闲置率呈小幅上升，其中宁夏吴忠金积工业园区的土地闲置率上升幅度最大，上升了 5.21%，上述开发区未来要把好园区规划调整关，县(市、区)政府要认真审视新经济常态下园区规划建设的新定位，严格开发区土地使用标准，同时加强监管信息化体系建设，全程动态监测土地供应项目，"早发现、早协调、早处置"闲置低效用地，全面促进土地的高效利用。

表 3-2-12　2017—2020 年开发区土地闲置率

开发区名称	土地闲置率			
	2017 年	2018 年	2019 年	2020 年
银川经济技术开发区	0.37%	0.28%	0.23%	0.35%
石嘴山经济技术开发区	0.00%	0.00%	0.00%	0.41%
银川高新技术产业开发区	0.00%	0.00%	0.32%	1.18%
石嘴山高新技术产业开发区	0.00%	0.00%	0.00%	0.32%
银川综合保税区	2.11%	2.11%	1.93%	1.93%
宁夏贺兰工业园区	0.56%	1.01%	0.99%	2.31%

开发区名称	土地闲置率			
	2017 年	2018 年	2019 年	2020 年
宁夏平罗工业园区	0.00%	0.33%	0.32%	1.13%
吴忠太阳山开发区	0.00%	0.00%	0.00%	1.66%
宁夏盐池工业园区	0.00%	0.05%	0.00%	4.55%
宁夏中宁工业园区	0.00%	0.00%	0.00%	0.00%
宁夏固原经济开发区	0.00%	0.00%	0.00%	0.00%
苏银产业园	0.00%	0.10%	0.10%	1.66%
宁夏宁东能源化工基地开发区	3.85%	3.69%	3.44%	2.03%
宁夏永宁工业园区	5.75%	1.69%	1.68%	2.57%
宁夏吴忠金积工业园区	0.00%	0.57%	0.00%	5.21%
宁夏同心工业园区	0.00%	0.00%	0.00%	0.00%
宁夏中卫工业园区	37.72%	0.00%	0.00%	2.18%
宁夏青铜峡工业园区	0.12%	0.00%	0.00%	0.00%
宁夏西吉工业园区	0.00%	0.00%	0.00%	0.00%
隆德县六盘山工业园区	0.00%	0.00%	0.00%	1.91%
泾源县轻工产业园区	0.00%	0.00%	0.00%	2.68%
彭阳县王洼产业园区	0.00%	0.00%	0.00%	0.95%
中卫市海兴开发区	0.00%	0.00%	0.00%	0.09%

5.2 批而未供率

批而未供率是指未供应建设用地面积与批准建设用地面积之比，反映开发区土地的供应情况。截至 2020 年底，开发区批而未供率为 15.12%，较 2019 年上升 8.49%（图 3-2-13），这是因为宁夏持续开展批而未供和闲置土地盘活利用专项行动，有效盘活了闲置土地与存量用地，提高了土地供应效率。

从各开发区来看（表 3-2-13），截至 2020 年底，银川经济技术开发区、石嘴山经济技术开发区等 12 个开发区的批而未供率出现小幅上涨，其中涨幅最大的为银川经济技术开发区，较 2018 年上升 19.13%。上述开发区未来应结合各自发展实际，分类施策，对已经批准为建设用地但未落实项目的土地，通过加大招商引资力度，推进园区内项目尽快尽早落地；对因规划导致暂时无法供应的情况，应采取依法调整、及时出具土地使用规划条件、重新落实项目等措施，降低园区内批而未供率。

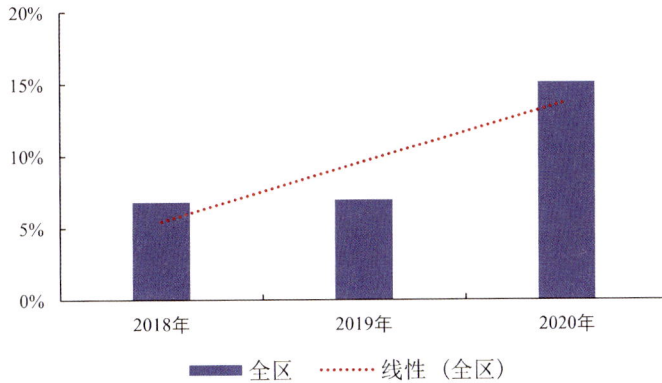

图 3-2-13　2019—2020 年开发区批而未供率

表 3-2-13　2017—2020 年开发区批而未供比率

开发区名称	批而未供比率		
	2018 年	2019 年	2020 年
银川经济技术开发区	33.84%	11.56%	52.95%
石嘴山经济技术开发区	28.47%	42.85%	31.43%
银川高新技术产业开发区	20.84%	23.88%	26.41%
石嘴山高新技术产业开发区	40.03%	5.38%	22.59%
银川综合保税区	59.18%	55.58%	58.12%
宁夏贺兰工业园区	8.14%	2.09%	12.79%
宁夏平罗工业园区	14.20%	3.44%	13.28%
吴忠太阳山开发区	12.58%	0.00%	17.09%
宁夏盐池工业园区	9.53%	1.68%	13.87%
宁夏中宁工业园区	5.76%	2.96%	9.80%
宁夏固原经济开发区	18.12%	7.08%	11.25%
苏银产业园	23.09%	11.54%	26.68%
宁夏宁东能源化工基地开发区	14.55%	4.37%	11.11%
宁夏永宁工业园区	7.55%	3.92%	9.79%
宁夏吴忠金积工业园区	4.58%	2.54%	6.32%

续表

开发区名称	批而未供比率		
	2018 年	2019 年	2020 年
宁夏同心工业园区	34.69%	4.93%	32.40%
宁夏中卫工业园区	9.53%	4.82%	6.02%
宁夏青铜峡工业园区	25.45%	7.52%	13.79%
宁夏西吉工业园区	27.10%	14.37%	22.25%
隆德县六盘山工业园区	9.73%	5.89%	0.89%
泾源县轻工产业园区	31.17%	5.58%	0.00%
彭阳县王洼产业园区	4.31%	1.56%	18.16%
中卫市海兴开发区	14.84%	4.49%	19.86%

二、土地集约利用综合评价及变化分析

本节对开发区的土地集约利用程度进行评价，探究开发区土地集约利用水平和变化趋势；依据土地利用集约度对开发区进行等级划分，并分析 2017—2020 年 23 个开发区等级的变化情况；依据土地利用集约度水平和变化趋势对开发区进行聚类，将开发区划分为四种类型；利用障碍度模型探究开发区土地集约利用的主要制约因素。

1. 土地利用集约度评价方法与因子权重

1.1 指标理想值的确定

针对已有评价成果中不同年份、不同级别开发区的指标理想值不同的问题，参照《开发区土地集约利用评价规程》（2014 年度试行），采用最大值（最小值）、四分位法、分位数、均值，并采取咨询专家的方法综合确定并统一评价指标的理想值，使不同年份和不同级别开发区的土地利用集约度具有可比性[1]。指标标准化值（表 3-2-14）、指标标准化方法与土地利用集约度计算方法如下。

---

[1] 强妮. 不同区域开发区土地集约利用评价及障碍因素诊断——以宁夏为例[J]. 国土与自然资源研究，2024(01)：28-32.

表 3-2-14　开发区土地集约利用评价指标理想值

目　　标	子目标	指　　标	理　想　值
土地利用 状况（A）	土地利用程度（A1）	土地开发率（A11）	100
		土地供应率（A12）	100
		土地建成率（A13）	100
	用地结构状况（A2）	工业用地率（A21）	80
	土地利用强度（A3）	综合容积率（A31）	1
		建筑密度（A32）	25
		工业用地综合容积率（A33）	1
		工业用地建筑系数（A34）	60
用地效益 （B）	产业用地投入产出 效益（B1）	工业用地固定资产投入强度（B11）	4000
		工业用地产出强度（B12）	3000
		工业用地地均税收（B13）	200
管理绩效（C）	土地利用监管 绩效（C1）	土地闲置率（C11）	0
		批而未供率（C12）	0

1.2　指标权重确定

沿用开发区土地集约利用评价的权重，评价子目标和指标的权重，见表 3-2-15。

表 3-2-15　开发区土地集约利用评价指标权重

目　　标	目标层 权重	子目标	子目标 权重	指　　标	指标 权重	指标属性
土地利用 状况（A）	0.72	土地利用程度（A1）	0.23	土地开发率（A11）	0.24	正相关
				土地供应率（A12）	0.34	正相关
				土地建成率（A13）	0.42	正相关
		用地结构状况（A2）	0.24	工业用地率（A21）	1	正相关
		土地利用强度（A3）	0.53	综合容积率（A31）	0.24	正相关
				建筑密度（A32）	0.22	正相关
				工业用地综合容积率（A33）	0.28	正相关
				工业用地建筑系数（A34）	0.26	正相关

续表

目 标	目标层权重	子目标	子目标权重	指 标	指标权重	指标属性
用地效益（B）	0.18	产业用地投入产出效益（B1）	1	工业用地固定资产投入强度（B11）	0.4	正相关
				工业用地产出强度（B12）	0.3	正相关
				工业用地地均税收（B13）	0.3	正相关
管理绩效（C）	0.1	土地利用监管绩效（C1）	1	土地闲置率（C11）	0.5	负相关
				批而未供率（C12）	0.5	负相关

1.3 指标标准化方法

正向指标标准化公式如下：

$$S_{ijk} = \frac{X_{ijk}}{T_{ijk}} \times 100\% \qquad (3\text{-}1)$$

式中，S_{ijk} 为 i 目标 j 子目标 k 指标的实现度分值；X_{ijk} 为 i 目标 j 子目标 k 指标的现状值；T_{ijk} 为 i 目标 j 子目标 k 指标的理想值。

负向指标标准化公式如下：

$$S_{ijk} = 100 - X_{ijk} \qquad (3\text{-}2)$$

式中，S_{ijk} 为 i 目标 j 子目标 k 指标的实现度分值；X_{ijk} 为 i 目标 j 子目标 k 指标的现状值。

1.4 集约度计算方法

开发区土地利用集约度子目标分值计算公式如下：

$$F_{ij} = \sum_{k=1}^{n} (S_{ijk} \times W_{ijk}) \qquad (3\text{-}3)$$

式中，F_{ij} 为 j 子目标的土地利用集约度分值；S_{ijk} 为 j 子目标层中第 k 个评价指标的实现度分值；W_{ijk} 为 j 子目标层中第 k 个评价指标在相应子目标层的权重值。

开发区土地利用集约度目标分值计算公式如下：

$$F_i = \sum_{j=1}^{n} (F_{ij} \times W_{ij}) \qquad (3\text{-}4)$$

式中，F_i 为 i 目标的土地利用集约度分值；F_{ij} 为 i 目标层第 j 个子目标的集约度分值；W_{ij} 为 i 目标层中第 j 个子目标在相应目标层中的权重值。

开发区土地利用集约度综合分值计算公式如下：

$$F = \sum_{I=1}^{n} (F_i \times W_i) \qquad (3\text{-}5)$$

式中，F 为土地利用集约度综合分值；F_i 为 i 目标的土地利用集约度分值；W_i 为 i 目标的权重值。

2. 土地集约利用子目标评价

2.1　土地利用程度评价

2017—2020 年，各开发区历年土地利用程度分值分布在 68~93，分值的标准差从 5.4 上升到了 6.3，开发区土地利用程度的差距增大（表 3-2-16）。从各开发区的变化情况来看，石嘴山经济技术开发区、宁夏永宁工业园区、银川经济技术开发区、宁夏贺兰工业园区等开发区保持了较高的土地利用程度，其中，石嘴山经济技术开发区 2017—2020 年土地利用程度分值保持在 92 左右，四年间均排名第一；而银川高新技术产业开发区、银川综合保税区等开发区土地利用程度较低，其中，银川高新技术产业开发区始终排在 23 个开发区最后一名。开发区土地利用程度分值变化幅度普遍较小，但少数开发区如泾源县轻工产业园区、宁夏吴忠金积工业园区土地利用程度明显上升，隆德县六盘山工业园区、宁夏同心工业园区、宁夏青铜峡工业园区土地利用程度下降明显。

表 3-2-16　2017—2020 年开发区土地集约利用子目标土地利用程度分值

开发区名称	2017 年	2018 年	2019 年	2020 年
银川经济技术开发区	88.3	88.5	89.2	90.1
石嘴山经济技术开发区	91.8	92.0	92.4	91.7
银川高新技术产业开发区	73.0	69.6	69.8	68.7
石嘴山高新技术产业开发区	86.3	86.1	86.1	84.9
银川综合保税区	74.4	74.7	72.9	75.5
宁夏贺兰工业园区	88.3	88.1	89.4	88.4
宁夏平罗工业园区	84.9	85.0	86.6	85.8
吴忠太阳山开发区	76.9	76.8	79.3	75.7
宁夏盐池工业园区	82.1	82.4	83.9	83.0
宁夏中宁工业园区	85.4	85.4	86.8	80.8
宁夏固原经济开发区	80.3	79.6	81.1	77.4
宁夏宁东能源化工基地开发区	74.7	75.5	77.2	82.0
宁夏永宁工业园区	88.5	89.4	91.6	90.8
宁夏吴忠金积工业园区	77.1	77.2	79.9	86.3
宁夏同心工业园区	86.7	87.3	87.7	80.5

开发区名称	2017 年	2018 年	2019 年	2020 年
宁夏中卫工业园区	77.7	77.6	77.8	74.2
宁夏青铜峡工业园区	88.4	88.3	88.3	83.2
宁夏西吉工业园区	81.7	81.5	81.8	81.2
隆德县六盘山工业园区	82.2	83.0	87.2	69.6
泾源县轻工产业园区	77.1	77.4	77.4	88.6
彭阳县王洼产业园区	87.1	87.4	87.0	82.3
中卫市海兴开发区	83.2	83.2	82.7	78.0
苏银产业园	76.0	74.7	74.7	76.0

从土地利用程度分值的均值来看，开发区整体水平在 2019 年明显提高，但总体呈下降趋势，从 2017 年的 82.3 降低至 2020 年的 81.5(图 3-2-14)。相比于省级开发区，国家级开发区土地利用程度分值较稳定，各年份的变化较小，可见国家级开发区发展较为成熟，土地利用程度相对稳定。

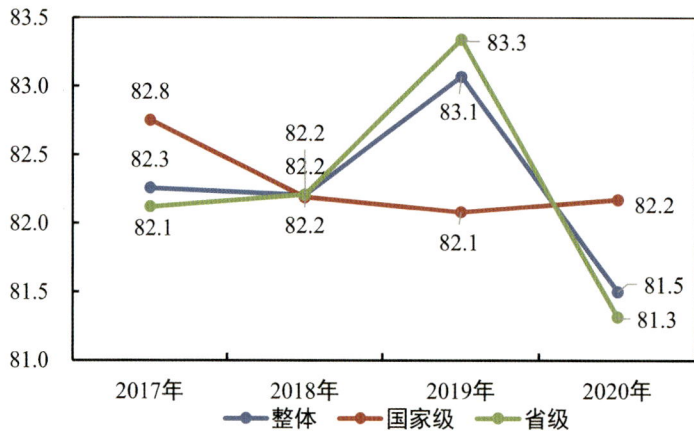

图 3-2-14　2017—2020 年开发区土地集约利用子目标土地利用程度分值

土地利用程度涉及土地开发率、土地供应率、土地建成率指标，为探究土地利用程度分值下降的原因，汇总相关指标的变化情况(图 3-2-15)，土地供应率和土地建成率两个指标较为稳定且有小幅提升，土地开发率在 2017—2019 年较为稳定，但 2020 年出现大幅降低，从而导致土地利用程度分值下降，其中，宁夏贺兰工业园区、吴忠太阳山开发区、宁夏固原经济开发区、宁夏同心工业园区等开发区土地开发率受开发区整合优化后用地总规模增加的影响下降较为明显。

图 3-2-15　2017—2020 年开发区土地集约利用子目标土地利用程度相关指标值

2.2　用地结构状况评价

2017—2020 年，各开发区历年用地结构状况分值在 15~100，开发区之间差距较大，大部分开发区分值稳定，分值的标准差从 23.5 下降到了 17.9，开发区用地结构状况差距缩小(表 3-2-17)。从各开发区的变化情况来看，宁夏中卫工业园区、宁夏盐池工业园区、宁夏中宁工业园区等开发区用地结构状况较好，分值始终接近 100；而中卫市海兴开发区、苏银产业园、泾源县轻工产业园区等开发区用地结构状况分值较低。开发区用地结构状况普遍较稳定，仅银川高新技术产业开发区在与金凤工业集中区合并后分值明显下降，中卫市海兴开发区分值明显上升。

表 3-2-17　2017—2020 年开发区土地集约利用子目标用地结构状况分值

开发区名称	2017 年	2018 年	2019 年	2020 年
银川经济技术开发区	64.0	64.5	65.7	67.7
石嘴山经济技术开发区	88.9	91.1	90.6	84.8
银川高新技术产业开发区	96.0	75.8	74.7	56.9
石嘴山高新技术产业开发区	81.4	82.4	82.4	73.4
银川综合保税区	54.3	53.8	53.8	58.9
宁夏贺兰工业园区	63.3	63.1	62.3	79.2
宁夏平罗工业园区	97.4	97.4	98.4	96.7
吴忠太阳山开发区	100.0	100.0	100.0	93.7
宁夏盐池工业园区	98.6	98.8	99.4	92.0

续表

开发区名称	2017 年	2018 年	2019 年	2020 年
宁夏中宁工业园区	100.0	100.0	100.0	100.0
宁夏固原经济开发区	75.1	74.5	76.3	69.9
宁夏宁东能源化工基地开发区	94.8	95.8	97.7	98.7
宁夏永宁工业园区	61.1	63.5	66.7	66.5
宁夏吴忠金积工业园区	89.1	89.8	90.8	86.1
宁夏同心工业园区	89.1	89.6	89.2	78.0
宁夏中卫工业园区	100.0	100.0	100.0	97.1
宁夏青铜峡工业园区	75.7	75.9	77.3	78.8
宁夏西吉工业园区	63.6	62.9	61.9	77.3
隆德县六盘山工业园区	92.2	91.1	95.0	95.4
泾源县轻工产业园区	43.8	43.5	44.4	52.8
彭阳县王洼产业园区	73.0	72.7	72.7	71.0
中卫市海兴开发区	15.5	15.5	15.5	47.8
苏银产业园	64.0	64.5	65.7	67.7

从用地结构状况分值的均值来看，开发区整体水平先降低后上升，2017—2020 年从 75.7 上升至 76.2(图 3-2-16)。国家级开发区和省级开发区用地结构状况分值的变化趋势截然相反，2017 年国家级开发区略高于省级开发区，此后国家级开发区逐年下降、省级开发区逐年上升，且国家级和省级开发区的差距逐年增大。

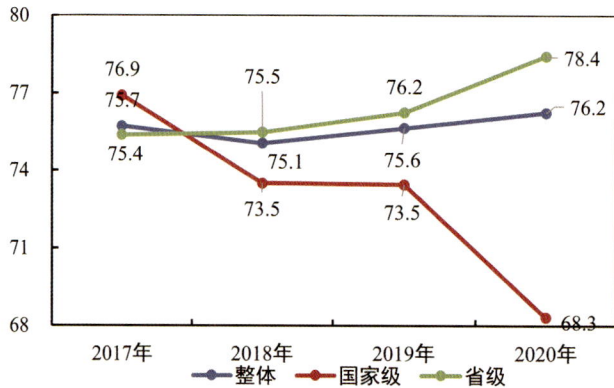

图 3-2-16 2017—2020 年开发区土地集约利用子目标用地结构状况分值

2.3　土地利用强度评价

2017—2020 年，各开发区历年土地利用强度分值分布在 33～93，开发区间差距较大
（表 3-2-18）。从各开发区的变化情况来看，宁夏吴忠金积工业园区、石嘴山高新技术产业
开发区、宁夏宁东能源化工基地开发区等开发区保持了较高的土地利用强度；而吴忠太阳
山开发区、泾源县轻工产业园区、宁夏中卫工业园区等开发区土地利用强度较低。多数开
发区的土地利用强度有所提高，其中上升幅度最大的开发区为宁夏平罗工业园区，四年间
分值提高了 35.9；而少数开发区如中卫市海兴开发区、宁夏永宁工业园区、宁夏吴忠金积
工业园区土地利用强度减弱。

表 3-2-18　2017—2020 年开发区土地集约利用子目标土地利用强度分值

开发区名称	2017 年	2018 年	2019 年	2020 年
银川经济技术开发区	74.5	76.0	82.7	85.0
石嘴山经济技术开发区	72.7	75.7	81.7	90.0
银川高新技术产业开发区	63.4	78.4	77.6	63.7
石嘴山高新技术产业开发区	88.4	89.0	89.2	84.7
银川综合保税区	78.7	79.7	81.2	81.8
宁夏贺兰工业园区	78.6	81.8	83.1	92.4
宁夏平罗工业园区	55.8	61.0	63.1	91.7
吴忠太阳山开发区	35.5	35.9	36.7	52.5
宁夏盐池工业园区	55.4	64.6	67.2	75.6
宁夏中宁工业园区	45.6	47.8	46.9	50.5
宁夏固原经济开发区	61.3	63.3	66.2	73.1
宁夏宁东能源化工基地开发区	85.4	85.7	84.9	83.5
宁夏永宁工业园区	85.0	87.6	86.3	74.6
宁夏吴忠金积工业园区	89.7	91.9	92.8	81.2
宁夏同心工业园区	55.3	56.1	58.0	66.5
宁夏中卫工业园区	40.6	40.7	42.1	47.7
宁夏青铜峡工业园区	59.9	61.0	60.9	70.2
宁夏西吉工业园区	48.2	50.7	50.3	57.6
隆德县六盘山工业园区	74.2	75.6	77.0	87.3
泾源县轻工产业园区	40.8	43.0	45.3	41.1
彭阳县王洼产业园区	63.2	67.0	67.4	84.3

续表

开发区名称	2017 年	2018 年	2019 年	2020 年
中卫市海兴开发区	65.0	53.0	53.0	51.1
苏银产业园	52.97	53.0	53.0	51.1

从土地利用强度分值的均值来看，开发区整体水平在 2017—2020 年逐年上升，从 63.9 上升至 71.2(图 3-2-17)。国家级开发区土地利用强度分值在 2020 年小幅下降但总体有所上升，省级开发区逐年上升，国家级和省级开发区的差距减小。

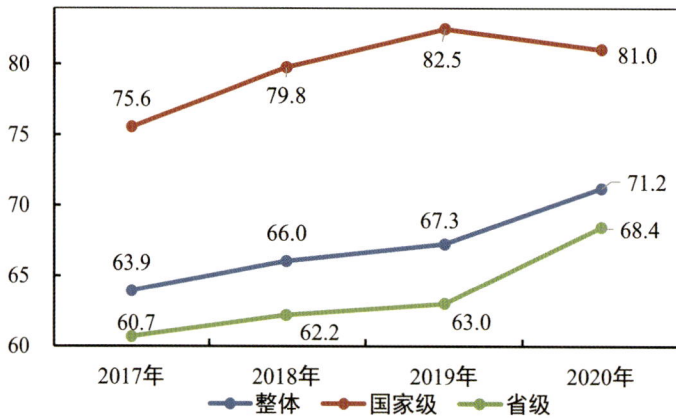

图 3-2-17　2017—2020 年开发区土地集约利用子目标土地利用强度分值

土地利用强度涉及综合容积率、工业用地综合容积率、建筑密度、工业用地建筑系数四个指标，除工业用地建筑系数外的三个指标水平均逐年上升，工业用地建筑系数在 2020 年有所下降，但对土地利用强度分值的整体水平变化影响不大(图 3-2-18)。

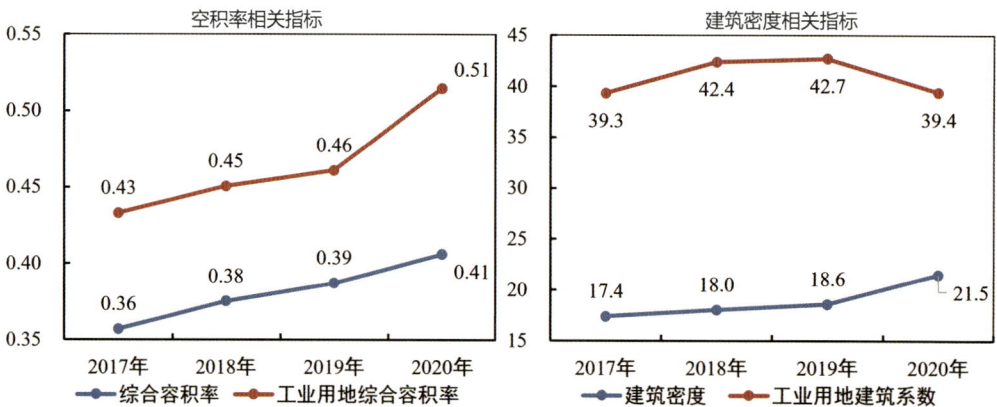

图 3-2-18　2017—2020 年开发区土地集约利用子目标土地利用强度相关指标值

2.4　产业用地投入产出评价

2017—2020 年，各开发区历年产业用地投入产出分值分布在 12~88，开发区间差距较大，分值的标准差从 16.7 上升到了 22.7，开发区产业用地投入产出的差距增大（表3-2-19）。从各开发区的变化情况来看，宁夏宁东能源化工基地开发区、彭阳县王洼产业园区、银川经济技术开发区保持了较高的分值，三个开发区的分值始终位于前列且逐年上升。多数开发区产业用地投入产出分值出现明显起伏，石嘴山高新技术产业开发区、吴忠太阳山开发区、宁夏固原经济开发区分值出现明显上升，宁夏吴忠金积工业园区、银川综合保税区、中卫市海兴开发区等开发区分值明显下降。

表 3-2-19　2017—2020 年开发区土地集约利用子目标产业用地投入产出分值

开发区名称	2017 年	2018 年	2019 年	2020 年
银川经济技术开发区	58.3	64.3	69.2	76.5
石嘴山经济技术开发区	44.0	43.7	51.0	51.9
银川高新技术产业开发区	40.3	56.8	52.0	22.3
石嘴山高新技术产业开发区	28.7	33.2	34.3	60.5
银川综合保税区	43.8	17.5	17.0	12.4
宁夏贺兰工业园区	57.8	55.5	41.7	60.3
宁夏平罗工业园区	29.1	35.1	39.5	31.6
吴忠太阳山开发区	39.6	45.3	50.4	65.2
宁夏盐池工业园区	30.3	40.4	41.7	43.2
宁夏中宁工业园区	38.3	35.7	34.1	40.2
宁夏固原经济开发区	40.8	58.9	45.9	61.1
宁夏宁东能源化工基地开发区	96.2	99.1	93.1	97.4
宁夏永宁工业园区	45.6	38.7	34.8	37.7
宁夏吴忠金积工业园区	51.2	52.5	56.4	16.7
宁夏同心工业园区	51.3	56.1	55.7	41.0
宁夏中卫工业园区	40.2	49.0	63.5	30.0
宁夏青铜峡工业园区	46.1	39.9	39.8	38.5
宁夏西吉工业园区	19.1	16.0	18.9	23.5
隆德县六盘山工业园区	24.1	26.7	35.6	19.5
泾源县轻工产业园区	36.1	43.6	42.0	31.1
彭阳县王洼产业园区	78.7	82.3	83.2	87.2

开发区名称	2017 年	2018 年	2019 年	2020 年
中卫市海兴开发区	51.8	32.3	27.1	21.7
苏银产业园	34.5	34.5	38.2	23.0

从产业用地投入产出分值的均值来看，2017—2020 年开发区整体在前三年小幅上升但在 2020 年出现明显下滑，从 46.3 下降至 43.1。国家级开发区和省级开发区产业用地投入产出分值前三年有所上升，2020 年国家级开发区与上年基本持平，而省级开发区大幅下降，这也导致了开发区整体分值的下降(图 3-2-19)。

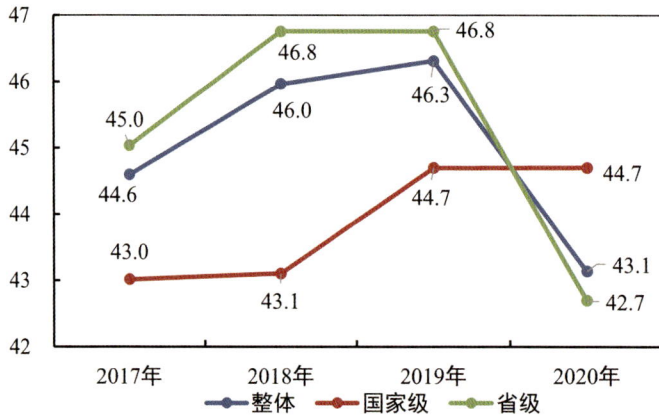

图 3-2-19　2017—2020 年开发区土地集约利用子目标产业用地投入产出分值

产业用地投入产出涉及工业用地固定资产投入强度、工业用地产出强度、工业用地地均税收三个指标，为探究省级开发区产业用地投入产出分值下降的原因，汇总省级开发区相关指标的变化情况(图 3-2-20)，省级开发区工业用地固定资产投入强度在前三年稳定提高，工业用地产出强度前三年保持稳定，但在 2020 年均出现一定幅度的减少，工业用地地均税收在 2019 年出现"断崖式"下跌，这主要是因为园区整合在探索起步阶段。

2.5　土地利用监管绩效评价

2017—2020 年各开发区历年土地利用监管绩效分值分布在 68~100，分值的标准差从 5.4 上升到了 6.3，开发区土地利用监管绩效的差距增大(表 3-2-20)。从变化情况来看，多数开发区土地利用监管绩效先增加后减少，在 2019 年达到最高；2019—2020 年仅有石嘴山经济技术开发区、隆德县六盘山工业园区和泾源县轻工产业园区继续上升。四年间，银川综合保税区土地利用监管绩效均较低，始终排在 23 个开发区最后一名。

图 3-2-20 2017—2020 年开发区土地集约利用子目标产业用地投入产出相关指标值

表 3-2-20 2017—2020 年开发区土地集约利用子目标土地利用监管绩效分值

开发区名称	2017 年	2018 年	2019 年	2020 年
银川经济技术开发区	82.9	82.9	94.1	73.4
石嘴山经济技术开发区	85.8	85.8	78.6	84.1
银川高新技术产业开发区	89.6	89.6	87.9	86.2
石嘴山高新技术产业开发区	80.0	80.0	97.3	88.5
银川综合保税区	69.4	69.4	71.2	70.0
宁夏贺兰工业园区	95.7	95.4	98.5	92.5
宁夏平罗工业园区	92.9	92.7	98.1	92.8
吴忠太阳山开发区	93.7	93.7	100.0	90.6
宁夏盐池工业园区	95.2	95.2	99.2	90.8
宁夏中宁工业园区	97.1	97.1	98.5	95.1
宁夏固原经济开发区	90.9	90.9	96.5	94.4
宁夏宁东能源化工基地开发区	90.8	90.9	96.1	93.4
宁夏永宁工业园区	93.4	95.4	97.2	93.8
宁夏吴忠金积工业园区	97.7	97.4	98.7	94.2
宁夏同心工业园区	82.7	82.7	97.5	83.8
宁夏中卫工业园区	76.4	95.2	97.6	95.9
宁夏青铜峡工业园区	87.2	87.3	96.2	93.1

开发区名称	2017 年	2018 年	2019 年	2020 年
宁夏西吉工业园区	86.5	86.5	92.8	88.9
隆德县六盘山工业园区	95.1	95.1	97.1	98.6
泾源县轻工产业园区	84.4	84.4	97.2	98.7
彭阳县王洼产业园区	97.8	97.8	99.2	90.4
中卫市海兴开发区	92.6	92.6	97.8	90.0
苏银产业园	85.8	88.4	94.2	85.8

　　从土地利用监管绩效分值的均值来看，2017—2020 年开发区整体在前三年有所上升，但在 2020 年出现明显下滑，回落到 2018 年的水平，四年间土地利用监管绩效分值均值从 88.8 上升至 89.8（图 3-2-21）。国家级开发区的分值始终低于省级开发区，但两者变化规律基本一致，2020 年由于土地闲置率与批而未供率的上升导致开发区整体的监管绩效下降。

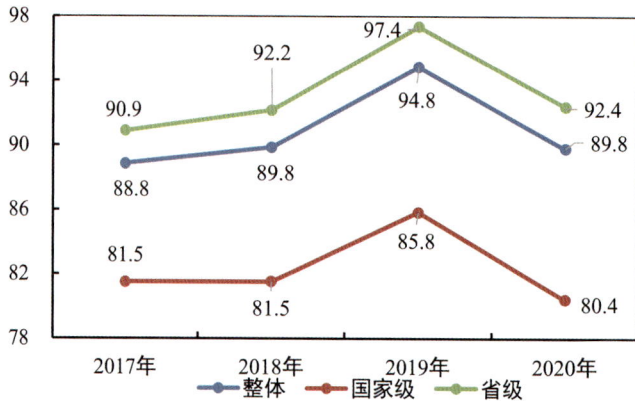

图 3-2-21　2017—2020 年开发区土地集约利用子目标土地利用监管绩效分值

　　土地利用监管绩效涉及土地闲置率和批而未供率两个指标，均为负向指标，指标值越低，对土地利用监管绩效分值的提高越有利。汇总相关指标的变化情况（图 3-2-22），国家级开发区土地闲置率较稳定，而省级开发区土地闲置率先减后增；国家级和省级开发区批而未供率的变化趋势基本一致，但国家级开发区始终高于省级开发区，这导致了国家级开发区的分值始终低于省级开发区。

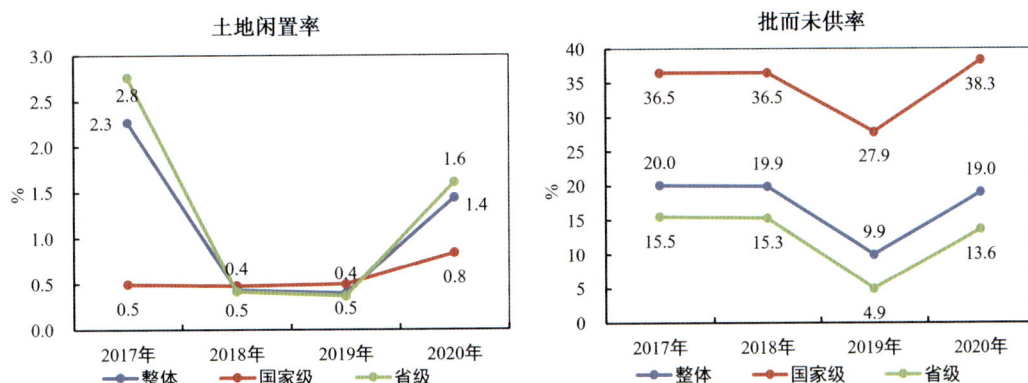

图 3-2-22　2017—2020 年开发区土地集约利用子目标产业土地利用监管绩效指标值

3. 土地集约利用子目标协调分析

利用耦合协调度模型探究开发区土地集约利用五个子目标之间的协调关系，各开发区 2017—2020 年耦合协调度结果见表 3-2-21。23 个开发区历年土地集约利用子目标耦合协调度分布在 0.4~0.95，2017—2020 年呈小幅上升趋势，说明开发区土地集约利用子目标间的相互作用增强。具体来看，宁夏宁东能源化工基地开发区、彭阳县王洼产业园区、银川经济技术开发区、宁夏贺兰工业园区、石嘴山经济技术开发区等土地集约利用子目标之间保持了较高的耦合协调度。其中，宁夏宁东能源化工基地开发区四年间耦合协调度均为 0.93 左右，明显高于其他开发区；而苏银产业园、中卫市海兴开发区、宁夏西吉工业园区等耦合协调度较低。从变化趋势来看，吴忠太阳山开发区、宁夏盐池工业园区等子目标耦合协调度出现明显上升，而银川高新技术产业开发区、银川综合保税区、宁夏吴忠金积工业园区等下降趋势明显。

表 3-2-21　2017—2020 年开发区土地集约利用子目标耦合协调度

开发区名称	2017 年	2018 年	2019 年	2020 年
银川经济技术开发区	0.83	0.85	0.87	0.88
石嘴山经济技术开发区	0.80	0.80	0.84	0.86
银川高新技术产业开发区	0.74	0.84	0.82	0.61
石嘴山高新技术产业开发区	0.72	0.76	0.76	0.87
银川综合保税区	0.77	0.58	0.58	0.51
宁夏贺兰工业园区	0.83	0.83	0.77	0.89
宁夏平罗工业园区	0.66	0.71	0.74	0.75

续表

开发区名称	2017 年	2018 年	2019 年	2020 年
吴忠太阳山开发区	0.62	0.65	0.66	0.79
宁夏盐池工业园区	0.66	0.75	0.76	0.80
宁夏中宁工业园区	0.67	0.67	0.65	0.70
宁夏固原经济开发区	0.74	0.81	0.78	0.83
宁夏宁东能源化工基地开发区	0.93	0.93	0.93	0.94
宁夏永宁工业园区	0.79	0.77	0.75	0.75
宁夏吴忠金积工业园区	0.85	0.86	0.88	0.58
宁夏同心工业园区	0.77	0.79	0.79	0.76
宁夏中卫工业园区	0.66	0.69	0.73	0.63
宁夏青铜峡工业园区	0.76	0.74	0.74	0.75
宁夏西吉工业园区	0.55	0.52	0.54	0.62
隆德县六盘山工业园区	0.65	0.68	0.75	0.61
泾源县轻工产业园区	0.61	0.65	0.64	0.58
彭阳县王洼产业园区	0.84	0.86	0.86	0.90
中卫市海兴开发区	0.52	0.45	0.42	0.56
苏银产业园	0.56	0.55	0.56	0.52

从耦合协调度的变化情况来看，整体水平较稳定，国家级与省级开发区之间的差距在缩小（图 3-2-23）。国家级开发区土地集约利用子目标耦合协调度均值始终高于整体水平，主要原因有两点：一是国家级开发区的土地利用集约度较高；二是国家级开发区土地集约

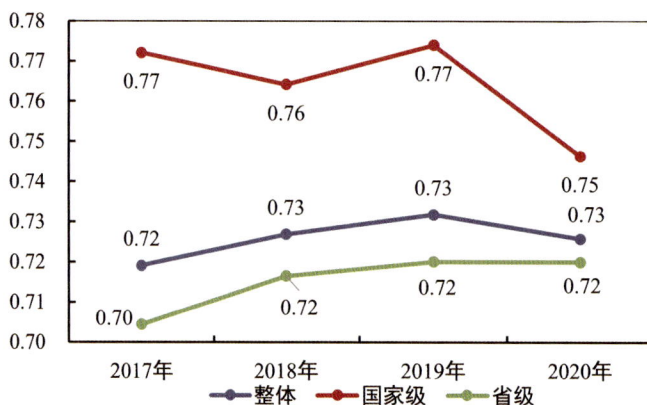

图 3-2-23 2017—2020 年开发区土地集约利用子目标耦合协调度变化

利用子目标之间的相互作用较强。国家级开发区土地集约利用子目标耦合协调度均值在 2017—2020 年从 0.77 下降到了 0.75，而土地利用集约度未下降，可知国家级开发区土地集约利用子目标间的相互作用在减弱，子目标发展不均衡。省级开发区土地集约利用子目标耦合协调度均值低于总体水平，耦合协调度均值有小幅上升，结合省级开发区土地利用集约度的变化可知，2019 年子目标耦合协调度的提升主要是因为土地利用集约度的提高。

4. 土地利用集约度综合评价

对 23 个开发区的土地利用集约度进行汇总（表 3-2-22），各开发区历年土地利用集约度分布在 50~90，开发区土地利用集约度的标准差从 8.8 上升到 10.3，开发区土地利用集约度的差距增大。宁夏宁东能源化工基地开发区、宁夏吴忠金积工业园区、彭阳县王洼产业园区、石嘴山经济技术开发区、宁夏贺兰工业园区等开发区保持了较高的土地利用集约度，其中，宁夏宁东能源化工基地开发区 2017—2020 年土地利用集约度从 87.7 上升到 89.4，四年间均排名第一；而宁夏西吉工业园区、中卫市海兴开发区、泾源县轻工产业园区、苏银产业园等开发区土地利用集约度水平较低，其中，苏银产业园土地利用集约度从 51.9 下降到 50.1，2020 年排在 23 个开发区最后一名。集约度出现明显上升的开发区有宁夏平罗工业园区、吴忠太阳山开发区、宁夏盐池工业园区、宁夏贺兰工业园区等，集约度出现明显下降的有银川高新技术产业开发区、宁夏吴忠金积工业园区、中卫市海兴开发区等。

表 3-2-22　2017—2020 年开发区土地利用集约度变化

开发区名称	2017 年	2018 年	2019 年	2020 年
银川经济技术开发区	72.9	74.7	79.5	80.2
石嘴山经济技术开发区	74.8	76.3	79.2	81.9
银川高新技术产业开发区	69.1	73.7	72.2	58.2
石嘴山高新技术产业开发区	75.2	76.4	78.4	78.8
银川综合保税区	66.6	62.2	62.6	63.1
宁夏贺兰工业园区	75.5	76.3	74.7	83.7
宁夏平罗工业园区	66.7	69.8	72.3	80.9
吴忠太阳山开发区	60.0	61.2	63.5	69.6
宁夏盐池工业园区	66.7	72.1	74.1	75.3
宁夏中宁工业园区	65.4	65.8	65.5	66.7
宁夏固原经济开发区	66.1	69.9	69.8	73.2

开发区名称	2017 年	2018 年	2019 年	2020 年
宁夏宁东能源化工基地开发区	87.7	88.7	88.4	89.4
宁夏永宁工业园区	75.2	75.7	75.6	71.2
宁夏吴忠金积工业园区	81.4	82.5	84.4	72.6
宁夏同心工业园区	68.3	69.7	71.9	68.0
宁夏中卫工业园区	60.5	64.0	67.4	62.3
宁夏青铜峡工业园区	67.6	66.9	68.0	70.4
宁夏西吉工业园区	55.0	55.2	56.1	61.9
隆德县六盘山工业园区	71.7	72.7	76.4	74.7
泾源县轻工产业园区	50.9	53.0	55.1	54.9
彭阳县王洼产业园区	75.1	77.2	77.6	82.8
中卫市海兴开发区	59.8	51.7	51.2	53.6
苏银产业园	51.9	51.9	53.2	50.1

多数开发区的土地利用集约度呈上升趋势（表 3-2-23），从排名变化来看，宁夏平罗工业园区、宁夏固原经济开发区的排名上升幅度较大，排名分别上升了 9、6 名；银川高新技术开发区、宁夏吴忠金积工业园区和宁夏永宁工业园区排名下降幅度较大，排名分别下降了 10、9、7 名；其他开发区的排名相对稳定。通过对比可知，集约度上升的开发区有11 个，排名下降的开发区有 9 个，其中集约度下降的开发区排名均降低，包括银川高新技术产业开发区、银川综合保税区、宁夏永宁工业园区、宁夏吴忠金积工业园区、宁夏同心工业园区、中卫市海兴开发区、苏银产业园，而石嘴山高新技术产业开发区、宁夏青铜峡工业园区的集约度有所提升但排名下降。国家级开发区中银川经济技术开发区、石嘴山高新技术产业开发区的土地利用集约度有所上升，而银川高新技术产业开发区、银川综合保税区的土地利用集约度有所下降。与此同时，银川高新技术产业开发区、石嘴山高新技术产业开发区、银川综合保税区的排名均有所下滑。

表 3-2-23　2017—2020 年开发区集约度与排名变化

开发区名称	2017 年	排名	2020 年	排名	集约度变化	排名变化
银川经济技术开发区	72.9	8	80.2	6	7.3	2
石嘴山经济技术开发区	74.8	7	81.9	4	7.1	3

开发区名称	2017 年	排名	2020 年	排名	集约度变化	排名变化
银川高新技术产业开发区	69.1	10	58.2	20	−10.9	−10
石嘴山高新技术产业开发区	75.2	4	78.8	7	3.6	−3
银川综合保税区	66.6	15	63.1	17	−3.5	−2
宁夏贺兰工业园区	75.5	3	83.7	2	8.2	1
宁夏平罗工业园区	66.7	14	80.9	5	14.2	9
吴忠太阳山开发区	60.0	19	69.6	14	9.5	5
宁夏盐池工业园区	66.7	13	75.3	8	8.6	5
宁夏中宁工业园区	65.4	17	66.7	16	1.2	1
宁夏固原经济开发区	66.1	16	73.2	10	7.1	6
宁夏宁东能源化工基地开发区	87.7	1	89.4	1	1.7	0
宁夏永宁工业园区	75.2	5	71.2	12	−4.0	−7
宁夏吴忠金积工业园区	81.4	2	72.6	11	−8.8	−9
宁夏同心工业园区	68.3	11	68.0	15	−0.4	−4
宁夏中卫工业园区	60.5	18	62.3	18	1.7	0
宁夏青铜峡工业园区	67.6	12	70.4	13	2.8	−1
宁夏西吉工业园区	55.0	21	61.9	19	6.9	2
隆德县六盘山工业园区	71.7	9	74.7	9	3.0	0
泾源县轻工产业园区	50.9	23	54.9	21	4.1	2
彭阳县王洼产业园区	75.1	6	82.8	3	7.7	3
中卫市海兴开发区	59.8	20	53.6	22	−6.3	−2
苏银产业园	51.9	22	50.1	23	2.5	−1
均值	68.0	–	70.6	–	–	–
标准差	8.8	–	10.3	–	–	–

　　依据土地利用集约度将开发区划分四个等别，80（含）分以上为一等、70（含）~80 分为二等、60（含）~70 分为三等、60 分以下为四等，2020 年各开发区土地利用集约度与分级结果见表 3-2-24。

表 3-2-24 2020 年开发区土地利用集约度与等别表

开发区名称	开发区级别	集约度(分)	等别
宁夏宁东能源化工基地开发区	省级	89.4	一
宁夏贺兰工业园区	省级	83.7	
彭阳县王洼产业园区	省级	82.8	
石嘴山经济技术开发区	国家级	81.9	
宁夏平罗工业园区	省级	80.9	
银川经济技术开发区	国家级	80.2	
石嘴山高新技术产业开发区	国家级	78.8	二
宁夏盐池工业园区	省级	75.3	
隆德县六盘山工业园区	省级	74.7	
宁夏固原经济开发区	省级	73.2	
宁夏吴忠金积工业园区	省级	72.6	
宁夏永宁工业园区	省级	71.2	
宁夏青铜峡工业园区	省级	70.4	
吴忠太阳山开发区	省级	69.6	三
宁夏同心工业园区	省级	68.0	
宁夏中宁工业园区	省级	66.7	
银川综合保税区	国家级	63.1	
宁夏中卫工业园区	省级	62.3	
宁夏西吉工业园区	省级	61.9	
银川高新技术产业开发区	国家级	58.2	四
泾源县轻工产业园区	省级	54.9	
中卫市海兴开发区	省级	53.6	
苏银产业园	省级	50.1	

从历年各等别开发区的数量可知(图 3-2-24),2017—2020 年一等的开发区数量从 2 个增长到 6 个,可见开发区土地利用集约度普遍向高等别发展,整体等别的构成得到优化。

分审批类型来看,2017—2020 年开发区土地利用集约度平均水平如图 3-2-25 所示。国家级开发区的用地集约程度远高于省级开发区,集约度水平基本遵循国家级开发区>总体平均水平>省级开发区。23 个开发区土地利用集约度均值从 68 稳步上升至 70.6,说明开发区土地集约利用呈良性发展。与此同时,国家级开发区土地利用集约度四年间有所上升,但 2019—2020 年出现下降的趋势,而省级开发区保持了比较稳定的增速,国家级和

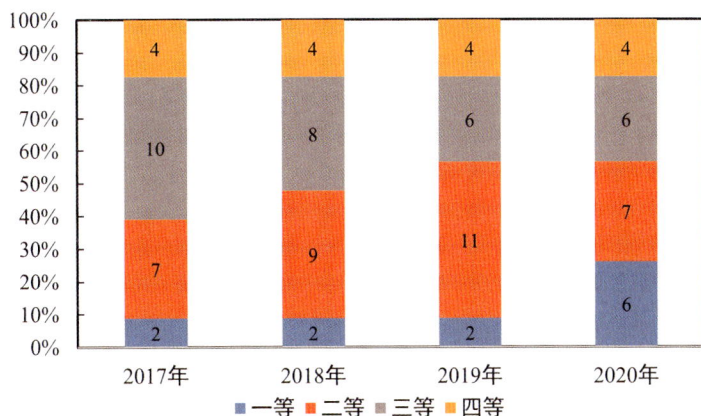

图 3-2-24　2017—2020 年开发区等别数量变化

省级开发区的差距逐渐缩小。

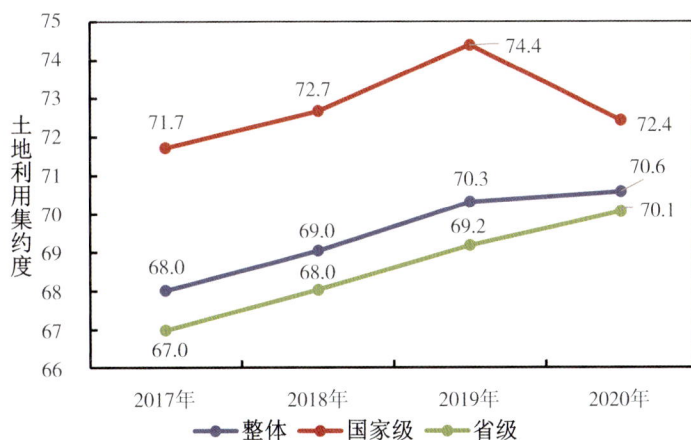

图 3-2-25　2017—2020 年开发区土地利用集约度整体水平

在国家级开发区中，石嘴山经济技术开发区和银川经济技术开发区土地利用集约度等别为一等，分别为 81.9 和 80.2，位于 23 个开发区的前列；其次为石嘴山高新技术产业开发区(78.8)，等别为二等；银川综合保税区和银川高新技术产业开发区的土地利用集约度分别为 63.1 和 58.2，等别分别为第三和第四等，位于 23 个开发区下游。

在省级开发区中，等别为一、二、三、四的数量分别为 4、6、5、3，其中宁夏宁东能源化工基地开发区、宁夏贺兰工业园区、彭阳县王洼产业园区、宁夏平罗工业园区为一等，土地利用集约度较高；泾源县轻工产业园区、中卫市海兴开发区、苏银产业园为四等，土地集约度较低。

223

5. 土地利用集约度"状态—变化"聚类分析

利用波士顿矩阵分析图(四象限图)直观展现各开发区的土地利用集约度水平差异和变化规律,以 2020 年集约度水平平均值与 2017—2020 年土地利用集约度变化 0 值为分割线,即考虑土地利用集约度的分值及其变化幅度对开发区进行分类,属于不同象限的开发区土地利用集约度有不同发展特征(图 3-2-26)。第一象限为集约度"高值—下降"类型,表示 2020 年土地利用集约度高于 23 个开发区的平均水平,但 2017—2020 年集约度有所下降;第二象限为集约度"高值—上升"类型,表示 2020 年土地利用集约度高于 23 个开发区的平均水平,且 2017—2020 年集约度有所上升;第三象限为集约度"低值—下降"类型,表示 2020 年土地利用集约度低于 23 个开发区的平均水平,且 2017—2020 年集约度有所下降;第四象限为集约度"低值—上升"类型,表示 2020 年土地利用集约度低于 23 个开发区的平均水平,但 2017—2020 年集约度有所上升。

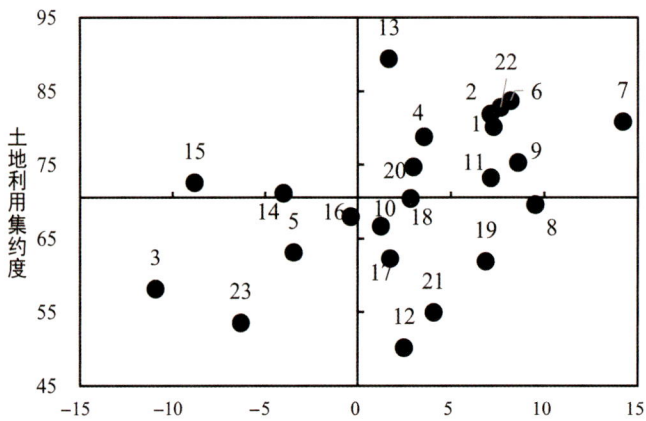

图 3-2-26 2017—2020 年开发区集约度"状态—变化"聚类分析

17 个开发区位于二、四象限,即土地利用集约度在 2017—2020 年有所上升,可见宁夏开发区集约用地发展态势良好。其中,属于第二象限,即"高值—上升"类型的开发区有 10 个,分别为银川经济技术开发区、石嘴山经济技术开发区、石嘴山高新技术产业开发区、宁夏贺兰工业园区、宁夏平罗工业园区、宁夏盐池工业园区、宁夏固原经济开发区、宁夏宁东能源化工基地开发区、隆德县六盘山工业园区、彭阳县王洼产业园区。属于第四象限即"低值—上升"类型的开发区有 7 个,分别为宁夏中宁工业园区、宁夏同心工业园区、宁夏中卫工业园区、宁夏青铜峡工业园区、宁夏西吉工业园区、泾源县轻工产业园区、吴忠太阳山开发区。此类开发区土地利用集约度有上升趋势,但仍处于平均水平以下,还有较大的上升空间。

6 个开发区位于一、三象限,即土地利用集约度在 2017—2020 年有所下降。其中,属于第一象限的开发区仅有 1 个：宁夏吴忠金积工业园区。该开发区 2018 年土地利用集约度远高于平均水平，但四年间出现大幅下降。属于第三象限的开发区有 5 个，分别为银川高新技术产业开发区、银川综合保税区、宁夏永宁工业园区、苏银产业园、中卫市海兴开发区。此类开发区土地集约利用水平较低，应进一步提高土地利用强度，优化用地结构，以提高土地利用效益，提升土地集约利用水平。

6. 土地集约利用障碍度分析

采用障碍度模型对 2020 年各开发区土地集约利用的障碍指标进行识别，探究开发区土地集约利用的主要制约因素（表 3-2-25）。5 个国家级开发区土地集约利用前两个障碍指标中有 4 个出现了批而未供率这一指标，供地情况严重制约了国家级开发区的土地集约利用；省级开发区的主要障碍指标有土地开发率、建筑密度、土地闲置率等。土地开发率在吴忠太阳山开发区、宁夏固原经济开发区、宁夏西吉工业园区、彭阳县王洼产业园区、中卫市海兴开发区均为第一障碍指标；建筑密度在宁夏中宁工业园区、宁夏固原经济开发区、中卫市海兴开发区、苏银产业园均为前两个障碍指标；土地闲置率在宁夏贺兰工业园区、宁夏盐池工业园区、宁夏宁东能源化工基地开发区、宁夏永宁工业园区和宁夏吴忠金积工业园区均为前两个障碍指标。

表 3-2-25　2020 年开发区土地集约利用主要障碍指标

开发区名称	开发区级别	第一障碍指标	第二障碍指标
银川经济技术开发区	国家级	批而未供比率	工业用地率
石嘴山经济技术开发区	国家级	批而未供比率	工业用地地均税收
银川高新技术产业开发区	国家级	土地供应率	工业用地率
石嘴山高新技术产业开发区	国家级	土地建成率	批而未供比率
银川综合保税区	国家级	批而未供比率	土地供应率
宁夏贺兰工业园区	省级	土地闲置率	工业用地产出强度
宁夏平罗工业园区	省级	工业用地固定资产投入强度	工业用地产出强度
吴忠太阳山开发区	省级	土地开发率	工业用地综合容积率
宁夏盐池工业园区	省级	土地闲置率	土地建成率
宁夏中宁工业园区	省级	工业用地综合容积率	建筑密度
宁夏固原经济开发区	省级	土地开发率	建筑密度
宁夏宁东能源化工基地开发区	省级	土地建成率	土地闲置率
宁夏永宁工业园区	省级	工业用地建筑系数	土地闲置率
宁夏吴忠金积工业园区	省级	土地闲置率	工业用地固定资产投入强度

续表

开发区名称	开发区级别	第一障碍指标	第二障碍指标
宁夏同心工业园区	省级	批而未供比率	土地开发率
宁夏中卫工业园区	省级	土地供应率	工业用地综合容积率
宁夏青铜峡工业园区	省级	土地供应率	综合容积率
宁夏西吉工业园区	省级	土地开发率	工业用地固定资产投入强度
隆德县六盘山工业园区	省级	土地建成率	工业用地固定资产投入强度
泾源县轻工产业园区	省级	建筑密度	工业用地综合容积率
彭阳县王洼产业园区	省级	土地开发率	工业用地率
中卫市海兴开发区	省级	土地开发率	建筑密度
苏银产业园	省级	建筑密度	工业用地率

在第一障碍指标中，出现频次最高的是土地开发率，其次是批而未供率，再次是土地供应率、土地建成率、土地闲置率，可见频数较高的指标均属于土地利用程度和土地利用监管绩效两个子目标，对开发区土地集约利用的制约程度较高，提高土地利用程度、充分利用闲置土地等措施可有效提高开发区土地利用集约度(图3-2-27)。

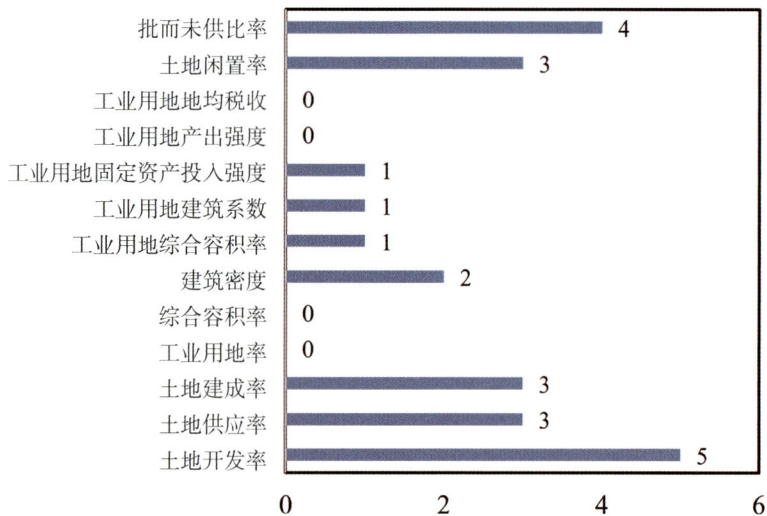

图 3-2-27 2020 年开发区土地集约利用第一障碍指标

三、土地集约利用潜力评价

本节对开发区的土地集约利用潜力进行测算分析，土地集约利用潜力包括扩展潜力、结构潜力、强度潜力和管理潜力，其中理想值的确定方法同指标理想值的确定。

1. 土地集约利用扩展潜力

扩展潜力是指截至评价时点，开发区评价范围内尚可供应土地的面积。其计算公式如下：

$$Q_E = Q_Z - Q_D - Q_F \tag{3-6}$$

式中，Q_E 为开发区尚可供应土地面积，单位为公顷；Q_Z 为开发区评价范围面积，单位为公顷；Q_D 为开发区截至评价时点已供应国有建设用地面积，单位为公顷；Q_F 为开发区不可建设土地面积，单位为公顷。

由表 3-2-26 可知，开发区土地集约利用扩展潜力呈现增大的趋势。开发区尚可供应的土地面积变化主要发生在 2020 年，由 16985 公顷激增到 26847 公顷，主要是因为 2017—2019 年开发区已供应国有建设用地面积和不可建设土地面积有所增加但增幅较小，但评价范围面积在 2020 年增幅较大，由 57471 公顷增加到 69207 公顷。

表 3-2-26　开发区土地集约利用扩展潜力汇总　　　　单位：公顷

指　标	2017 年	2018 年	2019 年	2020 年
评价范围面积	55351	57471	57471	69207
已供应国有建设用地面积	36524	38059	39102	40557
不可建设土地面积	1385	1384	1384	1803
尚可供应的土地面积	17442	18028	16985	26847

2. 土地集约利用结构潜力

结构潜力是指开发区评价范围内已建成城镇建设用地中，通过用地结构调整可增加的工矿仓储用地面积。其公式计算为：

$$Q_{SP} = Q_A \times (P_1 - P_P) \tag{3-7}$$

式中，Q_{SP} 为开发区土地集约利用结构潜力，单位为公顷；Q_A 为截至评价时点开发区已建成城镇建设用地面积，单位为公顷；P_1 为开发区工业用地率的理想值；P_P 为开发区工业用地率的现状值。当指标理想值小于现状值时，即相应的结构潜力记为 0。

由表 3-2-27 可知，开发区土地集约利用结构潜力呈现增大的趋势，但增幅较小。开发区已建成城镇建设用地面积由 2017 年的 30647 公顷增加到 2020 年的 35786 公顷，主要原因是已建成建设用地面积稳定增加，而工业用地率的现状值均值基本稳定在 0.6 左右。

表 3-2-27　开发区土地集约利用结构潜力汇总

指　标	2017 年	2018 年	2019 年	2020 年
已建成城镇建设用地面积(公顷)	30647	31817	33084	35786
工业用地率理想值	0.8	0.8	0.8	0.8
工业用地率的现状值均值	0.61	0.60	0.61	0.61
结构潜力(公顷)	4809	4898	4866	5213

3. 土地集约利用强度潜力

强度潜力是指开发区评价范围内已建成城镇建设用地中，现状工业用地综合容积率、工业用地建筑密度、工业用地固定资产投入强度、工业用地产出强度与相应理想值的差距换算形成的用地面积。其公式计算为：

$$Q_{IP} = Q_{A2} \times (I_I - I_P) / I_I \tag{3-8}$$

式中，Q_{IP} 为开发区土地集约利用强度潜力，单位为公顷；Q_{A2} 为截至评价时点开发区已建成工矿仓储用地面积，单位为公顷；I_I 为工业用地综合容积率、工业用地建筑系数、工业用地固定资产投入强度、工业用地产出强度的理想值；I_P 为工业用地综合容积率、工业用地建筑系数、工业用地固定资产投入强度、工业用地产出强度的现状值。当指标理想值小于现状值时，即相应的强度潜力记为 0。

分别计算提高工业用地综合容积率、工业用地建筑系数、工业用地固定资产投入强度、工业用地产出强度挖潜土地面积对应的强度潜力，即强度潜力 1~强度潜力 4，见表3-2-28。

表 3-2-28　开发区土地集约利用强度潜力汇总

指　标	2017 年	2018 年	2019 年	2020 年
工矿仓储用地面积(公顷)	19805	20645	21716	23573
工业用地综合容积率现状值均值	0.41	0.45	0.46	0.51
工业用地综合容积率理想值	1.00	1.00	1.00	1.00
强度潜力 1	11456	11409	11705	10956
工业用地建筑系数现状值均值	38	42	43	39

续表

指　标	2017 年	2018 年	2019 年	2020 年
工业用地建筑系数理想值	60	60	60	60
强度潜力 2	6161	5379	5669	6597
工业用地固定资产投入强度现状值均值(万元/公顷)	2229	2860	3111	2683
工业用地固定资产投入强度理想值(万元/公顷)	4000	4000	4000	4000
强度潜力 3	7474	6945	6306	7618
工业用地地均税收现状值均值(万元/公顷)	67	66	50	48
工业用地地均税收理想值(万元/公顷)	200	200	200	200
强度潜力 4	13278	13430	15235	15981

由图 3-2-28 可知，开发区工矿仓储用地面积在 2017—2020 年稳步增加。在四种强度潜力中，强度潜力 1 呈现减小趋势，由 2017 年的 11456 公顷减少到 2020 年的 10956 公顷，主要是由于开发区工业用地综合容积率现状值降低。强度潜力 4 明显增加，从 2017 年的 13278 公顷增加到 2020 年的 15981 公顷，原因是开发区工业用地地均税收由 67 万元/公顷下降到 48 万元/公顷。强度潜力 2 和强度潜力 3 均先减后增，总体小幅增加，分别从 2017 年的 6161 公顷、7474 公顷增加到 2020 年的 6597 公顷、7618 公顷。

图 3-2-28　2017—2020 年开发区土地集约利用强度潜力

4. 土地集约利用管理潜力

管理潜力是指通过处置有偿使用且已到期但未处置土地和闲置土地，可挖潜的土地面积。其公式计算为：

$$Q_{AP} = Q_{D22} + Q_{G1} \tag{3-9}$$

式中，Q_{AP} 为开发区土地集约利用管理潜力，单位为公顷；Q_{D22} 为开发区有偿使用且已到期但未处置土地面积，单位为公顷；Q_{G1} 为开发区应收回闲置土地面积，单位为公顷。

开发区闲置土地面积一定程度上能够反映其土地集约利用强度潜力。由图 3-2-29 可知，管理潜力在 2017—2020 年先减后增，总体从 1070 公顷减少到 556 公顷。

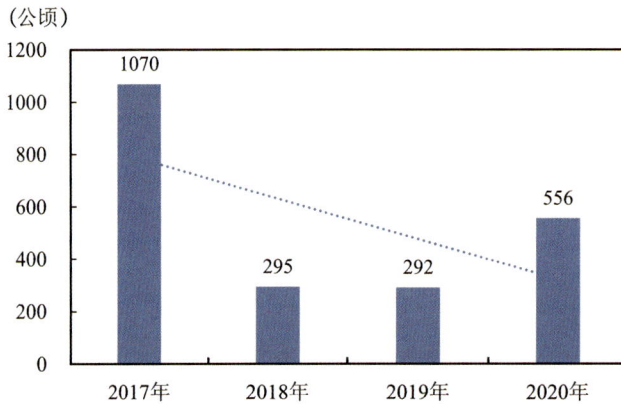

图 3-2-29　开发区土地集约利用管理潜力汇总

5. 各开发区土地集约利用潜力

宁夏 23 个开发区 2020 年的土地集约利用潜力，见表 3-2-29。扩展潜力较高的开发区有银川高新技术产业开发区、宁夏宁东能源化工基地开发区、苏银产业园、宁夏平罗工业园区、宁夏中卫工业园区，潜力均超过 2000 公顷；较低的有银川综合保税区、宁夏同心工业园区、彭阳县王洼产业园区、隆德县六盘山工业园区、宁夏西吉工业园区、泾源县轻工产业园区，潜力均不到 300 公顷。

结构潜力较高的开发区有苏银产业园、银川经济技术开发区、宁夏永宁工业园区、石嘴山经济技术开发区，潜力均超过 500 公顷；较低的有泾源县轻工产业园区、宁夏中卫工业园区、宁夏西吉工业园区、隆德县六盘山工业园区、宁夏中宁工业园区，潜力均不到 40 公顷。

将构成强度潜力的各部分求和，强度潜力较高的开发区有宁夏平罗工业园区、宁夏中宁工业园区、石嘴山经济技术开发区、宁夏中卫工业园区，潜力均超过 3000 公顷；潜力较低的开发区有银川综合保税区、宁夏西吉工业园区、泾源县轻工产业园区、彭阳县王洼产业园区，潜力均不到 200 公顷。

　　管理潜力较高的开发区有宁夏宁东能源化工基地开发区、宁夏吴忠金积工业园区、宁夏永宁工业园区、宁夏平罗工业园区，潜力均超过 50 公顷；较低的开发区有宁夏同心工业园区、宁夏固原经济开发区、宁夏青铜峡工业园区、宁夏西吉工业园区、中卫市海兴开发区、宁夏中宁工业园区，潜力均为 0 公顷。

表 3-2-29　2020 年开发区土地集约利用潜力评价值

开发区名称	扩展潜力	结构潜力	强度潜力1	强度潜力2	强度潜力3	强度潜力4	强度潜力	管理潜力
银川经济技术开发区	840	749	532	518	0	905	1956	11
石嘴山经济技术开发区	1135	505	1185	0	846	2130	4161	17
银川高新技术产业开发区	3521	492	318	297	437	607	1659	19
石嘴山高新技术产业开发区	906	346	372	266	79	721	1437	6
银川综合保税区	223	50	6	17	55	70	148	3
宁夏贺兰工业园区	859	309	388	270	0	653	1310	47
宁夏平罗工业园区	2513	115	1209	395	2037	2661	6302	53
吴忠太阳山开发区	1611	49	488	311	0	606	1404	20
宁夏盐池工业园区	391	47	239	212	242	456	1149	41
宁夏中宁工业园区	1742	0	1558	1121	1077	2000	5755	0
宁夏固原经济开发区	1082	157	175	46	0	306	528	0
苏银产业园	2766	1028	222	269	270	438	1198	34
宁夏宁东能源化工基地开发区	2825	47	1495	968	0	0	2463	118
宁夏永宁工业园区	341	513	427	806	249	956	2439	55
宁夏吴忠金积工业园区	1119	171	581	0	708	967	2255	80
宁夏同心工业园区	216	42	79	59	55	135	328	0
宁夏中卫工业园区	2034	36	878	456	909	1082	3325	41
宁夏青铜峡工业园区	1401	309	564	381	462	994	2401	0
宁夏西吉工业园区	125	15	31	24	32	46	133	0
隆德县六盘山工业园区	157	5	36	39	68	103	246	5
泾源县轻工产业园区	53	39	33	26	11	44	114	3
彭阳县王洼产业园区	197	50	49	42	4	0	95	2
中卫市海兴开发区	788	138	92	76	76	103	346	0

第三章 中观尺度高质量发展分析与评价

本章在对开发区高质量发展单因子分析的基础上，采用熵权法确定各指标权重，评价开发区高质量发展的各维度水平与综合水平。基于开发区基本情况，依据相关专家学者的已有研究成果和数据的可获取性原则，从高质量发展的"创新、协调、绿色、开放、共享"五个维度出发，建立开发区高质量发展指标体系（如图3-3-1所示）。

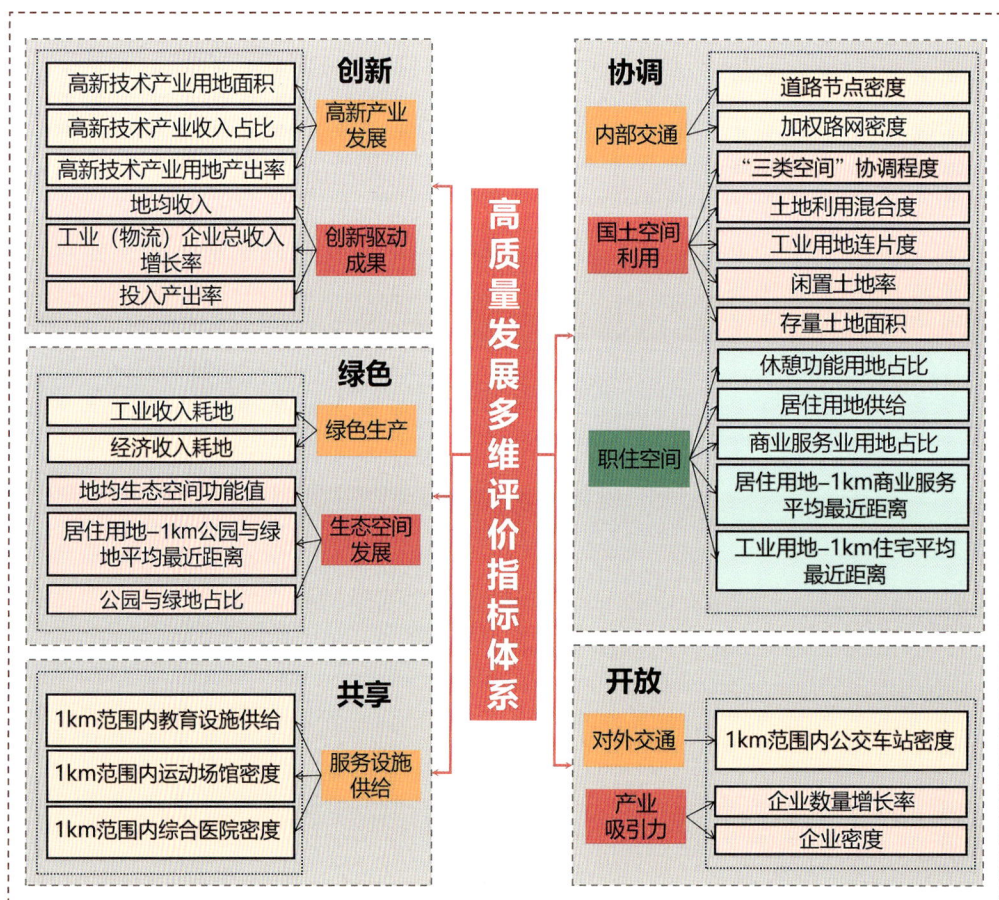

图 3-3-1　开发区高质量发展指标框架

一、高质量发展特征分析

本节从高质量发展的"创新、协调、绿色、开放、共享"五个维度出发（表 3-3-1），对各维度指标因子进行逐一分析，为后续诊断高质量发展问题奠定基础。

表 3-3-1 开发区高质量发展评价指标与计算方法

目标	子目标	指 标	计 算 方 法
创新	高新产业发展	高新技术产业用地面积	高新技术产业占地面积
		高新技术产业收入占比	高新技术产业收入/开发区总收入
		高新技术产业用地产出率	高新技术产业收入/高新技术产业占地面积
	创新驱动成果	地均收入	开发区总收入/开发区面积
		工业（物流）企业总收入增长率	（本年度－上年度）/上年度
		投入产出率	开发区总收入/固定资产投入额
协调	内部交通	道路节点密度	道路的总长度/区域面积
		加权路网密度	不同等级道路赋以差异化权重
	国土空间利用	三类空间协调程度	离差系数法计算农业、生态和建设空间耦合协调度
		土地利用混合度	辛普森多样化指数测度各开发区的土地混合利用水平
		工业用地连片度	去除面积较小图斑后的连片工业用地面积/未去除面积较小图斑的工业用地聚合面面积
		闲置土地率	闲置土地面积/已供应国有建设用地面积
		存量土地面积	存量土地面积
	职住空间	休憩功能用地占比	休憩功能用地面积/开发区面积
		居住用地供给	居住用地面积/开发区面积
		商业服务业用地占比	商服用地面积/开发区面积
		居住用地－1km 商业服务平均最近距离	开发区住宅在 1km 范围内距离商业服务最近距离的平均值
		工业用地－1km 住宅平均最近距离	开发区工业用地在 1km 范围内距离住宅最近距离的平均值

续表

目标	子目标	指　　标	计　算　方　法
绿色	绿色生产	工业收入耗地	工业用地面积/工业收入
		经济收入耗地	开发区面积/经济收入
	生态空间发展	地均生态空间功能值	面积加权计算开发区单位面积的生态用地平均功能值
		居住用地-1km 公园与绿地平均最近距离	开发区住宅在 1km 范围内距离公园绿地最近距离的平均值
		公园与绿地占比	公园与绿地面积/开发区面积
开放	对外交通	1km 范围内公交车站密度	开发区 1km 范围内公交站数量
	产业吸引力	企业数量增长率	(本年度企业数量-上年度企业数量)/上年度企业数量
		企业密度	企业数量/开发区面积
共享	服务设施供给	1km 范围内教育设施供给	1km 范围内教育设施数量
		1km 范围内运动场馆密度	1km 范围内运动场馆数量
		1km 范围内综合医院密度	1km 范围内综合医院数量

1. 创新发展因子分析

1.1　高新产业发展分析

从开发区高新技术产业用地面积、高新技术产业收入占比和高新技术产业用地产出率三方面分析高新产业发展水平，各指标值见表 3-3-2。

高新技术产业用地是高新产业发展的重要支撑，高新技术产业用地的供给现状一定程度上能够反映高新产业发展水平。在混合用地的划分过程中，由于高新技术产业收入占比较低，因而未划分为高新技术产业用地。该指标总体呈现石嘴山高新技术产业开发区最高、其余开发区较低或未建成的态势。其中，仅宁夏青铜峡工业园区等 6 个开发区具有一定的高新技术产业用地规模，其余 17 个开发区高新技术产业用地规模均为零。由于缺乏高新技术产业用地的支撑，多数开发区尚未发展高新技术产业，无法获得高新技术产业收入。

高新技术产业的收入占比反映各开发区产业的自主创新能力。该指标总体呈现石嘴山高新技术开发区高，宁夏宁东能源化工基地开发区低的态势。其中，石嘴山高新技术开发区高新产业收入占比达 27.20%，但有 15 个开发区的高新技术产业收入对开发区总收入的贡献为 0，上述开发区应调动高新技术产业的积极性，加大对高新技术产业的投资，增加市场经济的活力。

表 3-3-2　开发区高新技术产业发展指标值

指　　标	高新技术产业用地面积(公顷)	高新技术产业收入占比(%)	高新技术产业用地产出率(万元/公顷)
泾源县轻工产业园区	0.00	0.00	0.00
隆德县六盘山工业园区	0.00	0.00	0.00
宁夏固原经济开发区	0.00	0.00	0.00
宁夏贺兰工业园区	0.00	0.00	0.00
宁夏宁东能源化工基地开发区	0.00	0.32	0.00
宁夏平罗工业园区	0.00	0.00	0.00
宁夏青铜峡工业园区	13.46	2.56	2143.61
宁夏同心工业园区	0.00	0.00	0.00
宁夏吴忠金积工业园区	22.29	8.78	6818.11
宁夏西吉工业园区	0.00	0.00	0.00
宁夏盐池工业园区	0.00	12.43	0.00
宁夏永宁工业园区	0.00	0.00	0.00
宁夏中宁工业园区	0.00	0.00	0.00
宁夏中卫工业园区	0.00	11.30	0.00
彭阳县王洼产业园区	0.00	0.00	0.00
石嘴山高新技术产业开发区	183.22	27.20	2466.79
石嘴山经济技术开发区	15.11	0.42	1267.12
苏银产业园	0.00	0.00	0.00
吴忠太阳山开发区	0.00	0.00	0.00
银川高新技术产业开发区	9.62	4.83	0.00
银川经济技术开发区	48.23	0.00	14590.83
银川综合保税区	0.00	0.00	0.00
中卫市海兴开发区	0.00	0.00	0.00

注：所有数据均为原始调查结果，数据无改动。

　　高新技术产业用地产出率用以反映开发区创新的质量效益水平。在已有高新技术产出的开发区中，该指标总体呈现银川经济技术开发区高，石嘴山经济技术开发区低的态势。参评的 23 个开发区中，银川经济技术开发区的高新技术产业用地产出率最高(14590.83 万元/公顷)，宁夏吴忠金积工业园区紧随其后(6818.11 万元/公顷)，宁夏青铜峡工业园区和石嘴山高新技术产业开发区的高新技术产业用地产出率均高于 2000 万元/公顷，石嘴山经济技术开发区高新技术产业用地产出率较低，每公顷收入为 1267.12 万元。超半数开发区的高新技术产业用地产出率为 0，以上开发区可通过对高新技术产业项目精准供地，优化开发区高新技术产业的发展环境，推动高新技术产业的高效发展。

1.2　创新驱动成果分析

从开发区地均收入、工业（物流）企业总收入增长率和投入产出率三方面分析开发区创新驱动成果，各指标值见表 3-3-3。

表 3-3-3　开发区创新驱动成果评价指标值

指　　标	地均收入 （万元/公顷）	工业（物流）企业 总收入增长率	投入产出率
泾源县轻工产业园区	24.37	−0.27	0.03
隆德县六盘山工业园区	115.61	0.75	0.32
宁夏固原经济开发区	310.84	1.70	0.33
宁夏贺兰工业园区	264.75	−0.25	0.17
宁夏宁东能源化工基地开发区	1151.86	0.34	0.46
宁夏平罗工业园区	447.46	0.26	0.61
宁夏青铜峡工业园区	343.51	−0.05	0.43
宁夏同心工业园区	385.44	−0.50	0.53
宁夏吴忠金积工业园区	39.19	−0.89	0.08
宁夏西吉工业园区	137.25	−0.34	0.38
宁夏盐池工业园区	674.08	1.15	0.72
宁夏永宁工业园区	231.74	−0.29	0.19
宁夏中宁工业园区	741.56	0.20	0.80
宁夏中卫工业园区	535.47	0.04	1.92
彭阳县王洼产业园区	505.42	0.23	0.48
石嘴山高新技术产业开发区	502.67	0.50	0.45
石嘴山经济技术开发区	819.71	0.98	0.59
苏银产业园	41.32	0.48	0.29
吴忠太阳山开发区	519.48	1.17	0.40
银川高新技术产业开发区	91.76	−0.03	0.56
银川经济技术开发区	950.83	0.28	0.59
银川综合保税区	35.49	−0.76	0.20
中卫市海兴开发区	2.58	−0.98	0.01

地均收入用于反映开发区土地的总体经济效益。该指标呈现宁夏宁东能源化工基地开发区高，中卫市海兴开发区低的态势。通过对比发现，泾源县轻工产业园区等6个开发区地均收入低于100万元/公顷，由于建设周期较短，导致经济效益较低，未来可着力推进创新技术产业发展，以提高土地的生产水平。

工业（物流）企业是开发区的创新引擎，其总收入增长率能够反映开发区创新对经济发展的驱动效果。该指标总体呈现宁夏固原经济开发区高，中卫市海兴开发区低的态势。全区过半数的开发区的工业（物流）企业总收入呈正向的增长，有10个开发区的增长率为负值，表明上述10个开发区在评价期内工业（物流）企业创收能力减弱，未来应加快产业改革，提高收入增长率。

开发区的投入与产出之比用于反映开发区创新发展的效率水平。该指标总体呈现宁夏中卫工业园区高，中卫市海兴开发区低的态势。23个开发区的投入产出率差异明显，开发区创新效率发展不平衡，宁夏中卫工业园区最高，其产出超投入近2倍，此外，宁夏中宁工业园区、宁夏盐池工业园区、银川经济技术开发区和银川高新技术产业开发区等7个开发区的投入产出率均高于50%，部分开发区如泾源县轻工产业园区、宁夏吴忠金积工业园区和中卫市海兴开发区，投入产出率较低（小于10%），投入的人力和财力资源尚未得到充分利用。

2. 协调发展因子分析

2.1 交通协调

从开发区道路节点密度和加权路网密度两方面分析交通协调水平，各指标值见表3-3-4。

表3-3-4 开发区交通协调评价指标值

指　　标	道路节点密度 （个/km）	加权路网密度 （km/km²）
泾源县轻工产业园区	8.10	1.00
隆德县六盘山工业园区	7.02	0.12
宁夏固原经济开发区	2.73	9.18
宁夏贺兰工业园区	4.96	14.81
宁夏宁东能源化工基地开发区	1.58	34.57
宁夏平罗工业园区	3.08	20.83
宁夏青铜峡工业园区	3.64	7.21
宁夏同心工业园区	1.38	0.15

指 标	道路节点密度 （个/km）	加权路网密度 （km/km²）
宁夏吴忠金积工业园区	4.17	9.06
宁夏西吉工业园区	3.84	1.08
宁夏盐池工业园区	3.47	0.17
宁夏永宁工业园区	3.60	4.89
宁夏中宁工业园区	1.23	0.65
宁夏中卫工业园区	1.61	12.41
彭阳县王洼产业园区	7.09	0.96
石嘴山高新技术产业开发区	5.47	7.32
石嘴山经济技术开发区	3.94	16.47
苏银产业园	3.21	5.22
吴忠太阳山开发区	2.93	3.95
银川高新技术产业开发区	3.11	13.26
银川经济技术开发区	4.67	0.35
银川综合保税区	10.50	0.98
中卫市海兴开发区	4.08	1.52

道路节点密度是衡量道路作为社会经济发展中重要基础设施是否能满足交通需求的直观指标。该指标总体呈现银川综合保税区高，宁夏中宁工业园区低的态势。23 个开发区的道路节点密度均值为 3.27km/km²，低于《城市道路交通规划设计规范》（中小城市）的 4～5km/km² 的标准，其中宁夏中宁工业园区的道路节点密度仅有 1.23km/km²。可见开发区交通网络道路资源分布存在失衡，削弱了现有路网的辐射效率和水平。

加权路网密度能够更真实地反映各开发区路网的空间分布情况。该指标总体呈现宁夏宁东能源化工基地开发区高，隆德县六盘山工业园区低的态势。宁夏宁东能源化工基地开发区和宁夏平罗工业园区两个开发区的加权路网密度对各自开发区内部道路的协调发展水平贡献度较高（大于 0.10），泾源县轻工产业园区等 9 个开发区的加权密度值较低，高质量发展中对自身内部道路的协调水平贡献度较低（小于 0.01），说明上述开发区交通网络建设欠佳，需增强开发区内部的空间联系紧密程度，提升整体均衡与协调性。

2.2　空间利用协调

从"三类空间"协调程度、土地利用混合度、工业用地连片度、闲置土地率和存量土地面积五方面评价开发区空间利用协调，各指标值见表 3-3-5。

表 3-3-5　开发区空间利用协调评价指标值

指　　标	"三类空间"协调程度	土地利用混合度	工业用地连片度	闲置土地率	存量土地面积
泾源县轻工产业园区	0.74	0.79	1.00	0.03	53.04
隆德县六盘山工业园区	0.89	0.78	0.71	0.02	262.74
宁夏固原经济开发区	0.75	0.77	0.89	0.00	1166.60
宁夏贺兰工业园区	0.96	0.82	0.96	0.02	1045.80
宁夏宁东能源化工基地开发区	0.89	0.73	0.99	0.02	3999.84
宁夏平罗工业园区	0.87	0.69	0.99	0.01	2846.07
宁夏青铜峡工业园区	0.98	0.81	0.93	0.00	1521.91
宁夏同心工业园区	0.96	0.85	0.86	0.00	270.08
宁夏吴忠金积工业园区	0.99	0.82	0.94	0.05	1119.10
宁夏西吉工业园区	1.03	0.82	0.71	0.00	125.49
宁夏盐池工业园区	0.90	0.64	0.97	0.00	558.54
宁夏永宁工业园区	0.96	0.82	1.00	0.03	581.11
宁夏中宁工业园区	0.87	0.74	0.95	0.00	2361.24
宁夏中卫工业园区	0.83	0.72	0.95	0.02	2403.72
彭阳县王洼产业园区	1.07	0.88	0.97	0.01	215.62
石嘴山高新技术产业开发区	1.01	0.83	0.97	0.00	1198.48
石嘴山经济技术开发区	0.96	0.69	0.97	0.00	1270.55
苏银产业园	0.75	0.79	0.90	0.00	2933.75
吴忠太阳山开发区	0.73	0.82	0.91	0.02	1850.44
银川高新技术产业开发区	0.79	0.91	0.88	0.01	3736.59
银川经济技术开发区	1.00	0.84	0.97	0.02	1029.01
银川综合保税区	0.61	0.67	1.00	0.02	246.58
中卫市海兴开发区	0.89	0.87	0.88	0.00	821.45

　　"三类空间"比例协调程度关系到开发区的生产效率和宜居程度。该指标总体呈现彭阳县王洼产业园区高、银川综合保税区低的态势。宁夏西吉工业园区、彭阳县王洼产业园区、石嘴山高新技术产业开发区和银川经济技术开发区"三类空间"的平均协调度较高，但泾源县轻工产业园区等 4 个开发区的"三类空间"协调度较低(小于 0.76)，说明上述开发区生态、生活、生产空间的开发利用尚未实现协调。

　　土地混合利用是协调各用地类型以提高土地集约水平的重要手段。该指标总体呈现银川高新技术产业开发区高，宁夏盐池工业园区低的态势。23 个开发区表征土地混合利用水平的辛普森多样化指数均值接近 0.8，其中石嘴山经济技术开发区等 4 个开发区明显低于其他开发区，其用地结构相对单一。

工业用地连片度是指工业用地在空间上的相邻程度，是产业集聚协调发展的基础。该指标总体呈现银川综合保税区、泾源县轻工业产业园区、宁夏永宁工业园区高，隆德县六盘山工业园区、宁夏西吉工业园区低的态势。23 个开发区的工业用地连片度均值接近 93%。宁夏西吉工业园区、隆德县六盘山工业园区的工业连片度明显低于其他开发区，其工业用地分布相对分散、破碎。

闲置土地率用以衡量开发区土地的开发利用程度。该指标总体呈现宁夏呈忠金积工业园区、宁夏盐池工业园区高，其余园区偏低的态势，开发区土地闲置率平均水平较低，为 1.44%。

存量土地面积用以衡量开发区的土地利用潜力。该指标总体呈现宁夏宁东能源化工基地开发区高，泾源县轻工产业园区低的态势。银川经济技术开发区等 14 个开发区的存量土地超过 1000 公顷，说明其建设用地有待进一步开发利用。

2.3 职住协调

从休憩功能用地占比、居住用地供给、商业服务业用地占比、居住用地距 1km 商业服务平均最近距离和工业用地距 1km 住宅平均最近距离五方面评价开发区职住协调，各指标值见表 3-3-6。

表 3-3-6 开发区职住空间协调评价指标值

指　标	休憩功能用地占比（%）	居住用地供给（%）	商业服务业用地占比（%）	居住用地-1km 商业服务平均最近距离（m）	工业用地-1km 住宅平均最近距离（m）
泾源县轻工产业园区	0.00	4.16	0.04	76.56	252.64
隆德县六盘山工业园区	0.00	4.96	0.00	601.67	154.52
宁夏固原经济开发区	0.01	7.23	0.04	826.35	243.02
宁夏贺兰工业园区	4.09	10.24	0.06	518.07	151.32
宁夏宁东能源化工基地开发区	0.00	1.67	0.00	2302.94	530.61
宁夏平罗工业园区	0.03	2.81	0.01	433.38	396.33
宁夏青铜峡工业园区	1.71	13.88	0.01	1239.81	254.44
宁夏同心工业园区	0.07	17.24	0.01	2683.34	350.92

续表

指　　标	休憩功能用地占比(%)	居住用地供给(%)	商业服务业用地占比(%)	居住用地-1km商业服务平均最近距离(m)	工业用地-1km住宅平均最近距离(m)
宁夏吴忠金积工业园区	0.29	12.38	0.01	639.51	295.11
宁夏西吉工业园区	2.35	24.78	0.03	66.92	46.59
宁夏盐池工业园区	0.66	0.20	0.00	1318.56	595.53
宁夏永宁工业园区	2.00	32.40	0.14	711.25	390.40
宁夏中宁工业园区	0.04	0.47	0.01	1315.22	426.95
宁夏中卫工业园区	0.00	0.05	0.01	661.64	996.01
彭阳县王洼产业园区	0.59	30.98	0.03	412.92	55.07
石嘴山高新技术产业开发区	0.34	20.15	0.01	295.42	63.59
石嘴山经济技术开发区	0.02	7.77	0.01	1276.83	324.63
苏银产业园	3.00	28.16	0.01	226.57	544.31
吴忠太阳山开发区	0.00	1.07	0.00	16123.17	755.25
银川高新技术产业开发区	1.07	20.07	0.02	471.94	169.15
银川经济技术开发区	6.19	22.52	0.03	213.20	163.86
银川综合保税区	0.00	3.34	0.01	407.43	166.79
中卫市海兴开发区	0.22	58.68	0.03	381.01	78.99

　　休憩功能用地占比是衡量开发区居住环境的关键性指标，该指标开发区休憩功能用地占比平均水平为0.9%，不足1%，说明多数开发区内休憩功能用地较少。

　　居住用地供给程度是衡量开发区居住条件的重要指标。开发区居住面积占比平均水平为14.14%，该指标总体呈现中卫市海兴开发区高，宁夏盐池工业园区、宁夏中宁工业园区等3个开发区低至0的态势。泾源县轻工产业园区等9个开发区的居住用地占比小于5%，人均居住用地面积远低于国家标准，其对居住空间协调发展的贡献度较低（小于0.01），主要是由于开发区成立时间较短，生活功能还比较薄弱。

　　商业服务业是开发区经济发展的支柱产业。开发区商业服务业用地占比的平均水平为2.34%，该指标总体呈现宁夏永宁工业园区高、隆德县六盘山工业园区等4个开发区低至0的态势。

　　居住用地距1km商业服务平均最近距离是衡量开发区居住便捷性的关键性指标。该指标的平均距离为 1443.64m，总体呈现宁夏西吉工业园区近、吴忠太阳山开发区远的态势，未来可从合理配置数量和优化空间布局两个方面考虑建设。

工业用地距 1km 住宅平均最近距离是用来测度开发区职住平衡性的直接指标，用以表征开发区内部在一定区域范围内或合理距离范围内住房和就业位置间的匹配程度，全区平均距离为 322m，总体呈现宁夏西吉工业园区近，宁夏中卫工业园区远的态势，说明开发区"职住分离"情况较为严重。

3. 绿色发展因子分析

3.1　绿色生产

从工业收入耗地和经济收入耗地两方面评价开发区绿色生产水平，各指标值见表3-3-7。

表 3-3-7　开发区绿色生产评价指标值

指　　标	工业收入耗地（公顷/万元）	经济收入耗地（公顷/万元）
泾源县轻工产业园区	0.50	0.0410
隆德县六盘山工业园区	0.23	0.0086
宁夏固原经济开发区	0.23	0.0032
宁夏贺兰工业园区	1.68	0.0038
宁夏宁东能源化工基地开发区	1.33	0.0009
宁夏平罗工业园区	3.48	0.0022
宁夏青铜峡工业园区	1.11	0.0029
宁夏同心工业园区	0.11	0.0026
宁夏吴忠金积工业园区	10.58	0.0255
宁夏西吉工业园区	0.09	0.0073
宁夏盐池工业园区	0.34	0.0015
宁夏永宁工业园区	1.78	0.0043
宁夏中宁工业园区	1.35	0.0013
宁夏中卫工业园区	0.66	0.0019
彭阳县王洼产业园区	0.07	0.0020
石嘴山高新技术产业开发区	0.58	0.0020
石嘴山经济技术开发区	1.71	0.0012
苏银产业园	0.96	0.0242

续表

指　　标	工业收入耗地 （公顷/万元）	经济收入耗地 （公顷/万元）
吴忠太阳山开发区	0.36	0.0019
银川高新技术产业开发区	0.89	0.0109
银川经济技术开发区	0.66	0.0011
银川综合保税区	0.37	0.0282
中卫市海兴开发区	5.33	0.3872

工业收入耗地指标是开发区工业绿色转型发展的重要表征。总体呈现宁夏吴忠金积工业园区高，彭阳县王洼产业园区低的态势，综合来看，开发区工业收入耗地的平均水平为1.50公顷/万元，宁夏吴忠金积工业园区的工业收入耗地最高，达10.58公顷/万元；彭阳县王洼产业园区、隆德县六盘山工业园区和宁夏固原经济开发区等17个开发区的工业收入耗地水平低于全区平均水平，彭阳县王洼产业园区的工业收入耗地低至0.07公顷/万元。开发区工业绿色发展水平整体较为理想，工业经济发展过程中所消耗的土地资源较少。

经济收入耗地同样是衡量开发区绿色生产能力的重要指标，耗地越低，绿色生产水平越高。总体上来看，开发区经济收入耗地的平均值为0.02公顷/万元，总体呈现中卫市海兴开发区高，宁夏宁东能源化工基地开发区低的态势。23个开发区中仅有5个开发区的经济收入耗地高于全区平均水平，宁夏宁东能源化工基地开发区、宁夏西吉工业园区、宁夏固原经济开发区、宁夏贺兰工业园区、宁夏平罗工业园区等18个开发区的经济收入耗地低于全区平均水平，说明多数开发区经济绿色发展水平较高。

3.2　绿色生态

从生态空间功能值、居住用地距1km公园与绿地平均最近距离和公园与绿地占比三方面评价开发区绿色生态水平，各指标值见表3-3-8。

表3-3-8　开发区绿色生态评价指标值

指　　标	生态空间 功能值	居住用地−1km公园与 绿地平均最近距离(m)	公园与绿 地占比
泾源县轻工产业园区	2.46	1435.58	5.12%
隆德县六盘山工业园区	2.20	1436.19	3.54%
宁夏固原经济开发区	2.15	1954.76	3.74%
宁夏贺兰工业园区	1.37	839.49	4.46%
宁夏宁东能源化工基地开发区	1.41	8845.26	5.34%

续表

指　　标	生态空间功能值	居住用地-1km公园与绿地平均最近距离(m)	公园与绿地占比
宁夏平罗工业园区	0.94	14544.57	6.05%
宁夏青铜峡工业园区	1.77	2529.89	10.07%
宁夏同心工业园区	1.84	9075.03	5.57%
宁夏吴忠金积工业园区	1.44	5255.73	6.38%
宁夏西吉工业园区	1.62	445.50	3.74%
宁夏盐池工业园区	1.36	10893.20	10.91%
宁夏永宁工业园区	0.75	499.90	3.56%
宁夏中宁工业园区	1.29	2860.02	1.83%
宁夏中卫工业园区	1.85	38268.88	5.05%
彭阳县王洼产业园区	1.71	22568.38	4.57%
石嘴山高新技术产业开发区	1.16	810.69	0.18%
石嘴山经济技术开发区	1.09	36264.81	0.00%
苏银产业园	2.52	1924.11	9.20%
吴忠太阳山开发区	2.02	34454.25	3.45%
银川高新技术产业开发区	2.24	3801.88	0.12%
银川经济技术开发区	1.01	167.64	2.46%
银川综合保税区	2.16	946.92	33.50%
中卫市海兴开发区	2.45	2531.41	3.94%

生态空间功能值是反映开发区绿色生态发展的直观指标。开发区生态空间功能值处于0.75~2.52，平均值为1.69。该指标总体呈现苏银产业园高，宁夏永宁工业园区低的态势。宁夏贺兰工业园区等11个开发区位于生态空间功能值的低值区(小于1.69)，上述开发区受园区建设和人为干扰等因素的影响，生态空间功能值尚处于较低水平，未来针对上述开发区的空间管理应加强生态保护，促进生态空间功能提升。

居住用地距1km公园与绿地平均最近距离反映居民获得绿色服务的便捷程度。23个开发区该指标的均值为8798m，总体呈现宁夏中卫工业园区远，银川经济技术开发区近的态势。整体上距离较远，影响就业人员的日常休闲生活。

公园与绿地是开发区居民游憩休闲的主要场所，也是推动开发区人居环境高质量发展的重要载体。23个开发区公园与绿地占开发区总面积的比例处于0%~33.50%，平均值为5.77%，总体呈现银川综合保税区高，石嘴山经济技术开发区低的态势。开发区公园绿地占比差异较大，银川综合保税区的公园绿地占比最高，为33.50%，对开发区生态空间的绿色发展贡献度高达 0.50。然而，仍有超半数开发区的公园绿地占比低于全区平均水平，处于低值的有石嘴山经济技术开发区、石嘴山高新技术产业开发区和银川高新技术产业开发区 3 个开发区，上述开发区需着力扩大绿色生态空间建设。

4. 开放发展因子分析

4.1　交通开放

从 1km 范围内公交车站密度占比来评价开发区交通开放程度，各指标值见表 3-3-9。

表 3-3-9　开发区交通开放评价指标值

指　　标	1km 范围内公交车站密度
泾源县轻工产业园区	0.00
隆德县六盘山工业园区	2.91
宁夏固原经济开发区	1.00
宁夏贺兰工业园区	2.64
宁夏宁东能源化工基地开发区	0.00
宁夏平罗工业园区	0.33
宁夏青铜峡工业园区	1.03
宁夏同心工业园区	0.39
宁夏吴忠金积工业园区	4.58
宁夏西吉工业园区	6.72
宁夏盐池工业园区	1.39
宁夏永宁工业园区	3.48
宁夏中宁工业园区	0.12
宁夏中卫工业园区	0.38
彭阳县王洼产业园区	0.44
石嘴山高新技术产业开发区	2.56
石嘴山经济技术开发区	0.51
苏银产业园	0.93
吴忠太阳山开发区	0.00
银川高新技术产业开发区	2.77
银川经济技术开发区	7.85
银川综合保税区	1.00
中卫市海兴开发区	0.00

开发区 1km 范围内公交站密度反映居民出行搭乘公共交通的便捷程度,是评定开发区出行服务水平的重要指标。开发区的平均值为 1.78 个/km²,总体呈现银川经济技术开发区高,中卫市海兴开发区等低的态势。其中,银川经济技术开发区内公交车站密度最高,为 7.85 个/km²;宁夏固原经济开发区等 11 个开发区公交车站密度很低,1km 范围内公交车站数量不足 1 个,说明上述开发区公共交通便利程度较低,未来可考虑在工厂或者居民点等人口密集的区域增设公交线路及公交站点。

4.2　企业吸引力

从企业数量增长率和企业密度两方面评价开发区企业吸引力,各指标值见表 3-3-10。

表 3-3-10　开发区企业吸引力评价指标值

指　　标	企业数量增长率(%)	企业密度(个/km²)
泾源县轻工产业园区	−0.67	1.25
隆德县六盘山工业园区	−0.09	5.08
宁夏固原经济开发区	−0.12	5.00
宁夏贺兰工业园区	0.04	18.41
宁夏宁东能源化工基地开发区	0.14	2.42
宁夏平罗工业园区	0.01	5.37
宁夏青铜峡工业园区	0.10	4.36
宁夏同心工业园区	0.05	7.68
宁夏吴忠金积工业园区	0.07	8.60
宁夏西吉工业园区	0.00	3.36
宁夏盐池工业园区	0.06	7.62
宁夏永宁工业园区	0.12	50.26
宁夏中宁工业园区	0.12	1.70
宁夏中卫工业园区	0.09	1.53
彭阳县王洼产业园区	0.03	6.87
石嘴山高新技术产业开发区	0.04	5.83
石嘴山经济技术开发区	0.16	3.28
苏银产业园	0.14	1.34
吴忠太阳山开发区	0.14	1.77
银川高新技术产业开发区	0.05	5.24
银川经济技术开发区	0.08	23.33

指　　标	企业数量增长率(%)	企业密度(个/km²)
银川综合保税区	1.00	1.00
中卫市海兴开发区	0.09	2.17

　　企业数量增长率能够反映开发区企业数量变化情况，是衡量开发区开放发展程度的重要指标。该指标总体呈现银川综合保税区高，泾源县轻工产业园区低的态势。23个开发区的企业增长率整体呈现上升趋势，但隆德县六盘山工业园区等3个开发区的企业数量在不断降低，资源外流严重，未来应加强开发区内部建设，让企业留得住、发展快。

　　企业密度用以衡量开发区内企业建设现状。该指标总体呈现宁夏永宁工业园区高，银川综合保税区低的态势。23个开发区中入驻企业密度最高为50.26个/km²，最低为1个/km²，各开发区间的发展程度差异明显，未来应加强资源的合理分配，增强开发区的企业吸引力。

5. 共享发展因子分析

　　从半径1km范围内教育设施供给、1km范围内运动场馆密度和1km范围内综合医院密度三方面评价开发区服务设施共享，各指标值见表3-3-11。

表3-3-11　开发区服务设施共享评价指标值

指　　标	半径1km范围内教育设施供给(个/km²)	半径1km范围内运动场馆密度(个/km²)	半径1km范围内综合医院密度(个/km²)
泾源县轻工产业园区	1.87	1.25	0.00
隆德县六盘山工业园区	0.24	0.00	0.00
宁夏固原经济开发区	0.37	0.05	0.00
宁夏贺兰工业园区	1.10	0.71	0.13
宁夏宁东能源化工基地开发区	0.02	0.00	0.02
宁夏平罗工业园区	0.11	0.03	0.01
宁夏青铜峡工业园区	0.29	0.26	0.20
宁夏同心工业园区	2.17	0.98	0.39
宁夏吴忠金积工业园区	0.86	0.37	0.19
宁夏西吉工业园区	2.40	0.96	0.96
宁夏盐池工业园区	0.31	0.00	0.15

指　　标	半径 1km 范围内教育设施供给(个/km²)	半径 1km 范围内运动场馆密度(个/km²)	半径 1km 范围内综合医院密度(个/km²)
宁夏永宁工业园区	1.28	0.60	0.36
宁夏中宁工业园区	0.04	0.02	0.00
宁夏中卫工业园区	0.00	0.00	0.00
彭阳县王洼产业园区	0.89	0.22	0.22
石嘴山高新技术产业开发区	0.93	0.64	0.32
石嘴山经济技术开发区	0.09	0.00	0.00
苏银产业园	0.22	0.07	0.02
吴忠太阳山开发区	0.00	0.00	0.00
银川高新技术产业开发区	1.10	0.83	0.25
银川经济技术开发区	2.75	2.80	0.76
银川综合保税区	0.00	0.00	0.00
中卫市海兴开发区	1.30	0.70	0.35

　　半径 1km 范围内教育设施供给反映教育设施服务水平。该指标总体呈现银川经济技术开发区高，宁夏中卫工业园区等低的态势。对开发区的基础教育设施数据，包括幼儿园、小学、中学在内，设置 1km 的搜索半径进行密度分析。结果显示，开发区教育设施密度平均值小于 1 个/km²，银川经济技术开发区、宁夏同心工业园区和宁夏西吉工业园区处于教育设施密度稍高地区，教育设施密度超过 2 个/km²，说明这些开发区能够为学生提供较为丰富的教育资源。对教育设施密度尚未达到全区平均水平的 12 个开发区来说，包括隆德县六盘山工业园区、宁夏固原经济开发区、宁夏宁东能源化工基地开发区、宁夏平罗工业园区、宁夏青铜峡工业园区和宁夏盐池工业园区等，需加大教育设施的建设力度以解决其区内学生的受教育问题。

　　半径 1km 范围内运动场馆密度反映休闲娱乐设施的服务水平。该指标总体呈现银川经济技术开发区高，宁夏中卫工业园区等低的态势。对开发区的运动场馆数据包括球场、游泳馆、体育馆等，设置 1km 的搜索半径进行密度分析。结果显示，开发区的体育场馆密度为 11 个/m²，其中，体育设施数量较多，空间布局较为密集的开发区有银川经济技术开发区、银川高新技术产业开发区、石嘴山高新技术产业开发区、宁夏贺兰工业园区和宁夏永宁工业园区，上述开发区运动场馆密度均高于全区平均水平，原因是开发区建园时间早，基础设施较为完善。其他开发区的运动场馆密度低于平均水平，与开发区建设周期、经济实力等息息相关。

半径1km范围内综合医院密度反映医疗服务水平。该指标总体呈现宁夏西吉工业园区高，泾源县轻工产业园区等8个开发区密度低的态势。对开发区的综合医院数据，设置1km的搜索半径进行密度分析，显示开发区的综合医院密度累积为4.33个/m²。其中，综合医院空间密度较高的开发区有宁夏西吉工业园区、银川经济技术开发区，多数开发区内综合医院数量较低，部分开发区半径1km范围内缺少综合医院。

二、高质量发展综合评价

本节在多维度高质量发展因子分析的基础上确定各指标权重，评价各开发区"创新、协调、绿色、开放、共享"五维度发展状态，综合评价开发区高质量发展水平。

1. 创新发展评价

将高新产业发展(高新技术产业用地面积、高新技术产业收入占比、高新技术产业用地产出率)和创新驱动成果(地均收入、工业(物流)企业总收入增长率、投入产出率)两维度指标按照表3-3-12所示权重进行加权，求得各开发区的创新发展水平。

表 3-3-12　开发区创新发展评价指标权重

目标	权重	子目标	指　　标	属性	权重
创新	0.2	高新产业发展	高新技术产业用地面积(公顷)	正向指标	0.135
			高新技术产业收入占比(%)	正向指标	0.105
			高新技术产业用地产出率(万元/公顷)	正向指标	0.132
		创新驱动成果	地均收入(万元/公顷)	正向指标	0.025
			工业(物流)企业总收入增长率	正向指标	0.014
			投入产出率	正向指标	0.021

如图3-3-2所示，依据自然断点法，将各开发区创新发展水平分为五级，创新发展指数0.27~0.66为优、0.10~0.26为较优、0.05~0.09为中等、0.02~0.04为较差、0~0.01为差。该指标空间上呈"北高南低"的空间态势。具体来看，石嘴山高新技术产业开发区发展最好，创新发展指数为0.66，其次是银川经济技术开发区，其创新发展处于优等水平，创新发展指数为0.47，主要是由于开发区高新产业和创新驱动成果在全区位居前列。宁夏青铜峡工业园区、宁夏吴忠金积工业园区、宁夏盐池工业园区、宁夏中卫工业园区和石嘴山经济技术开发区的创新发展水平较优，宁夏吴忠金积工业园区高新产业发展较好，宁夏中卫工业园区创新驱动成果更丰。宁夏同心工业园区、隆德县六盘山工业

园区、宁夏贺兰工业园区、宁夏永宁工业园区和宁夏西吉工业园区的创新发展处于较差水平，以上开发区没有高新技术产业用地支撑与投入，创新驱动成果十分有限。泾源县轻工产业园区和银川综合保税区的创新发展水平处于末尾，与其他开发区相比，创新驱动成果较少，上述开发区应抓住主要矛盾，优先完善开发区基础设施建设，培育良好的创新环境，提高开发区对外吸引力，在此基础上优化土地、人力和资金等各项资源配置，综合提升开发区创新发展水平。

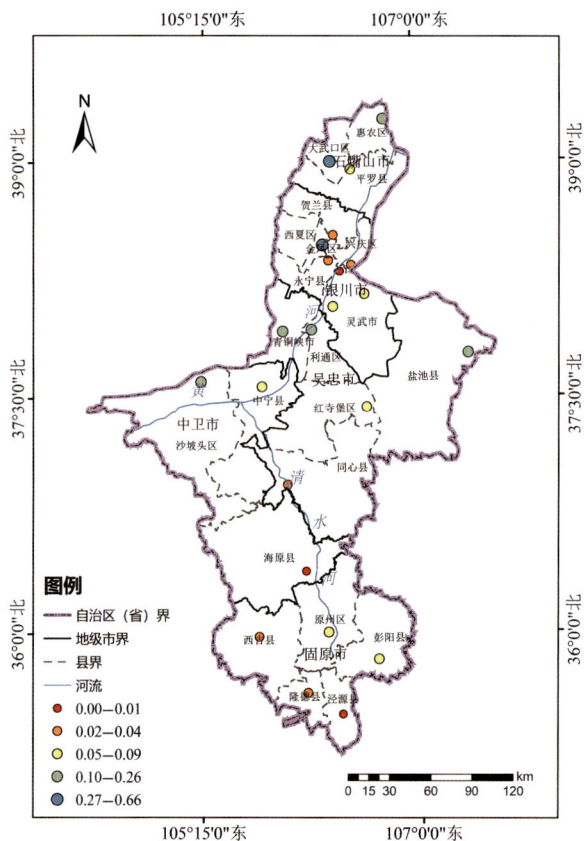

图 3-3-2　2020 年开发区创新发展水平

2. 协调发展评价

将内部交通(道路节点密度、加权路网密度)、国土空间利用("三类空间"协调程度、土地利用混合度、工业用地连片度、闲置土地率、存量土地面积)和职住空间(休憩功能用地占比、居住用地供给、商业服务业用地占比、居住用地−1km 商业服务平均最近距离、工业用地−1km 住宅平均最近距离)三维度指标按照表 3-3-13 所示权重进行加权，求得各开发区的协调发展综合水平。

表 3-3-13 开发区协调发展评价指标权重

目 标	权 重	子目标	指 标	属 性	权 重
协调	0.2	内部交通	道路结点密度(个/km)	正向指标	0.020
			加权路网密度(km/km²)	正向指标	0.043
		国土空间利用	三类空间协调程度	正向指标	0.007
			土地利用混合度	正向指标	0.010
			工业用地连片度	正向指标	0.007
			闲置土地率	负向指标	0.007
			存量土地面积(未建成城镇建设用地面积)	负向指标	0.009
		职住空间	休憩功能用地占比	正向指标	0.068
			居住用地供给	正向指标	0.033
			商业服务业用地占比	正向指标	0.039
			居住用地-1km 商业服务平均最近距离	负向指标	0.003
			工业用地-1km 住宅平均最近距离	负向指标	0.006

　　如图 3-3-3 所示，依据自然断点法，将各开发区协调发展水平划分为五级，协调发展指数 0.37～0.54 为优、0.29～0.36 为较优、0.23～0.28 为中等、0.17～0.22 为较差、0.13～0.16 为差。该指标空间上呈"北部高、西南部低"的空间态势。具体来看，银川经济技术开发区发展最好，协调发展指数为 0.54，北部的宁夏贺兰工业园区和宁夏永宁工业园区的协调发展处于优等程度，其中，宁夏贺兰工业园区内部交通协调程度高，银川经济技术开发区国土空间利用和居住空间的协调程度均较好。宁夏青铜峡工业园区、石嘴山高新技术产业开发区、苏银产业园和银川高新技术产业开发区的协调发展水平较优，其中，国土空间利用上，石嘴山高新技术产业开发区的协调水平较高；居住空间上，苏银产业园的协调度最好；内部交通维度上，银川高新技术产业开发区表现较优。银川综合保税区、宁夏同心工业园区和隆德县六盘山工业园区的协调发展处于较差水平，其中，宁夏同心工业园区的内部交通网络建设均最为滞后，隆德县六盘山工业园区和银川综合保税区的国土空间利用与职住空间的设置均缺乏协调性。宁夏盐池工业园区、宁夏中宁工业园区、宁夏中卫工业园区和吴忠太阳山开发区的协调发展处于差等水平，上述 4 个开发区中，宁夏中宁工业园区的内部交通不协调问题更为突出，吴忠太阳山开发区的居住空间不协调程度最高。开发区应从国土空间利用、职住空间和内部交通三维度的短板处发力，提升开发区空间发展的协调性和均衡性。

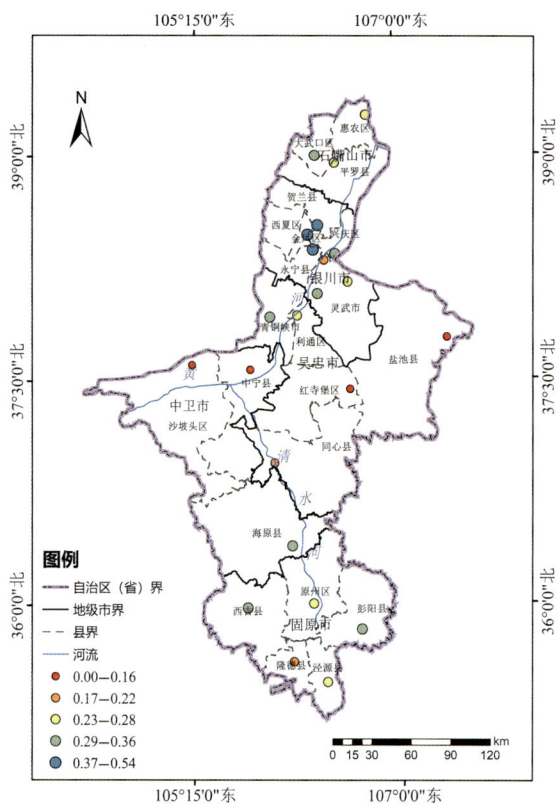

图 3-3-3 2020 年开发区协调发展水平

3. 绿色发展评价

将绿色生产(工业收入耗地、经济收入耗地)和生态空间发展(生态空间功能值、居住用地-1km 公园与绿地平均最近距离、公园与绿地占比)二维度指标按照表 3-3-14 所示权重进行加权,求得开发区的绿色发展综合水平。

表 3-3-14 开发区绿色发展评价指标权重

目 标	权 重	子目标	指 标	属 性	权 重
绿色	0.2	绿色生产	工业收入耗地(hm²/万元)	负向指标	0.007
			经济收入耗地(hm²/万元)	负向指标	0.003
		生态空间发展	生态空间功能值	正向指标	0.012
			居住用地-1km 公园与绿地平均最近距离	负向指标	0.009
			公园与绿地占比	正向指标	0.030

如图 3-3-4 所示，依据自然断点法，将各开发区划分为五级，绿色发展指数 0.64～0.95 为优、0.51～0.63 为较优、0.36～0.50 为中等、0.16～0.35 为较差、0～0.15 为差。该指标高值空间上零散分布，具体来看，银川综合保税区发展最优，绿色发展指数为0.95，主要是由于绿色生产和生态空间发展水平均佳。苏银产业园、泾源县轻工产业园区和宁夏青铜峡工业园区的绿色发展水平较优，与开发区工业发展较缓、生态空间发展水平较高密切相关。宁夏永宁工业园区、彭阳县王洼产业园区、宁夏平罗工业园区、宁夏宁东能源化工基地开发区、银川经济技术开发区、石嘴山高新技术产业开发区、吴忠太阳山开发区、宁夏中卫工业园区和宁夏中宁工业园区绿色发展处于低水平，以上开发区的绿色生产水平偏低，可以通过产业升级、科技创新等方式提升绿色生产能力。石嘴山经济技术开发区的绿色发展水平较差，开发区的绿色生产和生态空间发展水平均较低。在后续建设发展中，应统筹生态保护与生产发展，以创造更高质的发展。

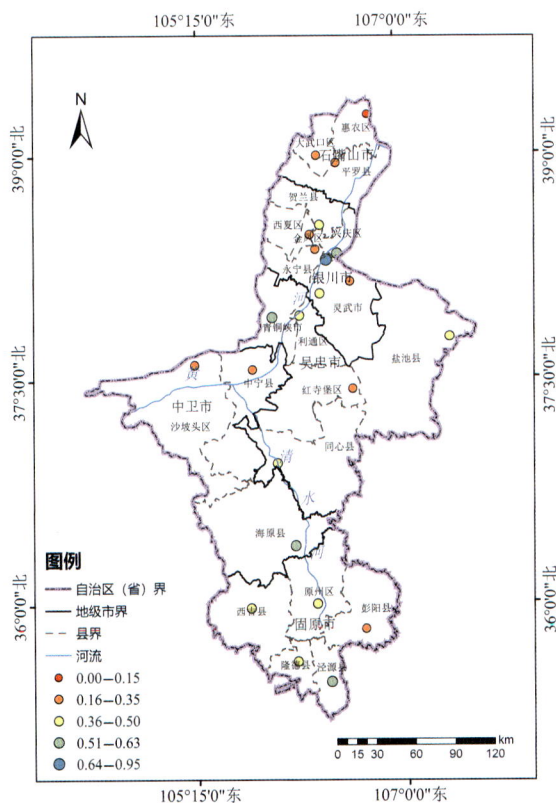

图 3-3-4　2020 年开发区绿色发展水平

4. 开放发展评价

将对外交通（1km 范围内公交车站密度）和产业吸引力（企业数量增长率、企业密度）

二维度指标按照表 3-3-15 所示权重进行加权，求得各开发区的开放发展综合水平。

表 3-3-15　开发区开放发展评价指标权重

目　标	权　重	子目标	指　　标	属　性	权　重
开放	0.2	对外交通	1km 范围内公交车站密度	正向指标	0.044
		产业吸引力	企业数量增长率	正向指标	0.005
			企业密度（个/km²）	正向指标	0.055

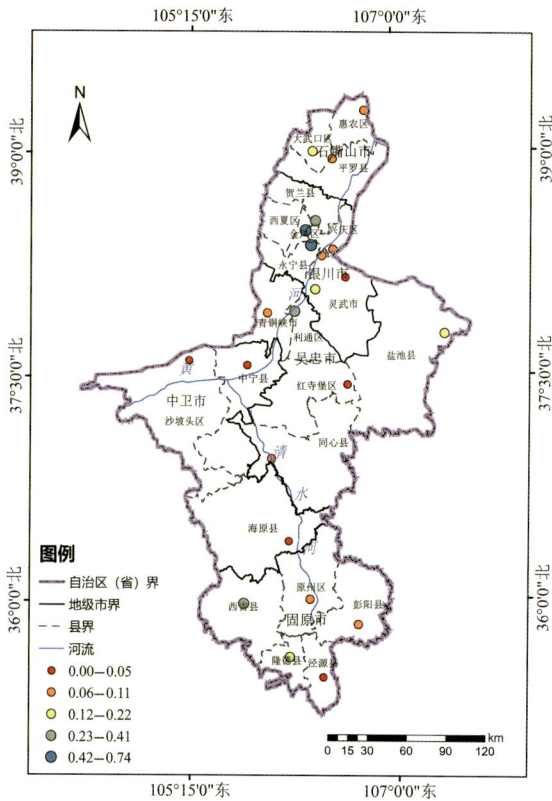

图 3-3-5　2020 年开发区开放发展水平

如图 3-3-5 所示，依据自然断点法，将各开发区划分为五级，开放发展指数 0.42～0.74 为优、0.23～0.41 为较优、0.12～0.22 为中等、0.06～0.11 为较差、0～0.05 为差。该指标高值聚集在宁夏北部地区，具体来看，宁夏永宁工业园区发展最优，开放发展指数为 0.739，此外，银川经济技术开发区也处于优等水平，上述 2 个开发区均位于银川市，对外交通建设较好，居民出行较为便利，且产业吸引力较高，评价时期内开发区企业数量增长快，企业总体密度高。宁夏贺兰工业园区、宁夏吴忠金积工业园区和宁夏西吉工业园区的开放水平较优，其中，银川经济技术开发区的对外交通最好，与其他开发区的来往更为便利。宁夏青铜峡工业园区、宁夏同心工业园区、宁夏固原经济开发区、彭阳县王洼产业园区和银川综合保税区的开放发展处于较差水平，泾源县轻工产业园区、宁夏中宁工业园区、宁夏中卫工业园区、石嘴山经济技术开发、吴忠太阳山开发区和中卫市海兴开发区的开放水平相对偏低，主要是由于开发区位置距市区较远，对外交通建设水平较差，产业对外吸引力不足。各开发区首先应着力提高基础设施建设水平，搭建好开发区内部和外部的联系通道，增强企业投资的吸引力。

5. 共享发展评价

将服务设施供给(半径 1km 范围内教育设施供给、半径 1km 范围内运动场馆密度、半径 1km 范围内综合医院密度)一维度指标按照表 3-3-16 所示权重进行加权，求得各开发区的共享发展综合水平。

表 3-3-16　开发区共享发展评价指标权重

目　标	权　重	子目标	指　标	属　性	权　重
共享	0.2	服务设施供给	半径 1km 范围内教育设施供给	正向指标	0.038
			半径 1km 范围内运动场馆密度	正向指标	0.057
			半径 1km 范围内综合医院密度	正向指标	0.055

如图 3-3-6 所示，依据自然断点法，将各开发区划分为五级，共享发展指数 0.49～0.93 为优、0.26～0.48 为较优、0.10～0.25 为中等、0.03～0.09 为较差、0～0.02 为差。该指标高值在空间上分布零散，具体来看，银川经济技术开发区的共享发展水平最优，共享发展指数为 0.93，此外，宁夏西吉工业园区和宁夏同心工业园区也处于优等水平，主要是由于开发区建园较早，各类公共服务设施建设较为完善。泾源县轻工产业园区、宁夏同心工业园区、宁夏永宁工业园区、石嘴山高新技术产业开发区、银川高新技术产业开发区和中卫市海兴开发区的共享发展水平较优，其中银川经济技术开发区的教育设施密度较高，泾源县轻工产业园区的运动场馆建设较为完善。宁夏盐池工业园区和宁夏固原经济开发区的共享发展水平较差，隆德县六盘山工业园区、宁夏宁东能源化工基地开发区、宁夏平罗工业园区、石嘴山经济技术开发区、宁夏中宁工业园区、银川综合保税区、宁夏中卫工业园区和吴忠太阳山开发区的共享发展水平相对较低，其中银川综合保税区、宁夏中卫工业园区和吴忠太阳山开发区由于位置较为偏远，半径 1km 范围内无公共服务设施。总体而言，开发区的共享发展水平较低，在后续规划中，各开发区应依据需求合理配置公园、医疗、教育、体育等功能设施。

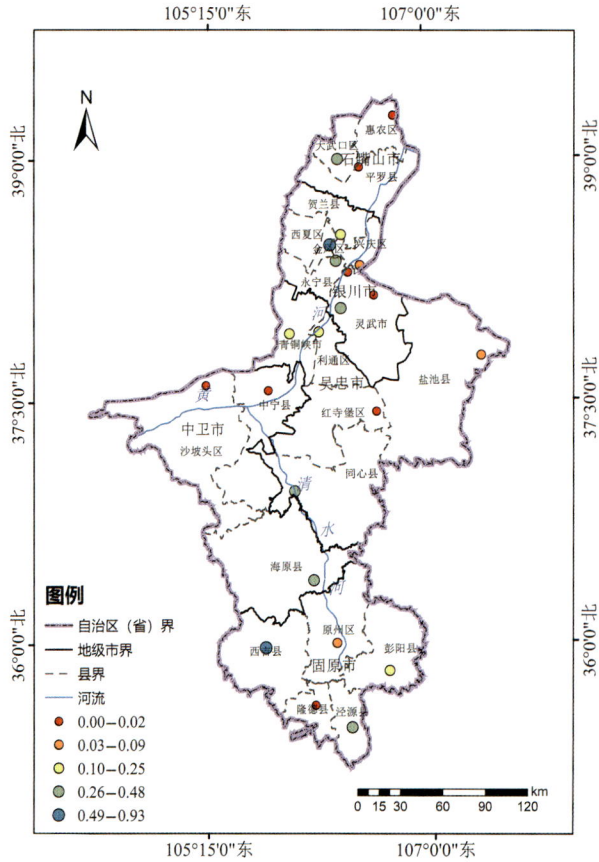

图 3-3-6　2020 年开发区共享发展水平

6. 高质量发展水平综合评价

综合创新、协调、绿色、开放和共享五维度指标，评价各开发区高质量发展综合水平，在上述分指标值的基础上乘以 100，作为高质量发展综合得分，依据等间距法将开发区高质量发展水平划分为四个等别（如图 3-3-7 所示），47（含）分以上为一等、35（含）~47分为二等、22（含）~35 分为三等、22 分以下为四等，评价结果见表 3-3-17。

高质量发展水平处于一等的开发区仅有银川经济技术开发区，其高质量发展水平达58.38。该开发区教育、体育和医疗等公共服务设施建设较为完备，共享发展水平最高（92.5），同时其开放（68.42）、协调（54.05）和创新（46.57）发展水平也相对较优，然其绿色发展水平（30.36）还有待进一步提升。为推动银川经济技术开发区高质量发展水平的升级，该开发区应进一步发掘开放和创新发展的潜力，为提升发展效益提供动力支持；通过土地集约节约利用协调好"三类空间"关系，以改善绿色发展水平。

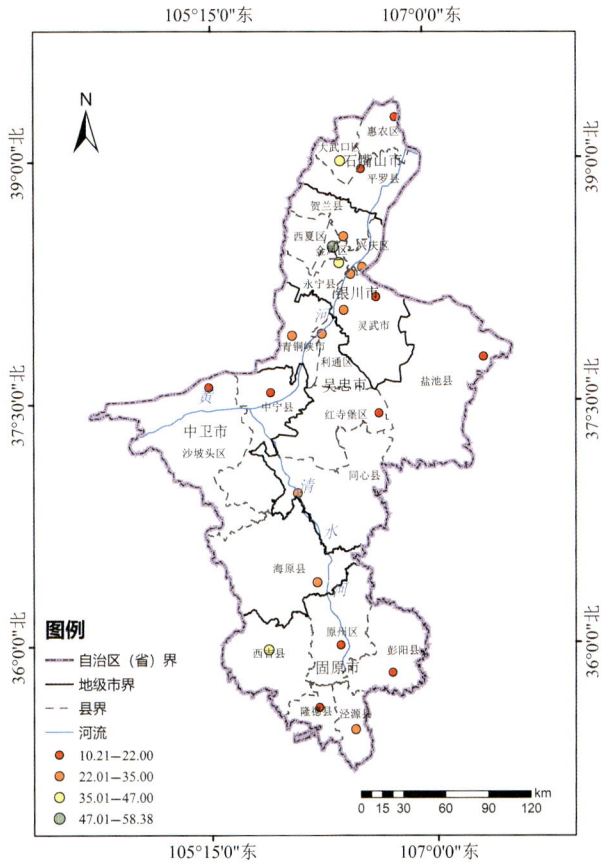

图 3-3-7　2020 年开发区高质量综合发展水平

表 3-3-17　开发区高质量发展水平与等别

开发区名称	开发区级别	高质量水平	等别
银川经济技术开发区	国家级	58.38	一
宁夏西吉工业园区	省级	39.08	二
宁夏永宁工业园区	省级	39.00	
石嘴山高新技术产业开发区	国家级	35.85	
宁夏贺兰工业园区	省级	31.25	
宁夏吴忠金积工业园区	省级	30.35	
银川高新技术产业开发区	国家级	27.70	三
中卫市海兴开发区	省级	25.80	
宁夏同心工业园区	省级	25.64	
银川综合保税区	国家级	25.60	

续表

开发区名称	开发区级别	高质量水平	等别
宁夏青铜峡工业园区	省级	24.53	三
泾源县轻工产业园区	省级	23.47	
苏银产业园	省级	22.40	
彭阳县王洼产业园区	省级	21.06	
宁夏盐池工业园区	省级	20.53	
隆德县六盘山工业园区	省级	19.15	
宁夏固原经济开发区	省级	18.28	
宁夏平罗工业园区	省级	14.54	四
宁夏宁东能源化工基地开发区	省级	14.48	
宁夏中卫工业园区	省级	13.77	
石嘴山经济技术开发区	国家级	12.59	
吴忠太阳山开发区	省级	10.46	
宁夏中宁工业园区	省级	10.21	

高质量发展水平处于二等的开发区有宁夏西吉工业园区(39.08)、宁夏永宁工业园区(39.00)和石嘴山高新技术产业开发区(35.85)。宁夏西吉工业园区的共享发展水平最高(71.90),其次是绿色(44.18)、开放(40.70)和协调(36.27)发展水平,得分最低的是创新(2.37)发展水平,该开发区未来应侧重高新产业的投入与开发,增加创新驱动成果的产出,提升创新发展水平,完善基础服务设施和公共服务设施建设,逐步提升高质量发展水平。宁夏永宁工业园区的开放(73.87)发展水平最高,其次是协调(50.46)、绿色(34.55)和共享(33.68)发展水平,得分最低的是创新(2.43)发展水平。该开发区的开放发展水平在23个开发区中位列第一,未来应进一步发挥优势,提升高质量发展水平;与宁夏西吉工业园区一样,该开发区也需增加对高新技术产业的投入建设,提升创新发展水平。石嘴山高新技术产业开发区的创新(66.15)发展水平较高,但协调(32.37)、绿色(30.23)、共享(29.46)和开放(21.05)发展水平均偏低。该开发区的创新发展程度在23个开发区中位列第一,未来应进一步发挥创新驱动作用,通过技术创新、管理创新等手段推动发展方式转变,逐步形成集约高效的发展格局。

高质量发展水平处于三等的开发区有宁夏贺兰工业园区(31.25)、宁夏吴忠金积工业园区(30.25)、银川高新技术产业开发区(27.70)、中卫市海兴开发区(25.80)、宁夏同心工业园区(25.64)、银川综合保税区(25.60)、宁夏青铜峡工业园区(24.53)和泾源县轻工产业园区(21.06),共8个。创新发展方面,宁夏吴忠金积工业园区(26.36)和宁夏青铜峡工业园区(12.98)的发展水平相对较高,其余开发区的创新发展水平均未超过4分。协调发展方面，宁夏贺兰工业园区(52.21)的发展水平最高，也是 23 个开发区中协调发展的第一位，其余开发区的协调发展水平均在 21～33，整体协调水平偏低，存在较大的提升空间。绿色发展方面，银川综合保税区(95.11)发展水平最高，在 23 个开发区中位列第一，其余开发区的绿色发展水平均在 40～60。开放发展方面，泾源县轻工产业园区的发展水平最低(0.26)，宁夏贺兰工业园区(34.97)和宁夏吴忠金积工业园区(34.97)的开放发展水平在 8 个开发区中最高，但在 23 个开发区中处于中等发展水平，仍需加强开发区的对外交通建设，提升开放发展水平。共享发展方面，宁夏同心工业园区(48.34)、银川高新技术产业开发区(31.02)、宁夏贺兰工业园区(24.62)和宁夏吴忠金积工业园区(20.05)的发展水平在 8 个开发区中较高，在 23 个开发区中处于中等水平，最低的是银川综合保税区，其共享发展水平对高质量发展的贡献率较低。

高质量发展水平处于四等的开发区有苏银产业园(22.40)、彭阳县王洼产业园区(21.06)、宁夏盐池工业园区(20.53)、隆德县六盘山工业园区(19.15)、宁夏固原经济开发区(18.28)、宁夏平罗工业园区(14.54)、宁夏宁东能源化工基地开发区(14.48)、宁夏中卫工业园区(13.77)、石嘴山经济技术开发区(12.59)、吴忠太阳山开发区(10.46)和宁夏中宁工业园区(10.21)。创新发展方面，仅宁夏盐池工业园区(18.86)、宁夏中卫工业园区(18.87)和石嘴山经济技术开发区(13.56)的发展水平在 10 以上，其余 8 个开发区的创新发展水平均在个位数。上述开发区高新产业发展不足，宁夏宁东能源化工基地开发区以化工产业为主，虽然化工产业集群优势显著，但高新技术产业较少，创新发展能力不足，驱动成果产出也不理想。协调发展方面，11 个开发区的平均水平在 21.54，整体的协调发展水平偏低，合理配置土地资源、处理好各类用地关系、协调好"三类空间"将是未来发展关键。绿色发展方面，11 个开发区的平均水平在 33.57，隆德县六盘山工业园区(50.15)最高，石嘴山经济技术开发区(15.06)最低，其余均在 25～45，整体属于中低发展水平，未来应更加注重土地的集约利用与生态空间保护。开放发展方面，11 个开发区的平均水平在 9.21，仅有隆德县六盘山工业园区、宁夏盐池工业园区、宁夏固原经济开发区和彭阳县王洼产业园区的开放发展水平在 10 以上，其余开发区均在 9 以下，此类开发区应坚持贯彻开放发展理念，完善开放发展机制，夯实开放发展基础。共享发展方面，11 个开发区的平均水平在 3.92，离高质量发展目标仍存在较大差距。

第四章　中观尺度土地集约利用与高质量发展效应

本章应用耦合协调度模型与"四象限图"进一步挖掘开发区土地集约利用与"创新、协调、绿色、开放和共享"多维度高质量发展耦合关系，在此基础上，评价土地集约利用与高质量发展效应，研究结果可为开发区制定符合高质量发展需求的土地集约利用策略提供实证依据。

一、土地集约利用与高质量发展耦合分析

本节利用耦合协调度模型，分析开发区土地集约利用与"创新""协调""绿色""开放"和"共享"五方面高质量发展的相互影响情况。

1. 土地集约利用与创新发展耦合

土地集约利用是推动创新发展的基础，通过节约土地资源、优化用地结构和提升土地利用效率，有利于实现高新产业用地有效供给，推动开发区创新水平提升；同时，创新发展带来的劳动力、技术和资金等要素的集聚，也能促进土地集约利用水平提高。开发区土地集约利用水平和创新发展耦合结果如图 3-4-1 所示。宁夏吴忠金积工业园区等6个开发区处于轻度失调状态，其创新发展和土地集约利用的相互作用较弱，创新发展未对开发区土地集约利用提供有效促进作用；宁夏平罗工业园区等9个开发区处于濒临失调状态；石嘴山经济技术开发区等4个开发区处于勉强协调状态；宁夏吴忠金积工业园区和银川综合保税区处于初级协调状态；银川经济技术开发区和石嘴山高新技术产业开发区处于中级协调状态。

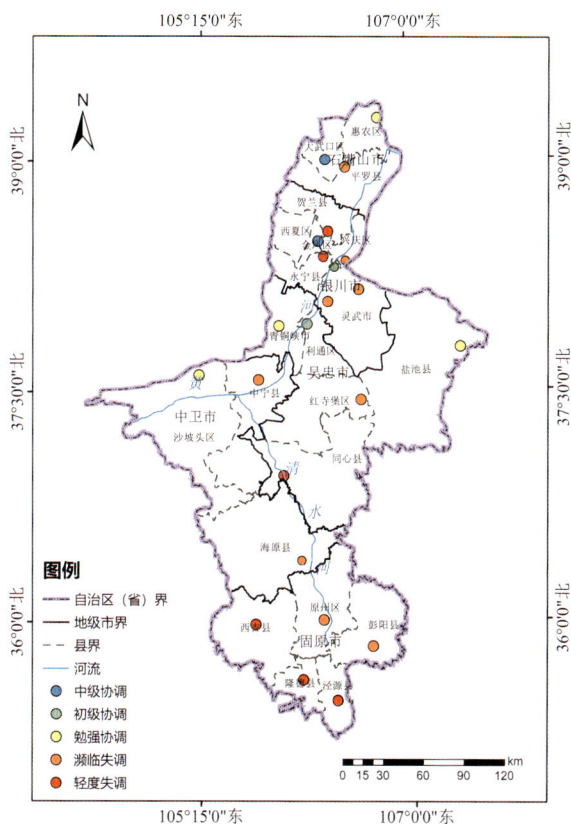

图 3-4-1　开发区土地集约利用与创新发展水平耦合协调程度

2. 土地集约利用与协调发展耦合

　　集约化的土地利用能够促进土地要素合理流动和高效集聚，推动开发区形成优势互补的协调发展格局，同时，协调发展也有利于开发区开展土地利用计划，调控年度总量用地，增强土地管理灵活性，提升土地集约利用水平。因此，探讨开发区的协调发展与土地集约利用的耦合关系能够展现开发区发展现状均衡与否，为未来的政策调控提供一定的方向。开发区土地利用集约水平和协调发展耦合结果如图 3-4-2 所示。吴忠太阳山开发区、宁夏中宁工业园区处于中度失调状态，表明其协调发展和土地集约利用的相互作用较弱，协调发展未对开发区土地集约利用提供有效促进作用；宁夏平罗工业园区等 3 个开发区处于濒临失调状态；泾源县轻工产业园区处于轻度失调状态；宁夏平罗工业园区等 7 个开发区处于初级协调状态；宁夏固原经济开发区等 5 个开发区处于勉强协调状态；银川经济技术开发区等 5 个开发区处于中级协调状态。

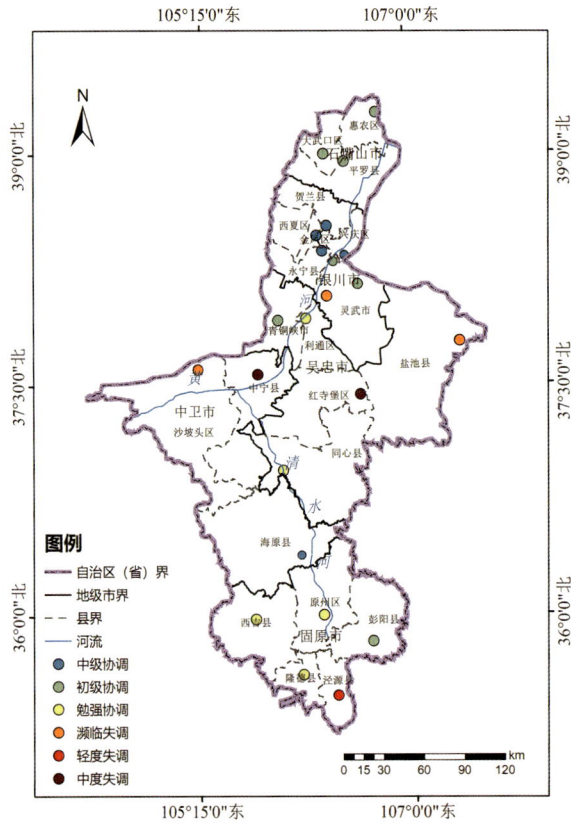

图 3-4-2 开发区土地集约利用和协调发展水平耦合协调程度

3. 土地集约利用与绿色发展耦合

开发区的绿色发展与集约利用的耦合关系对开发区可持续发展至关重要，绿色发展能够提高土地利用效率，进而提升土地集约利用水平；土地利用越集约，越有助于企业建设绿色生产配套设施，推动开发区形成绿色发展模式。因此，探讨开发区的绿色发展与土地集约利用的耦合关系是判断开发区可持续发展的重要依据。开发区土地利用集约水平和绿色发展耦合结果，如图 3-4-3 所示。泾源县轻工产业园区、石嘴山经济技术开发区处于中度失调状态，表明其绿色发展和土地集约利用的相互作用较弱，绿色发展未对开发区土地集约利用提供有效促进作用；银川高新技术产业开发区处于濒临失调状态；包括宁夏宁东能源化工基地开发区在内的 14 个开发区处于初级协调状态；宁夏西吉工业园区和宁夏中宁工业园区处于勉强协调状态；隆德县六盘山工业园区等 4 个开发区处于中级协调状态。

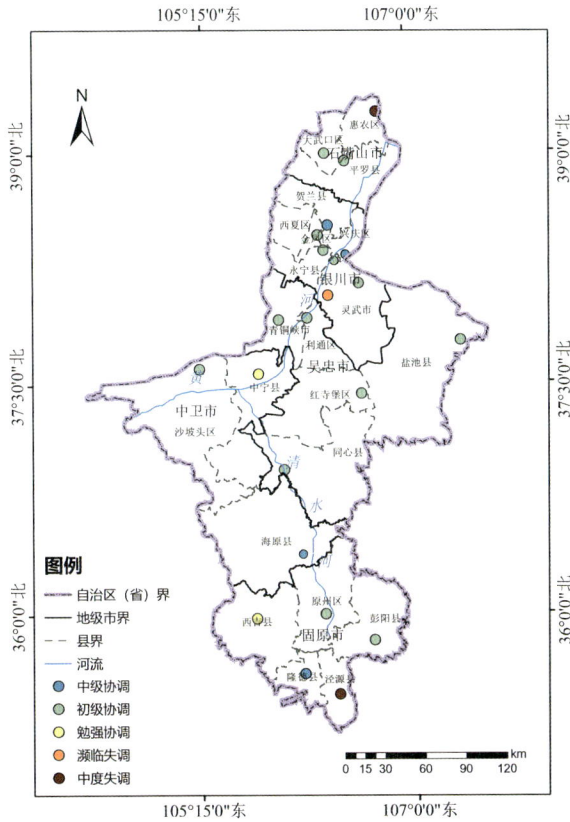

图 3-4-3 开发区土地集约利用和绿色发展水平耦合协调程度

4. 土地集约利用与开放发展耦合

开放发展能够扩大开发区对外合作交流的广度，提升开发区的市场活力，增加土地产出效益，此外，土地集约利用对开发区完善综合服务体系、吸引投资和承接产业转移具有重要的支持作用。因此，探讨开发区的开放发展与土地集约利用的耦合关系有助于识别开发区的开放发展现状，进而对下一步的开放发展调控提供依据。开发区土地利用集约水平和开放发展耦合结果，如图 3-4-4 所示。吴忠太阳山开发区、泾源县轻工产业园区处于轻度失调状态，表明其开放发展和土地集约利用的相互作用较弱，开放发展未对开发区土地集约利用提供有效促进作用；宁夏平罗工业园区等 10 个开发区处于濒临失调状态；宁夏吴忠金积工业园区等 4 个开发区处于初级协调状态；石嘴山高新技术产业开发区等 5 个开发区处于勉强协调状态；银川经济技术开发区和宁夏永宁工业园区处于中级协调状态。

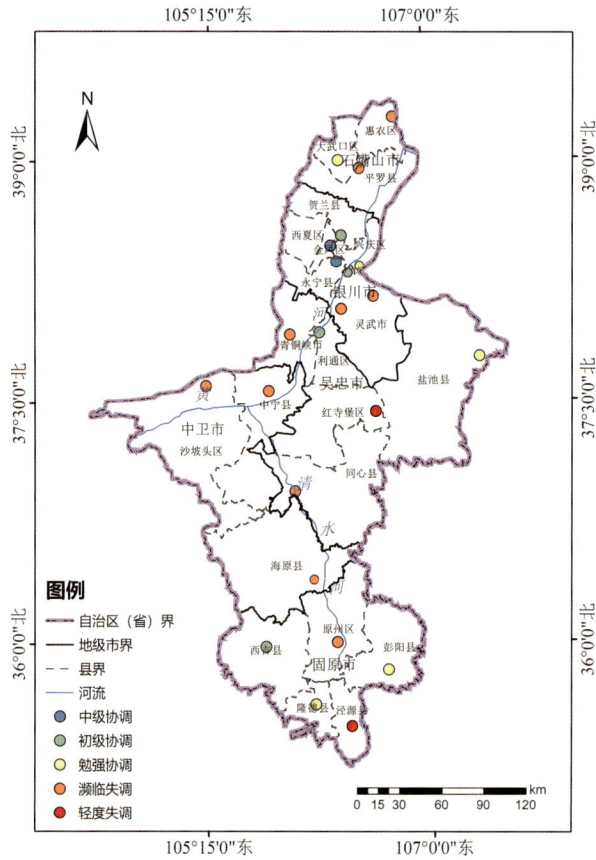

图 3-4-4　开发区土地集约利用和开放发展水平高低聚类

5. 土地集约利用与共享发展耦合

共享发展能够缓解资源有限性的约束，促进开发区资源的合理共享与动态平衡，进而助推开发区土地集约化利用，因此，探讨开发区共享发展与土地集约利用的耦合关系能够有效判断开发区建设用地空间布局的合理性，进而助推用地空间布局的优化。土地利用集约水平和共享发展耦合结果，如图 3-4-5 所示。宁夏固原经济开发区等 8 个开发区轻度失调状态；宁夏中卫工业园区和吴忠太阳山开发区处于中度失调状态，表明其共享发展和土地集约利用的相互作用较弱，共享发展未对开发区土地集约利用提供有效促进作用；宁夏盐池工业园区等 3 个开发区处于濒临失调状态；石嘴山高新技术产业开发区等 6 个开发区处于初级协调状态；银川经济技术开发区处于良好协调状态；宁夏吴忠金积工业园区等 3 个开发区处于勉强协调状态。

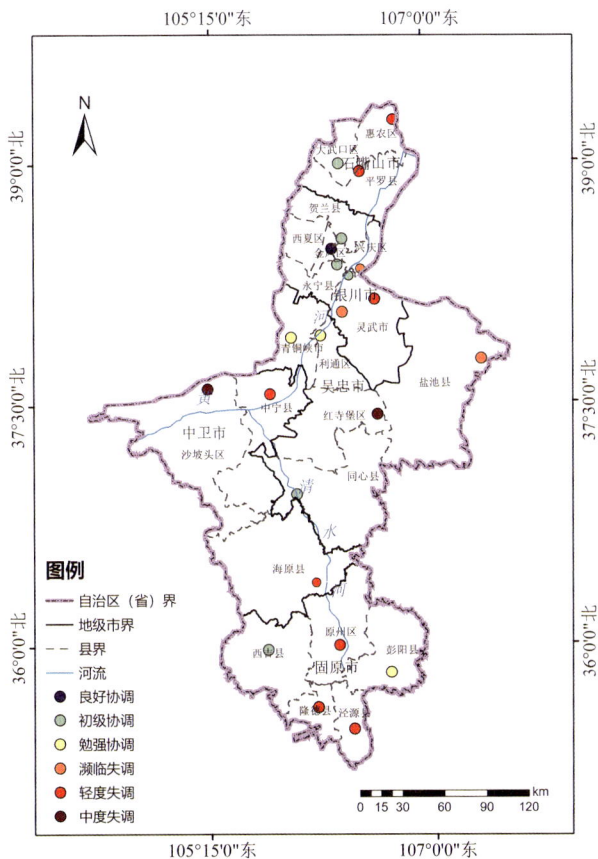

图 3-4-5 开发区土地集约利用和共享发展水平耦合协调程度

6. 土地集约利用与高质量发展耦合

开发区土地利用集约度的提高是实现高质量发展的依托路径，高质量发展是倒逼开发区土地集约利用改进的关键抓手，开发区土地利用集约水平和高质量发展耦合结果，如图3-4-6所示。吴忠太阳山开发区处于中度失调状态；宁夏中宁工业园区和泾源县轻工产业园区处于轻度失调状态；宁夏平罗工业园区等 5 个开发区处于濒临失调状态，表明其高质量发展和土地集约利用的相互作用较弱，高质量发展未对开发区土地集约利用提供有效促进作用；宁夏吴忠金积工业园区等 6 个开发区处于初级协调状态；宁夏青铜峡工业园区等7 个工业园区处于勉强协调状态；石嘴山高新技术产业开发区和银川经济技术开发区处于中级协调状态。

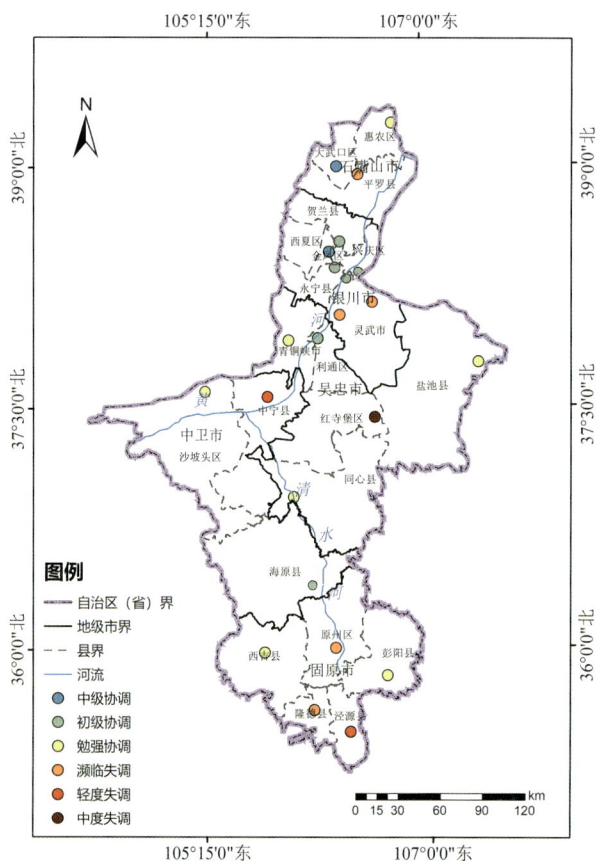

图 3-4-6 开发区土地集约利用和高质量发展水平耦合

二、土地集约利用与高质量发展效应评价

本节通过计算开发区土地集约利用水平与"创新、协调、绿色、开放、共享"多维高质量指数的空间聚类程度，开展开发区土地集约利用与高质量发展间的效应评价。探讨二者的效应关系有助于判断开发区土地集约利用现状对高质量发展的影响程度。

1. 土地集约利用与创新发展效应

土地集约利用和创新发展水平聚类结果，如图 3-4-7 所示。宁夏吴忠金积工业园区等 5 个开发区等 3 个开发区属于高—高类型，表明创新发展水平和集约度均较高；隆德县六盘山工业园区等 6 个开发区属于低—高类型，表明土地利用集约度较高，但创新发展水平较低；宁夏中卫工业园区等 3 个开发区属于高—低类型，表明创新发展水平较高，但土地利用集约度较低；银川高新技术产业开发区等 9 个开发区属于低—低类型，表明两项发展水平均较低。

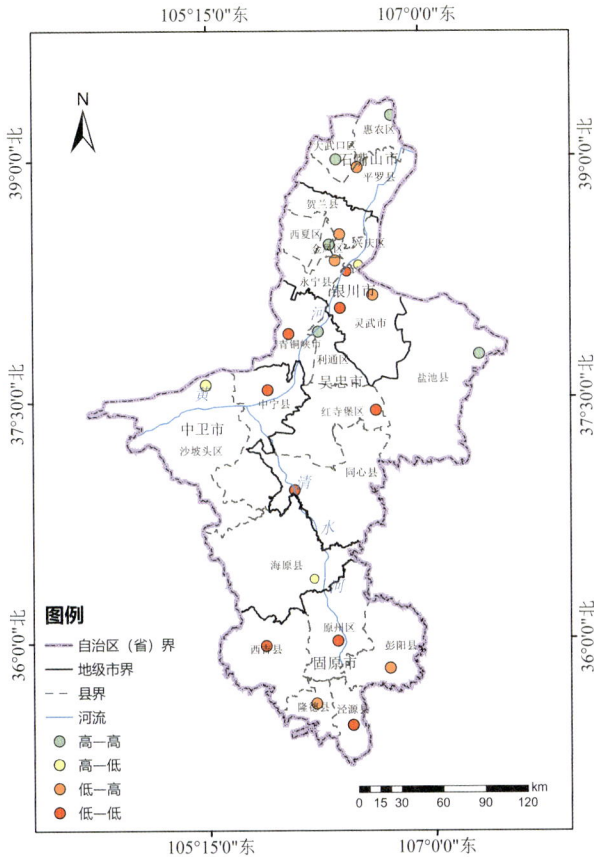

图 3-4-7　开发区土地集约利用与创新发展水平高低聚类

2. 土地集约利用与协调发展效应

土地利用集约水平和协调发展水平聚类结果，如图 3-4-8 所示。宁夏贺兰工业园区等 7 个开发区属于高—高类型，表明协调发展水平和集约度均较高；隆德县六盘山工业园区等 6 个开发区属于低—高类型，表明土地利用集约度较高，但协调发展水平较低；宁夏青铜峡工业园区等 4 个开发区属于高—低类型，表明协调发展水平较高，但土地利用集约度较低；泾源县轻工产业园区等 6 个开发区属于低—低类型，表明两项发展水平均较低。

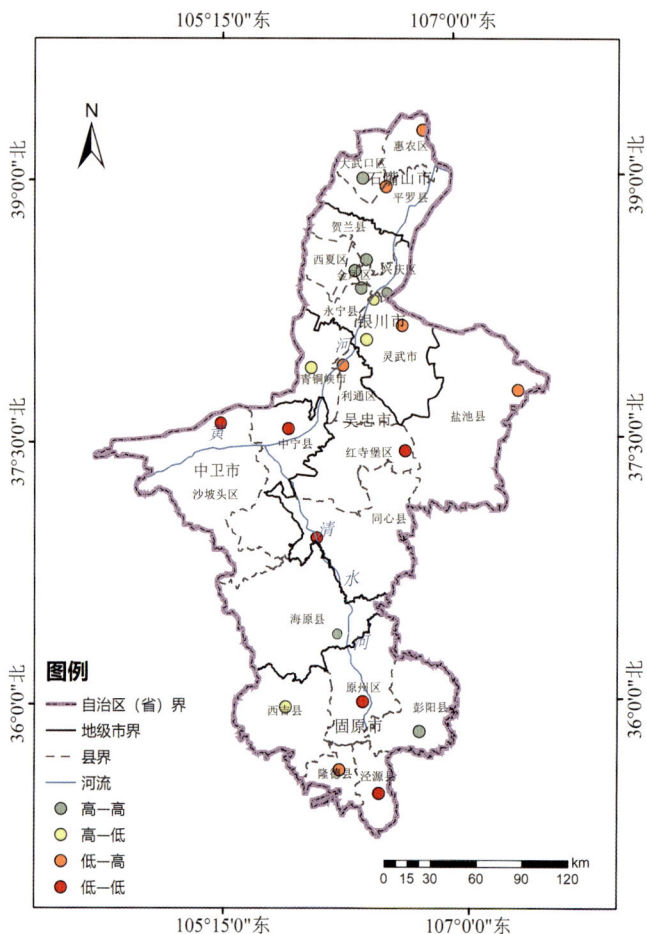

图 3-4-8　开发区土地集约利用和协调发展水平高低聚类

3. 土地集约利用与绿色发展效应

土地利用集约和绿色发展水平聚类结果，如图 3-4-9 所示。隆德县六盘山工业园区等 6 个开发区属于高—高类型，表明绿色发展水平和集约度均较高；宁夏宁东能源化工基地开发区等 8 个开发区属于低—高类型，表明土地利用集约度较高，但绿色发展水平较低；泾源县轻工产业园区等 6 个开发区属于高—低类型，表明绿色发展水平较高，但土地利用集约度较低；宁夏中宁工业园区等 3 个属于低—低类型，表明两项发展水平均较低。

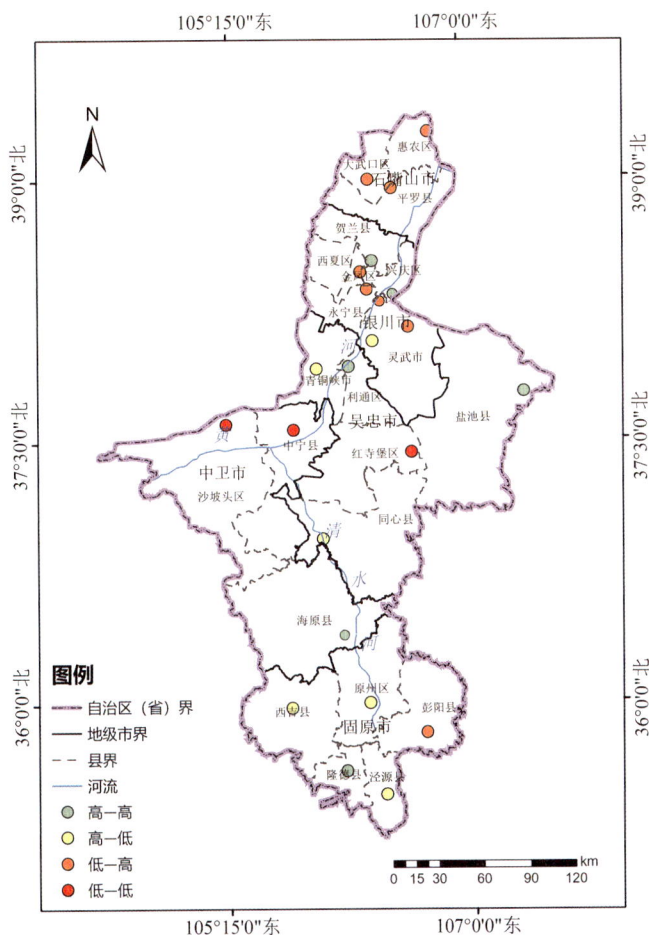

图 3-4-9 开发区土地集约利用和绿色发展水平高低聚类

4. 土地集约利用与开放发展效应

土地利用集约水平和开放发展水平聚类结果,如图 3-4-10 所示。隆德县六盘山工业园区等 6 个开发区属于高—高类型,表明开放发展水平和集约度均较高。宁夏盐池工业园区等 6 个开发区属于低—高类型,表明土地利用集约度较高,但开放发展水平较低;银川高新技术产业开发区等 4 个开发区属于高—低类型,表明开放发展水平较高,但土地利用集约度较低;泾源县轻工产业园区等 7 个开发区属于低—低类型,表明两项发展水平均较低。

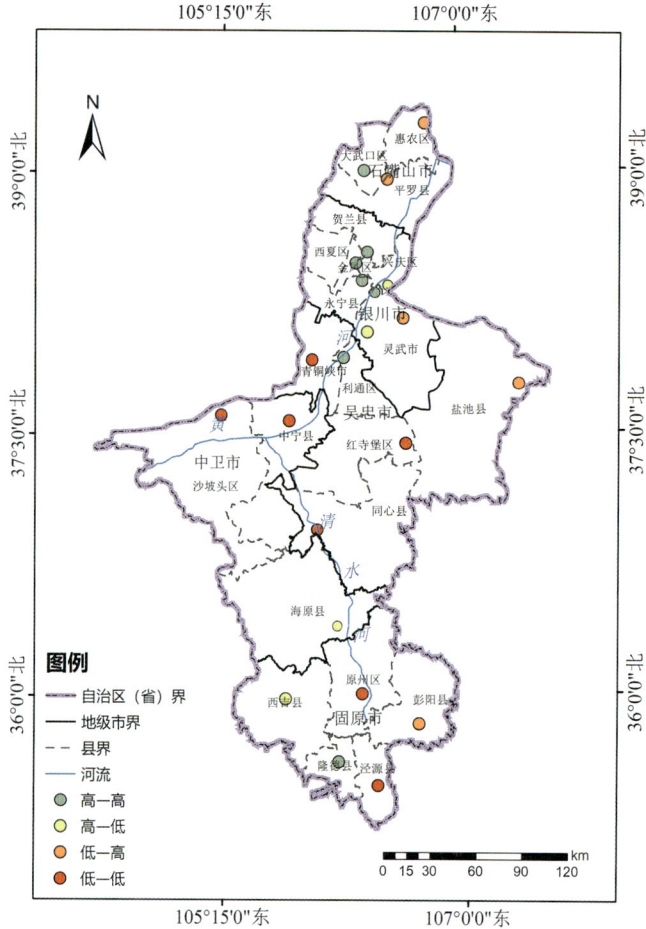

图 3-4-10　开发区土地集约利用和开放发展水平高低聚类

5. 土地集约利用与共享发展效应

土地利用集约水平和共享发展水平聚类结果，如图 3-4-11 所示。银川经济技术开发区等 4 个开发区属于高—高类型，表明共享发展水平和集约度均较高。隆德县六盘山工业园区等 7 个开发区属于低—高类型，表明土地利用集约度较高，但共享发展水平较低；宁夏西吉工业园区等 7 个开发区属于高—低类型，表明共享发展水平较高，但土地利用集约度较低；宁夏固原经济开发区等 5 个开发区属于低—低类型，表明两项发展水平均较低。

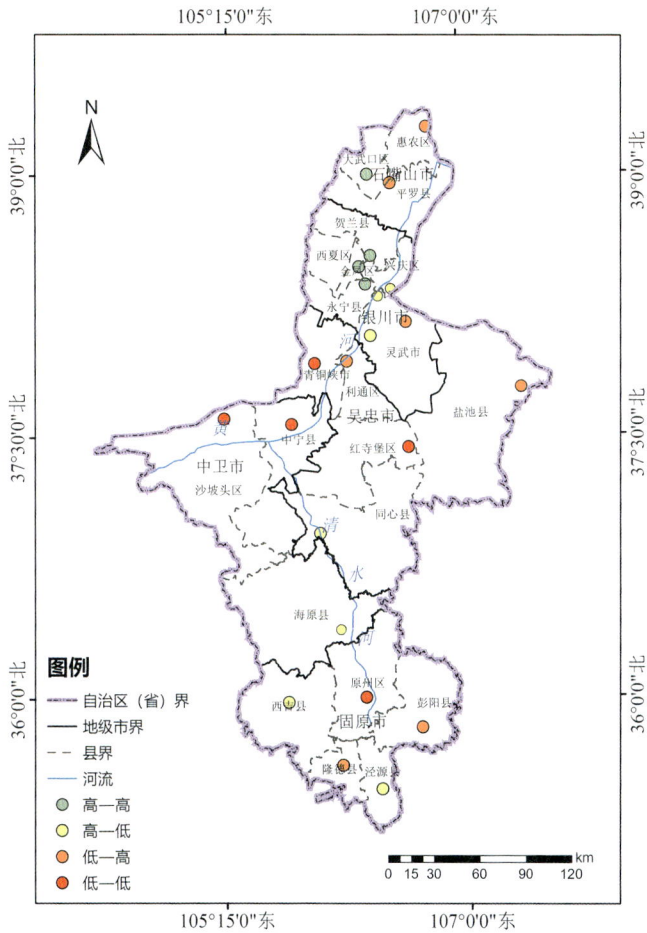

图 3-4-11 开发区节约集约水平与共享发展水平高低聚类

6. 土地集约利用与高质量发展效应

土地集约利用和高质量发展聚类结果，如图 3-4-12 所示。银川经济技术开发区等 5 个开发区属于高—高类型，表明高质量发展水平和集约度均较高；隆德县六盘山工业园区等 6 个开发区属于低—高类型，表明土地利用集约度较高，但高质量发展水平较低；银川高新技术产业开发区等 4 个开发区属于高—低类型，表明高质量发展水平较高，但土地利用集约度较低；泾源县轻工产业园等 8 个开发区属于低—低类型，表明两项发展水平均较低。

271

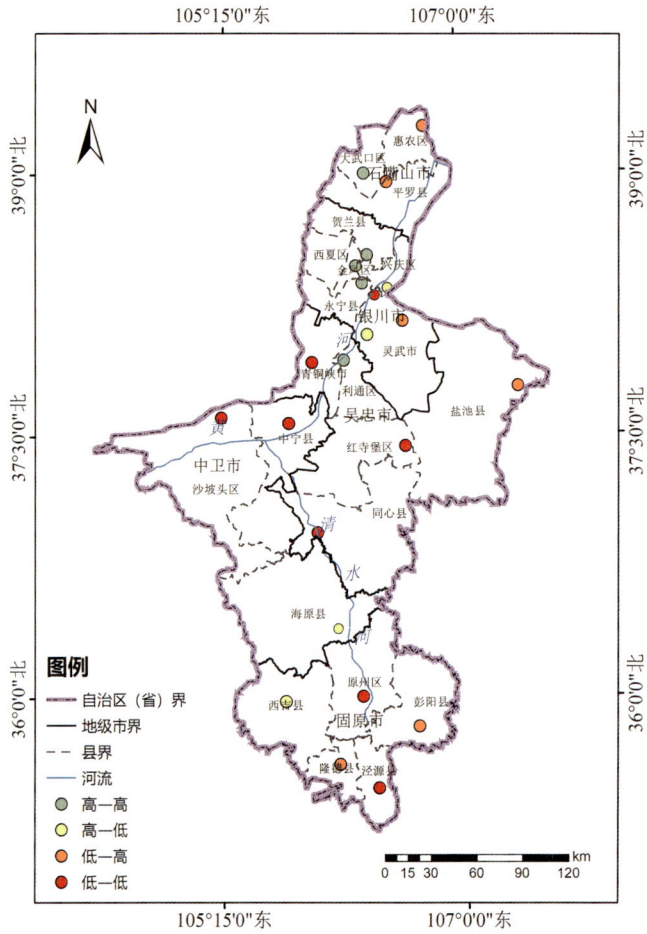

图 3-4-12　开发区土地集约利用与高质量发展水平高低聚类

第五章　中观尺度土地集约利用问题诊断

一、土地利用强度较低，用地空间亟需挖潜

宁夏23个开发区2020年综合容积率为0.45，其中国家级开发区综合容积率为0.50，显著低于全国平均水平（0.98）[①]，土地利用强度整体较低。开发区入园企业中，多以建设单层厂房为主，未能严格执行合同约定的投资强度和容积率标准。开发区建筑密度近年来虽呈上升趋势，但普遍低于全国开发区平均建筑密度（32.6%），其中52%的开发区建筑密度低于20%，土地集约利用程度亟待提升。此外，部分开发区仍存在一定的土地闲置现象，总体待挖掘的用地潜力较大。其中，银川高新技术产业开发区、宁夏宁东能源化工基地开发区、苏银产业园内仍存有可供应土地；苏银产业园、银川经济技术开发区、宁夏永宁工业园区内工业用地率较低；宁夏平罗工业园区、宁夏中宁工业园区、石嘴山经济技术开发区综合容积率、建筑密度等强度指标较差；苏银产业园、银川经济技术开发区、宁夏永宁工业园区内仍有已到期但未处置的闲置土地，可进一步挖潜。

二、高新产业用地规模偏小，创新驱动发展不足

当前，开发区大多集中在煤化工、电力、纺织、能源、材料等领域，倚重倚能明显。全区仅石嘴山高新技术产业开发区、银川经济技术开发区等6个开发区拥有专门的高新技术产业用地，用地投入不够、产业规划不足，导致高新技术产业对创新发展的支撑力度不够。同时，创新发展是促进开发区生产要素高效利用和土地集约利用的重要手段，而宁夏吴忠金积工业园区、泾源县轻工产业园区等6个开发区处于轻度失调状态，宁夏平罗工业园区和宁夏中卫工业园区等7个开发区处于濒临失调状态，开发区土地集约利用与创新发展水平均较低，创新能力和动力不足，园区产品处于产业链前端，附加值低，科技含量不

[①]　中华人民共和国中央人民政府. 关于2020年度国家级开发区土地集约利用监测统计情况的通报[EB/OL]. https://www.gov.cn/xinwen/2021-01/13/content_5579414.htm.

高，各生产要素无法达到充分利用，建设用地产出效益偏低。

三、产业用地结构趋同，协调发展状态不佳

从全区整体情况来看，开发区产业结构和用地结构均存在重复、同质等现象，制约了区域协调发展。其中，开发区主导产业以装备制造、化工冶金、纺织和农副产品加工等制造业为主，涉及装备/轻工/智能制造业的开发区达 19 个，涉及农副产品加工的 10 个，涉及化工类产业的 9 个，产业定位趋同、同质化竞争严重；第三产业虽有所发展，但结构不优，发展滞后。同时，开发区虽践行协调发展理念，但现阶段大部分开发区还存在用地结构趋同、布局相对分散等问题，包括吴忠太阳山开发区、宁夏平罗工业园区等 6 个开发区表现出"土地集约利用水平低—协调发展水平低"的状态，主要体现在生产空间集聚度不高，工业用地连片度较低；生活空间布局不合理，普遍存在工业用地距居住用地距离较远的"职住分离"现象。

四、对外开放程度较低，辐射带动作用不明显

开发区建设的主要目的之一是通过园区带动周边城市和区域经济的快速发展，成为推动地区经济高质量发展的增长极。但目前除银川经济技术开发区外，大部分园区辐射带动作用不明显。一是大部分开发区对外开放程度较低，例如隆德县六盘山工业园区、宁夏同心工业园区和宁夏盐池工业园区等，主要体现在交通路网建设较为薄弱，基础公共服务设施不完备，一定程度上制约着人流、物流和经济流的联通，影响开发区对外开放的深度和广度；二是经济实力亟待加强，例如泾源县轻工业产业园区、隆德县六盘山工业园区等企业数量在不断减少，企业外流较为明显，难以形成产业集群，缺乏核心吸引力和竞争力，对区域经济增长的溢出效应不明显。

第六章 中观尺度土地集约利用管控措施

一、创新土地开发方式，提高土地利用效率

开发区土地集约高效利用的关键在于提高土地利用效率。一是要落实供地制度改革，优化供地方式。开发区需严格落实《自治区人民政府办公厅关于推进产业用地"标准地"出让的实施意见》，提高土地供应效率与工业用地配置效率，加快推进工业项目落地达产；同时，落实工业土地弹性出让制度，根据国家产业政策、开发区产业类型、成立年限、投资状况等因素实际情况，结合国土空间规划，综合确定工矿仓储用地出让合理年期；支持开发区以国土空间规划为抓手，在符合规划、突出工业主导用途的前提下，探索增加混合产业用地供应。二是要创新土地开发方式，提高土地开发利用率。宁夏贺兰工业园区、吴忠太阳山开发区、宁夏固原经济开发区和宁夏同心工业园区等开发率较低的园区可推进开发区土地纵向发展，实现用地置换，盘活存量土地资源；借鉴先进经验，因地制宜，尝试"带租出让"，探索土地出让新机制，推进开发区土地利用的创新探索。

二、吸引集聚创新资源，提升开发区创新能力

一是做好高新技术产业规划，加大高新技术产业发展用地的保障力度，加强基础设施建设，为人流、物流、信息流等提供载体；二是培育支持高新技术企业发展壮大，落实《关于加快发展高新技术企业的若干措施》中高新技术企业所得税减免、小微企业普惠性税收减免等政策，引导企业向高附加值、高技术含量、高效益的产业方向发展，提升产业层次，可聚焦电子信息、新型材料、清洁能源等高新技术领域，进一步发挥高新区的发展潜力，加大研发投入，培育一批具有竞争力的创新型企业；三是吸引一流创新人才，鼓励开发区大力实施"人才强区"战略，自主制定引进急需紧缺人才政策，用好"宁夏高层次人才服务网""博士直通车"等云平台，建立"一站式"服务体系，提高各项配套服务质量和服务效率，加大人才工作资金投入力度。

三、优化开发区用地布局，加快产业结构转型升级

加强开发区的统筹规划，合理构建农业、生态、建设空间，科学布局第二、三产业，平衡产业用地、基础设施用地、公共服务用地以及其他用地需求，促进项目合理布局、产业协同配套，打造特色优势显著、产业链条紧密、协同创新有力、宜产宜居型开发区，全面提升整体竞争力。同时，鼓励开发区通过技术改造向中高端园区迈进，促进信息技术与制造业结合。具体而言，银川经济技术开发区、石嘴山高新技术产业开发区等主导产业涉及重点领域的开发区，未来应加快对国内(外)先进适用技术和科技成果的引进、消化、吸收和再创新，推动战略性新兴产业快速发展；宁夏盐池工业园区、宁夏西吉工业园区等开发区应充分发挥生产特色优势，加快葡萄酒、枸杞、滩羊、文化旅游、现代物流等产业与数字技术深度融合发展，建立契合地区产业特色的示范样板，打造一批西北地区乃至全国有一定影响力、竞争力、带动力的产业示范基地，培育经济增长新动能，引领全区经济结构优化调整和发展方式转变，为全区高质量发展夯实基础。

四、完善对外开放体系，推进企业高水平合作

当前，开发区对外开放的广度和深度与东部地区相比还存在一定差距。开发区应立足本地资源条件、产业发展基础和综合开发条件，以《中共中央国务院关于新时代推进西部大开发形成新格局的指导意见》《西部地区鼓励类产业目录(2020年本)》以及《宁夏回族自治区推进"一带一路"和内陆开放型经济试验区建设"十四五"规划》等政策为指引，坚持对内开放和对外开放相结合，继续加强与宁夏内部资源要素集中、周边相关产业园区的对接合作，积极探索跨区域共建园区、托管园区等合作模式，在更大范围、更高层次和更宽领域承接产业转移，吸纳高端要素，以构建开发区高水平开放新体制，形成全方位开放新格局。

第四篇

微观尺度节约集约利用
评价与高质量发展

本篇以利通区土地利用总体规划的中心城区建设用地扩展边界内的宗地为研究对象，依托 2019 年《吴忠市利通区城市建设用地节约集约利用状况详细评价》成果，参照《城市建设用地节约集约利用详细评价技术指南》确定的指标体系(包括规划符合度、建设强度和利用效益三个维度)，分析各类型功能区内(包括居住、商业、工业、教育和医疗卫生五大类)宗地节约集约单因子特征和综合水平的空间差异。同时，面向新形势下高质量发展要求，建立宗地级高质量评价指标体系，评价各宗地高质量发展现状。在此基础上，采用空间相关、耦合协调度模型探索各宗地节约集约与高质量发展的关联效应。综合评价分析结果，发现宗地节约集约与高质量发展存在的问题，提出相应的管控措施。

第一章 区域概述

一、自然概况

利通区隶属宁夏回族自治区吴忠市，地处中国西北内陆，位于宁夏平原中部、黄河中上游、西临黄河，与青铜峡市毗连，南与中宁县、红寺堡区交界，东北部与灵武市接壤，地理坐标为东经104°10′~107°39′，北纬35°14′~39°23′。利通区历史悠久，距首府银川市59公里，是古丝绸之路的重要通道，吴忠市政治、经济、文化中心，也是宁夏沿黄生态经济带发展的核心区之一，全区总面积1384平方公里，辖8镇4乡、106个行政村、3个农场（办）、21个社区。

利通区地势南高北低，似宝瓶形，境内沟渠纵横，林带成网，平均海拔1125m。属温带半干旱气候区，具有春暖迟、夏热短、秋凉旱、冬寒长的特点。年降水量260mm，年均蒸发量2067mm，平均气温11.2℃，全年日照3000小时，无霜期171天，是全国太阳辐射最充足的地区之一，四季分明，气候宜人。

利通区河流水系主要以黄河水系为主，由黄河及引黄灌溉渠道及河沟组成，起点为利通区金积镇秦坝关村，终点为利通区古城镇党家河湾村，由南向北贯穿而过，河流流程25.8km，多年平均径流量315亿m³，多年平均流量990m³/秒，多年平均输沙量1.36亿吨，行水期（1~12月）在严寒季时有封冻。其中，主要沟道水系有清水沟、南干沟、拱碑沟、扁担沟、双吉沟、黄羊沟、苦水河等；主要渠道水系有秦渠、波浪渠、马莲渠、汉渠、东干渠等；主要湿地湖泊有玉带湖、回乐湖、古城北湖、党家河湾湖、罗家湖北湖、乃光湖、湿地公园湖、神农岛等。

二、社会经济概况

1. 人口与城镇化

人口结构：2018年底，利通区常住人口为41.82万人，其中，常住城镇人口26.97万人，常住农村人口 14.85 人。区内有汉族人口 15.30 万人，占总人口的 36.87%，回族人口 26 万人，占总人口的 62.67%，其他民族人口 1893 人，占总人口的 0.46%。

城镇化趋势：2010—2018 年，利通区常住人口呈平稳增加趋势，常住人口由 38.03 万人增长至 41.82 万人，其中，常住城镇人口由 19.08 万人增长至 26.97 万人，城镇化率由 2010 年的 50.17% 上升到了 2018 年的 64.49%，提高了 14.32%。常住城镇人口增加除城镇化进程带动的自然增长外，主要由于近年来吴忠市取消了农业户口和非农业户口的区分，统一登记为居民户口，全面放开县(市)城区及建制镇落户限制，实行"零门槛"落户政策，使得人口的空间分布逐渐向城镇聚集。总体来看，利通区城镇化率呈逐年增长趋势，全区城镇人口稳步提升，城镇化进程不断加快。

2. 社会经济水平

地区生产总值：2010—2018 年，利通区作为银—吴核心区和沿黄生态经济带的重要组成部分，经济总量逐年攀升，经济总量在宁夏排名由第 10 位上升到第 6 位，经济实力明显提升。同时，在宏观经济形势的大环境下，利通区经济增速逐渐放缓，各年呈波动式增长，2018 年增长速度仅为 6.11%。

全社会固定资产投资：2010—2018 年，利通区充分发挥回族集聚的民族优势，丝绸之路的地缘优势，内陆开放和黄河自流灌溉的自然优势，抢抓重要战略机遇期，依托工业强区战略的深入推进，全社会固定资产投资总额总量逐年增长，2016 年达到峰值(260.33 亿元)，2017—2018 年出现小幅回落。同时，受经济下行压力影响，全社会固定资产投资年度增速从 2012 年开始逐年下降，2018 年为-14.41%。

第二章 微观尺度节约集约利用分析与评价

本章基于吴忠市利通区建设用地利用现状与变化分析，依托《吴忠市利通区城市建设用地节约集约利用状况详细评价》计算结果，进一步明晰不同用地类型节约集约利用特征与差异，综合评价各类宗地的节约集约利用水平。

一、评价对象

由于该项工作开展时，吴忠市利通区城镇开发边界尚未划定，故采用吴忠市利通区土地利用总体规划的中心城区建设用地扩展边界为评价地域范围（图 4-2-1），共 8089hm²，以工作地域范围内居住、商业、工业、教育、医疗等现状建设用地为主要评价对象，以宗地为评价单元，共计 1420 宗，其中，居住用地 511 宗、商业用地 425 宗、工业用地 282 宗、教育用地 45 宗、医疗卫生用地 21 宗，其他用地 136 宗。

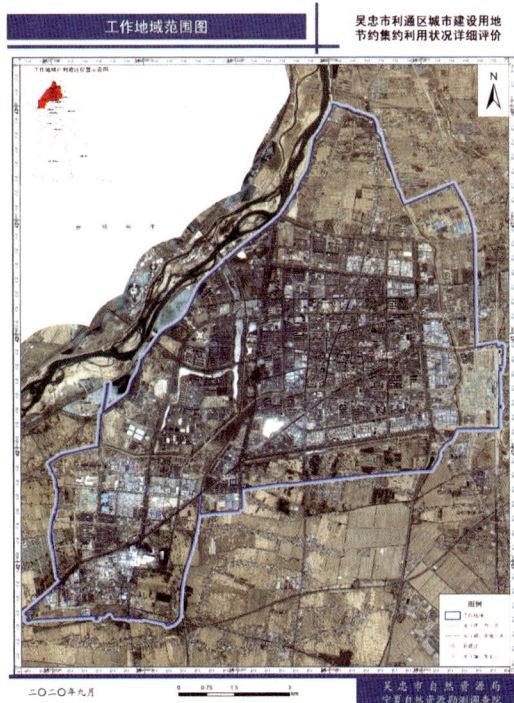

图 4-2-1　利通区城市建设用地节约集约利用详细评价范围

二、节约集约利用现状分析

依据《吴忠市利通区城市建设用地节约集约利用状况详细评价》结果，分析各类宗地的规划符合度、建设强度和利用效益指标，揭示评价工作地域范围内各项指标空间分异特征和分布规律，分析不同地类的指标差异，明晰各类用地的利用差距。

1. 规划符合度

1.1　规划用途一致性

规划用途一致性计算结果，见表 4-2-1。98.32% 的宗地现状用途与规划用途一致，仅有 1.68% 的宗地不一致。其中，教育用地、医疗卫生用地及其他用地全部符合规划，居住用地共有 25 宗不符合规划，商业用地中共有 4 宗不符合规划，工业用地共有 26 宗不符合规划。规划用途一致性状况空间分布，如图 4-2-2 所示，规划用途不一致宗地在评价地域中均有分布，但在老城区和工业园区分布较多。不符合规划的居住用地主要分布在老城区三旧改造、棚户区范围内；不符合规划的商业用地分别为宁夏贺兰山开发有限公司、金积市场、三高汽车修理厂和吴忠市聚源再生资源公司，为停产或已经废弃需要搬迁的商业用地；不符合规划的工业用地主要集中在利通区北组团和老城区，是老城区内需要外迁及"退二进三"的工业用地。

表 4-2-1　规划用途一致性计算结果（单位：宗、hm²）

用地类型	合　计		符 合 规 划			不符合规划		
	宗数	面积	宗数	面积	占比(%)	宗数	面积	占比(%)
居住用地	485	1162.65	460	1150.82	43.18	25	11.83	0.44
商业用地	411	420.16	407	403.75	15.15	4	16.42	0.62
工业用地	255	724.26	229	707.68	26.56	26	16.58	0.62
教育用地	41	201.11	41	201.11	7.55	0	0.00	0.00
医疗卫生用地	17	36.25	17	36.25	1.36	0	0.00	0.00
其他用地	129	120.49	129	120.49	4.52	0	0.00	0.00
合计	1338	2664.92	1283	2620.09	98.32	55	44.83	1.68

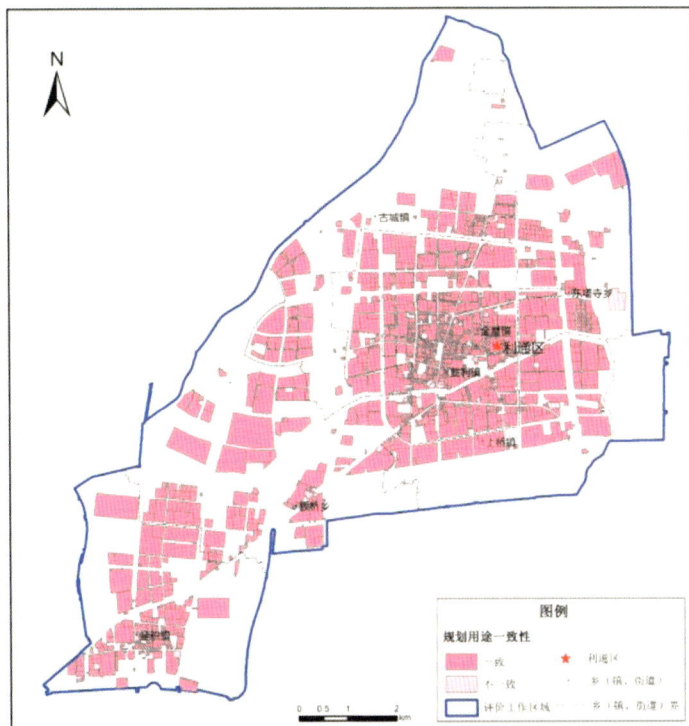

图 4-2-2 规划用途一致性状况空间分布

1.2 工业用地产业导向符合性

工业用地产业导向符合性计算结果，见表 4-2-2。96.96%的宗地符合产业导向，仅有 3.04%的宗地不符合产业导向。在不符合产业导向的工业用地中，二类工业用地[①]居多，共有 8 宗；其次为三类工业用地[②]，共有 3 宗；一类工业用地[③]及物流仓储用地均符合产业导向。工业用地产业导向符合性状况空间分布，如图 4-2-3 所示，不一致工业企业主要分布在吴忠金积工业园区和老城区，这些企业需要根据《自治区开发区名录及主导产业指导目录》和《银川都市圈开发区产业发展指导目录》调整企业定位或逐步搬迁。

---

① 二类工业用地：对居住和公共设施等环境有一定干扰和污染的工业用地，如食品工业、医药制造工业、纺织工业等用地。
② 三类工业用地：对居住和公共设施等环境有严重干扰和污染的工业用地，如采掘工业、冶金工业、大中型机械制造工业、化学工业、造纸工业、制革工业、建材工业等用地。
③ 一类工业用地：对居住和公共设施等环境基本无干扰和污染的工业用地，如电子工业、缝纫工业、工艺品制造工业等用地。

表 4-2-2　工业用地产业导向符合性计算结果(单位:宗、hm²)

用地类型	合　计		符 合 规 划			不符合规划		
	宗数	面积	宗数	面积	占比(%)	宗数	面积	占比(%)
一类工业用地	60	238.55	60	238.55	32.94	0	0	0
二类工业用地	163	416.36	155	397.04	54.82	8	19.32	2.67
三类工业用地	13	17.48	10	14.78	2.04	3	2.7	0.37
物流仓储用地	19	51.87	19	51.87	7.16	0	0	0
合计	255	724.26	244	702.24	96.96	11	22.02	3.04

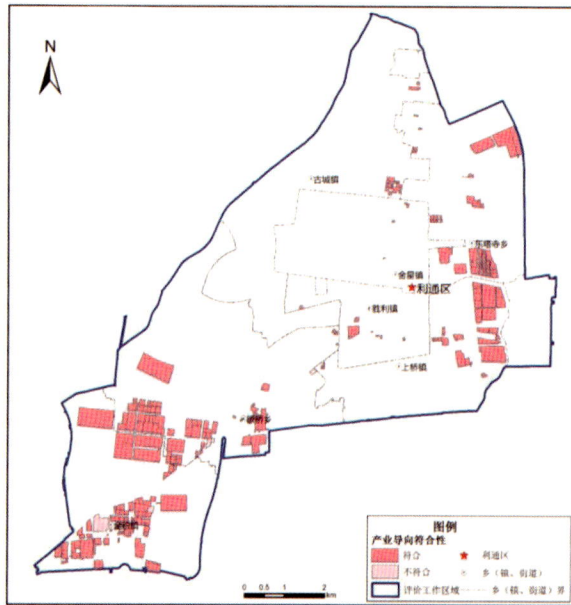

图 4-2-3　工业用地产业导向符合性空间分布

2. 建设强度

2.1　综合容积率

将综合容积率计算结果按照自然断裂点法分为四个等级,见表 4-2-3。宗地的容积率主要分布在 0.04~1.12,共 517 宗,占比为 52.10%;其次分布在 1.12~2.09,共 481 宗,占比为 39.40%;在 2.09~3.40 和 3.40~6.20 的宗地较少,分别为 257 和 83 宗,占比为 7.36% 和 1.15%。分地类来看,居住用地综合容积率主要分布在 1.12~2.09,容积率整体较高;商业用地、工业用地、教育用地、医疗卫生用地和其他用地综合容积率主要分布在 0.04~1.12,容积率整体较低。综合容积率现状值空间分布,如图 4-2-4 所示,综合容积率呈现老城区向城市外围扩散的规律，城市中心的容积率高于城市周边和开发区，与一般城市发展规律一致。本次详细评价单元为宗地，老城区由于建设较早，每个宗地内并没有配置较多的绿地、停车场等其他设施用地，建筑物密集、功能单一，使得容积率较高；而其他区域，随着人们对居住环境、生活品质要求的不断提高，宗地功能趋于多元化，配套了更多绿地等其他基础设施用地，使得容积率有所下降。

表 4-2-3 综合容积率计算结果(单位：宗、hm²)

用地类型	综合容积率分区													
	合计		[0.04,1.12]			(1.12,2.09]			(2.09,3.40]			(3.40,6.20]		
	宗数	面积	宗数	面积	占比(%)	宗数	面积	占比(%)	宗数	面积	占比(%)	宗数	面积	占比(%)
居住用地	485	1162.65	48	91.59	3.44	263	903.29	33.90	147	157.11	5.90	27	10.65	0.40
商业用地	411	420.16	138	302.13	11.34	134	63.43	2.38	94	36.95	1.39	45	17.65	0.66
工业用地	255	724.26	209	657.07	24.66	45	67.08	2.52	0	0	0	1	0.11	0
教育用地	41	201.11	40	200.49	7.52	1	0.62	0.02	0	0	0	0	0	0
医疗卫生用地	17	36.25	9	33.03	1.24	4	1.49	0.06	3	0.51	0.02	1	1.21	0.05
其他用地	129	120.49	73	103.90	3.90	34	13.99	0.52	13	1.50	0.06	9	1.10	0.04
合计	1338	2664.92	517	1388.21	52.10	481	1049.9	39.40	257	196.08	7.36	83	30.72	1.15

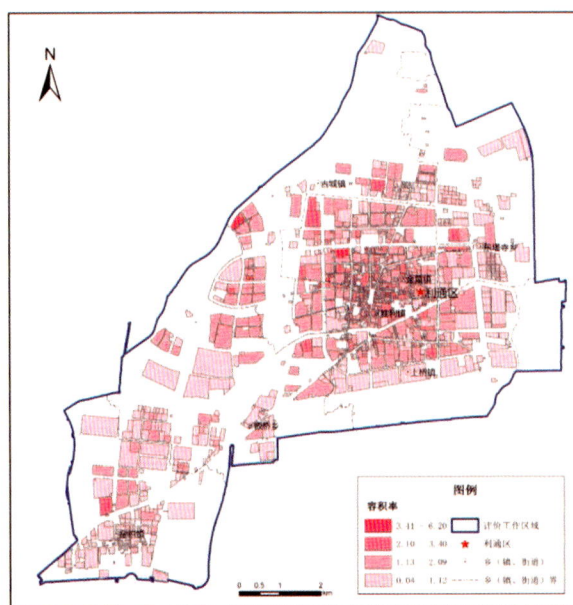

图 4-2-4 综合容积率现状值空间分布

2.2　建筑密度

将建筑密度计算结果按照自然断裂点法分为四个等级，见表 4-2-4。宗地的建筑密度主要分布在 3%～34%，共 368 宗，占比为 60.63%；其次在 34%～53%，共 399 宗，占比为 28.44%；在 53%～75% 和 75%～100% 分布较少，分别为 320 宗和 251 宗，占比为 8.65% 和 2.27%。分地类来看，居住用地、教育用地、医疗卫生用地、其他用地建筑密度主要分布在 3%～34%，建筑密度较小；商业用地和工业用地建筑密度主要分布在 34%～53%，建筑密度较高。各类用地基本按照规划要求建设，分区特征符合规划要求。建筑密度现状值空间分布，如图 4-2-5 所示，建筑密度与容积率空间分布规律一致，整体呈现从城市中心区，利宁街、利通街—朝阳街商业主轴两侧向外逐步递减的分布规律，建筑密度较大的宗地集中分布在老城区和世纪大道北侧的工业区，滨河新区和利通区北组团建筑密度较低，明显低于老城区。

表 4-2-4　建筑密度计算结果（单位：宗、hm^2）

用地类型	合计		[3%,34%]			(34%,53%]			(53%,75%]			(75%,100]		
													建筑密度分区	
	宗数	面积	宗数	面积	占比(%)	宗数	面积	占比(%)	宗数	面积	占比(%)	宗数	面积	占比(%)
居住用地	485	1162.65	144	876.87	32.90	161	220.08	8.26	134	60.23	2.26	46	5.47	0.21
商业用地	411	420.16	62	147.65	5.54	85	169.09	6.34	93	55.55	2.08	171	47.88	1.80
工业用地	255	724.26	54	260.13	9.76	112	349.66	13.12	73	109.11	4.09	16	5.37	0.20
教育用地	41	201.11	40	200.37	7.52	1	0.74	0.03	0	0	0	0	0	0
医疗卫生用地	17	36.25	7	32.61	1.22	7	2.19	0.08	1	1.21	0.05	2	0.24	0.01
其他用地	129	120.49	61	98.22	3.69	33	16.26	0.61	19	4.54	0.17	16	1.48	0.06
合计	1338	2664.92	368	1615.85	60.63	399	758.01	28.44	320	230.64	8.65	251	60.43	2.27

3. 利用效益

3.1　居住用地人口密度

将人口密度计算结果按照自然断裂点法分为四个等级，结果见表 4-2-5。宗地的居住用地人口密度主要分布在 210～719 人/hm^2，有 273 宗，占比 71.40%；其次分布在 0～210 人/hm^2，有 116 宗，占比为 25.76%；在 719～1495 人/hm^2 和大于 1495 人/hm^2 区间分布较少，分别为 87 宗和 8 宗，占比 2.76% 和 0.07%。居住用地人口密度现状值空间分布

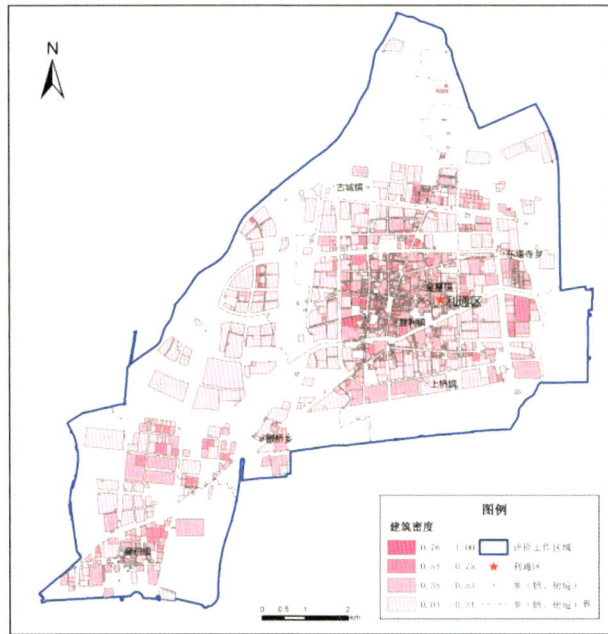

图 4-2-5 建筑密度现状值空间分布

如图 4-2-6 所示，居住用地人口密度总体呈现由老城区向四周扩散的态势。总体来看，大部分居住用地较为集约，人口密度较小的居住用地以二类居住用地为主，主要分布在老城区的一些居民私宅、早期安置失地农民的小康村、吴忠金积工业园区中较少人居住的厂区配套小区以及刚开发建成的新小区。

表 4-2-5 人口密度计算结果(单位：宗、hm²)

用地类型		人口密度分区(人/hm²)														
		合计		[0，210]			(210，719]			(719，1495]			>1495			
		宗数	面积	宗数	面积	占比(%)	宗数	面积	占比(%)	宗数	面积	占比(%)	宗数	面积	占比(%)	
居住用地	一类居住用地	1	1.95	1	1.95	0.17	0	0	0	0	0	0	0	0	0	
	二类居住用地	443	1143.58	92	290.57	24.99	259	821.00	70.61	84	31.18	2.68	8	0.83	0.07	
	三类居住用地	41	17.12	23	7.01	0.60	15	9.21	0.79	3	0.89	0.08	0	0	0	
	合计	485	1162.65	116	299.53	25.76	273	830.21	71.40	87	32.07	2.76	8	0.83	0.07	

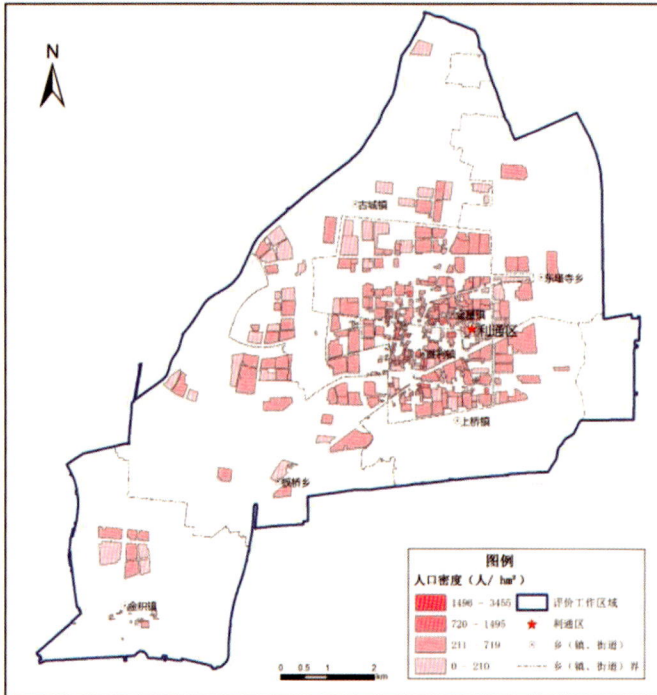

图 4-2-6　居住用地人口密度现状值空间分布

3.2　商业物业出租(营业)率

将商业物业出租(营业)率计算结果按照自然断裂点法分为四个等级，结果见表 4-2-6。宗地的商业物业出租(营业)率主要分布在 87%~100%，有 240 宗，占比为 31.57%；其次分布在 62%~87%，有 75 宗，占比为 29.89%；分布在 28%~62% 和 0~28% 范围的宗地较少，分别有 57 宗和 39 宗，占比为 23.01% 和 15.53%。总体来看，商业用地上商业物业出租(营业)情况大多较好，主要集中在 62%~100%，但也存在 38.54% 的零售商业用地出租率不够理想。商业物业出租(营业)率现状值空间分布，如图 4-2-7 所示，商业物业出租(营业)率较高的商业用地集中在老城区，商业中心区明显高于城市周边专业市场区。其中，老城区步行街、小区周边商网出租率相对较高；金积大道以北的专业市场，例如吴忠市金属物流园、汽车商贸城等市场，属于正在发展的区域，宗地规模大，客流偏低，出租率相对较低，出租情况不够理想。在专业市场区域政府要引导商业企业提高商业物业出租(营业)率。

表 4-2-6 商业物业出租(营业)计算结果(单位：宗、hm²)

用地类型		出租率分区														
		合计		[0, 28]			(28, 62]			(62, 87]			(87, 100]			
		宗数	面积	宗数	面积	占比(%)	宗数	面积	占比(%)	宗数	面积	占比(%)	宗数	面积	占比(%)	
商业用地	零售商业用地	183	153.88	25	27.58	6.56	33	12.03	2.86	46	70.74	16.84	79	43.53	10.36	
	批发市场用地	21	138.82	4	16.48	3.92	6	67.29	16.02	6	38.23	9.10	5	16.81	4.00	
	餐饮用地	33	24.41	2	5.36	1.28	4	7.31	1.74	8	7.24	1.72	19	4.51	1.07	
	旅馆用地	53	15.65	2	0.42	0.10	5	1.43	0.34	6	1.55	0.37	40	12.26	2.92	
	商务用地	45	22.30	3	1.49	0.35	7	7.18	1.71	5	1.81	0.43	30	11.82	2.81	
	娱乐康体用地	6	2.59	1	0.45	0.11	1	0.95	0.23	0	0	0	4	1.19	0.28	
	公用设施营业网点用地	31	17.43	0	0	0	0	0	0	0	0	0	31	17.43	4.15	
	其他服务设施用地	39	45.08	2	13.45	3.20	1	0.49	0.12	4	6.03	1.44	32	25.11	5.98	
	合计	411	420.16	39	65.23	15.53	57	96.66	23.01	75	125.60	29.89	240	132.67	31.57	

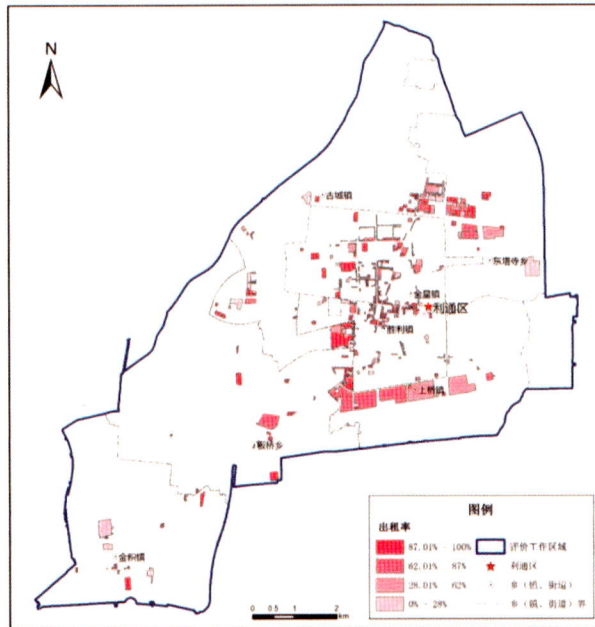

图 4-2-7 商业物业出租率现状值空间分布

3.3　地均税收

地均税收包含商业用地和工业用地地均税收两项。商业用地地均税收计算结果见表4-2-7，宗地的商业用地地均税收主要分布在0~1001.94万元/hm²，有273宗，占比为84.01%；超过1001.94万元/hm²的宗地共18宗，仅占比1.7%；受免税政策影响，部分宗地效益不佳，有120宗面积共60.01hm²的商业用地税收为0，主要为小区周边配套的商网。商业用地地均税收现状值空间分布，如图4-2-8所示。商业用地地均税收在空间分布上差异不大，老城区地均税收略高于其他区域，综合业态的商业用地税收高于其他商业用地，比如万达广场、信合大厦等用地，地均税收大于1001.94万元/hm²。总体来看，商业用地地均税收集聚趋势较为明显，集中分布在0~1001.94万元/hm²，其中信合大厦地均税收最高。

表 4-2-7　商业用地地均税收计算结果（单位：宗、hm²）

用地类型		地均税收分区（万元/hm²）															
		合计		≤0			(0, 1001.94]			(1001.94, 3520.15]			(3520.15, 25041.11]		
		宗数	面积	宗数	面积	占比(%)	宗数	面积	占比(%)	宗数	面积	占比(%)	宗数	面积	占比(%)
商业用地	零售商业用地	183	153.88	65	28.87	6.87	116	124.5	29.63	2	0.52	0.12	0	0.00	0.00
	批发市场用地	21	138.82	3	2.94	0.70	18	135.87	32.34	0	0	0.00	0	0.00	0.00
	餐饮用地	33	24.41	12	6.24	1.49	21	18.17	4.32	0	0	0.00	0	0.00	0.00
	旅馆用地	53	15.65	16	2.61	0.62	37	13.04	3.10	0	0	0.00	0	0.00	0.00
	商务用地	45	22.30	9	1.6	0.38	20	14.06	3.35	8	2.81	0.67	8	3.83	0.91
	娱乐康体用地	6	2.59	3	1.01	0.24	3	1.58	0.38	0	0	0.00	0	0.00	0.00
	公用设施营业网点用地	31	17.43	0	0	0.00	31	17.43	4.15	0	0	0.00	0	0.00	0.00
	其他服务设施用地	39	45.08	12	16.74	3.98	27	28.34	6.75	0	0	0.00	0	0.00	0.00
	合计	411	420.16	120	60.01	14.28	273	352.99	84.01	10	3.32	0.79	8	3.83	0.91

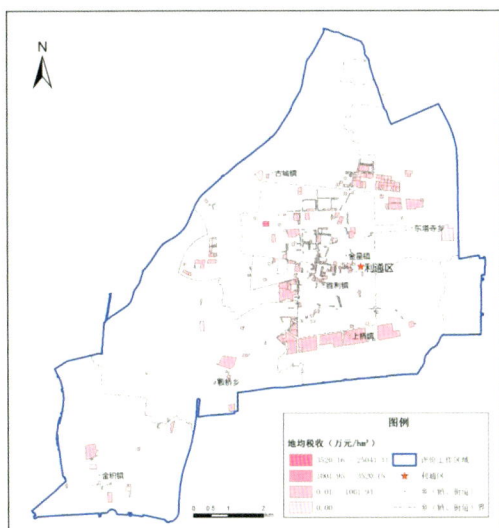

图 4-2-8　商业用地地均税收现状值空间分布

　　工业用地地均税收计算结果，见表 4-2-8。宗地的工业用地地均税收主要分布在 0~138.89 万元/hm²，有 178 宗，占比为 74.53%；超过 138.89 万元/hm² 的宗地共 15 宗，仅占比 7.44%；由于部分工业企业破产、停产，有 62 宗总面积 130.6hm² 用地税收为 0。工业用地地均税收现状值空间分布，如图 4-2-9 所示，工业用地地均税收整体分布较为均匀，最大值企业为湖南中烟工业有限责任公司吴忠卷烟厂，也是吴忠市第一大纳税企业，为 16485 万元/hm²。总体而言，工业用地地均税收与商业用地集聚态势相似，主要集中分布在 0~138.89 万元/hm²，超过 138.89 万元/hm² 的不足 10%。

表 4-2-8　工业用地地均税收计算结果（单位：宗、hm²）

用地类型		地均税收分区（万元/hm²）															
		合计		≤0			(0,138.89]			(138.89,616.41]			(616.41,16484.99]		
		宗数	面积	宗数	面积	占比(%)	宗数	面积	占比(%)	宗数	面积	占比(%)	宗数	面积	占比(%)
工业用地	一类工业用地	60	238.55	5	16.46	2.27	50	182.31	25.17	3	31.26	4.32	2	8.52	1.18
	二类工业用地	163	416.36	46	110.55	15.26	111	298.04	41.15	4	4.99	0.69	2	2.78	0.38
	三类工业用地	13	17.48	1	0.11	0.02	11	14.7	2.03	1	2.67	0.37	0	0.00	0.00
	物流仓储用地	19	51.87	10	3.48	0.48	6	44.73	6.18	2	2.73	0.38	1	0.93	0.13
	合计	255	724.26	62	130.6	18.03	178	539.77	74.53	10	41.66	5.75	5	12.23	1.69

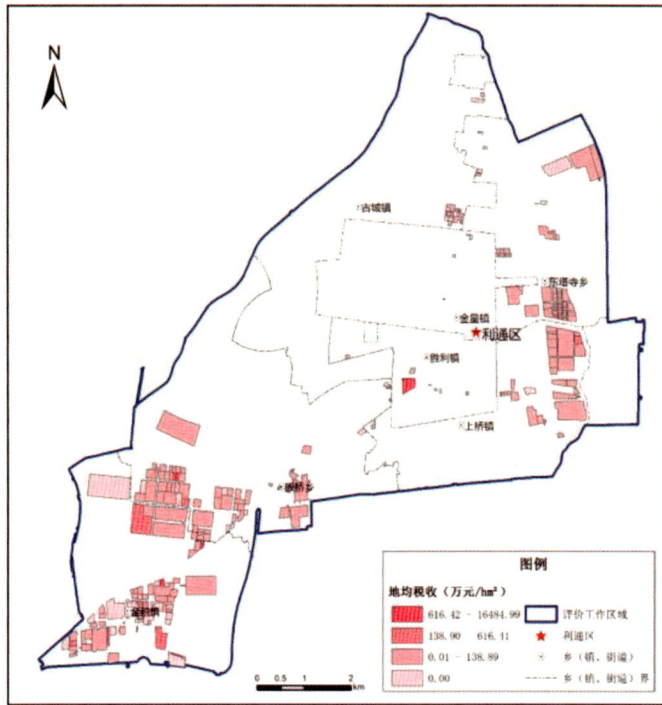

图 4-2-9　工业用地地均税收现状值空间分布

3.4　工业用地地均固定资产投资

将工业用地地均固定资产投资计算结果按照自然断裂点法分为四个等级，结果见表 4-2-9。宗地的工业用地地均固定资产投资主要分布在 440 万 ~ 2003 万元/hm²，共 143 宗，占比为 52.34%；超过 2003 万元/hm² 的共 56 宗，占比为 24.10%；低于 440 万元/hm² 有 56 宗，占比为 23.56%。工业用地地均固定资产投资现状值空间分布，如图 4-2-10 所示。工业用地地均固定资产投资金积核心区高于其他地区，主要分布在 440 万 ~ 2003 万元/hm²，地均固定资产投资最大值为宁夏夏进乳业集团股份有限公司，达到 48034.36 万元/hm²。整体来看，工业用地的地均固定资产投资较高，一类工业用地固定资产投资最高，但也存在相当一部分用地投资强度不符合相关标准。

3.5　工业用地地均工业产值

将地均工业产值计算结果按照自然断裂点法分为四个等级，结果见表 4-2-10。宗地的正常营业企业地均工业产值主要分布在 0 ~ 1485 万元/hm²，共 77 宗，占比为 30.14%，以一类、二类工业用地为主；其次在 1485 万 ~ 5603 万元/hm²，共 52 宗，占比为 26.61%；超过 5603 万元/hm² 的企业较少，有 12 宗，占比为 6.71%。除此之外，此次评价共有 114

表 4-2-9　工业用地地均固定资产投资计算结果（单位：宗、hm²）

用地类型		地均固定资产投资分区（万元/hm²）													
		合计		[0，440]			(440，2003]			(2003，5539]			>5539		
		宗数	面积	宗数	面积	占比（%）	宗数	面积	占比（%）	宗数	面积	占比（%）	宗数	面积	占比（%）
工业用地	一类工业用地	60	238.55	8	22.69	3.13	36	97.7	13.49	11	40.18	5.55	5	77.99	10.77
	二类工业用地	163	416.36	44	143.46	19.81	91	224.84	31.04	26	46.18	6.38	2	1.88	0.26
	三类工业用地	13	17.48	1	3.1	0.43	6	9.09	1.26	6	5.29	0.73	0	0.00	0.00
	物流仓储用地	19	51.87	3	1.38	0.19	10	47.46	6.55	6	3.03	0.42	0	0.00	0.00
	合计	255	724.26	56	170.62	23.56	143	379.09	52.34	49	94.67	13.07	7	79.88	11.03

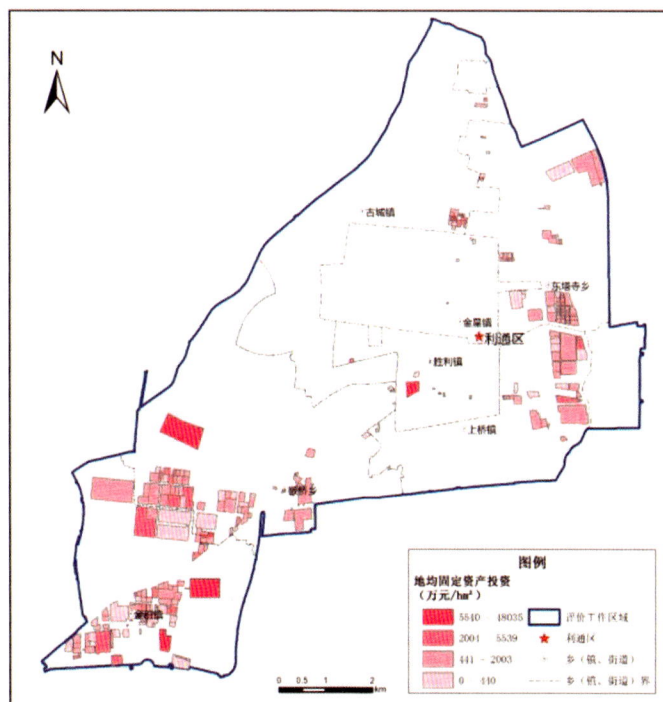

图 4-2-10　工业用地地均固定资产投资现状值空间分布

宗用地工业总产值为0，其原因是受市场大环境影响，羊绒产业萧条，部分企业经营不善，存在较多停产、半停产企业。工业用地地均工业产值现状值空间分布，如图4-2-11所示，工业用地地均工业总产值空间分布与固定资产投资一致，金积核心区高于其他地区，湖南中烟工业有限责任公司吴忠卷烟厂地均工业产值最大，为30349.66万元/hm²。

表4-2-10 工业用地地均工业产值计算结果（单位：宗、hm²）

用地类型		地均工业产值分区（万元/hm²）													
		合计		≤0			(0, 1485]			(1485, 5603]			(5603, 30350]		
		宗数	面积	宗数	面积	占比（%）	宗数	面积	占比（%）	宗数	面积	占比（%）	宗数	面积	占比（%）
工业用地	一类工业用地	60	238.55	6	7.37	1.02	33	78.85	10.89	16	113.35	15.65	5	38.98	5.38
	二类工业用地	163	416.36	87	202.2	27.92	38	130.03	17.95	31	74.5	10.29	7	9.63	1.33
	三类工业用地	13	17.48	2	3.21	0.44	6	9.41	1.30	5	4.86	0.67	0	0.00	0.00
	物流仓储用地	19	51.87	19	51.87	7.16	0	0.00	0.00	0	0.00	0.00	0	0.00	0.00
	合计	255	724.26	114	264.64	36.54	77	218.29	30.14	52	192.72	26.61	12	48.61	6.71

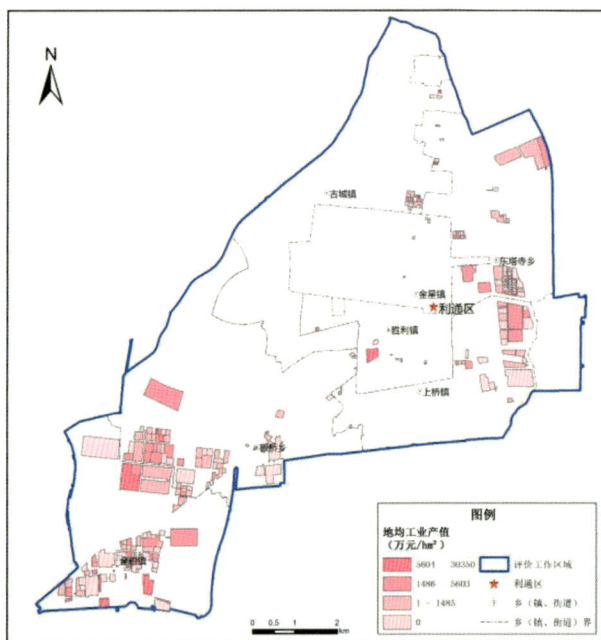

图4-2-11 工业用地地均工业产值现状值空间分布

3.6　教育用地地均服务学生数

将地均服务学生数计算结果按照自然断裂点法分为四个等级，结果见表4-2-11。宗地的教育用地地均服务学生数主要分布在33~482人/hm²，共17宗，占比为71.00%，主要为高等院校和中学；其次分布在482~995人/hm²，共19宗，占比为25.82%，以小学为主；在995~3741人/hm²范围内分布较少，共5宗，仅占比3.19%，全部为小学。教育用地地均服务学生数现状值空间分布，如图4-2-12所示，地均服务学生数高的教育用地集中在老城区，地均服务学生数较低的教育用地分布在老城区以外区域。老城区教育用地周边适龄儿童多，教育用地硬件设施较好，配套的绿地和活动场所用地面积较大。可在老城区以外区域供应公共服务设施与优质的教育资源，疏散老城区常住人口密度，增大滨河新区、金积组团和利通区北组团的居住人口密度，实现教育用地均等化。

表 4-2-11　教育用地地均服务学生数计算结果（单位：宗、hm²）

用地类型		地均服务学生数分区（人/hm²）												
		合计		[33, 482]			(482, 995]			(995, 2390]			(2390, 3741]		
		宗数	面积	宗数	面积	占比(%)	宗数	面积	占比(%)	宗数	面积	占比(%)	宗数	面积	占比(%)
教育用地	高等院校用地	1	54.87	1	54.87	27.28	0	0	0	0	0	0	0	0	0
	小学	22	49.80	7	14.80	7.36	10	28.59	14.22	3	4.10	2.04	2	2.31	1.15
	中学	10	88.91	6	70.74	35.17	4	18.17	9.03	0	0	0	0	0	0
	幼儿园	7	6.94	2	1.78	0.89	5	5.16	2.57	0	0	0	0	0	0
	特殊教育用地	1	0.60	1	0.60	0.30	0	0	0	0	0	0	0	0	0
	合计	41	201.11	17	142.78	71.00	19	51.92	25.82	3	4.10	2.04	2	2.31	1.15

3.7　医疗卫生用地地均床位数

将地均床位数计算结果按照自然断裂点法分为四个等级，结果见表4-2-12。宗地的地均床位数集中分布在0~63床/hm²，共9宗，占比高达92.35%；少部分在63~324床/hm²

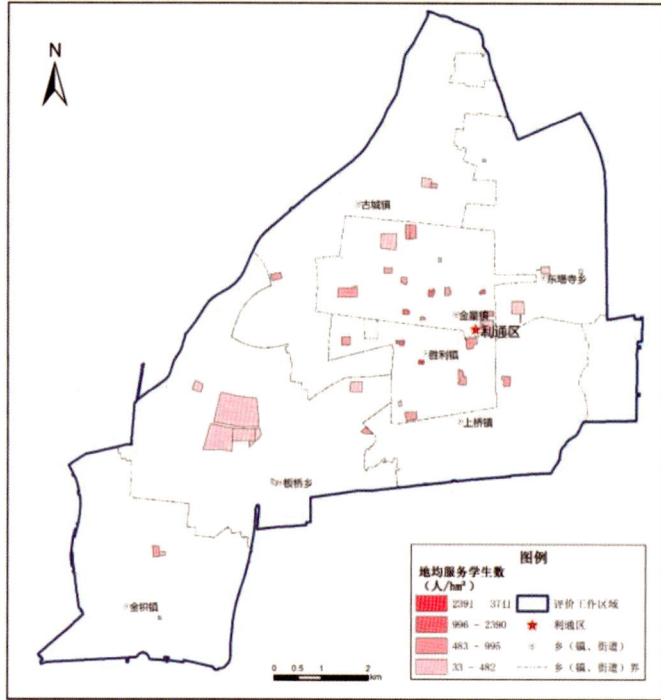

图 4-2-12　教育用地地均服务学生数现状值空间分布

分布，共 8 宗，仅占比 7.65%，断层现象明显。医疗卫生用地地均床位数现状值空间分布，如图 4-2-13 所示。地均床位数高的医疗用地集中在综合医院，地均床位数较低的医疗用地分布在外围地。综合医院服务的范围广、诊断病种多、床位数多，而其他医院主要针对日常无需住院的患者较多，床位数较少。

表 4-2-12　医疗卫生用地地均床位数计算结果（单位：宗、hm²）

用地类型	地均床位数分区（床/hm²）													
	合计		[0, 63]			(63, 147]			(147, 218]			(218, 324]		
	宗数	面积	宗数	面积	占比（%）	宗数	面积	占比（%）	宗数	面积	占比（%）	宗数	面积	占比（%）
医疗卫生用地	17	36.25	9	33.47	92.35	1	0.14	0.37	2	0.83	2.30	5	1.80	4.98

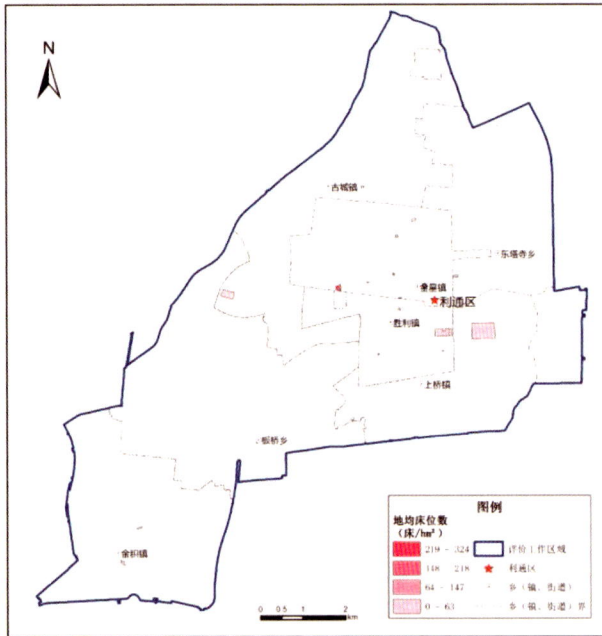

图 4-2-13 医疗卫生用地地均床位数现状值空间分布

三、节约集约利用综合评价

吴忠市利通区城市建设用地集约利用按照未建成和已建成用地进行评价,已建成用地不同地类选取不同指标体系,不同地类确定不同评价标准;未建成用地不分地类,按照建设状态进行评价。将已建成用地分为居住、商业、教育、工业、医疗等用地类型,分别进行规划符合度评价、建设强度准则评价、利用效益准则评价。未建成土地分闲置土地、超期未竣工土地和正常建设土地,其中,闲置土地评价为配置低效型土地,超期未竣工土地评价为开发强度低效型土地,正常建设土地评价为集约利用土地。

1. 综合评价方法

集约利用评价类型判定标准受城市各用途土地的利用状况、自然地理条件、经济发展水平、产业结构、土地管理制度乃至社会习俗等众多因素的影响,充分考虑城市特点和区位条件,分类设置集约利用下限阈值和低效利用上限阈值,并遵循依法依规原则、因地制宜原则、区域差异原则、政策导向原则确定指标评价标准。其中,规划一致性以《吴忠市城市总体规划(2011—2030)》确定的规划地类为基础,确定现状用地是否符合规划。产业导向符合性按照《宁夏开发区整合优化和改革创新实施方案》(宁党办发〔2018〕82 号)中确定的开发区主导产业,参照《上市公司环境信息披露指南》中确定的重污染行业判定是否符合产业导向性标准。建设强度以《吴忠市城市总体规划(2010—2030)》确定的容积率和建筑密度合理范围为集约利用标准,大于集约利用标准的确定为过度利用标准,小于集约利用标准 80% 的为低效利用标准。若总体规划没有确定合理的容积率和建筑密度范围,通过《宁夏工业项目建设用地控制指标》(DB64/T1700—2020)等进行补充。对于利用效益标准,除教育用地和医疗卫生用地有明确的集约利用标准外,其他地类通过查找资料和咨询专家,根据各类指标的前 20% 数据确定集约利用标准、后 25% 数据确定低效利用标准。

吴忠市利通区城市建设用地节约集约利用状况详细评价,将过去的综合打分评价方法改为单因素集成评价,通过单项评价指标内部逻辑关联,逐层筛选出低效利用、中度利用、集约利用和过度利用类型用地。基于土地低效利用的主导成因,从规划导向、开发利用强度导向、利用效益导向 3 个递推层级,将低效利用土地划分为用途配置低效型、开发强度低效型、利用效益低效型(图 4-2-14)。

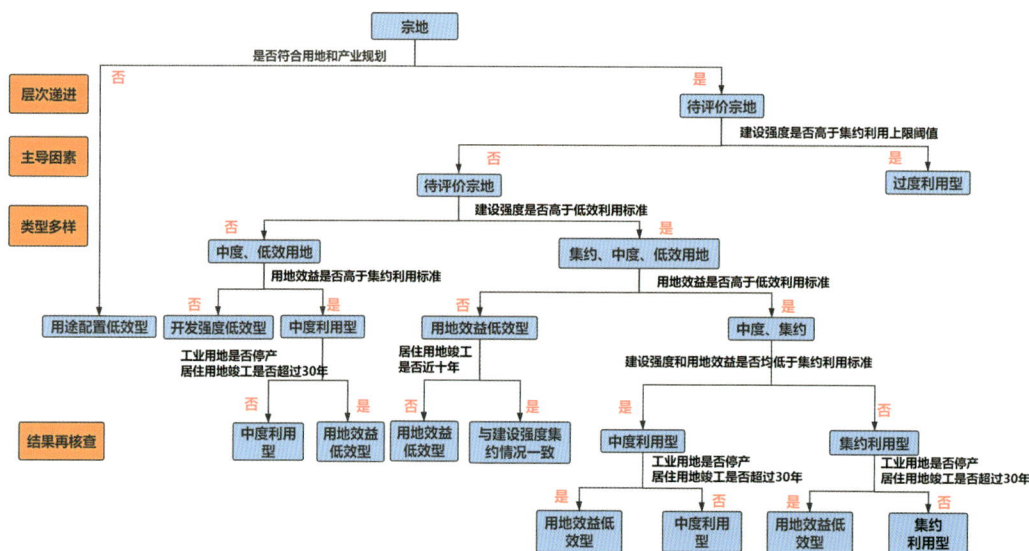

图 4-2-14　吴忠市利通区城市建设用地节约集约利用状况详细评价单因素集成评价方法

综上,建设用地节约集约利用程度划分为过度利用、集约利用、中度利用和低效利用四类(表 4-2-13)。

表 4-2-13　集约利用状况评价类型划分

集约利用类型	定　　义
过度利用土地	因土地建设强度过高、建筑物过于密集等造成的交通拥挤、停车不便、环境恶化、消防隐患问题突出的土地
集约利用土地	符合用地、产业规划导向,开发利用水平高、用地效益高效的土地

集约利用类型		定　义
中度利用土地		符合用地、产业规划导向，开发利用和用地效益水平适中的土地，具体为过度利用、集约利用和低效利用类型之外的土地
低效利用土地	用途配置低效型	不符合用地规划或产业规划的各类土地
	开发强度低效型	符合相关规划，但开发利用强度水平低下、布局散乱、用地粗放的各类用地
	利用效益低效型	符合相关规划，开发利用强度合理，但用地效益水平低下的各类土地

2. 居住用地集约利用评价

2.1　评价指标选取

居住用地评价指标选取围绕评价目标，侧重规划符合性、土地建设强度、土地利用效益三个方面，具体指标层与含义见表4-2-14。

表 4-2-14　集约利用状况评价类型划分

准则层	指标层(代码)	指标含义与计算公式	计量单位
规划符合度	规划用途一致性(R1)	居住用地地块的现状土地用途与规划用途的一致性，反映按照规划可改造用地情况	—
建设强度	综合容积率(R2)	居住用地地块内的建筑总面积(万 m^2)／地块面积(hm^2)，反映土地的建设强度	—
	建筑密度(R3)	居住用地地块内的建筑基底面积(万 m^2)／地块面积(hm^2)，反映土地的建设强度	—
利用效益	人口密度(R4)	居住用地地块内的居住人口(人)／地块面积(hm^2)，反映土地的人口承载能力	人／hm^2

2.2　指标值评价结果

(1)规划符合度

集约利用标准：以《吴忠市城市总体规划(2011—2030)》为依据，将现状用途和规划用途一致的设定为符合规划，需要特别说明的是，一是现状为居住用地，规划为行政办公用地、教育科研用地、医疗卫生用地或者工业用地的，实地确实是单位配套住宅的视为符合规划；二是现状为居住用地，规划为商业服务设施用地，但实地是商住混用的视为符合规划。

低效利用标准：一是现状用途和规划用途不一致，除了上述需要特别说明的情况视为符合规划外，现状为居住、规划为商业服务或者科研教育用地的，视为不符合规划；二是纳入棚户区改造或者需要拆除重建的三旧改造范围的居住用地，视为不符合规划。

（2）容积率

居住用地容积率集约利用控制标准，见表4-2-15。

表 4-2-15　居住用地容积率集约利用控制标准

类　　型	标　　准
过度利用标准	>3.5
集约利用标准	1≤容积率≤3.5
中度利用标准	0.8≤容积率<1
低效利用标准	<0.8

过度、集约利用标准：根据《吴忠市城市总体规划（2011—2030）》和《吴忠市空间规划（利通区及青铜峡市）（2016—2030）》（征求意见稿）（以下分别简称《城总规》和《空间规划》）中土地使用强度管制要求，居住用地容积率最高不应超过3.5，同时根据《限制用地项目目录（2012年本）》规定，居住用地容积率最低不应低于1.0，最终确定居住用地容积率集约利用标准为小于3.5，大于1.0；过度利用标准为大于3.5。

中度利用、低效利用标准：按照《吴忠市空间规划（利通区及青铜峡市）（2016—2030）》（征求意见稿），居住用地容积率控制标准最低为0.8，确定住宅用地容积率中度集约利用标准为大于0.8，小于1；低效用地标准为小于0.8。

（3）建筑密度

居住用地建筑密度集约利用控制标准，见表4-2-16。

表 4-2-16　居住用地建筑密度集约利用控制标准

类　　型	标　　准
过度利用标准	>45%
集约利用标准	20%≤建筑密度≤45%
中度利用标准	16%≤建筑密度<20%
低效利用标准	<16%

过度、集约利用标准：根据《城总规》和《空间规划》中土地使用强度管制要求，居住用地建筑密度最高不应超过45%，最低不应低于20%，最终确定居住用地建筑密度集约利用标准为小于45%，大于20%；过度利用标准为大于45%。

中度利用、低效利用标准：根据《城总规》和《空间规划》要求，居住用地建筑密度最低标准为20%，同时借鉴《银川市经济开发区土地做除法实施方案》要求，低于控制标准80%的视为低效用地，故确定居住用地建筑密度低效用地标准为小于16%，中度集约利用标准为大于16%、小于20%。

（4）人口密度

居住用地人口密度集约利用控制标准，见表4-2-17。

表 4-2-17　居住用地人口密度集约利用控制标准

类　　型	标　　准
集约利用标准	≥263 人/hm²
中度利用标准	210 人/hm² ≤ 人口密度<263 人/hm²
低效利用标准	<210 人/hm²

集约利用标准：依据《城市用地分类标准与规划建设用地标准》，吴忠市利通区为Ⅱ类气候区，人均居住用地面积为28~38m²/人，人口密度为263~357 人/hm²，因此确定居住用地人口密度集约利用标准为大于263 人/hm²。

中度利用、低效利用标准：借鉴《银川市经济开发区土地做除法实施方案》要求，低于控制标准80%的视为低效用地（下同），因此居住用地人口密度为210 人/hm² 的为低效利用标准，大于210 人/hm²、小于263 人/hm² 的为中度利用标准。

2.3　土地集约利用状况评价结果

吴忠市利通区中心城区共有居住用地511 宗，合计1329.30hm²。其中，已建成485宗，未建成26宗。从居住用地评价结果来看（表4-2-18），利通区居住用地以集约利用为主，存在少量的低效用地，过度利用和中度利用土地最少且两者面积相近。过度利用、集约利用、中度利用、低效利用的居住用地面积分别占总面积0.19%、95.89%、0.19%和3.72%。低效利用土地中利用效益低效占比最多，为2.63%；用途配置低效次之，为0.89%；开发强度低效最少，仅为0.20%。

表 4-2-18　居住用地评价结果（单位：hm²、%）

评价结果	小　计				已　建　成		未　建　成	
	面积	占比	宗数	占比	面积	宗数	面积	宗数
过度利用型	2.58	0.19	23	4.50	2.58	23	0.00	0
集约利用型	1274.69	95.89	383	74.95	1110.65	360	164.04	23

续表

评价结果		小　计				已　建　成		未　建　成	
		面积	占比	宗数	占比	面积	宗数	面积	宗数
中度利用型		2.54	0.19	3	0.59	2.54	3	0.00	0
低效利用型	小计	49.49	3.72	102	19.96	46.88	99	2.61	3
	用途配置低效	11.83	0.89	25	4.89	11.83	25	0.00	0
	开发强度低效	2.66	0.20	4	0.78	0.05	1	2.61	3
	利用效益低效	35.00	2.63	73	14.29	35.00	73	0.00	0
合计		1329.30	100.00	511	100.00	1162.65	485	166.65	26

居住用地集约利用状况空间分布，如图4-2-15所示。利通区集约利用的居住用地广泛分布在利通区老城区；过度利用和低效利用土地主要分布在胜利镇和金星镇等老城区。过度利用宗地主要是20世纪90年代为厂区或者行政单位配套的独栋居住用地，随着房改房

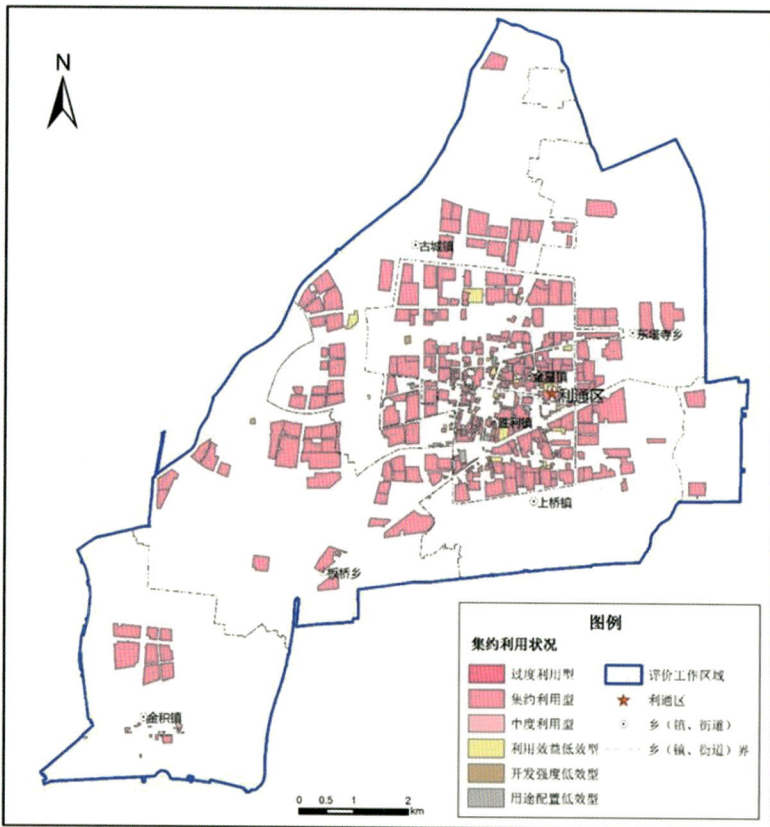

图 4-2-15　居住用地集约利用状况空间分布

政策的实施，从工业用地或者行政办公用地变为居住用地，由于建筑时间较早，建筑物比较密集，居住环境一般，利用过度。低效用地主要分布在老城区，其中，用途配置低效型主要为棚户区改造和三旧改造拆除区，只有个别宗地不符合利通区城市总体规划；开发强度低效宗地主要为未建成中的超期未竣工土地，已建成的仅有一宗住宅为开发强度低效用地；利用效益低效用地主要为分布在利通区老城区的一些居民私宅、早期安置失地农民的小康村、吴忠金积工业园区中较少人居住的厂区配套小区以及用地核查时加入的竣工超过30年的住宅。

针对目前部分居住用地过度利用的情况，应以国土空间规划为依据，严格规划管控，加快城市发展从规模扩张向内涵提升转变，优化老城区用地结构和空间布局，疏散老城区建设密度，提升中心城区高质量发展。针对低效利用的土地，规范有序推进城镇低效用地再开发，推进"城中村""棚户区"改造，提高利通区居住用地节约集约水平，提升城镇用地人口、产业承载能力。同时，加强建设用地批后监管，建立健全评价考核与监管机制，盘活利用批而未供和闲置土地，逐步消化低效土地，改善居住环境，提高群众满意度。

3. 商业用地集约利用评价

3.1　评价指标选取

商业用地评价指标选取侧重规划符合度、土地建设强度、土地利用效益三个方面，具体指标层与含义见表 4-2-19。

表 4-2-19　商业用地评价指标选取

准则层	指标层(代码)	指标含义与计算公式	计量单位
规划符合度	规划用途一致性(C1)	商业服务用地地块的现状土地用途与规划用途的一致性，反映按照规划可改造用地情况	—
建设强度	综合容积率(C2)	商业服务用地地块内的建筑总面积(万 m²)／地块面积(hm²)，反映土地的建设强度	—
	建筑密度(C3)	商业服务用地地块内的建筑基底面积(万 m²)／地块面积(hm²)，反映土地的建设强度	—
利用效益	商业物业出租(营业)率(C4)	商业服务用地地块内已出租(营业)商业物业面积(万 m²)／总竣工面积(万 m²)，反映商业物业的有效利用程度	%
	地均税收(C5)	商业服务用地地均税收	万元/hm²

3.2　指标值评价结果

（1）规划符合度

集约利用标准：以《城总规》为依据，将现状用途和规划用途一致的设定为符合规划，需要特别说明的，一是现状商业用地，规划为行政办公用地、教育科研用地、公共服务设施用地，但实地确实是单位商业配套用地的视为符合规划；二是现状为商业用地，规划为居住用地，但实地是小区周边商网的，视为符合规划；三是现状为商业用地，规划为工业用地的，实地为正常运行且无搬迁计划的视为符合规划。

低效利用标准：现状用途和规划用途不一致，除了上述需要特别说明的情况视为符合规划外，其余均为不符合规划。

（2）综合容积率

商业用地容积率集约利用控制标准表，见表4-2-20。

表 4-2-20　商业用地容积率集约利用控制标准表

类型	过度利用标准	集约利用标准	中度利用标准	低效利用标准
一般商业服务	>6.5	1.2≤容积率≤6.5	0.5≤容积率<1.2	<0.5
小区周边配套商网	>3	1.2≤容积率≤3	0.5≤容积率<1.2	<0.5
加油加气站及驾校	>1	0.2≤容积率≤1	0.16≤容积率<0.2	<0.16

过度、集约利用标准：根据《城总规》和《空间规划》土地使用强度管制要求，一般商业服务容积率最高不应超过6.5，最低应不小于1.2，确定一般商业服务容积率集约利用标准为小于6.5、大于1.2；过度利用标准为大于6.5；小区配套商网，一般为1~3层建筑，根据《城总规》和《空间规划》对商业服务用地容积率的最低要求，确定小区配套商网集约利用标准为大于1.2、小于3，过度利用标准为大于3；对于加油加气站及驾校，容积率比一般商业服务低，《城总规》和《空间规划》对城市各项设施要求的最低容积率标准为0.2，参考同类型项目，加油加气站按照最新设计要求和安全要求应不超过1，确定加油加气站、驾校容积率集约利用标准为大于0.2、小于1，过度利用标准为大于1。

中度利用、低效利用标准：按照《城总规》和《空间规划》对容积率的要求，一般商业服务如在山体边缘地质条件不好的地方，可以放宽至0.5，故确定一般商业服务和小区配套商网中度利用标准为大于0.5、小于1.2，低效利用标准为小于0.5；对于加油加气站、驾校类商业服务，小于控制标准80%的视为低效用地，确定加油加气站、驾校类商业服务容积率中度利用标准为大于0.16、小于0.2，低效利用标准为小于0.16。

（3）建筑密度

商业用地建筑密度集约利用控制标准，见表4-2-21。

表 4-2-21　商业用地建筑密度集约利用控制标准表

类型	过度利用标准	集约利用标准	中度利用标准	低效利用标准
一般商业服务	>60%	30%≤建筑密度≤60%	20%≤建筑密度<30%	<20%
小区周边配套商网	—	≥40%	20%≤建筑密度<40%	<20%
加油加气站、驾校	—	≥20%	16%≤建筑密度<20%	<16%

过度、集约利用标准：根据《城总规》和《空间规划》土地使用强度管制要求，一般商业服务建筑密度最高不应超过 60%，最低应不小于 30%，确定一般商业服务建筑密度集约利用标准为小于 60%、大于 30%；过度利用标准为大于 60%；小区配套商网，设计时一般与居住小区同步设计共同计算建筑密度，参考相关规范按照单独商网设计，建筑密度集约利用标准应大于 40%，无过度利用情况；对于加油加气站、驾校类商业服务用地，对城市各项设施要求的最低建筑密度为 20%，无过度利用情况。

中度利用、低效利用标准：按照《城总规》和《空间规划》对建筑密度的要求，一般商业服务如在山体边缘地质条件不好的地方，可以放宽至 20%，故确定一般商业服务和小区配套商网中度利用标准分别为大于 20%、小于 30% 及大于 20%、小于 40%，低效利用标准为小于 20%；对于加油加气站、驾校类商业服务，小于控制标准 80% 的视为低效用地，确定加油加气站、驾校类商业服务建筑密度中度利用标准为大于 16%、小于 20%，低效利用标准为小于 16%。

(4)商业物业出租营业率

针对商业物业出租营业率这项指标，并没有相关文件规定具体数据为集约利用标准，按照《城市建设用地节约集约利用详细评价技术指南》(以下简称《技术指南》)推荐方法，将排名前 25% 的数据设置为集约利用标准，后 20% 的数据设置为低效利用标准，一般商业服务、小区周边商网前 25%、后 20% 的数据均为 100% 和 50%，加油加气站、驾校出租率均前 25%、后 20% 均为 100%，考虑到商铺招租的空窗期，确定三类商业服务用地，大于 90% 的为出租率集约利用标准，小于 50% 的为低效利用标准，介于两者之间的为中度集约利用标准(表 4-2-22)。

表 4-2-22　商业物业出租营业率集约利用控制标准表

类型	集约利用标准	中度利用标准	低效利用标准
一般商业服务	≥90%	50%≤营业率≤90%	<50%
小区周边配套商网	≥90%	50%≤营业率≤90%	<50%
加油加气站及驾校	≥90%	50%≤营业率≤90%	<50%

（5）地均税收

针对地均税收这项指标，并没有相关文件规定具体数据为集约利用标准，按照《技术指南》推荐，排名前 25% 的数据为集约利用标准，后 20% 的数据为低效利用标准，故确定一般商业服务用地地均税收集约利用标准为大于 60 万元/hm²；中度为大于 0 万元/hm²、小于 60 万元/hm²；低效为税收为 0 万元/hm²；加油加气站、驾校地均税收集约利用标准为大于 3 万元/hm²；中度为大于 0 万元/hm²、小于 3 万元/hm²；低效税收为 0 万元/hm²，见表 4-2-23。

表 4-2-23　商业用地地均税收集约利用控制标准表（单位：万元/hm²）

类型	集约利用标准	中度利用标准	低效利用标准
一般商业服务	≥60	0<地均税收<60	≤0
加油加气站、驾校	≥3	0<地均税收<3	≤0

3.3　土地集约利用状况评价结果

吴忠市利通区中心城区共有商业用地 425 宗，面积 440.00hm²，其中已建成 411 宗，面积 420.16hm²，占总面积的 95.49%；未建成 14 宗，面积 19.84hm²，占总面积的 4.51%（表 4-2-24）。商业用地中无过度利用土地；集约利用共 342 宗，面积 286.68hm²，占总面积的 65.15%；中度利用共 15 宗，面积 43.06hm²，占总面积的 9.79%；低效用地 68 宗，面积 110.26hm²，占总面积的 25.06%，其中用途配置低效型 4 宗，面积 16.42hm²，开发强度低效型 12 宗，面积 30.31hm²，利用效益低效型 52 宗，面积 63.53hm²，分别占总面积的 3.73%、6.89% 和 14.44%。

表 4-2-24　商业用地评价结果（单位：hm²）

地　　类		小　　计				已　建　成		未　建　成	
		面积	占比(%)	宗数	占比(%)	面积	宗数	面积	宗数
过度利用型		0.00	0.00	0	0.00	0.00	0	0.00	0
集约利用型		286.68	65.15	342	80.47	277.32	335	9.36	7
中度利用型		43.06	9.79	15	3.53	43.06	15	0.00	0
低效利用型	小计	110.26	25.06	68	16.00	99.79	61	10.48	7
	用途配置低效	16.42	3.73	4	0.94	16.42	4	0.00	0
	开发强度低效	30.31	6.89	12	2.82	19.84	5	10.48	7
	利用效益低效	63.53	14.44	52	12.24	63.53	52	0.00	0
合　　计		440.00	100.00	425	100.00	420.16	411	19.84	14

利通区商业用地集约利用状况整体以集约利用为主，无过度利用土地，存在 23.53% 的低效用地，主要分布在利通区中心城区外围(图 4-2-16)。其中，用途配置低效型主要为现状已经废弃、政府责令搬迁的宗地，如宁夏贺兰山开发有限公司、旧金积农贸市场、吴忠市聚源再生资源公司等；开发强度低效型主要为利通区郊区的几个专业市场和超期未竣工的商业用地，包括先锋国际商贸城、吴忠市花卉市场、宁夏汽车大世界销售服务有限公司、金屋商业文化广场、中阿国际商贸城等；利用效益低效型主要为关停、空置及建成正在招商的用地，在利通区中心城区均有分布。其中，关停和空置的商业用地包括永昌装饰材料批发市场、中达国际广场、永昌汇金时代购物中心、六六新能源汽车体验中心、汽车 4S 店等，正在招商的商业用地主要为金龙广场、红星大厦、福林商业广场、宏泰牛街等。

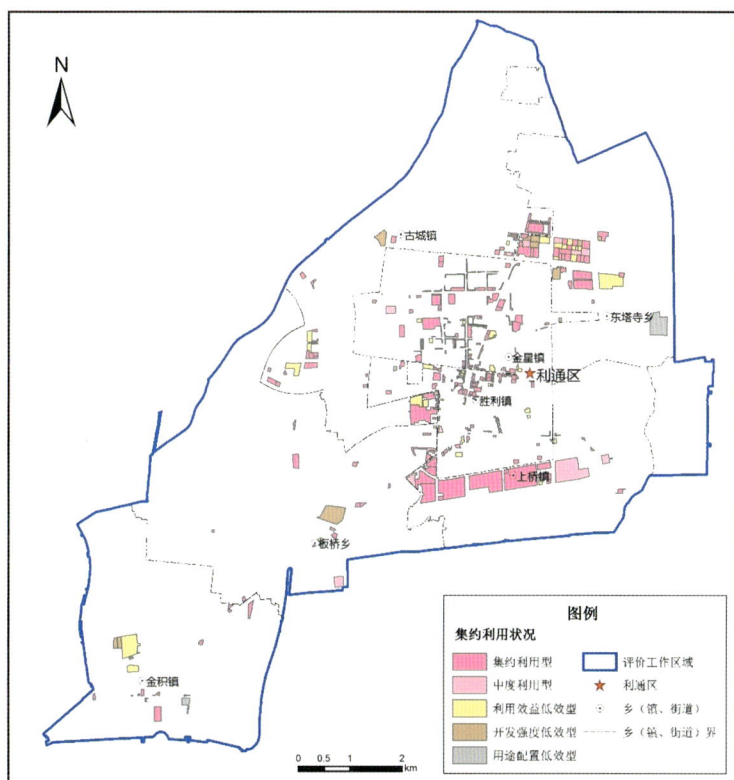

图 4-2-16 商业用地集约利用状况空间分布

针对用途配置低效型和开发强度低效型土地，在日常土地巡查中要督促用地单位加快未竣工土地建设速度，同时，对于废弃、企业无力建设的用地，要在符合国家法律法规的基础上，通过协商转让、收回、限期开发、联合开发等方式盘活低效型用地，针对利用效益低效型用地、关停的商业用地要通过企业自主升级和政府扶持等方式提高利用效益，正在招商的商业用地要加大招商力度，强化招商质量，避免再成为低效用地。

4. 工业用地集约利用评价

4.1 评价指标选取

工业用地评价指标选取围绕评价目标，侧重规划符合度、土地建设强度、土地利用效益三个方面，具体指标层与含义见表4-2-25。

表4-2-25 工业用地评价指标选取

准则层	指标层(代码)	指标含义与计算公式	计量单位
规划符合度	规划用途一致性(I1)	工业用地评价单元的现状土地用途与规划用途的一致性，反映按照规划可改造用地情况	—
	产业导向符合性(I2)	工业用地评价单元内的现状产业类型与规划产业主导类型的一致性，反映工业用地按规划转型升级情况	—
建设强度	工业容积率(I3)	工业用地评价单元内的建筑总面积(万 m^2)/评价单元面积(hm^2)，反映土地的建设强度	—
	建筑密度(I4)	工业用地评价单元内的建筑基底面积(万 m^2)/评价单元面积(hm^2)，反映土地的建设强度	—
利用效益	地均工业产值(I5)	工业用地评价单元内的工业(物流)企业总产值(万元)/评价单元面积(hm^2)，反映土地的产出效益	万元/hm^2
	地均固定资产投资强度(I6)	工业用地评价单元内的工业(物流)企业总固定资产投资额(万元)/评价单元面积(hm^2)，反映土地的产出效益	万元/hm^2
	地均税收(I7)	工业用地评价单元内的工业(物流)企业税收总额(万元)/评价单元面积(hm^2)，反映土地的产出效益(针对仓储用地)	万元/hm^2

4.2 指标值评价结果

(1)规划符合度

集约利用标准：以《城总规》为依据，将现状用途和规划用途一致的设定为符合规划，此次需要特别说明的是，只要在吴忠市金积工业园区范围内的工业用地，规划用途不为工业用地的视为符合规划。

低效利用标准：以《城总规》为依据，将现状用途和规划用途不一致的设定为低效用地；一是城区内已经被政府搬离，但旧厂废弃还未重新利用的地块；二是在中心城区北面农村零散分布，不聚集的工业用地。

（2）产业导向符合性

低效利用标准：一是在城区中的重污染行业，包括火电、钢铁、水泥、电解铝、煤炭、冶金、化工、石化、建材、造纸、酿造、制药、发酵、纺织、制革和采矿业，视为不符合产业导向（来源于《上市公司环境信息披露指南》）；二是根据《自治区开发区名录及主导产业指导目录》规定，宁夏吴忠金积工业园区限制发展的产业，主要为煤炭、电力、化工、冶金、建材、有色产业，经过与吴忠金积工业园区管委会沟通，考虑到吴忠市城市建设和供暖要求，建材和电力产业不在园区近期搬迁整治范围内，近期只对化工产业进行改造和搬迁（园区暂无煤炭、冶金和有色产业），故本次评价将吴忠市金积工业园区中煤炭、化工、冶金、有色产业视为不符合产业导向。

（3）容积率

工业用地容积率集约利用控制标准，见表4-2-26。

表 4-2-26　工业用地容积率集约利用控制标准

类　　型	过度利用标准	集约利用标准	中度利用标准	低效利用标准
农副食品加工业、食品制造业、饮料制造业、塑料制造业	>2.5	1.0≤容积率≤2.5	0.5≤容积率<1.0	<0.5
家具、木材、橡胶、印刷、纺织业等制造业、造纸及纸制品业	>2.5	0.8≤容积率≤2.5	0.5≤容积率<0.8	<0.5
仓储、金属、非金属矿物制品业、通用设备、医药、机械等制造业	>2.5	0.7≤容积率≤2.5	0.5≤容积率<0.7	<0.5
化学制品制造业、其他	>2.5	0.6≤容积率≤2.5	0.5≤容积率<0.6	<0.5

过度、集约利用标准：根据《空间规划》和《宁夏工业项目建设用地控制标准》（DB64/T 1700—2020）的要求，吴忠市利通区工业用地容积率不应大于2.5，集约利用容积率下限值应符合《宁夏工业项目建设用地控制标准》（DB64/T 1700—2020）和《物流中心分类与基本要求》（GB/T 24358—2009）对各工业行业和物流仓储行业的最低要求。

中度利用、低效利用标准：按照《技术指南》的要求，工业用地容积率原则上不得小于0.5，即低效利用标准为小于0.5，中度利用标准为0.5与各行业的容积率最低要求的中间值。

（4）建筑密度

工业用地建筑密度集约利用控制标准，见表4-2-27。

表 4-2-27　工业用地建筑密度集约利用控制标准

类型	过度利用标准	集约利用标准	中度利用标准	低效利用标准
工业用地	>50%	40%≤建筑密度≤50%	30%≤建筑密度<40%	<30%

过度、集约利用标准：根据《空间规划》的要求，吴忠市利通区工业用地建筑密度应不大于50%、不小于40%；确定工业用地建筑密度过度利用标准为大于50%，集约利用标准为大于40%、小于50%。

中度利用、低效利用标准：按照《技术指南》和《宁夏工业项目建设用地控制标准》（DB64/T 1700—2020）的要求，工业用地容积率原则上不得小于30%，即低效利用标准为小于30%，中度利用标准为30%～40%。

（5）地均工业总产值

针对地均工业总产值这项指标，宁夏仅对新产业新业态工业项目有控制标准，通过对《湖南省建设用地指标（2020版）》《山东省建设用地控制标准（2019年版）》等地区地均工业总产值的规定对比，发现各地差异较大，不适用利通区确定地均工业总产值标准，故按照《技术指南》推荐方法，将排名前25%的数据设置集约利用标准，排名后20%的数据设置为低效利用标准，介于两者之间的为中度集约利用标准（表4-2-28）。

表 4-2-28　地均工业总产值集约利用控制标准（单位：万元/hm²）

类　　　型	集约利用标准	中度利用标准	低效利用标准
农副食品加工业、食品制造业、饮料制造业、纺织业、造纸及纸制品业	≥2100	0<地均工业总产值<2100	≤0
非金属矿物制品业、木材等制造业、其他	≥1000	0<地均工业总产值<1000	≤0
家具	≥1000	0<地均工业总产值<1000	≤0
塑料制造业	≥2079	0<地均工业总产值<2079	≤0
橡胶、印刷制造业、化学制品制造、金属制造业	≥2062	0<地均工业总产值<2062	≤0
医药制造业	≥1000	0<地均工业总产值<1000	≤0
通用设备、机械制造业	≥1505	0<地均工业总产值<1505	≤0

（6）地均固定资产投资强度

按照《宁夏工业项目建设用地控制标准》（DB64/T 1700—2020）和《物流中心分类与基本要求》（GB/T 24358—2009）的规定，确定各行业的固定资产投资强度，大于控制标准的为集约利用，低于控制标准80%的视为低效利用，介于两者之间的为中度利用（表4-2-29）。

表 4-2-29　工业用地地均固定资产投资强度集约利用控制标准（单位：万元/hm²）

类型	集约利用标准	中度利用标准	低效利用标准
农副食品加工业、食品制造业、饮料制造业、纺织业、造纸及纸制品业	≥590	472≤地均固定资产投资<590	<472
非金属矿物制品业、木材等制造业、其他	≥470	376≤地均固定资产投资<470	<376
家具	≥555	444≤地均固定资产投资<555	<444
塑料制造业	≥625	500≤地均固定资产投资<625	<500
橡胶、印刷制造业、化学制品制造、金属制造业	≥780	624≤地均固定资产投资<780	<624
医药制造业	≥1175	940≤地均固定资产投资<1175	<940
通用设备、机械制造业	≥935	748≤地均固定资产投资<935	<748
仓储	≥700	560≤地均固定资产投资<700	<560

（7）工业用地地均税收

针对工业用地地均税收这项指标，并没有相关文件规定具体数据为集约利用标准，此次针对仓储用地，用工业用地地均税收替代工业用地地均总产值，按照《技术指南》推荐，排名前25%的数据为集约利用标准，后20%的数据为低效利用标准，故确定仓储用地地均税收集约利用标准为大于6万元/hm²；中度为大于0万元/hm²、小于6万元/hm²；低效为税收为0万元/hm²，见表4-2-30。

表 4-2-30　工业用地地均工业用地地均税收集约利用控制标准（单位：万元/hm²）

类型	集约利用标准	中度利用标准	低效利用标准
仓储用地	≥6	0<工业用地地均税收<6	≤0

4.3 土地集约利用状况评价结果

吴忠市利通区中心城区共有工业用地 282 宗，面积 858.83hm^2（表 4-2-31），其中已建成 255 宗，面积 724.26hm^2，占总面积的 84.33%；未建成 27 宗，面积 134.57hm^2，占总面积的 15.67%。工业用地中无过度利用土地；集约利用用地 133 宗，面积 470.42hm^2，占总面积的 54.81%；中度利用 18 宗，面积 51.90hm^2，占总面积的 6.04%；低效用地 131 宗，面积 336.21hm^2，占总面积的 39.15%，其中用途配置低效型 32 宗，面积 36.17hm^2，开发强度低效型 39 宗，面积 179.09hm^2，利用效益低效型 60 宗，面积 120.95hm^2，分别占总面积的 4.21%、20.85% 和 14.08%。

表 4-2-31　工业用地评价结果（单位：hm^2）

地　类		小　计				已 建 成		未 建 成	
		面积	占比(%)	宗数	占比(%)	面积	宗数	面积	宗数
过度利用型		0.00	0.00	0	0.00	0.00	0	0.00	0
集约利用型		470.72	54.81	133	47.16	380.09	120	90.63	13
中度利用型		51.90	6.04	18	6.38	51.90	18	0.00	0
低效利用型	小计	336.21	39.15	131	46.45	292.27	117	43.94	14
	用途配置低效	36.17	4.21	32	11.35	36.17	32	0.00	0
	开发强度低效	179.09	20.85	39	13.83	135.14	25	43.94	14
	利用效益低效	120.95	14.08	60	21.28	120.95	60	0.00	0
合　计		858.83	100.00	282	100.00	724.26	255	134.57	27

如图 4-2-17 所示，从评价结果来看，吴忠市利通区工业用地以集约利用和低效利用为主，中度利用较少，不存在过度利用。低效利用工业用地中，利用效益低效型占比最多，开发强度低效次之，用途配置低效最少。其中，利用效益低效型工业用地主要是停产半停产企业，分布在毛纺织园；开发强度低效型用地主要为超期未竣工和分期开发企业，开发程度较低，导致土地开发强度较低；用途配置低效型工业用地主要为老城区需要外迁和金积工业园不符合园区产业要求的用地。随着城市的发展，主城区散落分布的工业用地需逐步外迁，向工业园区集聚，以改善城区的生态和人文环境。

针对利用效益低效型土地，将土地利用再开发与淘汰落后产能等工作紧密结合，实施以"亩产效益综合评价"为基础的差别化要素配置政策，建立低效用地退出机制，倒逼企业进行技术改造和产业转型，同时，针对停产半停产企业，要通过企业自主转型、升级改造、政府"腾笼换鸟"以及在符合国家法律法规的基础上进行分割转让、协商收回等多种方

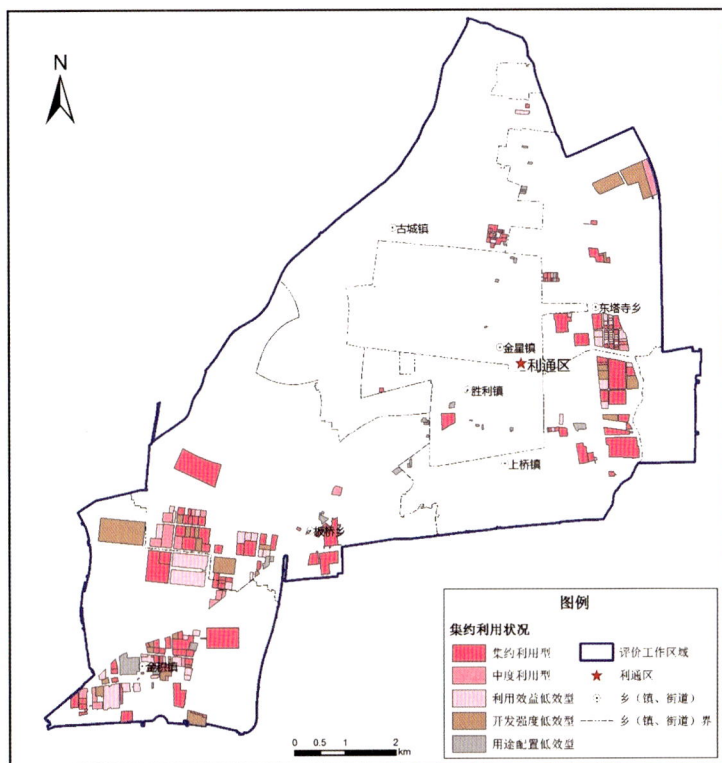

图 4-2-17　工业用地集约利用状况空间分布

式盘活；针对开发强度低效型土地，在日常土地巡查中要加大超期未竣工企业的巡查力度，督促分期建设企业按照合同约定开发建设；针对用途配置低效型土地，要按照城市规划和开发区总体规划逐步搬离或自主升级，进一步符合城市规划和开发区总体规划。

5. 教育用地集约利用评价

5.1　评价指标选取

教育用地评价指标选取围绕评价目标，侧重规划符合度、土地建设强度、土地利用效益三个方面，具体指标层与含义见表 4-2-32。

表 4-2-32　教育用地评价指标选取

准则层	指标层(代码)	指标含义与计算公式	计量单位
规划符合度	规划用途一致性（E1）	教育用地地块的现状土地用途与规划用途的一致性，反映按照规划可改造用地情况	—

准则层	指标层(代码)	指标含义与计算公式	计量单位
建设强度	综合容积率 (E2)	教育用地地块内的建筑总面积(万 m²)/地块面积(hm²),反映土地的建设强度	—
	建筑密度 (E3)	教育用地地块内的建筑基底面积(万 m²)/地块面积(hm²),反映土地的建设强度	—
利用效益	地均服务学生数 (E4)	教育用地地块内的学生总数(人)/地块面积(hm²),反映土地的教育人口承载水平	人/hm²

5.2　指标值评价结果

(1)规划符合度

集约利用标准:以《吴忠市城市总体规划(2011—2030)》为依据,将现状用途和规划用途一致的设定为符合规划,需要特别说明的是,现状为教育用地,规划为行政办公用地、居住用地或者其他服务设施用地的视为符合规划。

低效利用标准:现状用途和规划用途不一致,除了上述需要特别说明的情况视为符合规划外,其余视为不符合规划。

(2)容积率

教育用地容积率集约利用控制标准,见表4-2-33。

表 4-2-33　教育用地容积率集约利用控制标准

类　　型	过度利用标准	集约利用标准	中度利用标准	低效利用标准
中学	>0.9	0.4≤容积率≤0.9	0.32≤容积率<0.4	<0.32
小学	>0.8	0.2≤容积率≤0.8	0.16≤容积率<0.2	<0.16
幼儿园	>0.65	0.55≤容积率≤0.65	0.44≤容积率<0.55	<0.44
特殊教育用地	>0.85	0.2≤容积率≤0.85	0.16≤容积率<0.2	<0.16
高等教育用地	>0.6	0.45≤容积率≤0.6	0.36≤容积率<0.45	<0.36

过度、集约利用标准:由于《中小学校设计规范》(GB 50099—2011)中没有规定中小学容积率的控制标准,通过比较收集到的各地建设用地标准,《广西壮族自治区建设用地控制指标》(2015年版)同为西部地区,比较适宜利通区,故借鉴《广西壮族自治区建设用地控制指标》(2015年版)中中学、小学、特殊教育用地的容积率确定判定标准。其中,中学过度利用标准为大于0.9,集约利用标准为小于0.9、大于0.4;小学过度利用标准为大

于0.8，集约利用标准为小于0.8、大于0.2；特殊教育用地过度利用标准为大于0.85，集约利用标准为小于0.85、大于0.2。幼儿园按照《幼儿园建设标准》（建标175—2016）第十三条规定，确定过度利用标准为大于0.65，集约利用标准为小于0.65、大于0.55。高等教育用地按照《普通高等学校建筑面积指标》（建标191—2018）第二十九条规定，过度利用标准为0.6，集约利用标准为小于0.6、大于0.45。

中度利用、低效利用标准：按照小于集约控制标准80%的视为低效用地，介于集约和低效两者之间的为中度用地标准的约定，确定中学中度利用标准为小于0.4、大于0.32，低效用地标准为小于0.32；小学中度利用标准为小于0.2、大于0.16，低效用地标准为小于0.16；特殊教育用地中度利用标准为小于0.2、大于0.16，低效用地标准为小于0.16；幼儿园中度利用标准为小于0.55、大于0.44，低效用地标准为小于0.44；高等教育用地中度利用标准为小于0.45、大于0.36，低效用地标准为小于0.36。

（3）建筑密度

由于《中小学校设计规范》（GB 50099—2011）、《幼儿园建设标准》（建标175—2016）和《普通高等学校建筑面积指标》（建标191—2018）均未对建筑密度做出规定，故建筑密度均借鉴《广西壮族自治区建设用地控制指标》（2015年版）的规定，以小于集约利用标准80%的为低效用地标准，故过度利用标准为35%，集约利用标准为小于35%、大于20%；中度利用标准为小于20%、大于16%；低效利用标准为小于16%（表4-2-34）。

表 4-2-34　教育用地建筑密度集约利用控制标准

类型	过度利用标准	集约利用标准	中度利用标准	低效利用标准
教育用地	>35%	20%≤建筑密度≤35%	16%≤建筑密度<20%	<16%

（4）地均服务学生数

教育用地地均服务学生数集约利用控制标准，见表4-2-35。

表 4-2-35　教育用地地均服务学生数集约利用控制标准

类型	集约利用标准	中度利用标准	低效利用标准
幼儿园	≥360	288≤地均服务学生数<360	<288
小学	≥344	275≤地均服务学生数<344	<275
中学	≥270	216≤地均服务学生数<270	<216
高等教育用地	≥105	84≤地均服务学生数<105	<84
特殊教育用地	≥113	90≤地均服务学生数<113	<90

集约利用标准：根据《幼儿园建设标准》（建标 175—2016）、《普通高等学校建筑面积指标》（建标 191—2018）和《广西壮族自治区建设用地控制指标》（2015 版本）的规定，幼儿园生均建筑面积最大为 15.25m²/人，小学生均用地面积最大为 29m²/人，中学生均用地面积最大为 37m²/人，特殊教育用地生均用地面积最大为 88m²/人，高等教育用地生均建筑面积最大为 42.8m²/人。通过将生均建筑面积（m²/人）和生均用地面积（m²/人）换算成地均服务学生数（人/hm²），算出地均服务学生数集约利用标准为幼儿园大于 360 人/hm²，中学为大于 270 人/hm²，小学为大于 344 人/hm²，特殊教育用地为大于 113 人/hm²，高等教育用地为 105 人/hm²。

中度利用、低效利用标准：按照小于集约控制标准 80% 的视为低效用地标准，介于集约和低效两者之间的为中度用地标准的约定，故幼儿园中度利用标准为小于 360 人/hm²、大于 288 人/hm²，低效利用标准为小于 288 人/hm²；中学中度利用标准为小于 270 人/hm²、大于 216 人/hm²，低效利用标准为小于 216 人/hm²；小学中度利用标准为小于 344 人/hm²、大于 275 人/hm²，低效利用标准为小于 275 人/hm²；高等教育中度利用标准为小于 105 人/hm²、大于 84 人/hm²，低效利用标准为小于 84 人/hm²；特殊教育用地中度利用标准为小于 113 人/hm²、大于 90 人/hm²，低效利用标准为小于 90 人/hm²。

5.3　土地集约利用状况评价结果

教育用地评价结果见表 4-2-36。吴忠市利通区中心城区共有教育用地 45 宗，面积 205.79hm²，其中已建成 41 宗，面积 201.11hm²，占总面积的 97.73%；未建成 4 宗，面积 4.67hm²，占总面积的 2.27%。教育用地中无过度利用土地；集约利用共 35 宗，面积 77.86hm²，占总面积的 37.83%；中度利用 4 宗，面积 22.88hm²，占总面积的 11.12%；低效用地 6 宗，面积 105.05hm²，占总面积的 51.05%，其中开发强度低效型 3 宗，面积 94.99hm²，利用效益低效型 3 宗，面积 10.05hm²，分别占总面积的 46.16% 和 4.88%。

表 4-2-36　教育用地评价结果（单位：hm²）

地　类		小　计				已建成		未建成	
		面积	占比(%)	宗数	占比(%)	面积	宗数	面积	宗数
过度利用型		0.00	0.00	0	0.00	0.00	0	0.00	0
集约利用型		77.86	37.83	35	77.78	73.19	31	4.67	4
中度利用型		22.88	11.12	4	8.89	22.88	4	0.00	0
低效利用型	小计	105.05	51.05	6	13.33	105.05	6	0.00	0
	用途配置低效型	0.00	0.00	0	0.00	0.00	0	0.00	0
	开发强度低效型	94.99	46.16	3	6.67	94.99	3	0.00	0
	利用效益低效型	10.05	4.88	3	6.67	10.05	3	0.00	0
合　计		205.79	100.00	45	100.00	201.11	41	4.67	4

教育用地集约利用状况空间分布，如图 4-2-18 所示。吴忠市利通区教育用地集约利用状况整体有待提高，存在 105.05hm² 低效利用土地，占教育用地总面积的 51.05%。低效利用土地主要为分布在吴忠市利通区中心城区外围新建的中小学和高等教育用地，其中，利用强度低效用地分别为宁夏民族职业技术学院、吴忠市第二中学和吴忠市回民中学，这三所中学均为新建、迁建学校，为后续长远发展预留了发展用地，导致利用强度较低；利用效益低效型用地分别为利通区板桥旱元小学、利通区第十四小学和利通区第十六小学，主要为新建居住小区配套的小学，由于附近小区还未完全入住，生源不足，导致利用效益较低。

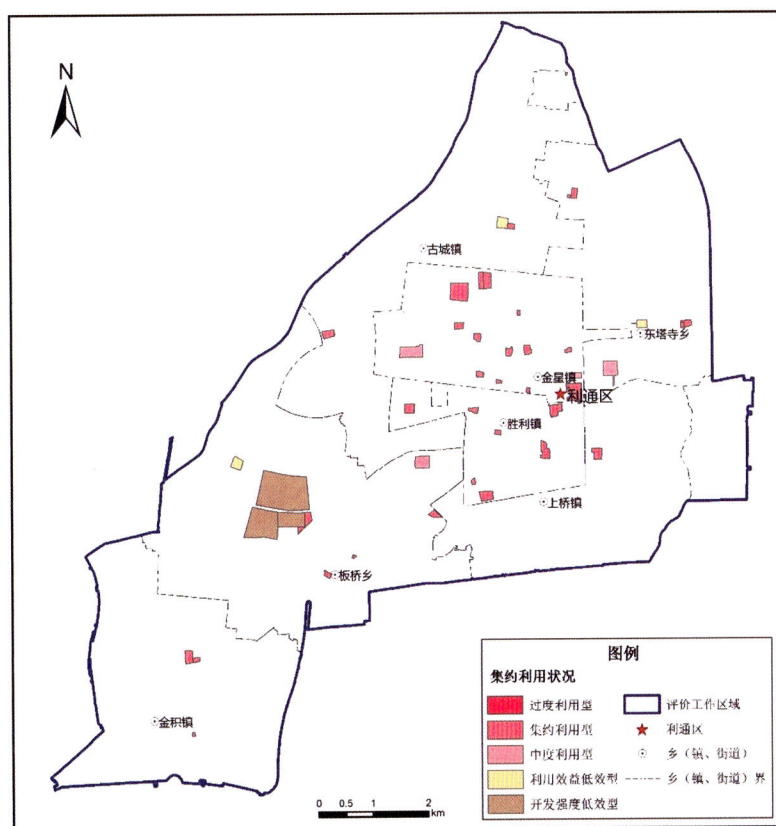

图 4-2-18　教育用地集约利用状况空间分布

针对利用强度低效教育用地，应按照学校的设计规划逐步完成全部建设，提高土地利用强度；针对利用效益低效型用地，随着附近小区入住率的提高，服务的学生数会进一步提高，利用效益也会逐步提高。

6. 医疗卫生用地集约利用评价

6.1　评价指标选取

医疗卫生用地评价指标选取围绕评价目标，侧重规划符合度、土地建设强度、土地利用效益三个方面，具体指标层与含义见表4-2-37。

表 4-2-37　医疗卫生用地评价指标选取

准则层	指标层(代码)	指标含义与计算公式	计量单位
规划符合度	规划用途一致性	医疗卫生用地地块的现状土地用途与规划用途的一致性，反映按照规划可改造用地情况	—
建设强度	综合容积率	医疗卫生用地地块内的建筑总面积(万 m^2)／地块面积(hm^2)，反映土地的建设强度	—
	建筑密度	医疗卫生用地地块内的建筑基底面积(万 m^2)／地块面积(hm^2)，反映土地的建设强度	—
利用效益	地均床位数	医疗卫生用地评价单元内的床位数/评价单元面积(hm^2)，反映土地的医疗床位承载能力	床/hm^2

6.2　指标值评价结果

（1）规划符合度

集约利用标准：以《吴忠市城市总体规划（2011—2030）》为依据，将现状用途和规划用途一致的设定为符合规划，需要说明的是，若现状用途和规划用途不一致，但实际却为独立宗地且正常运营的医疗卫生用地，视为符合规划。

低效利用标准：现状用途和规划用途不一致，除了上述需要特别说明的情况视为符合规划外，其余视为不符合规划。

（2）容积率

医疗卫生用地容积率集约利用控制标准，见表4-2-38。

表 4-2-38　医疗卫生用地容积率集约利用控制标准

类型	过度利用标准	集约利用标准	中度利用标准	低效利用标准
综合医院	>2.5	1.0≤容积率≤2.5	0.8≤容积率<1.0	<0.8
中医医院	>2.5	0.6≤容积率≤2.5	0.48≤容积率<0.6	<0.48

类型	过度利用标准	集约利用标准	中度利用标准	低效利用标准
社区卫生服务中心	>2.5	0.7≤容积率≤2.5	0.56≤容积率<0.7	<0.56
妇幼保健院	>2.5	0.7≤容积率≤2.5	0.56≤容积率<0.7	<0.56
其他	—	≥0.3	0.24≤容积率<0.3	<0.24

过度、集约利用标准：按照《综合医院建设标准》（2018年版）第十九条规定，综合医院容积率宜为1.0~1.5，改扩建项目可根据实际情况及当地规划要求调整，但容积率不宜超过2.5，确定综合医院容积率过度利用标准为大于2.5，集约利用标准为小于2.5、大于1。

按照《中医医院建设标准（修订）》（2014年版）第四十六条规定，新建中医医院的容积率为0.6~1.5，改扩建用地紧张时，可以适当提高容积率，但不宜超过2.5，确定中医医院容积率过度利用标准为大于2.5，集约利用标准为小于2.5、大于0.6。

按照《社区卫生服务中心站建设标准》（建标163—2013）第十九条规定，新建独立式社区卫生服务中心容积率宜为0.7~1.2，但并未确定改扩建时容积率大小，借鉴《综合医院建设标准》（2018版）容积率不宜超过2.5的规定，确定社区卫生服务中心容积率过度利用标准为大于2.5，集约利用标准为小于2.5、大于0.7。

妇幼保健院并未有最新的相关建设标准，借鉴《广西壮族自治区建设用地控制指标》（2015年版）中对妇幼保健院容积率下限大于0.7和《综合医院建设标准》（2018年版）容积率不宜超过2.5的规定，确定妇幼保健院容积率过度利用标准为大于2.5，集约利用标准为小于2.5、大于0.7。

其他医疗卫生用地承担的与行政办公用地职能一致，故与行政办公用地集约利用标准一致，为大于0.3。

中度利用、低效利用标准：按照小于集约控制标准80%的视为低效用地，介于集约和低效两者之间的为中度用地标准的约定，确定综合医院容积率中度利用标准为小于1.0、大于0.8，低效用地标准为小于0.8；中医医院容积率中度利用标准为小于0.6、大于0.48，低效用地标准为小于0.48；社区卫生服务中心站中度利用标准为小于0.7、大于0.56，低效用地标准为小于0.56；妇幼保健院中度利用标准为小于0.7、大于0.56，低效用地标准为小于0.56；其他中度利用标准为小于0.3、大于0.24，低效用地标准为小于0.24。

（3）建筑密度

医疗卫生用地建筑密度集约利用控制标准，见表4-2-39。

表 4-2-39　医疗卫生用地建筑密度集约利用控制标准

类型	过度利用标准	集约利用标准	中度利用标准	低效利用标准
综合医院	>35%	25%≤建筑密度≤35%	20%≤建筑密度<25%	<20%
中医医院	>30%	25%≤建筑密度≤30%	20%≤建筑密度<25%	<20%

类型	过度利用标准	集约利用标准	中度利用标准	低效利用标准
社区卫生服务中心	>45%	25%≤建筑密度≤45%	20%≤建筑密度<25%	<20%
妇幼保健院	>35%	25%≤建筑密度≤35%	20%≤建筑密度<25%	<20%
其他	—	≥20%	16%≤建筑密度<20%	<16%

过度、集约利用标准：按照《综合医院建设标准》（2018 年版）第十九条规定，综合医院建筑密度不宜超过 35%，同时借鉴《中医医院建设标准（修订）》（2014 年版）中建筑密度宜为 25%~30% 的规定，确定综合医院建筑密度过度利用标准为大于 35%，集约利用标准为小于 35%、大于 25%。

按照《中医医院建设标准（修订）》（2014 年版）第四十六条规定，中医医院的建筑密度宜为 25%~30%，确定中医医院建筑密度过度利用标准为大于 30%，集约利用标准为小于 30%、大于 25%。

按照《社区卫生服务中心站建设标准》（建标 163—2013）第十九条规定，社区卫生服务中心建筑密度不宜超过 45%，同时借鉴《中医医院建设标准（修订）》（2014 年版）中建筑密度宜为 25%~30% 的规定，确定社区卫生服务中心建筑密度过度利用标准为大于 45%，集约利用标准为小于 45%、大于 25%。

妇幼保健院并未有最新的相关建设标准，借鉴综合医院建筑密度的标准，确定妇幼保健院建筑密度过度利用标准为大于 35%，集约利用标准为小于 35%、大于 25%。

其他医疗卫生用地承担的职能与行政办公用地职能一致，故与行政办公用地集约利用标准一致，为大于 20%。

中度利用、低效利用标准：按照小于集约控制标准 80% 的视为低效用地，介于集约和低效两者之间的为中度用地标准的约定，确定综合医院、中医医院、社区卫生服务中心、妇幼保健院的建筑密度中度利用标准为小于 25%、大于 20%，低效用地标准为小于 20%，其他中度利用标准为小于 20%、大于 16%，低效用地标准为小于 16%。

（4）地均床位数

医疗卫生用地地均床位数集约利用控制标准，见表 4-2-40。

表 4-2-40 医疗卫生用地地均床位数集约利用控制标准（单位：床/hm²）

类　　型	集约利用标准	中度利用标准	低效利用标准
综合医院	≥87	70≤地均床位数<87	<70
中医医院	≥61	49≤地均床位数<61	<49
社区卫生服务中心	≥37	30≤地均床位数<37	<30
妇幼保健院	≥70	56≤地均床位数<70	<56

集约利用标准：按照《综合医院建设标准》（2018年版）第二十一条规定，综合医院每床最高建筑面积为115m²/床，将床均建筑面积（m²/床），换算成地均床位数（床/hm²），得到综合医院集约利用值为大于87床/hm²。

根据《中医医院建设标准（修订）》（2014年版）第三章第十七条规定，中医医院的每床最大建筑面积值98m²/床，将床均建筑面积（m²/床），换算成地均床位数（床/hm²），得到中医医院集约利用值为大于为61床/hm²。

根据《广西壮族自治区建设用地控制指标（修订稿）》（2015年版）规定，妇幼保健院的每床建筑面积最大值为100m²，将床均建筑面积（m²/床），换算成地均床位数（床/hm²），得到妇幼保健院集约利用值为大于为70床/hm²。

由于《社区卫生服务中心站建设标准》（建标163—2013）并未对每床建筑面积做出规定，通过比对《广西壮族自治区建设用地控制指标（2015年版）》《山东省建设用地控制标准（2019年版）》《湖南省建设用地指标（2020年版）》的规定，各地对社区卫生服务站每床建筑面积标准大小不一，主要在90~190m²，考虑到利通区的实际利用情况，按照每床建筑面积最大值190m²控制，将床均建筑面积（m²/床），换算成地均床位数（床/hm²），得到社区卫生服务中心站集约利用值为大于37床/hm²。

中度利用、低效利用标准：按照小于集约控制标准80%的视为低效用地，介于集约和低效两者之间的为中度用地标准的约定，确定综合医院地均床位数中度利用标准为小于87床/hm²、大于70床/hm²，低效用地标准为小于70床/hm²；中医医院地均床位数中度利用标准为小于61床/hm²、大于49床/hm²，低效用地标准为小于49床/hm²；社区卫生服务中心站地均床位数中度利用标准为小于37床/hm²、大于30床/hm²，低效用地标准为小于30床/hm²；妇幼保健院地均床位数中度利用标准小于70床/hm²、大于56床/hm²，低效用地标准为小于56床/hm²。

6.3　土地集约利用状况评价结果

医疗卫生用地评价结果见表4-2-41。吴忠市利通区中心城区共有医疗卫生用地21宗，面积43.9hm²，其中已建成17宗，面积36.25hm²，占总面积的82.57%；未建成4宗，面积7.65hm²，占总面积的17.43%。医疗卫生用地中过度利用2宗，面积1.34hm²，占总面积的3.05%；集约利用共14宗，面积10.98hm²，占总面积的25.02%；中度利用1宗，面积0.64hm²，占总面积的1.46%；低效用地4宗，面积30.94hm²，占总面积的70.47%，其中开发强度低效型2宗，面积5.37hm²，利用效益低效型2宗，面积25.57hm²，分别占总面积的12.23%和58.24%。

表4-2-41　医疗卫生用地评价结果（单位：hm²）

地类	小计				已建成		未建成	
	面积	占比(%)	宗数	占比(%)	面积	宗数	面积	宗数
过度利用型	1.34	3.05	2	9.52	1.34	2	0.00	0

地类		小计				已建成		未建成	
		面积	占比(%)	宗数	占比(%)	面积	宗数	面积	宗数
集约利用型		10.98	25.02	14	66.67	3.33	10	7.65	4
中度利用型		0.64	1.46	1	4.76	0.64	1	0.00	0
低效利用型	小计	30.94	70.47	4	19.05	30.94	4	0.00	0
	用途配置低效型	0.00	0.00	0	0.00	0.00	0	0.00	0
	开发强度低效	5.37	12.23	2	9.52	5.37	2	0.00	0
	利用效益低效	25.57	58.24	2	9.52	25.57	2	0.00	0
合计		43.90	100.00	21	100.00	36.25	17	7.65	4

医疗卫生用地集约利用状况空间分布，如图 4-2-19 所示。从评价结果来看，吴忠市利通区医疗卫生用地集约利用状况整体有待提高，存在 1.34hm² 过度利用土地和 30.94hm² 低效利用土地，占医疗卫生用地总面积的 73.52%。其中，过度利用主要为吴忠市新区医院

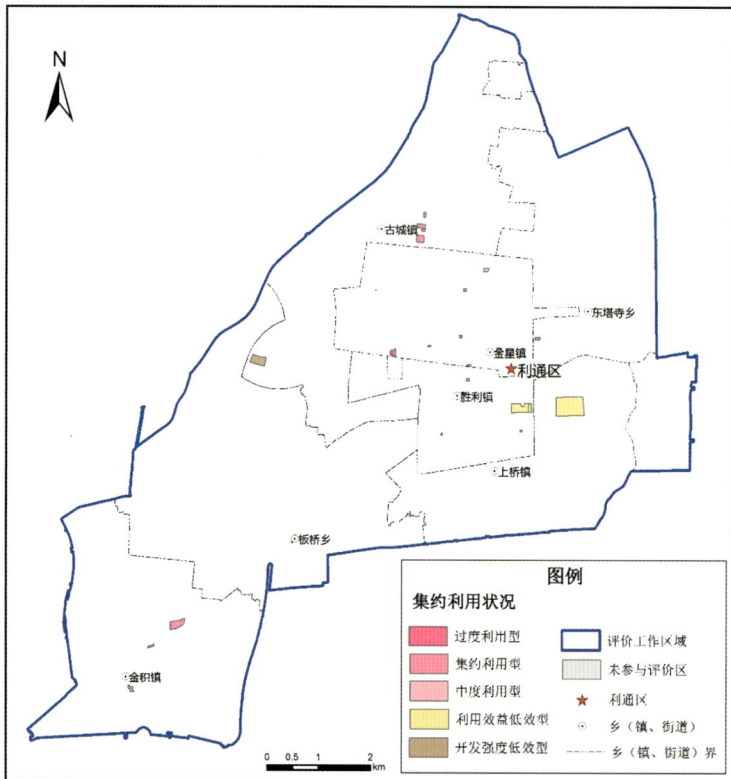

图 4-2-19　医疗卫生用地集约利用状况空间分布

和吴忠市妇幼保健院，建筑密度和容积率均超过 2.5 和 35%；低效利用土地主要为搬迁后空置和分期新建的医院，其中，利用强度低效用地为宁夏医科大学附属回医中医医院（新址）和赵兴忠中西医结合诊所，实地建设中，只完成了一期建设，还存在大量的空地导致土地低效；利用效益低效用地为吴忠市人民医院旧址和新址，由于吴忠市人民医院搬迁，旧址空置造成土地低效，新址部分住院楼还未建成，造成地均床位数低于国家标准造成利用效益低效。

考虑到吴忠市妇幼保健院过度利用情况，吴忠市人民政府已经选址新建妇幼保健院；分期建设的宁夏医科大学附属回医中医医院（新址）和吴忠市人民医院（新址）应按照建设规划分批建设，进一步提高土地的利用强度和效益，同时，随着吴忠市人民医院（新址）的建成，住院床位数的增加，会缓解吴忠市新区医院的就诊压力，随后根据实际情况进一步改造新区医院，为患者提供良好的就医条件。

7. 其他用地集约利用评价

7.1　评价指标选取

其他用地评价指标选取围绕评价目标，侧重规划符合度、土地建设强度两个方面，具体指标层与含义见表 4-2-42。

表 4-2-42　其他用地评价指标选取

准则层	指标层（代码）	指标含义与计算公式	计量单位
规划符合度	规划用途一致性	其他用地地块的现状土地用途与规划用途的一致性，反映按照规划可改造用地情况	—
建设强度	综合容积率	其他用地地块内的建筑总面积（万 m²）／地块面积（hm²），反映土地的建设强度	—
	建筑密度	其他用地地块内的建筑基底面积（万 m²）／地块面积（hm²），反映土地的建设强度	—

7.2　指标值评价结果

（1）规划符合度

集约利用标准：以《吴忠市城市总体规划（2011—2030）》为依据，将现状用途和规划用途一致的设定为符合规划，需要特殊说明的是，现状为行政办公用地、文化设施用地、科研用地、体育用地、社会福利设施用地，规划为居住用地、商业服务设施用地的视为符合规划。

低效利用标准：现状用途和规划用途不一致，除了需要特别说明的情况视为符合规划外，其余视为不符合规划。

（2）容积率

其他用地容积率判定标准，见表4-2-43。

表4-2-43 其他用地容积率判定标准

类型	集约利用标准	中度利用标准	低效利用标准
行政办公用地	≥0.3	0.24≤容积率<0.3	<0.24
文化设施用地	≥0.45	0.36≤容积率<0.45	<0.36
科研用地	≥0.8	0.64≤容积率<0.8	<0.64
体育用地	≥0.2	0.16≤容积率<0.2	<0.16
社会福利设施	≥0.5	0.4≤容积率<0.5	<0.4

集约利用标准：行政办公用地包含党政办公用地、社会团体、事业单位等用地，其中《党政机关办公用房建设标准》（2014版本）第三章第二十三条规定，党政机关中中央机关及省级机关办公用房的建筑容积率不应小于2.0；市级机关办公用房的建筑容积率不应小于1.2；县级机关办公用房的建筑容积率不应小于1.0；乡级机关办公用房的建筑容积率由省级人民政府按照中央规定和精神自行做出规定，由于利通区大多数行政办公用地在2014年前已批准建设完成，本次按照吴忠市利通区土地供应合同约定中的数据进行制定，供应的容积率最低为0.3，集约利用标准为大于0.3，容积率为大于20%。

文化设施用地国家仅对图书馆有容积率的相关规定，在实际中文化设施用地不仅包含图书馆，还包括博物展览设施、表演艺术馆、群众文化活动中心等类型用地，参照《山东省建设用地控制标准（2019年版）》对文化设施用地的规定，集约利用标准应大于0.45；科研用地参照《山东省建设用地控制标准（2019年版）》中的规定，集约利用标准应大于0.8；体育用地按照《空间规划》中的规定，集约利用标准应大于0.2；社会福利设施用地参照《山东省建设用地控制标准（2019年版）》，集约利用标准应大于0.5。

中度利用、低效利用标准：按照小于集约控制标准80%的视为低效用地，介于集约和低效两者之间的为中度用地标准的约定，确定行政办公用地中度利用标准为小于0.3、大于0.24，低效用地标准为小于0.24；文化设施用地中度利用标准为小于0.45、大于0.36，低效用地标准为小于0.36；科研用地中度利用标准为小于0.8、大于0.64，低效用地标准为小于0.64；体育用地中度利用标准为小于0.2、大于0.16，低效用地标准为小于0.2；社会福利设施用地中度利用标准为小于0.5、大于0.4，低效用地标准为小于0.4。

（3）建筑密度

集约利用标准：按照《山东省建设用地控制标准（2019 年版）》和《空间规划》中对建筑密度的规定，确定其他用地的建筑密度集约利用标准为大于 20%；

中度利用、低效利用标准：按照小于集约控制标准 80% 的视为低效用地，介于集约和低效两者之间的为中度用地标准的约定，确定其他用地中度利用标准为小于 20%、大于 16%，低效用地标准为小于 16%。

7.3　土地集约利用状况评价结果

吴忠市利通区中心城区参与评价的行政办公用地、文化设施用地、科研用地、体育用地、社会福利设施用地等其他用地有 136 宗，面积 124.32hm²，其中，已建成 129 宗，面积 120.49hm²，占总面积的 96.92%；未建成 7 宗，面积 3.83hm²，占总面积的 3.08%。其他用地中无过度利用土地；集约利用共 122 宗，面积 93.01hm²，占总面积的 74.82%；中度利用 10 宗，面积 19.73hm²，占总面积的 15.87%；低效用地 4 宗，面积 11.58hm²，占总面积的 9.31%，全部为开发强度低效型（表 4-2-44）。

表 4-2-44　其他用地评价结果（单位：hm²）

地类		小计				已建成		未建成	
		面积	占比（%）	宗数	占比（%）	面积	宗数	面积	宗数
过度利用型		0.00	0.00	0	0.00	0.00	0	0.00	0
集约利用型		93.01	74.82	122	89.71	89.19	115	3.83	7
中度利用型		19.73	15.87	10	7.35	19.73	10	0.00	0
低效利用型	小计	11.58	9.31	4	2.94	11.58	4	0.00	0
	用途配置低效型	0.00	0.00	0	0.00	0.00	0	0.00	0
	开发强度低效	11.58	9.31	4	2.94	11.58	4	0.00	0
	利用效益低效	0.00	0.00	0	0.00	0.00	0	0.00	0
合计		124.32	100.00	136	100.00	120.49	129	3.83	7

其他用地集约利用状况空间分布，如图 4-2-20 所示。吴忠市利通区中心城区其他用地大部分为集约利用型用地，集中分布于主城区北部金星镇和胜利镇。利通区中心城区其他用地集约利用状况较好，仅存在 9.31% 的低效用地，全部为开发强度低效型土地，零散分布于主城区，主要因为分批建设存在较多空地导致土地低效。在之后规划建设工作中，利通区需要继续提高其他用地的开发强度。

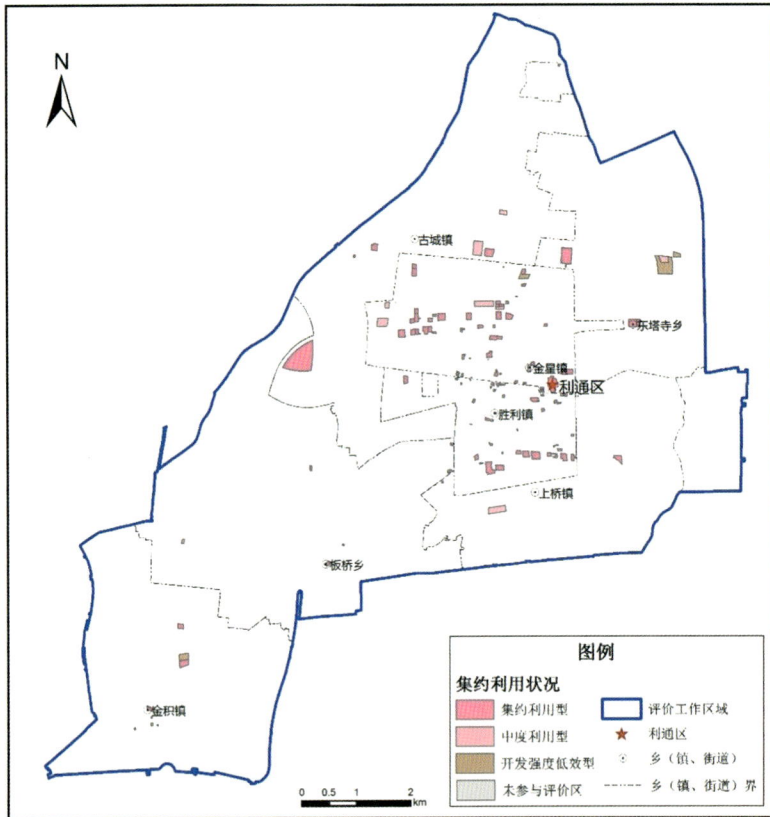

图 4-2-20 其他用地集约利用状况空间分布

  针对现有低效利用的其他用地，应加强用地管理，明确建设用地供地控制标准并严格按照标准执行。为灵活运用产业用地管控标准，更好地调整产业布局和优化产业结构，应对产业用地管控标准进行适度优化调整，针对部分多次建设、不利于发展的产业用地，相应地提高管控标准。

第三章　微观尺度高质量发展分析与评价

面向新形势下高质量发展要求，本章节以居住、商业、工业、教育和医疗卫生用地为评价对象，从创新、协调、绿色、开放、共享、安全六个维度出发，建立微观尺度高质量发展评价指标体系，选取具有代表性的因子进行特征分析；并应用层次分析法和熵权法确定指标权重，评价5类用地的高质量发展水平。

一、高质量发展特征分析

1. 居住用地发展分析

1.1　创新发展因子分析

吴忠市利通区居住用地创新发展因子由居住用地科研院所可达性一项指标组成，居住用地科研院所可达性是基于路网计算的居住用地距科研院所的最短距离，并将计算结果采用自然断裂点法分为5级。吴忠市利通区居住用地科研院所可达性整体较好，以利通区老城组团为中心向周边逐渐递减。具体来看，如图4-3-1所示，利通区重要的科研院所多分布于利通老城组团，例如宁夏医科大学回医回药临床研究基地、吴忠市水利工程勘测设计院等，这类科研院所具备专业创新能力，辐射范围覆盖了利通区老城组团的大部分区域；古城镇西部和金积组团的创新发展水平和规划都相对不足，这些区域科研院所分布较少，居住用地到科研院所的可达性较差，是利通区创新发展规划应重点关注的区域。

1.2　协调发展因子分析

吴忠市利通区居住用地协调发展因子由居住用地间的平均距离和居住用地功能混合度两项指标组成，如图4-3-2所示。

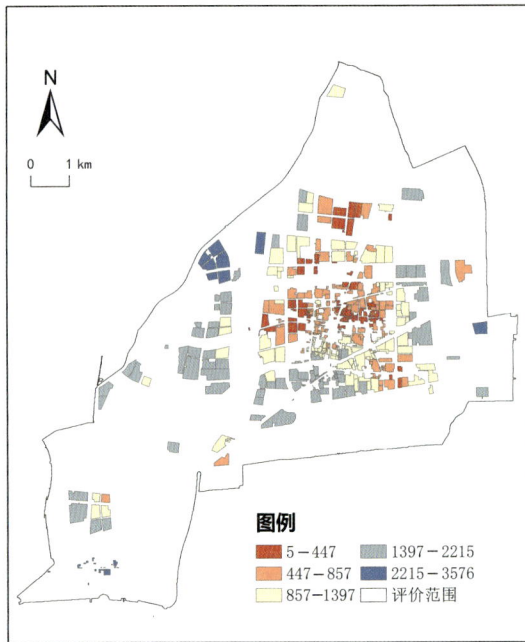

图 4-3-1　利通区居住用地科研院所可达性

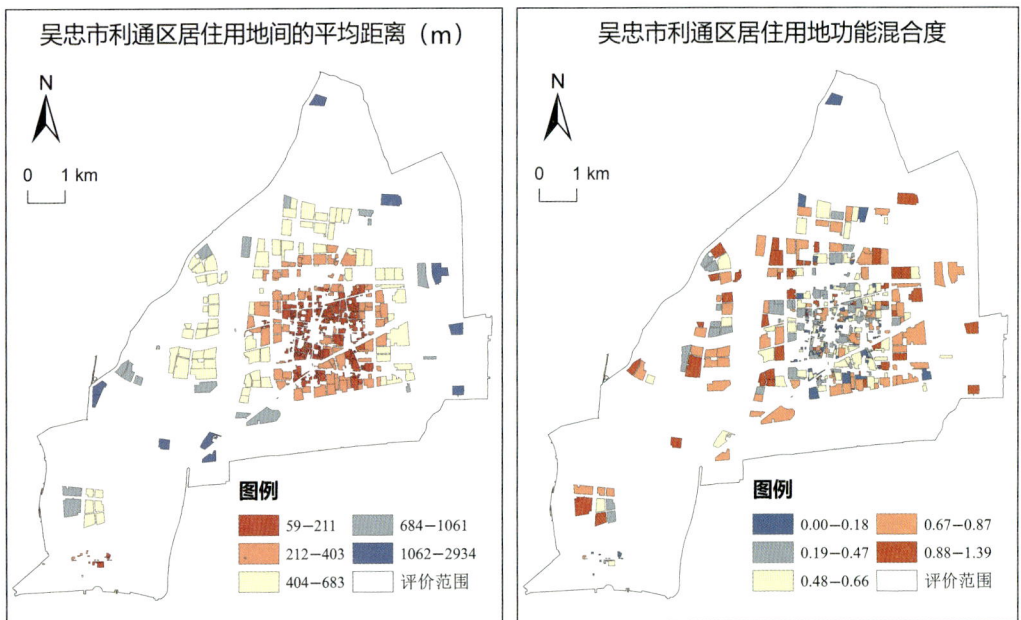

图 4-3-2　利通区居住用地间的平均距离和居住用地功能混合度

　　居住用地间的平均距离计算以 8 个邻域思想为基础，用宗地周围 8 个邻近宗地的平均距离来衡量宗地间的集聚程度，并将计算结果采用自然断裂点法分为 5 级。吴忠市利通区居住用地间的平均距离整体较低，大部分居住用地间距离低于683米，整体呈现以利通老城组团为核心的圈层递增结构。居住用地间平均距离低于211米的低值区主要分布于利通区老城组团，作为城市的重要功能区，该地居住用地开发建设强度大，综合性居住及配套设施建设更加完善，建筑分布密集，居住用地之间的距离较短。用地间距离较大的居住用地主要分布在板桥乡和东塔寺乡，板桥乡以工业用地居多，居住用地和工业用地有机穿插，居住用地间距离较远。东塔寺乡重点打造商贸服务圈，该乡以工业用地和商业用地为主，居住用地数量较少且分布稀疏。今后，应对该区域的居住用地布局进行适当调整，配置合理的公共服务设施，提高居住用地的适宜程度，保障居民的生活需求。

居住用地功能混合度通常是指一定区域内不同功能用地互相容纳、相互临近的状况，该值越低代表该区域是单一功能区、反之则代表土地混合使用程度高。利通区高混合度的居住用地主要分布在板桥乡、上桥镇和东塔寺乡，低混合度的居住用地主要位于利通区老城组团内部。其中，板桥乡、上桥镇和东塔寺乡的居住用地地块面积普遍较大，分布密度较小，一个小区范围内配备了较多相关生活设施；胜利镇和金星镇作为利通区老城组团内部的核心组成部分，承担了重要的居住功能，该区域居住用地地块面积普遍较小，建筑密度大，不同居住区可以实现资源互补，因而单块宗地上的用地功能结构较为单一。其中，用地功能混合度较低的宗地很多都为家属楼，例如粮食局家属楼、人民银行家属楼等。

1.3　绿色发展因子分析

吴忠市利通区居住用地绿色发展因子由居住用地公园绿地可达性一项指标组成，居住用地到公园绿地的可达性是基于路网计算的居住用地距公园绿地的最短距离，并将计算结果采用自然断裂点法分为5级，如图4-3-3所示。利通区居住用地到公园绿地的可达性整体较高，高值集中分布在利通区老城组团，低值主要分布在东塔寺乡。其中，利通区老城组团作为承载重要居住功能的核心区，生活设施配套丰富且全面，公园绿地分布密集；东塔寺乡在利通区承载着农业生产的重要功能，该区域道路网络通达性较弱，公园绿地等生活相关设施分布有所欠缺。针对东塔寺乡现状，结合《利通区国民经济和社会发展第十四个五年规划和二〇三五年远景目标纲要》，一方面可以以白寺滩村、新接堡村为中心三产融合发展休闲农业旅游区，配套建设相应的游憩设施，提升居民游憩体验；另一方面，可以完善道路网络结构，配置各级道路连通公园绿地，增强游憩场所与居住用地之间的道路连通。

1.4　共享发展因子分析

吴忠市利通区居住用地共享发展因子由居住用地中小学可达性、居住用地体育设施可达性、居住用地公交站点可达性和居住用地卫生医疗设施可达性四项指标组成，如图4-3-4、图4-3-5所示。

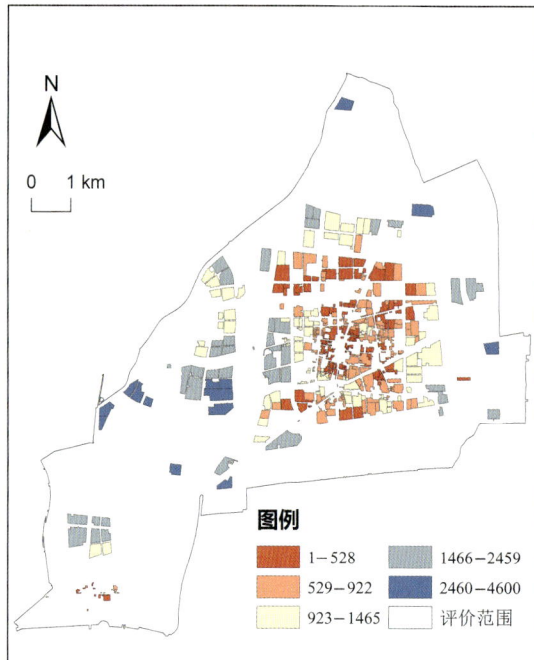

图 4-3-3　利通区居住用地公园绿地可达性

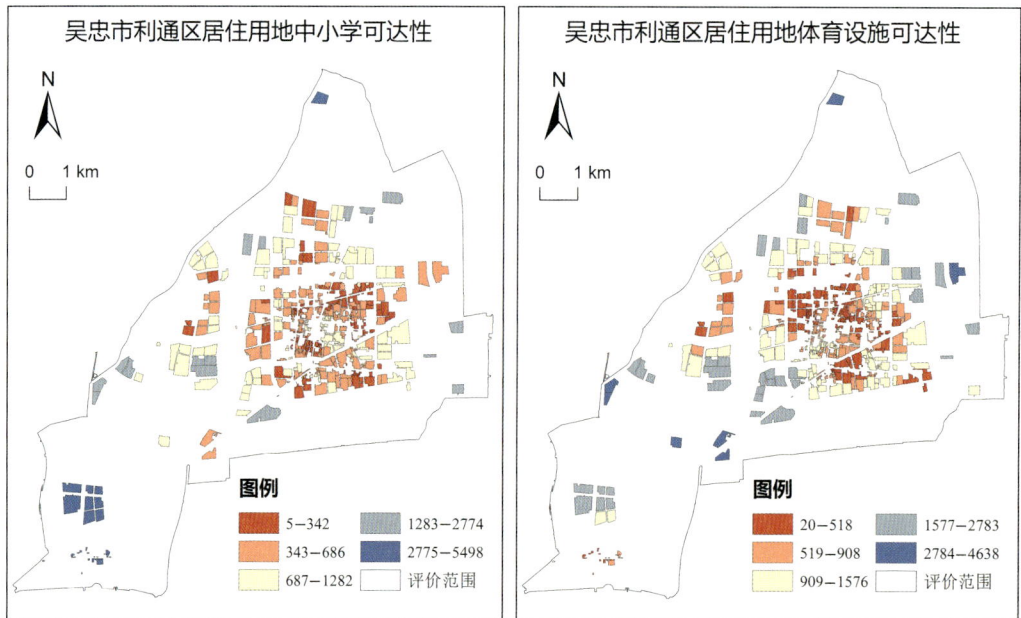

图 4-3-4　利通区居住用地中小学和体育设施可达性

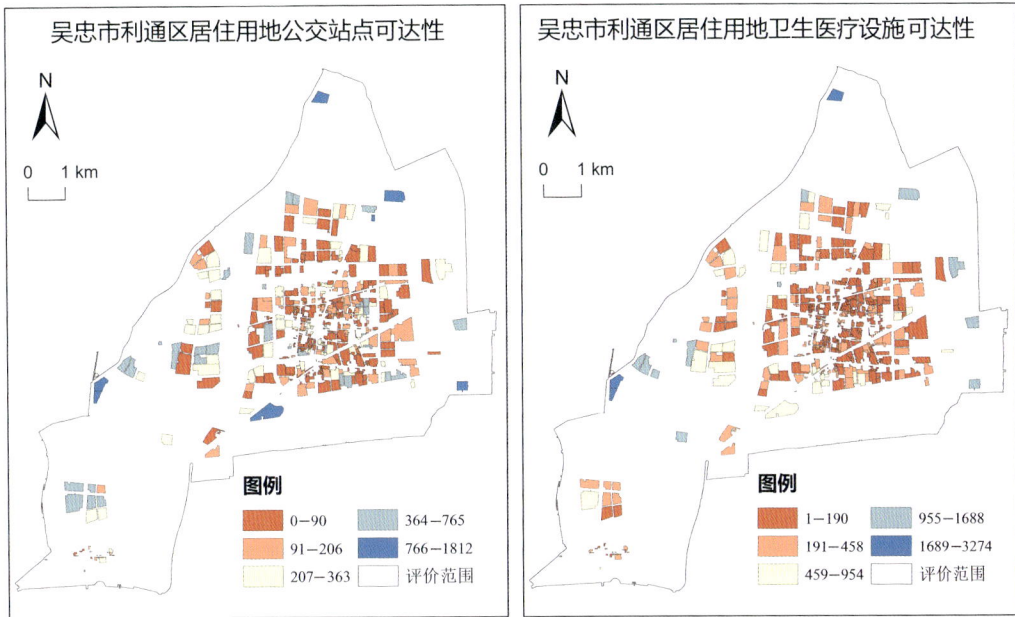

图 4-3-5　利用区居住用地公交站点和卫生医疗设施可达性

居住用地中小学可达性是基于路网计算的居住用地距中小学的最短距离，并将计算结果采用自然断裂点法分为 5 级。利通区居住用地中小学可达性整体较好，可达性较好的居住用地主要集中在利通区的老城区，低可达性的居住用地主要集中在金积组团。其中，老城区作为全区主要的居住功能区，区域内均衡分布着众多中小学，完善通达的交通网络，减轻了区域内学生上下学的通勤压力；金积组团在吴忠市国土空间规划中的发展定位为产业服务中心，该区域教育资源配置不够合理，中小学数量较少，距离居民点普遍较远，该区域居民子女上下学通勤较为不便。针对金积组团现状，结合《利通区国民经济和社会发展第十四个五年规划和二〇三五年远景目标纲要》，一方面金积组团应以金积新老镇区为中心，实施金积第二小学、金积初级中学等建设项目，强化镇区教育服务能力；另一方面，还可以通过专门设立校车，缩短学生上下学通勤时间。

居住用地体育设施可达性是基于路网计算的居住用地距体育设施的最短距离，并将计算结果采用自然断裂点法分为 5 级。利通区居住用地到体育设施可达性整体较高。利通区老城组团的居住用地到体育设施的通勤距离普遍较短，体育设施可达性较低的居住用地主要位于板桥乡和东塔寺乡。其中，利通区老城组团作为具备综合居住功能的城市重要功能区，生活相关设施配套健全，体育设施布局合理；板桥乡和东塔寺乡现状类似，均为产业结构中农业占比较高，较多农民选择进城务工，日常居住在乡镇的居民较少，相应的生活配套设施配套不足。针对板桥乡和东塔寺乡现状，结合《利通区国民经济和社会发展第十四个五年规划和二〇三五年远景目标纲要》，今后，板桥乡应依托交通优势，围绕拱棚西瓜等优势产业推进农业产业化发展，加快建立创业就业服务中心，打造区域农民工返乡创业园；东塔寺乡应大力建设农业产业示范、健康养老养生融合联结的康养休闲旅游小镇，吸引更多年轻人回乡就业，完善居住配套设施，加强居住功能。

居住用地公交站点可达性是基于路网计算的居住用地距公交站点的最短距离，并将计算结果采用自然断裂点法分为 5 级。利通区居住用地到公交站点可达性整体较好，利通区老城组团和滨河新区组团的大部分居住用地到公交站点的通勤距离较短，通勤距离较长的居住用地主要位于金积镇和东塔寺乡。其中，利通区老城组团作为城市重要功能区，基础设施配套健全，公交线路分布密集，公交站点布局合理，各级道路连通了各小区和公交站点，极大地便利了居民出行；金积镇和东塔寺乡分别以工业发展和农业发展为特色，承载的居民数较少，交通设施配套不够完善，通行在这些区域的公交线路较少。针对公交站点可达较低的区域，一方面，应当优化利通区公交线路，适当将公交线路从中心区向乡镇区域延伸，方便居民在城乡间通勤来往；另一方面，还应进一步完善乡镇区域的路网结构，缩短居民生活的通勤距离，努力实现居民职住平衡。

居住用地卫生医疗设施可达性是基于路网计算的居住用地距卫生医疗设施的最短距离，并将计算结果采用自然断裂点法分为 5 级。利通区居住用地卫生医疗设施可达性整体较高。卫生医疗设施可达性较高的居住用地主要分布在利通区老城组团和金积组团，其中利通区老城组团作为利通区行政中心和重要的居住功能区，卫生医疗设施配置丰富，分布密集，另外通达密集的道路网络进一步便利了居民出行就医；金积组团作为利通区的产业服务中心，根据需求建设了相当数量的卫生医疗设施，给当地职工居民就医提供了较好条件。板桥乡南部居住用地的卫生医疗设施可达性较低，因为板桥乡农业生产占比较高，承载人口较少，医疗设施分布较少，交通网络不够密集，导致当地居民就医较为不便。针对板桥乡现状，结合《吴忠市城市总体规划（2011—2030 年）》的规定，一方面，应当依托板桥乡交通优势及金积工业园区的毗邻优势，积极发展医疗事业，增设基础医疗设施，尽可能覆盖更多的需求点；另一方面，需要改善道路条件，减少居民的通行时间。

1.5　安全发展因子分析

吴忠市利通区居住用地安全发展因子由居住用地消防救援可达性一项指标组成，居住用地消防救援可达性是基于路网计算的居住用地距消防救援设施的最短距离，并将计算结果采用自然断裂点法分为 5 级，如图 4-3-6 所示。利通区居住用地消防救援可达性水平整体较高，可达性以利通区公安消防大队和金积工业园区消防中队为中心呈现逐级递减。消防救援可达性较好的区域有两个，分别是南部金积组团和中部利通区老城组团。根据《吴忠市城市总体规划（2011—2030 年）》规定，金积组团以产业服务中心为发展定位，区域内消防设施配套到位，金积工业园区消防中队能够实现快速救援。利通区老城组团作为中心区，承载了利通区的大部分人口，该区域交通网络完善，利通区公安消防大队能够较好满足该区域的紧急救灾需求。消防救援可达性低值区主要位于滨河新区组团。滨河新区组团是利通区规划布局的新城区，消防站配置较少。针对消防救援可达性较差的区域，今后，应增设消防救援站点，完善消防设施配套水平，进一步完善路网结构，提升消防救援响应水平，切实保障生产生活的安全。

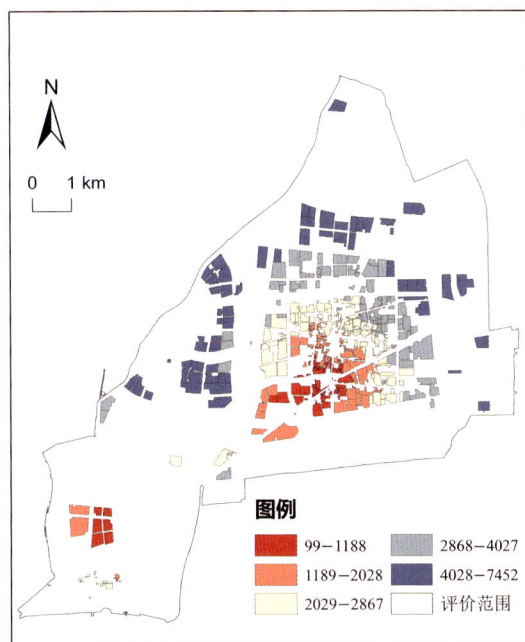

图 4-3-6 利通区居住用地消防救援可达性

2. 商业用地发展分析

2.1 创新发展因子分析

吴忠市利通区商业用地创新发展因子由商业用地创新等级一项指标组成（图 4-3-7），商业用地创新等级水平整体上有待提高，利通区老城组团整体上优于外围乡镇。其中，高创新等级商业用地数量最少，主要位于利通区老城组团和滨河新区；低创新等级商业用地数量最多，中创新等级次之，两者分别主要分布于上桥镇和老城区。具体来看，得益于老城区的区位优势，吴忠市的大型商业公司较多分布于此，如宁夏回族自治区烟草公司吴忠分公司、宁夏贺兰山开发有限公司等，这类公司重视创新研发，相应宗地就具备了较高的创新发展等级。但利通区老城组团和周边乡镇还分布有大量零售商业实体，这类商业实体数量众多且规模普遍较小，对应宗地的创新发展等级也因此较低。

333

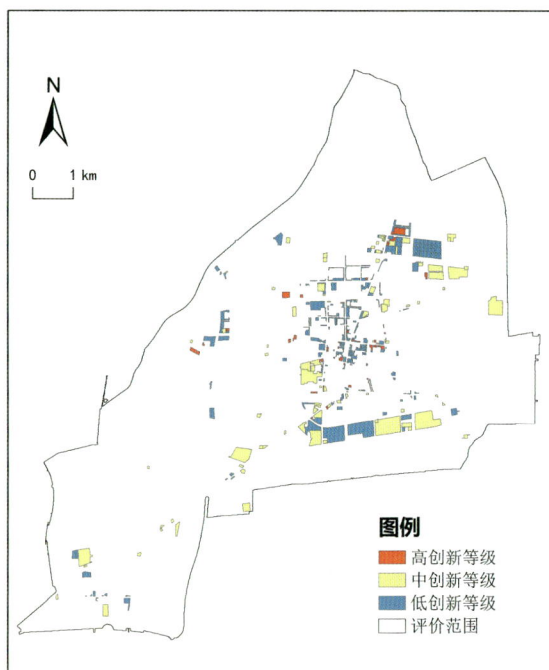

图 4-3-7　利通区商业用地创新等级图

2.2　协调发展因子分析

吴忠市利通区商业用地协调发展因子由商业用地功能混合度和商业用地间的平均距离两项指标组成，如图 4-3-8 所示。

利通区商业用地功能混合度整体偏低，大部分商业用地的功能混合度都低于 0.37，用地功能混合度较低的商业用地广泛分布于整个利通区。高值区数量较少，零星分布于利通区老城组团和金积组团，利通区老城组团作为城市商贸综合服务中心，地理位置优越，配套设施建设完善，具有一定的产业发展优势，区域内居住、医疗、教育用地种类众多。金积组团作为产业服务中心，居住用地集中，周边工业用地众多，因而商业用地功能混合度也较高。低值区主要集中在东塔寺乡和上桥镇，东塔寺乡重点打造商贸服务圈，该区以工业用地和商业用地为主，其他用地类型和数量较少，因而功能混合度较低。上桥镇混合度较低的两块宗地分别为居安之家恒美一号馆和凯悦建材城，占地面积较大，单位面积内的用地种类少，因而混合度也较低。今后，应因地制宜丰富该地区用地功能结构，进一步完善相关配套设施。

利通区商业用地间的平均距离整体较短，大部分介于 60~211m。低值区主要分布在胜利镇和东塔寺乡，该区域商业用地供应较为集中。东塔寺乡是汽车销售服务中心和集中农贸批发市场，其中，汽车相关的企业多达十多家，两处相邻的农贸市场均属于大型市场、产业集聚分布明显。胜利镇位于利通区老城组团，地价高且土地有限，商业用地面积小、分布紧凑；平均距离较远的商业用地零星分布于古城镇、金星镇等，面积均较小。今后，应在商业用地距离较远的城镇进一步完善商业配套设施，加大招商引资力度吸引商户入驻，从而提升商业用地集聚水平。

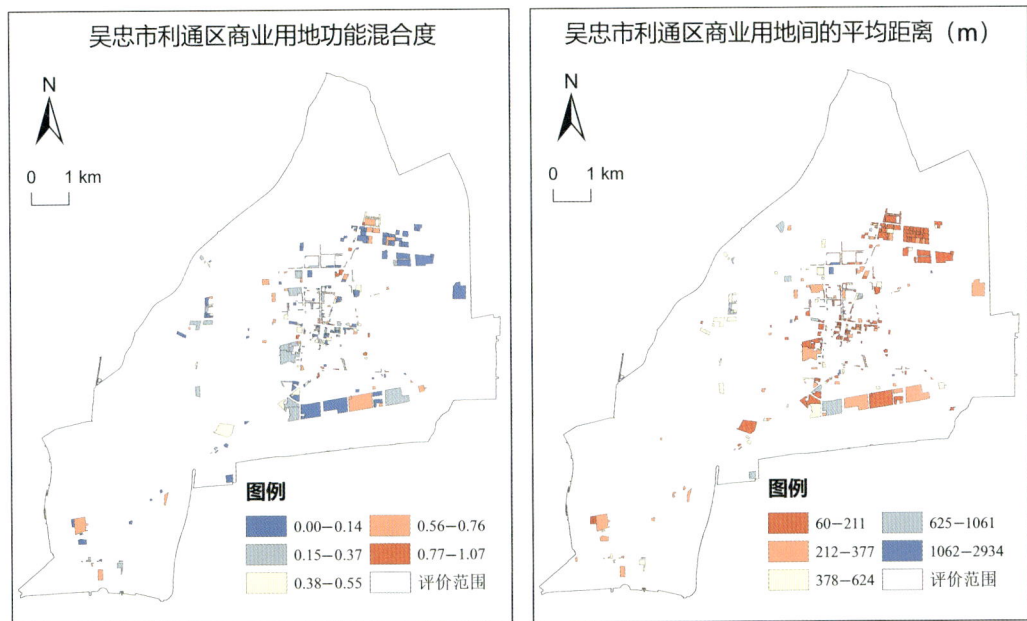

图 4-3-8　利通区商业用地功能混合度和商业用地间的平均距离

2.3　共享发展因子分析

吴忠市利通区商业用地共享发展因子由商业用地卫生医疗可达性、商业用地公交站点可达性和商业用地物业空置率三项指标组成，如图 4-3-9 所示。

利通区商业用地公交站点可达性整体较好，呈现"中心高、周边低"的格局。可达性高的商业用地主要位于利通区老城组团，作为利通区重要的商业中心和行政中心，该地区公共服务设施相对完善，公交站点分布密集，道路设施完善。公交站点可达性较差的区域一般分布在利通老城组团以外，如东塔寺乡和金积镇，而造成这个现象的原因不仅是公交站点分布数量少，很多时候是由于道路不通达或者道路网络密度过低。因此对于这些地区，须加强城市道路建设，增加支路密度，提升道路状况，打通丁字路、断头路，增加道路网络通达性，使居民出行更加通畅。

利通区商业物业空置率主要分布在 0% ~ 26%，其次分布在 26% ~ 47%，分布在 47% 以上范围的宗地较少。总体来看，商业用地上商业物业空置率整体较低，商业物业出租情况大多较好，但也存在少部分空置率较高的零售商业用地值得关注。具体来看，商业物业空置率较低的商业用地集中在老城区，商业中心区明显低于城市周边市场区。其中，老城区步行街、小区周边商业空置率相对较低；金积大道以北的专业市场，例如吴忠市金属物流园，汽车商贸城等市场，属于正在发展的区域，宗地规模大，客流偏低，空置率相对较高，出租情况不够理想。在专业市场区域，要加大政策优惠力度，提升招商引资水平。

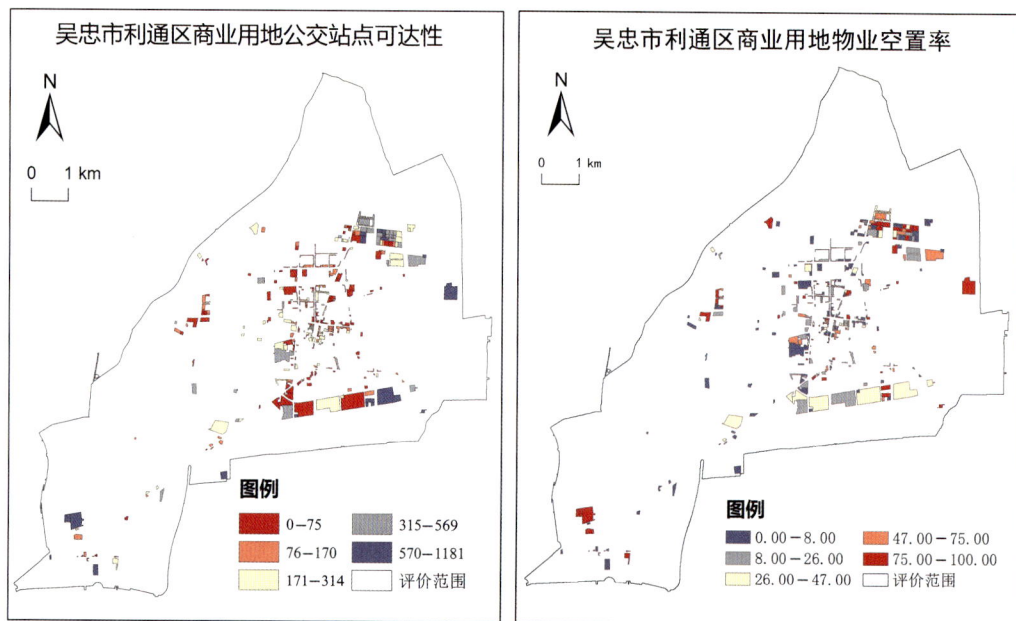

图 4-3-9　利通区商业用地公交站点可达性和物业空置率

2.4　安全发展因子分析

吴忠市利通区商业用地安全发展因子由商业用地消防救援设施可达性一项指标组成（图 4-3-10）。利通区商业用地消防救援设施可达性整体较好，以上桥镇和金积镇为中心逐级递减。这两个高值区分别与利通区公安消防大队、金积工业园区公安消防中队相对应。上桥镇西部和胜利镇南部的商业用地可达性较好，因为该区域紧邻消防设施，交通基础设施比较完善，交通便捷；可达性较差的商业用地主要位于古城镇西部和东塔寺镇北部，这两镇距离利通区老城组团较近，分布着许多重要的商业中心，人流量大，经济活动频繁，而距离最近的消防设施只有利通区公安消防大队，消防车很难及时到达火灾现场。应适当在该区域增加消防救援设施，尽可能覆盖更多的需求点，提高消防设施响应覆盖率。通过规划建设新道路提升道路网络密度，尽可能缩短行车时间和距离。

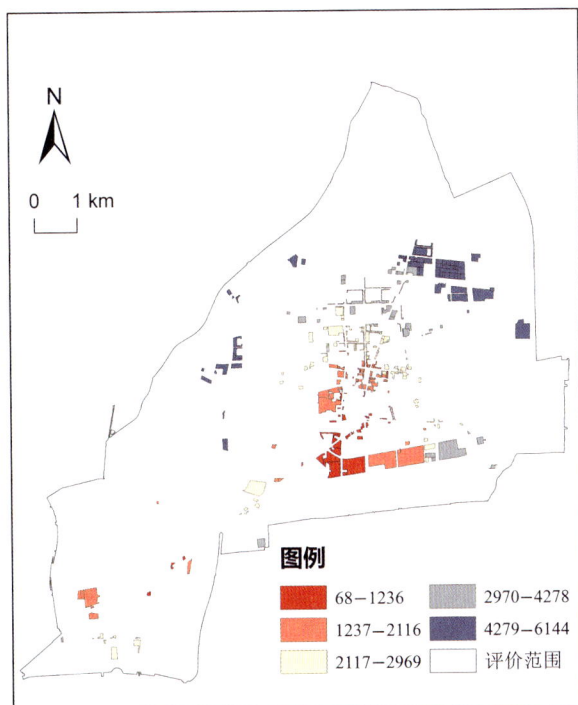

图 4-3-10　利通区商业用地消防救援可达性

3. 工业用地发展分析

3.1　创新发展因子分析

吴忠市利通区工业用地创新发展因子由高新技术企业分布一项指标组成(图 4-3-11)，利通区高新技术企业较少，不到总企业的 10%。从宁夏回族自治区各县(市、区)来看，利通区的高新技术企业数量位于第四梯队，远小于金凤区、西夏区和贺兰县。创新是高质量发展的第一动力，抓创新就是抓高质量发展，企业是创新的主体，利通区需要强化企业的主体地位，从政策上支持企业，可以采取研发经费抵税、财政金融支持技术研发和成果转化等措施；优化科技创新环境，需要完善制度和配套服务；重视人才驱动，科技创新关键在于人才，完善激励约束和服务保障机制，开发利用好人才资源。

3.2　协调发展因子分析

吴忠市利通区工业用地协调发展因子由工业用地功能混合度和工业用地间的平均距离两项指标组成(图 4-3-12)。

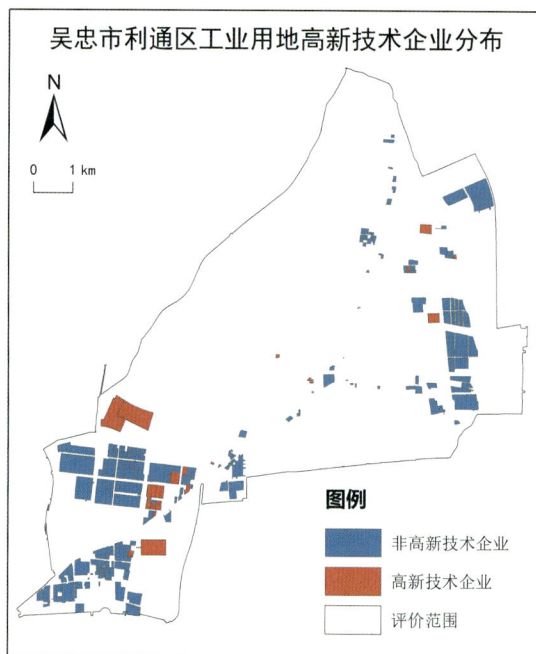

图 4-3-11 利通区工业用地高新技术企业分布

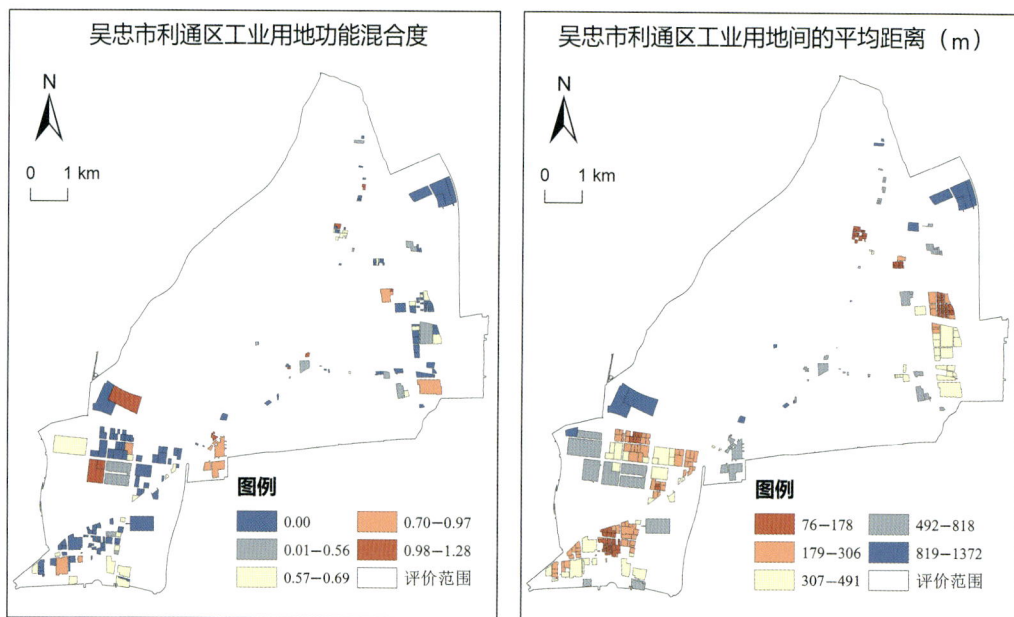

图 4-3-12 利通区工业用地功能混合度和工业用地间平均距离

利通区工业用地功能混合度整体偏低，大部分工业用地的用地功能混合度低于0.56，高值区零散分布。混合度较高的工业用地主要集中在板桥乡，该区域用地结构较为复杂，土地变更较为剧烈。混合度较低的工业用地主要集中在东塔寺乡和金积镇，该地区属于利通区的工业区，用地功能结构较为单一，政府可以对相应区域进行更多设施的配套规划。

利通区工业用地间的平均距离整体偏低，大部分工业用地的平均间距均小于491米。平均距离低值区主要分布在上桥镇和金积镇，该区域工业用地分布较为集中，建筑密度高，可以实现工业的集聚效应，加强各企业间信息的合作与交流，共同利用基础设施，节省生产建设的投资，达到规模效益。平均距离较高的工业用地主要分布在东塔寺乡，因为该区域工业用地分布较为分散，路网稀疏。针对平均距离较大的工业区域，可以在该区域完善道路结构，提升路网密度。

3.3　绿色发展因子分析

吴忠市利通区工业用地绿色发展因子由公园绿地可达性、每万元GDP地耗两项指标组成(图4-3-13)。每万元GDP地耗越小，表示产生1万元GDP所需要耗费的土地面积越小，表明土地利用程度越高，该区域土地的经济效益越高。利通区绿色生产水平较高，89%的工业用地每万元GDP地耗处于低值或较低值区间，每增加万元GDP消耗土地90m²以下，只有5家企业每万元GDP地耗水平较高，其中，宁夏瑞丰环境有限公司每万元GDP地耗水平最高，可达6375.11m²/万元。利通区每万元GDP地耗在宁夏回族自治区中处于较低水平，但是仍比银川市的西夏区和兴庆区地耗高。利通区可以加大经济结构调整力度，加快企业升级转型，提高利通区的土地利用效率和土地经济效益。

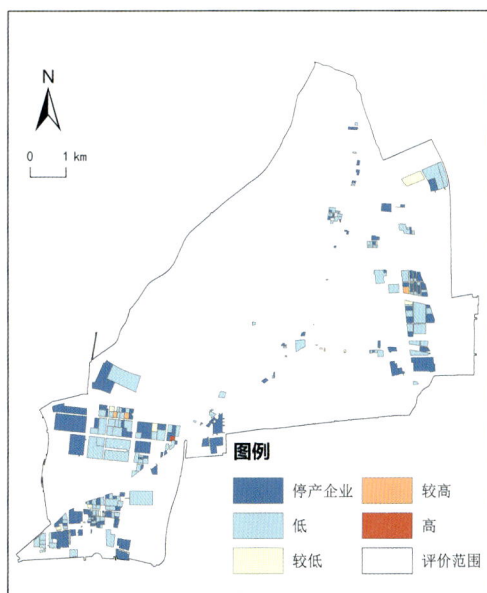

图4-3-13　利通区工业用地每万元GDP地耗

3.4　共享发展因子分析

吴忠市利通区工业用地共享发展因子由工业用地卫生医疗设施可达性和工业用地公交站点可达性两项指标组成（图4-3-14）。

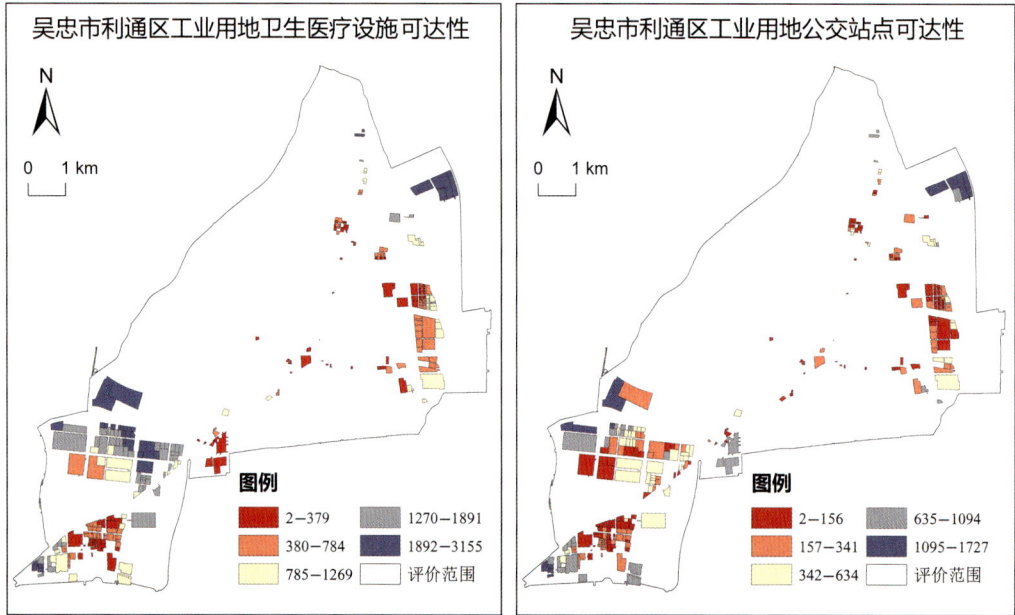

图 4-3-14　利通区工业用地卫生医疗设施和公交站点可达性

利通区工业用地卫生医疗设施可达性以中高可达性为主，总体上呈现"北高南低"的格局。医疗可达性高的工业用地主要集中在上桥镇和金积镇南部，该区域医疗设施配置较为合理，路网结构完善。医疗可达性较低的工业用地主要集中在板桥乡，该区域人口较为分散，医疗设施配置较为短缺，今后需要进一步建设完善医疗设施，加强公共交通建设，达到提升就医可达性的目标。

利通区工业用地公交站点可达性整体较好，空间集聚特征显著。可达性高值区有两个，分别是利通区老城区组团东部和金积组团中部，这些区域属于重要工业区，公交站点分布较为密集广泛，方便工人通勤。低可达性的工业用地数量较少，主要分布于利通区北组团东南部和金积组团南部，因为该区域位置较为偏远，工业设施规模较小，公交站点密度较低。针对公交站点较低的区域，可以根据情况增设一定的公交线路，将公交线路向郊区延伸，方便职工实现职住平衡。

3.5　安全发展因子分析

吴忠市利通区工业用地安全发展因子由工业用地消防救援可达性一项指标组成（图4-3-15）。利通区工业用地消防救援可达性整体较好，以消防站点为中心呈逐级递减式扩散，总体上呈现"东北低、西南高"的可达性格局。消防救援可达性较好的区域主要分布在金积组团，根据《吴忠市城市总体规划（2011—2030年）》，金积组团以产业服务中心为发展定位，为保证生产安全，消防救援站点配置得较为充足。低可达性的工业用地主要位于利通区老城区组团东部和利通北东南部。该区域为毛纺织工业园区，建议增设新的消防站点，进一步优化消防救援系统的资源配置，逐步解决空间失配问题。

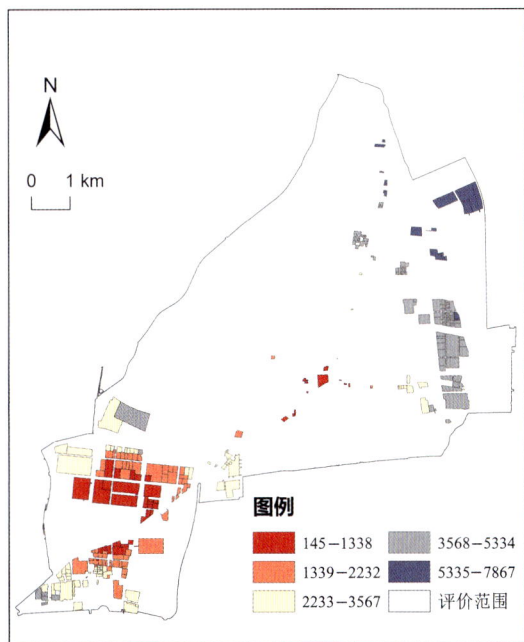

图4-3-15　利通区工业用地消防救援可达性

4. 教育用地发展分析

4.1　创新发展因子分析

吴忠市利通区教育用地创新发展因子由教育用地的教育等级一项指标组成（图4-3-16）。利通区教育用地的创新水平较低，幼儿园、小学和中学较多，但高等教育院校较少，只有一所宁夏民族职业技术学院。利通区应深入实施新时代人才强国战略，增加对高校和科研院的投入，加大人才培养，造就一流科技领军人才和创新团队，培养具有国际竞争力的青年科技人才后备军，不断向科学技术的广度和深度进军，把科技成果应用在实现社会主义现代化的伟大事业中。

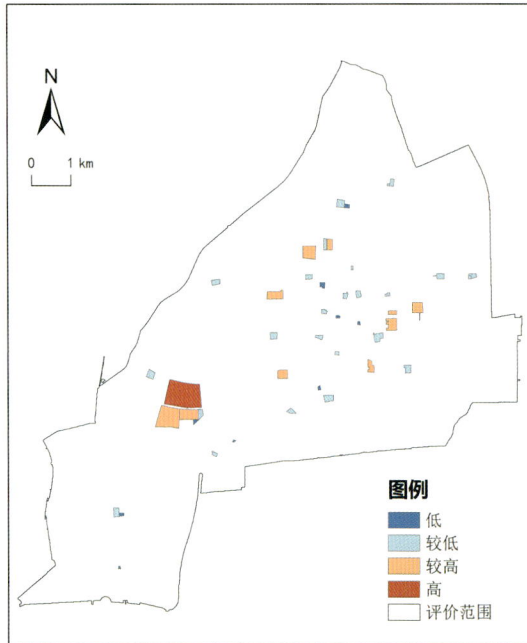

图 4-3-16　利通区教育用地的教育等级

4.2　协调发展因子分析

吴忠市利通区教育用地协调发展因子由教育用地功能混合度和教育用地间的平均距离两项指标组成（图 4-3-17）。

利通区教育用地功能混合度整体偏低，大部分教育用地的功能混合度低于 0.56，用地功能混合度较低的教育用地广泛分布于整个利通区。高值区零星分布于金星镇、上桥镇及板桥乡，这些区域人口密度大，用地功能结构复杂，设施种类丰富。低值区主要位于东塔寺乡、上桥镇等周边地区，该区域用地功能结构较为单一，教育设施集聚分布。今后应进一步丰富完善该区域的用地功能结构，提高空间功能的配置效率，促进空间活力的提升。

利通区教育用地间的平均距离整体较低，大部分教育用地间的距离低于 1.5km，用地间距离较低的教育用地广泛分布于整个利通区。低值区集中分布于金星镇和胜利镇，该区域人口密度大，教育设施分布集中；高值区数量较少，主要位于金积镇、东塔寺乡等外围地区，该区域周围工业用地较多，人口密度较低，教育设施供给不足。今后应在该区域增设学校，完善教育设施空间布局，同时可以通过开设校车专线提升学生上下学的便利度。

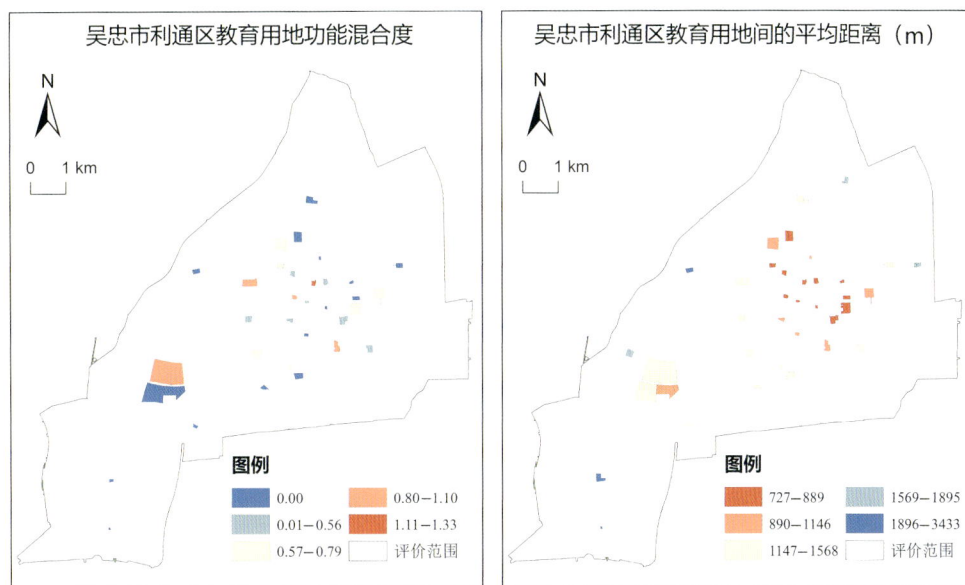

图 4-3-17　利通区教育用地功能混合度和教育用地间的平均距离

4.3　共享发展因子分析

吴忠市利通区教育用地共享发展因子由教育用地公交站点可达性、教育用地卫生医疗可达性和教育用地地均可服务学生数三项指标组成(图 4-3-18、图 4-3-19)。

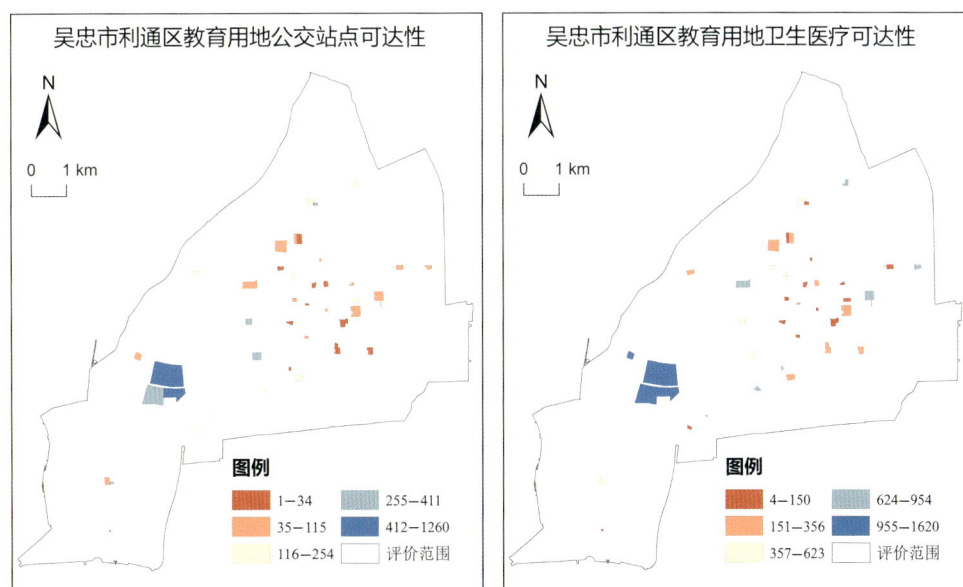

图 4-3-18　利通区教育用地公交站点和卫生医疗可达性

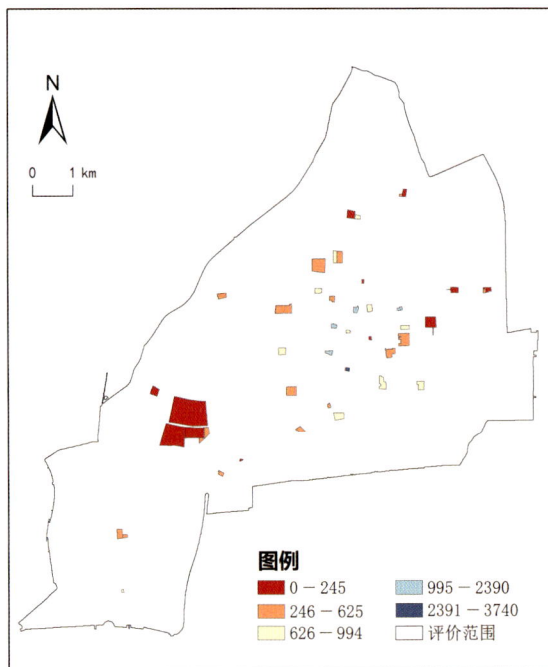

图 4-3-19 利通区教育用地地均可服务学生数

利通区教育用地公交站点可达性整体较高，公交站点可达性较好的教育用地主要位于利通区老城组团，因为该区域位于中心城区，此区域内公交线路多，线路覆盖范围广，公交站点也很密集；公交站点可达性较差的教育用地数量较少，主要位于板桥乡，该区域远离中心城区，人口密度较低，公交线路数量及站点密度都较低。应通过规划建设道路来提高板桥乡的道路网络密度，并逐步完善该区域公共交通设施。

利通区教育用地卫生医疗可达性在不同组团有明显差异，在利通区老城组团的卫生医疗可达性较高，且分布较为均匀，该区域医疗资源丰富，道路网络密度高；在滨河新区组团的教育用地卫生医疗可达性最低，该区域为利通区规划的新区，人口密度较低，医疗设施数量较少，今后应进一步强化该区域医疗设施的配置，完善该区域的路网结构，提高卫生医疗设施可达性。

利通区教育用地地均可服务学生数除金星镇和胜利镇组团较好外，其余组团的可服务学生数较少。其中，板桥乡的地均可服务学生数处于较低水平，板桥乡辖区内的利通区板桥早元小学、宁夏民族职业技术学院和吴忠市第二中学的地均可服务学生数为全区最少，但是宁夏民族职业技术学院和吴忠市第二中学的占地面积最大，说明其生源较少。学校招生宣传工作应以提高生源质量为中心，在提升学校社会影响力和美誉度的同时服务于学生和家长。宁夏民族职业技术学院作为高职院校，不仅要转变和创新招生宣传模式、提高专业培养人才竞争力，更要积极主动地深入高中，加强和高中协同教育的交流与合作，切实参与到高中生职业生涯规划教育中去。

4.4　安全发展因子分析

吴忠市利通区教育用地安全发展因子由教育用地消防救援可达性一项指标组成（图4-3-20）。利通区教育用地消防救援可达性整体较好，呈现"中心高、外围低"的分布格局。消防救援可达性较好的教育用地主要位于利通区老组团中心，该区域道路网络密度大，消防救援设施分布密集；消防救援可达性低值区域主要位于滨河新区，该区域为新区，基础设施不完善，消防站点数量较为欠缺。针对消防救援设施可达性较低的区域，应提高消防救援设施数量，进一步优化路网结构。

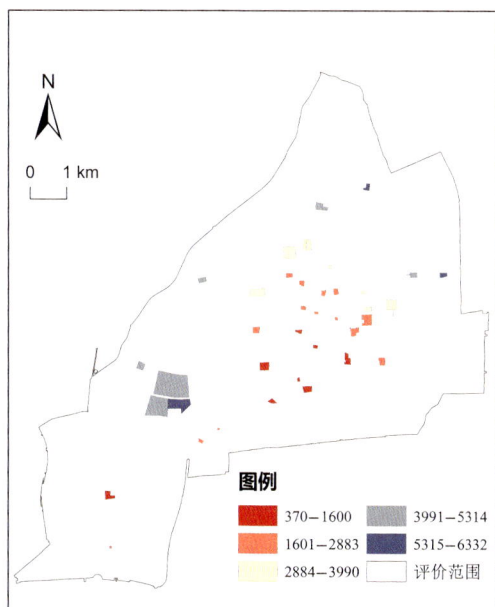

图4-3-20　利通区教育用地消防救援可达性

5. 医疗卫生用地发展分析

5.1　创新发展因子分析

吴忠市利通区医疗用地创新发展因子由医疗用地的医院等级一项指标组成（图4-3-21），医院等级能在一定程度上反映医院的技术水平和医院质量，换言之，在一定程度上也能反映医院的技术创新水平。利通区医疗用地的医院等级较高组团分布在利通区的中部地区，医疗用地等级较低组分于利通区的南北两区域，两极化较显著。其中，板桥乡、金积镇和东塔寺乡的医疗用地医院等级指标最差。各医疗用地单位应进一步提高医院核心竞争力、强化医院科学化、规范化、标准化管理，持续改进医疗质量和保障医疗安全，以满足人民群众多层次的医疗服务需求。

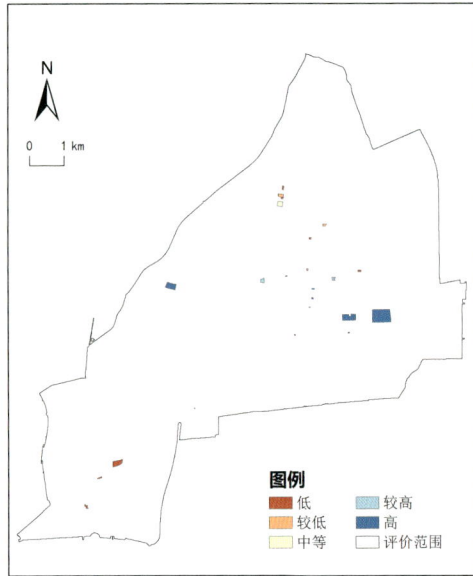

图 4-3-21　利通区医疗用地医院等级

5.2　协调发展因子分析

吴忠市利通区医疗用地协调发展因子由医疗用地功能混合度和医疗用地间的平均距离两项指标组成(图 4-3-22)。

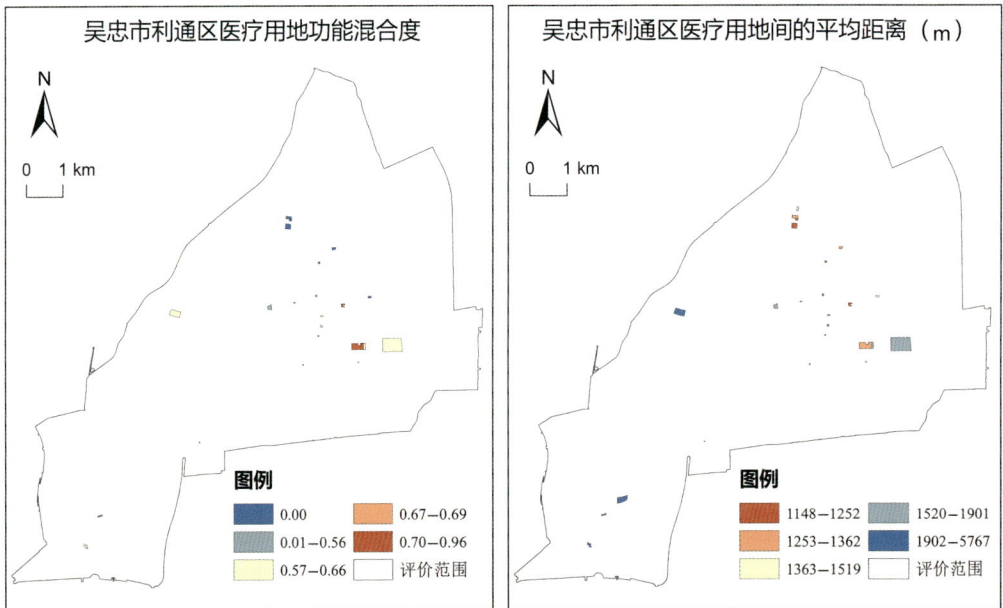

图 4-3-22　利通区医疗用地功能混合度与医疗用地间的平均距离

利通区医疗用地功能混合度整体偏低，大部分医疗用地的功能混合度均低于0.66，整体上呈现"北低南高"的格局。具体来看，高混合度的医疗用地主要集中在上桥镇和胜利镇，该区域配置设施种类较为丰富，用地功能结构复杂。用地功能混合度较低的医疗用地主要位于金星镇和古城镇，因为此处位置较为偏远，用地功能结构单一，设施配置的类型较少，应因地制宜丰富该地区用地功能结构，进一步完善相关配套设施。

利通区医疗用地间的平均距离以中高距离为主，整体上呈零散分布格局。具体来讲，平均距离小的医疗用地主要位于金星镇和古城镇，因为该地区属于中心城区，医疗设施配置密集，且路网结构通畅。平均距离大的医疗用地主要集中在古城镇和金积镇，该区域医疗设施分布零散，路网稀疏，应增强该区域医疗设施的配置，进一步完善该区域的路网结构方便居民就医。

5.3　共享发展因子分析

吴忠市利通区医疗用地共享发展因子由医疗用地公交站点可达性与医疗用地可提供床位数两项指标组成（图4-3-23）。

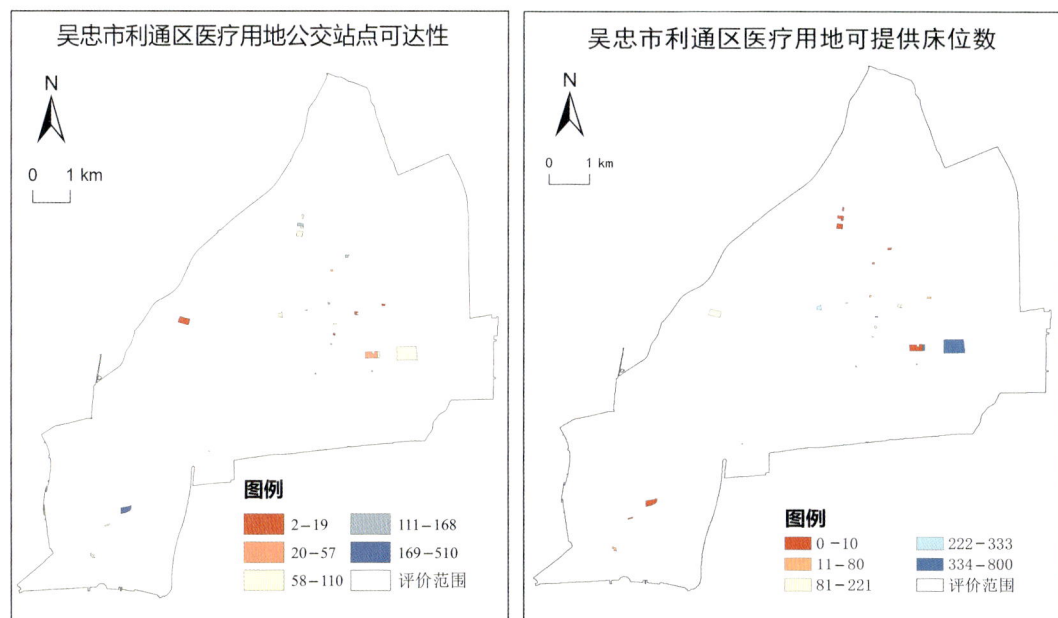

图4-3-23　利通区医疗用地公交站点可达性与可提供床位数

利通区医疗用地公交站点可达性分布比较均衡，各个可达性等级的医疗用地数量和规模相当。具体来看，高可达性的医疗用地主要位于滨河新区组团和利通区老城区组团，该区域的医疗用地便于到达公交站点，为人们提供便利的公共交通。低可达性的医疗用地主要位于金积镇，究其原因，金积镇工业用地居多，人口密度较低，公交站点密度较低，建议围绕医疗设施增设公交线路和停靠站点，方便居民公交就医。

利通区医疗用地可提供床位数的高指标组团分布于利通区中部，低指标组团分布于南、北两区域。其中，板桥乡、金积镇和东塔寺乡的可提供床位数指标最差，各区域内的各医院可提供床位数均不足 80 张。利通区应关注医疗服务能力的区域差距，根据各乡、镇(街道)自身经济、社会、人口、卫生等方面的实际状况，在现有基础上优化医疗床位资源配置，提高区域内医疗资源供给的公平性和协调性。

5.4　安全发展因子分析

吴忠市利通区医疗用地安全发展因子由医疗用地消防救援可达性一项指标组成(图4-3-24)。利通区医疗用地消防救援可达性除金积组团较好外，其余组团的可达性都较低。具体来说，可达性高的卫生医疗用地主要分布在金积镇、金星镇和胜利镇。可达性低的卫生医疗用地主要位于古城镇和上桥镇，这些区域位于利通区外围，消防站点少，路网密度低，消防车到达火灾现场的路径长，故可达性较低，今后可在利通区外围适当增加消防站点，进一步优化消防站点布局。

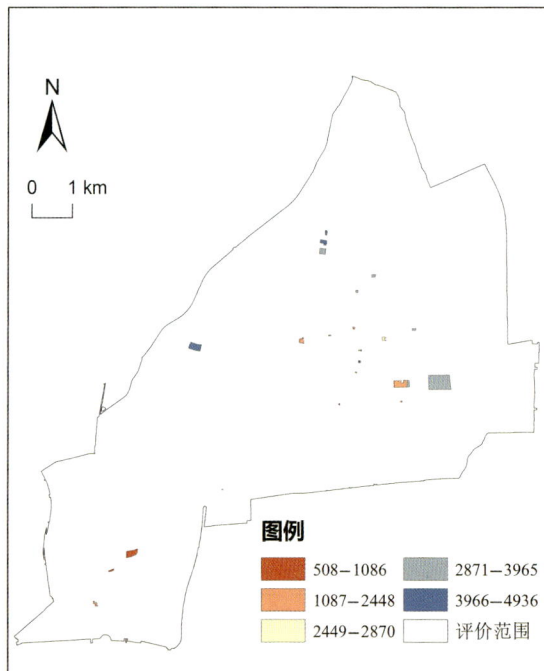

图 4-3-24　利通区医疗用地消防救援可达性

二、高质量发展综合评价

本节使用层次分析法和熵权法确定各宗地类型下的各指标权重（见表4-3-1），加权得到不同类型宗地的高质量发展水平。

表 4-3-1　宗地高质量发展综合评价因子权重

用地类型	目标	指标	指标权重
居住用地	创新	科研院所可达性	0.010
	协调	居住用地间的平均距离	0.056
		居住用地功能混合度	0.171
	绿色	公园绿地可达性	0.035
	开放	道路直线中心性	0.057
		道路中介中心性	0.073
		道路临近中心性	0.462
	共享	体育设施可达性	0.019
		卫生医疗可达性	0.018
		公交站点可达性	0.041
		中小学可达性	0.037
	安全	消防救援可达性	0.021
商业用地	创新	商业用地创新等级	0.023
	协调	商业用地间的平均距离	0.058
		商业用地功能混合度	0.369
	绿色	公园绿地可达性	0.033
	开放	道路直线中心性	0.060
		道路中介中心性	0.169
		道路临近中心性	0.103
	共享	卫生医疗可达性	0.033
		公交站点可达性	0.058
		商业物业空置率	0.021
	安全	消防救援可达性	0.073

续表

用地类型	目　标	指　标	指标权重
工业用地	创新	高新技术企业数量	0.052
	协调	工业用地间的平均距离	0.063
		工业用地功能混合度	0.433
	绿色	公园绿地可达性	0.038
		每万元 GDP 地耗	0.046
	开放	道路直线中心性	0.058
		道路中介中心性	0.094
		道路临近中心性	0.089
	共享	卫生医疗可达性	0.038
		公交站点可达性	0.049
	安全	消防救援可达性	0.040
教育用地	创新	教育等级	0.057
	协调	教育用地间的平均距离	0.107
		教育用地功能混合度	0.288
	绿色	公园绿地可达性	0.053
	开放	道路直线中心性	0.104
		道路中介中心性	0.051
		道路临近中心性	0.102
	共享	卫生医疗可达性	0.046
		公交站点可达性	0.081
		地均可服务学生数	0.073
	安全	消防救援可达性	0.038
医疗卫生用地	创新	医院等级	0.062
	协调	医疗用地间的平均距离	0.087
		医疗用地功能混合度	0.299
	绿色	公园绿地可达性	0.066
	开放	道路直线中心性	0.082
		道路中介中心性	0.113
		道路临近中心性	0.103
	共享	公交站点可达性	0.057
		可提供床位数	0.050
	安全	消防救援可达性	0.081

1. 居住用地高质量发展综合评价

利通区居住用地高质量发展水平评价结果，如图 4-3-25 所示，依照自然断裂点法将发展指数由高到低划分为五个等级(高质量、较高质量、中质量、较低质量、低质量)。居住用地高质量发展水平整体较好，具体来看，高质量居住用地 59 宗，面积 204.7hm²，占总面积的 15.40%；较高质量居住用地 137 宗，面积 500.98hm²，占总面积的 37.69%；中质量居住用地 156 宗，面积 388.24hm²，占总面积的 29.20%；较低质量居住用地 154 宗，面积 210.54hm²，占总面积的 15.84%；低质量居住用地 5 宗，面积 24.83hm²，占总面积的 1.87%。

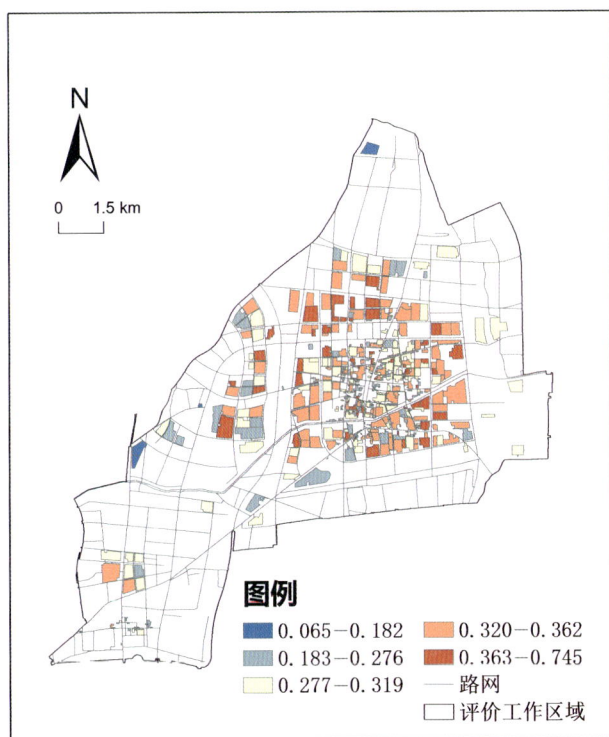

图 4-3-25　利通区居住用地高质量发展综合评价结果

利通区中心城区高质量居住用地主要分布于金星镇、古城镇和上桥镇；较高质量和中质量居住用地占地面积最大，广泛分布于中心城区；较低质量居住用地主要分布在板桥乡，呈大面积零散分布；低质量居住用地主要为单位配套住宅，分别为丽湾半岛、吴忠仪表集团住宅项目一期和二期等。吴忠仪表集团住宅位于板桥乡，该乡工业用地较多，路网密度较低，公交站点密度较小，医疗设施数量少，不利于高质量发展。丽湾半岛位于中心城区外围，该区域路网稀疏、体育场馆、医院、学校等生活配套设施不足，缺乏消防站点，避险能力差。

2. 商业用地高质量发展综合评价

利通区商业用地高质量发展水平评价结果，如图 4-3-26 所示，依照自然断裂点法将发展指数由高到低划分为五个等级（高质量、较高质量、中质量、较低质量、低质量）。利通区商业用地高质量发展水平一般，低质量用地面积达到 1/5，具体来看，高质量商业用地 115 宗，面积 62.44hm²，占总面积的 14.19%；较高质量商业用地 152 宗，面积 122.82hm²，占总面积的 27.91%；中质量商业用地 84 宗，面积 80.13hm²，占总面积的 18.21%；较低质量商业用地 46 宗，面积 85.92hm²，占总面积的 19.53%；低质量商业用地 28 宗，面积 88.69hm²，占总面积的 20.16%。

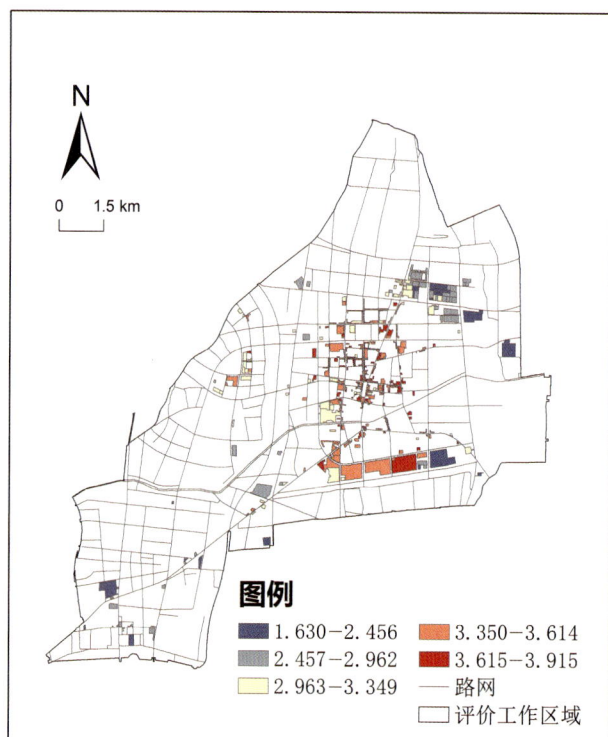

图 4-3-26 利通区商业用地高质量发展综合评价结果

利通区中心城区高质量和较高质量商业用地主要分布于金星镇、胜利镇等中心城区；中质量商业用地围绕中心城区分布；较低质量和低质量商业用地分布较为集中，主要位于东塔寺乡和金积镇等外围地区，其中最低质量的商业用地是板桥乡的宁夏创利投资置业有限公司、金积镇的宁夏红山石工贸有限公司和昊通驾校。该区域位置相对偏僻，路网密度低，公交站点比较少，居民出行不便，阻碍了高质量发展。

3. 工业用地高质量发展综合评价

利通区工业用地高质量发展水平评价结果，如图 4-3-27 所示，依照自然断裂点法将发展指数由高到低划分为五个等级（高质量、较高质量、中质量、较低质量、低质量）。利通区工业用地高质量发展水平整体较好，低质量用地占比较小，具体来看，高质量工业用地26 宗，面积 135.67hm²，占总面积的 15.80%；较高质量工业用地 38 宗，面积235.34hm²，占总面积的 27.40%；中质量工业用地 138 宗，面积 171.98hm²，占总面积的20.02%；较低质量工业用地 70 宗，面积 212.37hm²，占总面积的 24.73%；低质量工业用地 10 宗，面积 103.47hm²，占总面积的 12.05%。

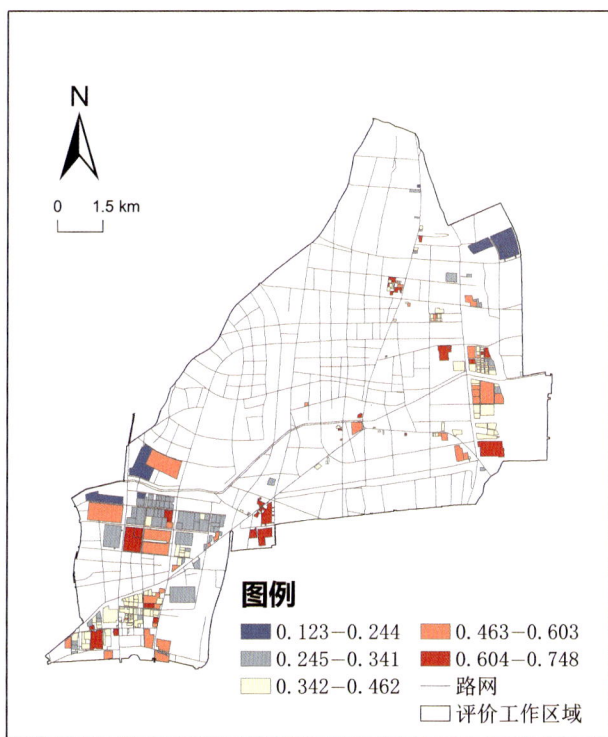

图 4-3-27　利通区工业用地高质量发展综合评价结果

利通区中心城区高质量和较高质量的工业用地主要位于上桥镇、板桥乡和金积镇，空间分布较为分散；中质量工业用地主要分布于金积镇和上桥镇，宗地数量最多；较低质量工业用地分布较为集中，以板桥乡居多；低质量工业用地数量和面积最小，主要分布于东塔寺乡和板桥乡，其中面积较大的有吴忠仪表有限责任公司、吴忠德悦纺织科技有限公司，占低质量发展用地总面积的 48.82%，这两块工业用地位于利通区边缘地区，路网密度较低，医院、消防等设施数量较少，居民出行可达性较低。

4. 教育用地高质量发展综合评价

利通区教育用地高质量发展水平评价结果，如图4-3-28所示，依照自然断裂点法将发展指数由高到低划分为五个等级(高质量、较高质量、中质量、较低质量、低质量)。利通区教育用地高质量发展水平整体有待提高，具体来看，高质量发展教育用地7宗，面积30.31hm²，占总面积的14.73%；较高质量发展教育用地7宗，面积27.86hm²，占总面积的13.54%；中质量发展教育用地14宗，面积80.94hm²，占总面积的39.33%；较低质量发展教育用地14宗，面积59.39hm²，占总面积的28.86%；低质量发展教育用地3宗，面积7.29hm²，占总面积的3.54%。

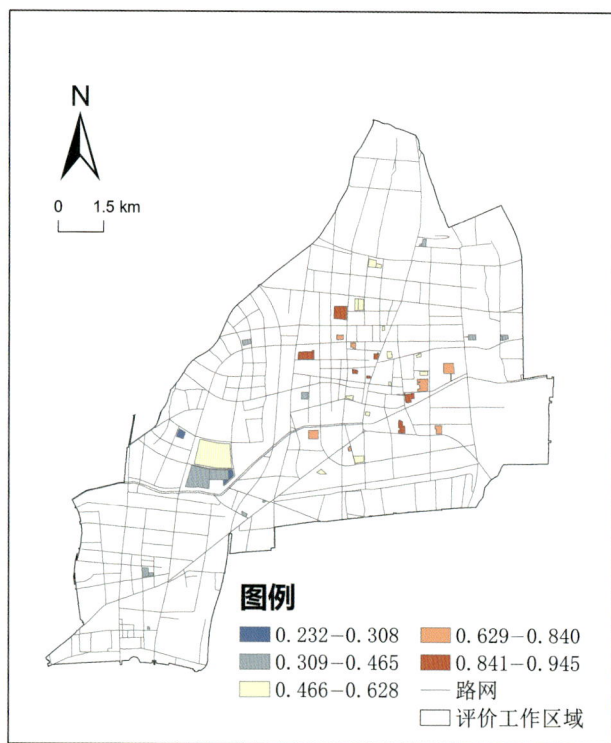

图4-3-28 利通区教育用地高质量发展综合评价结果

利通区中心城区高质量和较高质量的教育用地集中分布于中心城区；较低质量教育用地面积最大，宗地数最多，主要位于金鸡镇、板桥乡和东塔寺乡；低质量教育用地全部位于板桥乡，分别是利通区板桥早元小学、利通区第十五小学、教育园区幼儿园，这三所学校距离中心城区较远，学校周边的公园绿地和医疗设施数量较少，可达性较差。

5. 医疗卫生用地高质量发展综合评价

利通区医疗卫生用地高质量发展水平评价结果，如图 4-3-29 所示，依照自然断裂点法将发展指数由高到低划分为五个等级（高质量、较高质量、中质量、较低质量、低质量）。利通区医疗卫生用地高质量发展水平整体较好，具体来看，高质量医疗卫生用地 4 宗，面积 6.15hm²，占总面积的 8.25%；较高质量医疗卫生用地 6 宗，面积 52.05hm²，占总面积的 69.79%；中质量医疗卫生用地 3 宗，面积 2.64hm²，占总面积的 3.54%；较低质量医疗卫生用地 5 宗，面积 9.30hm²，占总面积的 12.47%；低质量医疗卫生用地 3 宗，面积 4.44hm²，占总面积的 5.95%。

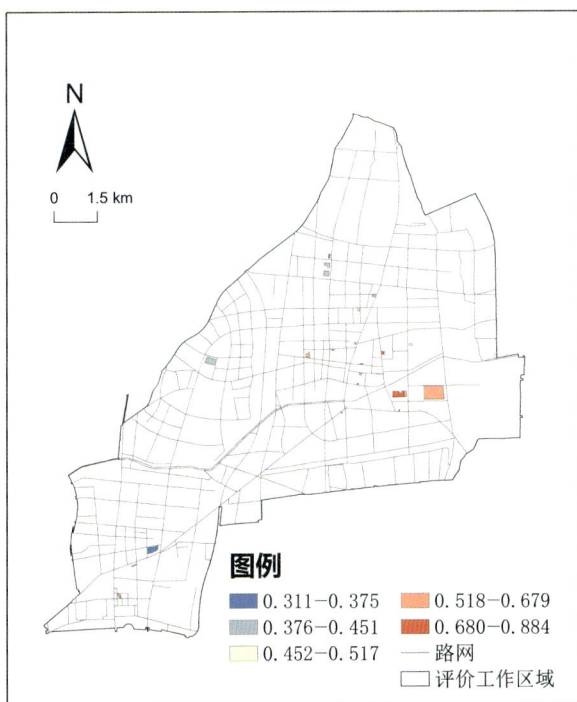

图 4-3-29　利通区医疗用地高质量发展综合评价结果

利通区中心城区高质量医疗用地全部位于金星镇和胜利镇。较高质量医疗卫生用地数量最多，占总面积的一半以上；较低质量医疗卫生用地主要围绕中心城区分布，分布较为零散；低质量医疗卫生用地主要为基层医疗卫生机构，分别是利通区人民医院、滨河社区卫生服务中心及板桥乡卫生院。利通区人民医院位于金积镇，该镇工业用地居多，公交站点密度较低，医疗设施数量少，不利于高质量发展。滨河社区卫生服务中心位于中心城区外围，消防站数量不足，难以满足人们的需求。板桥乡卫生院是板桥乡唯一的医疗设施用地，医疗设施供给严重不足，不方便居民就医。

第四章 微观尺度节约集约利用与高质量发展效应分析

本章应用耦合协调度模型，揭示不同类型宗地节约集约与高质量耦合发展总体状态，并进一步采用"四象限图"识别节约集约与高质量发展的"高/低"组合关系，以期为利通区制定符合高质量发展需求的城市建设用地节约集约策略提供实证依据。

一、居住用地节约集约利用与高质量发展效应

利通区居住用地节约集约利用与高质量发展综合水平耦合结果与聚类结果，如图4-4-1所示，依照自然断裂点法将耦合协调度划分为八个等级，高低聚类基于节约集约和高质量发展水平被分为四个等级。

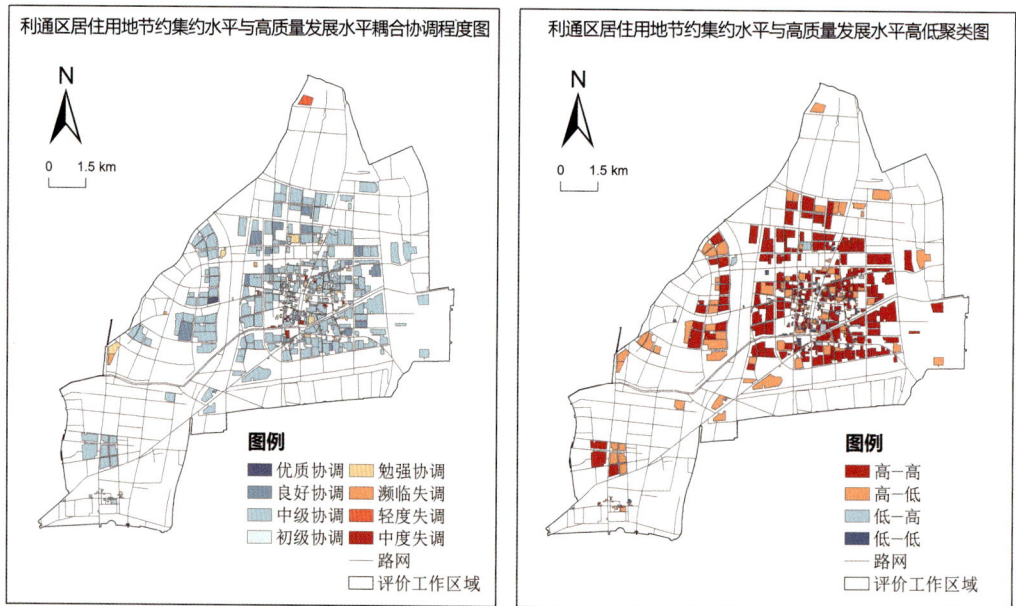

图4-4-1 利通区居住用地节约集约水平与高质量发展水平的耦合协调度和高低聚类

利通区居住用地节约集约水平和高质量发展水平的耦合结果呈现明显的空间分异。利通区大部分宗地处于中级协调状态，协调状态好的宗地主要位于古城镇，协调状态差的宗地数量少、面积较小、零散分布于利通区中心城区和板桥乡。结合高低聚类结果来看，利通区大部分居住用地的高低聚类结果表现为高—高，节约集约水平和高质量发展水平均高于全区平均水平。利通区老城组团的部分宗地节约集约水平略低或高质量发展水平较低，金星镇和胜利镇部分宗地两项发展水平均较低。

究其原因，老城区部分居住用地节约集约水平和高质量发展水平均较低，板桥乡部分居住用地的高质量发展水平较低。其中，在老城区内，利用效益低效型用地主要为一些老旧小区的私人住宅、早期安置失地农民的小康村、吴忠金积工业园区中较少有人居住的厂区配套生活小区以及用地核查时加入竣工超过 30 年的住宅；用途配置低效型主要为棚户区改造和"三旧"改造拆除区，存在个别宗地不符合吴忠市城市总体规划；开发强度低效型主要为未建成居住用地及超期未竣工住宅用地，已建成的仅有一宗住宅为开发强度低效型用地。高质量发展水平较低的宗地主要为单位配套住宅，分别为丽湾半岛、吴忠仪表集团住宅项目一期和二期等。其中，吴忠仪表集团所处区域工业用地和农业用地较多，路网密度较低，公交站点密度较小，医疗设施数量少，不利于住宅用地高质量发展。

二、商业用地节约集约利用与高质量发展效应

利通区商业用地节约集约利用与高质量发展综合水平耦合结果与聚类结果，如图 4-4-2 所示，依照自然断裂点法将耦合协调度划分为四个等级，高低聚类基于节约集约和高质量发展水平被分为四个等级。

利通区商业用地节约集约水平和高质量发展水平聚类结果整体较好。98% 的商业用地均处于优质协调状态，位于板桥乡的创利驾校处于勉强协调状态，吴忠市聚源再生资源公司、宁夏贺兰山开发有限公司、金积市场和洁倍特天然气公司这四处宗地处于初级协调状态。结合高低聚类结果来看，金星镇、胜利镇和上桥镇的商业用地节约集约水平和高质量发展水平均处于全区较高水平，节约集约水平较低的宗地较少且零散分布于利通区中部，高质量发展水平较低的宗地集中分布于东北部和西南部，两项发展水平均较低的宗地主要位于利通区外围的东塔寺乡和板桥乡。

究其原因，利通区节约集约水平较低的商业用地主要分布在利通区老城组团以外的东塔寺乡和板桥乡，板桥乡的部分商业用地高质量发展水平较低。其中，在东塔寺乡和板桥乡，用途配置低效型宗地主要为现状已经废弃、政府责令搬迁的商业企业，如宁夏贺兰山开发有限公司、旧金积农贸市场等；开发强度低效型宗地主要为利通区郊区的几个专业市场和超期未竣工的商业用地，包括先锋国际商贸城、吴忠市花卉市场、宁夏汽车大世界销

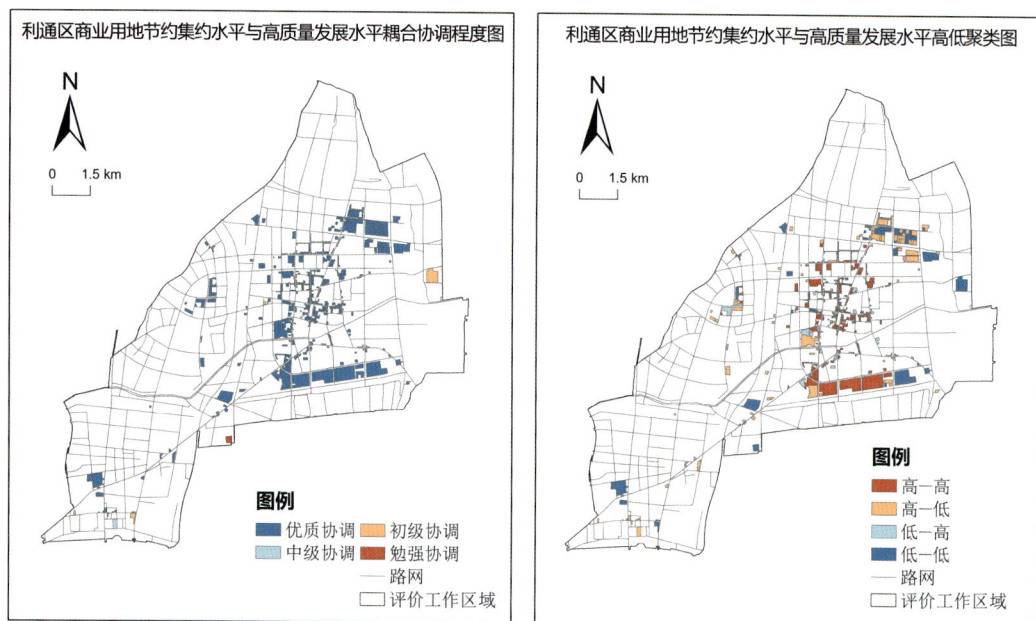

图 4-4-2　利通区商业用地节约集约水平与高质量发展水平的耦合协调度和高低聚类

售服务有限公司等；利用效益低效型宗地主要为关停、空置及建成正在招商的用地，在利通区中心城区均有分布。以吴忠市聚源再生资源公司、宁夏贺兰山开发有限公司、金积市场和洁倍特天然气公司等为代表的高质量发展水平较低的宗地区域位置相对偏僻，路网密度低，居民出行不便，缺乏配套设施，招商引资能力不足，阻碍了高质量发展。

三、工业用地节约集约利用与高质量发展效应

利通区工业用地节约集约利用与高质量发展综合水平耦合结果与聚类结果，如图4-4-3 所示，依照自然断裂点法将耦合协调度划分为八个等级，高低聚类基于节约集约和高质量发展水平被分为四个等级。

利通区工业用地节约集约水平和高质量发展水平耦合结果表现出明显的空间分异，上桥镇处于中级协调状态，金积镇北部处于初级协调状态，东塔寺乡北部处于濒临失调状态，胜利镇和板桥乡东部处于轻度失调水平。结合高低聚类结果来看，利通区大部分工业用地的高低聚类结果表现为高—高或低—低，其中，上桥镇东部工业用地的节约集约水平和高质量发展水平普遍高于全区平均水平，金积镇北部和东塔寺乡的两项发展水平均低于全区平均水平。

究其原因，金积镇北部与东塔寺乡的节约集约水平和高质量发展水平均较低，使得该

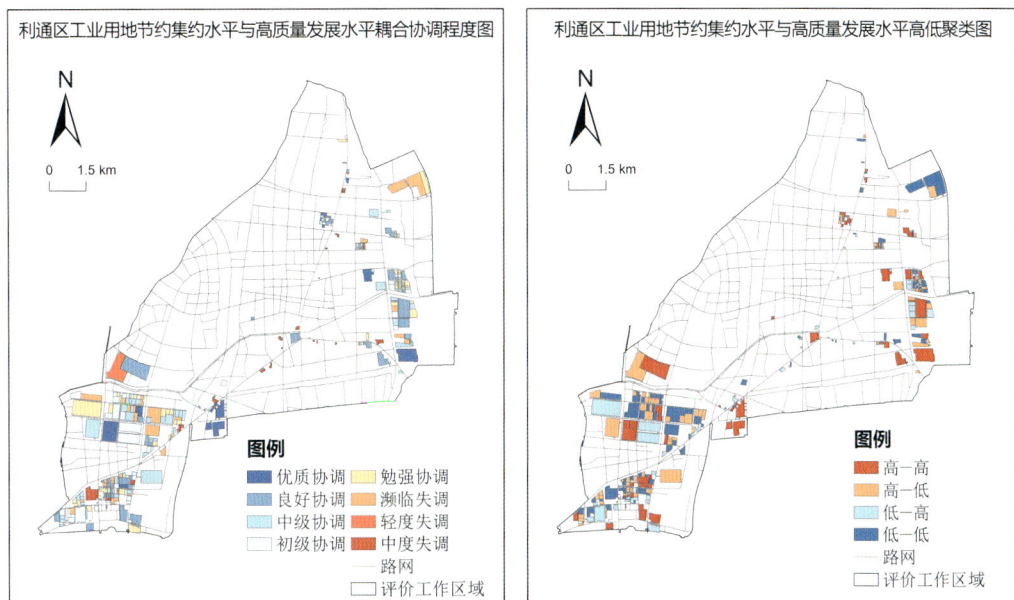

图 4-4-3　利通区工业用地节约集约水平与高质量发展水平的耦合协调度和高低聚类

区域的耦合协调度和高低聚类水平均处于较低水平。利通区低质量工业用地主要分布于东塔寺乡，面积较大的有吴忠仪表有限责任公司、吴忠德悦纺织科技有限公司，这些宗地主要位于利通区边缘地区，路网密度较低，医院、消防等设施数量较少，居民出行可达性较低。利通区低效利用的工业用地中，利用效益低效型工业用地主要是停产半停产企业，分布在毛纺织园；开发强度低效型用地主要为超期未竣工和分期开发企业，开发程度较低，导致土地开发强度较低；用途配置低效型工业用地主要为老城区需要外迁和金积工业园，不符合园区产业要求的用地。

四、教育用地节约集约利用与高质量发展效应

利通区教育用地节约集约利用与高质量发展综合水平耦合结果与聚类结果，如图4-4-4 所示，依照自然断裂点法将耦合协调度划分为五个等级，高低聚类基于节约集约和高质量发展水平被分为四个等级。

除板桥乡部分区域外，利通区教育用地节约集约水平和高质量发展水平的耦合结果整体较好，大部分教育用地处于中级协调状态，协调状态好的宗地主要位于金星镇和胜利镇，轻度失调的宗地数量少、面积较小，主要集中分布在板桥乡的南部。结合高低聚类结果来看，利通区大部分教育用地节约集约水平和高质量发展水平均高于全区平均水平，位

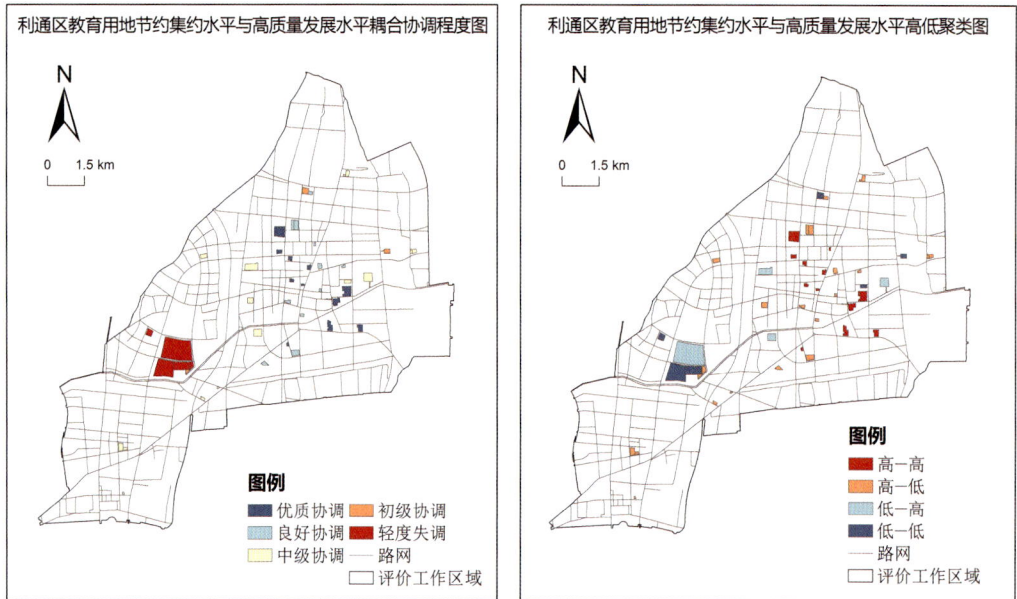

图 4-4-4　利通区教育用地节约集约水平与高质量发展水平的耦合协调度和高低聚类

于利通区老城区边缘的教育用地节约集约水平略低或高质量发展水平较低，板桥乡部分宗地两项发展水平均较低。

究其原因，板桥乡大部分教育用地节约集约水平和高质量发展水平都较低，且两者处于轻度失调水平。板桥早元小学、利通区第十五小学、教育园幼儿园、吴忠市回民中学、吴忠市第二中学和宁夏民族职业技术学院高质量发展水平较低，主要原因是学校距离中心城区较远，学校周边的公交站点、消防救援和医疗设施数量较少，可达性较差，不利于教育用地高质量发展。宁夏民族职业技术学院、吴忠市第二中学和吴忠市回民中学，这三所中学均为新建、迁建学校，为后续长远发展预留了发展用地，导致利用强度较低；利通区板桥早元小学为新建居住小区配套的小学，由于附近小区还未完全入住，生源不足，导致利用效益低效，这些学校节约集约水平和高质量发展已经轻度失调，需要及时管控调整。

五、医疗卫生用地节约集约利用与高质量发展效应

利通区医疗用地节约集约利用与高质量发展综合水平耦合结果与聚类结果，如图 4-4-5 所示，依照自然断裂点法将耦合协调度划分为六个等级，高低聚类基于节约集约和高质量发展水平分为四个等级。

利通区医疗用地节约集约水平和高质量发展水平的耦合结果整体表现较好，协调状态

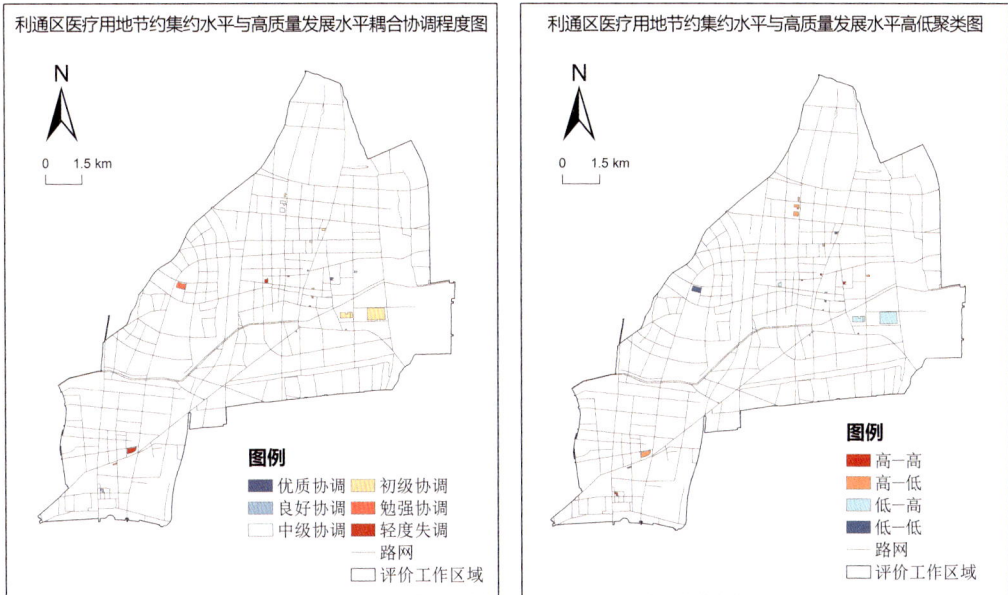

图 4-4-5 利通区医疗用地节约集约水平与高质量发展水平的耦合协调度和高低聚类

好的宗地主要位于金星镇，协调状态差的宗地数量少、面积较小，零散分布于金积镇。结合高低聚类结果来看，利通区胜利镇部分宗地节约集约水平略低或高质量发展水平较低，古城镇部分宗地两项发展水平均较低。

究其原因，古城镇和金积镇的大部分医疗用地高质量发展水平较低，且金积镇医疗用地节约集约水平不高，两者处于轻度失调水平。利通区人民医院位于金积镇，该镇工业用地居多，公交站点密度较低，医疗设施数量少；宁夏医科大学附属回医中医医院（新址）位于中心城区外围，难以满足人口聚居区广大居民的就医需求，不利于高质量发展。吴忠市人民医院由于搬迁，旧址空置造成土地低效，新址部分住院楼还未建成，造成地均床位数低于国家标准造成利用效益低效；宁夏医科大学附属回医中医医院（新址）仍在建设中，完成了一期建设还存在大量的空地导致土地低效，这两个医院节约集约水平和高质量发展已经轻度失调，需要及时管控调整。

第五章　微观尺度节约集约利用问题诊断

一、土地利用强度整体偏低，建设用地容积率不高

利通区建设用地总体趋于集约利用，占比达到参评用地总面积的 73.75%，但仍存在一定比例的低效用地。土地利用强度呈现"中心—外围"递减的特征，主要是由于工业集中区、专业市场区和城市新区多集中分布在城市外围，土地利用强度标准较低，同时部分工业用地和专业市场建设情况一般，还留有较多发展用地，容积率和建筑密度低。分用地类型来看，居住用地容积率最高，商业用地次之，工业用地和教育用地较低，教育用地平均容积率低于 30 个重点城市，工业用地容积率低于空间规划所控制的标准(1.0~2.5)。此外，工业用地固定投资强度虽符合相关标准①，但与其他重点城市相比，水平仍较低；并且受工业功能区新建物业市场价格偏低影响，整体经济潜力也较低。商业用地的出租率和地均税收还需进一步提高，用地效益仍有较大提升空间。

二、基础设施建设存在短板，高质量发展支撑不足

基础设施是影响建设用地高质量发展水平的重要因素。近年来，利通区建设用地不断增长，由老城区向外围乡镇快速扩张，但外围乡镇的基础设施建设仍存在一定短板，难以有效支撑利通区全域高质量发展。医疗基础设施配套方面，金积镇和板桥乡的医疗设施较短缺，当地居民就医距离普遍较远，难以满足就医需求；消防设施配套方面，古城镇西部和板桥乡的消防设施存在缺口，安全避险能力还需进一步加强；交通设施配套方面，板桥乡和东塔寺乡交通基础设施配套水平仍有较大的提升空间，该区域路网密度较低，基础设施可达性普遍不高，不利于实现全域高质量发展。

---

① 《宁夏工业项目建设用地控制指标》(2019 年版)。

三、科技创新水平仍显不足，制约高质量发展效益

科技创新是实现高质量发展的重要驱动力，利通区的科技创新发展仍面临以下挑战。一方面，利通区新动能培育不足，创新投入水平仍有待加强。当前利通区的产业结构仍以传统产业为主，高新技术产业占比较低，与高质量发展的要求存在一定差距。另一方面，利通区创新投入不均衡，周边新区和乡镇的创新发展水平较低。利通区的科研院所主要集中于老城区，而周边新区和乡镇的科研院所数量较少，且质量等级普遍偏低，科研院所辐射范围有限。

四、安全生产基础较为薄弱，安全风险亟待管控

城市安全是确保高质量发展的重要保障，利通区的安全发展仍存在以下问题。首先，利通区的安全生产设施配置水平不足，安全生产基础整体较为薄弱。具体表现为消防站点数量不足，消防救援距离普遍较长，难以满足日益增长的城市发展需求。其次，利通区存在安全生产设施配置不均衡的问题。其中，板桥乡因受编制限制，未设有专门的消防机构，消防救援响应水平较差；古城镇西部和东塔寺乡北部的消防设施配套也存在一定短缺，考虑到该区域商业设施分布密集，经济活动频繁，在今后的安全生产优化提升中应重点关注该区域。

第六章　微观尺度节约集约利用管控措施

一、强化规划管控约束，提高建设用地利用强度

针对利通区老城区部分用地结构和空间布局不合理问题，应以规划管控为约束，加快城市发展从规模扩张向内涵提升转变。通过城市更新等工程，适当调整老城区建筑密度，改善城区面貌；通过优化基本公共服务设施布局，提高城市综合运行效率，促进建设用地利用高效集约化。进一步提高商业用地效益，加快发展以金融服务、国际商务、都市旅游等为核心的现代服务业，形成功能有机结合、空间有效对接、环境有力承载的先进示范区，成为引领沿黄城市群发展的核心高地。为解决工业用地效率低下的问题，一方面应整合零星布局的部分工业用地，增强产业集聚效应，引导城区工业用地退二进三、入园进区，打造优势产业集群，提升用地效益；另一方面，应加强工业用地管理，通过改革工业用地供应方式、严格项目审批的相关标准和控制指标等手段，提高工业用地利用强度和效益。

二、推进低效用地再开发，促进建设用地集约利用

低效用地严重影响利通区建设用地利用效益，制约节约集约用地水平。因此，促进中心城区范围内的低效用地再开发，提高土地利用强度及效益，对改善群众居住条件、提高城市整体形象和吴忠市城市建设用地集约利用整体水平具有重要意义。一是大力推进城镇低效用地再开发。在保护历史文化遗产、传统风貌的前提下，规范有序推进城镇低效用地再开发，提升城镇建设用地人口、产业承载能力。同时，结合城市棚户区改造，采取协商收回、收购储备等方式，推进"旧城镇"改造；依法办理有关手续，鼓励"旧工厂"改造和产业升级；鼓励采取自主开发、联合开发、收购并发等模式，分类推动"城中村"改造。积极探索制定在土地取得方式、价款缴纳等方面的激励优惠政策，建立规划统筹、政府引导、市场运作、公众参与、利益共享的城镇低效用地再开发激励约束机制，切实推进城镇低效用地再开发工作，充分盘活存量用地。二是充分挖潜开发区内低效用地。一方面鼓励企业在原有建设用地上加层改造厂房、利用地下空间开展技术改造，不再增收土地出让价

款，提高土地利用强度；另一方面，对"僵尸企业"、去产能企业依法取得的国有土地，可采取联营、入股、合作开发、兼并重组等多种方式进行改造开发；此外，充分运用土地市场动态监测与监管系统、宁夏建设用地节约集约利用评价监管平台，以 GIS、互联网+、大数据等技术为支撑，加强批供数据逻辑审查力度，实现批准土地全生命周期监管，促进低效用地积极处置消化。

三、坚持创新驱动发展，夯实高质量发展基础

为提高利通区的创新发展水平，促进经济社会高质量发展，应进一步增强利通区的科技创新能力。一是持续加大科技研发投入。认真落实国家、宁夏、吴忠市企业研究开发费用和高新技术企业所得税优惠等创新政策，切实加大财政经费投入；充分发挥财政资金引导、鼓励作用，引导全社会增加研发与试验发展(R&D)经费投入。二是大力培育科技型企业。实施科技型中小企业培育发展计划，引导各类创新资源和创新要素向企业聚集，培育一批具有较强自主创新能力和市场竞争力的"专精特新"科技型企业；实施高新技术企业提质扩量工程，将宁夏科技型中小企业、科技小巨人企业等纳入国家高新技术企业培育库，支持以企业为主申报宁夏各类计划项目，提升企业科技创新能力和水平。三是加强"产学研"合作和创新平台建设。建立利通区科技研发中心，鼓励企业与区内外科研院所联合设立重点实验室、技术创新中心，深入开展"产学研"合作，提高科技研发和创新能力。

四、优化空间功能结构，实现节约集约利用和高质量发展优质协调

利通区仍需进一步优化不同功能用地的布局匹配，进而推动土地节约集约利用水平整体提高，提升基础设施与公共服务设施水平，促进高质量发展。首先，完善居住用地周边设施配置。重视基础设施(如绿地、广场等)的建设，改善城市生态环境，提高城市舒适度和宜居性；同时，完善医疗、教育等公共服务设施建设，实现资源利用最大化，公共服务均等化，进而提高人口吸引能力与聚集水平，促进城市建设用地节约集约利用。其次，注重消防基础设施建设，为其他功能空间提供消防安全保障。通过优化消防站点布局，推进城乡公共消防基础设施和消防水源建设，发展多种形式消防力量，完善政、企、乡、微等消防队伍常态化联勤机制，补齐安全发展短板。最后，应通过建设外通内达的交通体系，形成高效衔接的区域路网。加强与铁路、公路、机场及专用通道的通达融合，完善对外运输通道，强化对外连接；大力实施"农村公路+产业、农村公路+旅游"建设，创新道路管护机制，坚持建管并重，畅通内部联系。

总结与展望

宁夏回族自治区作为黄河流域生态保护和高质量发展先行区，高度重视自然资源的开发利用与保护。近年来，宁夏落实全面节约集约战略，坚持最严格的节约集约用地制度，在推进土地资源节约集约利用中取得积极成效，同时积累了大量的节约集约评价数据。本书基于宁夏长时序、多尺度的节约集约评价成果，从宏观、中观及微观尺度对建设用地节约集约水平进行了深入分析研究；以高质量发展为目标导向，从其内涵出发，对不同尺度高质量发展水平进行了定量评价，并进一步探讨了节约集约利用与高质量发展的耦合效应；剖析了当前不同尺度建设用地在节约集约利用与高质量发展中存在的问题，提出了相应的管控措施。在对宏观—中观—微观节约集约用地的综合研究中发现，宁夏通过优化土地利用结构、完善土地市场机制等手段，在合理配置土地资源、盘活存量低效土地等方面取得了一定的进展，为高质量发展奠定了坚实基础。宁夏未来还需进一步贯彻"创新、协调、绿色、开放、共享、安全"发展理念，加强国土空间规划与产业规划衔接，推动土地节约集约利用与高质量发展的耦合协调，真正实现土地节约集约利用的提质增效。

本书是融合土地利用、社会经济统计、地理大数据等多源数据开展实证分析的一次积极探索，也是围绕土地利用与社会经济发展的一项综合性研究，将会为宁夏土地资源管理提供科学参考。在后续研究中还可进一步积累数据，完善节约集约与高质量发展评价指标体系，加强因素分析及机制研究等，为全区高质量发展提供科学指引。